本書為 2016 年高等學校古籍整理重點研究項目"順治本《陳州志》校箋"（教古字 [2016]131 號）的最終研究成果

順治本《陳州志》校注

温敏／校注

上海古籍出版社

圖書在版編目(CIP)數據

順治本《陳州志》校注／溫敏著.—上海：上海
古籍出版社，2016.11
ISBN 978-7-5325-8109-2

Ⅰ.①順… Ⅱ.①溫… Ⅲ.①淮陽縣—地方志—清代
Ⅳ.①K296.14

中國版本圖書館 CIP 數據核字(2016)第 103537 號

順治本《陳州志》校注

溫敏 著

上海世紀出版股份有限公司
上 海 古 籍 出 版 社 出版

(上海瑞金二路 272 號　郵政編碼 200020)

(1) 網址：www.guji.com.cn
(2) E-mail：guji1@guji.com.cn
(3) 易文網網址：www.ewen.co

上海世紀出版股份有限公司發行中心發行經銷
浙江臨安曙光印務有限公司印刷
開本 890×1240　1/32　印張 18.5　插頁 2　字數 287,000
2016 年 11 月第 1 版　2016 年 11 月第 1 次印刷
ISBN 978-7-5325-8109-2

K·2209　定價：78.00 元

如有質量問題，請與承印公司聯繫

前　言

　　古陳州，即今河南省淮陽縣。西周於此建陳國，歷代用名爲宛丘、陳州、淮陽，爲中州之名邑。陳州地處黄淮之交，晉楚要衝，政治上始終是各種社會矛盾的聚焦點，軍事上常處在各類戰亂的前沿帶，文化上可稱是北南文化的交匯處。因此，陳州的歷史變遷和興衰起伏，凝重地記載了中華文化的博大精深，中原百姓的深重災難，以及中華民族自强不息的奮鬥精神。陳州土地上曾經的人和事，實在可稱是中國歷史和中華文明的一個縮影。

　　陳州的歷史文化，與中華文明相始終。伏羲創八卦，神農嘗百草，陳州本身就是遠古文明的大觀園。孔子絶糧猶弦歌不止，四大門生的精彩表現；陳勝的揭竿而起；韓信被誘捕遭難；名臣汲黯的卓著政績；狄青出判陳州；包拯放糧賑災；岳飛陳州大捷；黄巢、李自成等農民義軍的反復轉戰；無數精彩的歷史就在這片土地上上演。曹植、晏殊、范仲淹、蘇軾、蘇轍、張耒等文壇名宿，都以他們的作品爲陳州留下了豐富的文化寶藏。

　　順治年間編撰和刊刻的《陳州志》，是該地目前可以見到的最早的志書。在此之前，據文獻記載，隋代有《陳州舊圖》、《陳州圖經》；明正德八年修有《陳州志》四卷，隆慶年間重修。然而這些書籍均已失傳，只可於各類書目中偶見鴻爪雪泥。順治刊《陳州志》目前只見藏於國家圖書館，該志共四冊，包括疆理志、紀勝志、宦跡志、人物志、事紀志和藝文志等 12 卷。全書內容豐富，綱目分明，但文筆古奧，未經句讀，當年刊刻時錯漏隨意處、墨蹟漶漫不清處甚多，算不上一個精良的刻本。原刊本 2007 年淮陽縣方志辦予以重印，線裝四冊。因是據膠片轉印，版心壓仄遮擋不清處不在少數。這次整理又用國圖原書進行校勘，修正大量錯訛。此次所用國圖校本，與膠片原書似有較多出入，疑國圖所藏不止一種，當爲本志初刊時不同的版次。

　　爲了搶救、整理、保護這一地方文獻資料，本著"求是"和"存古"的原則，校注者歷時三年，辨認字形、還原原文，正其衍、脫、誤、乙之弊，對該志進行了句讀、校勘和全方位注釋。舉凡人名、地名、年號、典章、官制、名物、文字、音讀、史實、語辭溯源都在其列，從史實、文化和語言的多重角度，挖掘、整理、弘揚陳地的區域文化，並以此爲個案，力求使該志無愧於"地方百科全書"，爲陳州幾千年的歷史變遷，留下一個基本完整的概貌。

目　録

校注本凡例

（一）以國家圖書館館藏清順治十七年（1660）《陳州志》刻本爲底本。

（二）原刊本豎行編排，今採用現代語體文的方式，進行分段橫排，並用現行國頒標準的標點符號進行斷句。

（三）原志書設十二卷，分四册裝訂，採用的是卷和類目相結合的體式。校注本仍按原書順序編排，合訂爲一册。對原類目排列有明顯差錯的地方予以局部梳理重排。

（四）校注採用繁體字，對志中的古體字、異體字，均作出相應標注。

（五）凡所發現的錯字、別字、錯句，明顯錯誤的予以糾正，屬古用法或兩可的，文中保持原貌，不作更動，後加校注，予以説明。校注内容隨文校注，用"【】"表示，注釋内的説明用"（）"表示。

（六）對志中難以辨認的破音字、生僻字，以現代漢語拼音字母注音。

（七）志中有些字跡不清，脱漏字句，校注時盡力核補，尚未考准者，以"□"示缺。

（八）志中涉及人名、地名、官職、典制、名物、書名、引證等，擇難懂者加注釋。

（九）對校注中的字、詞、句，不作泛解。以志書行文的語言環境爲據，闡明其義。

（十）相同詞語及用典一般只注一次，重複出現者注明見本志某卷某注，或直接進行簡單注釋。

（十一）歷史朝代紀年，必要時加括弧注以西元紀年。西元後年份省去“西元”和“年”的字樣；西元前年份，年數前加“前”字，以别於西元後。

（十二）原刊本中有大小字型大小之分，即小字是大字的説明，校注時不作變動。

修 志 文 告

　　開封府陳州爲纂修誌書，以備典要【準則與根據】事承奉本府帖文【官府文書，公文】。

　　蒙河南布政使【官名。明洪武改行中書省爲承宣布政使司。宣德後，全國府、州、縣分屬於兩京和十三布政使司。每司各設左、右布政使各一人，爲一省最高行政長官。後因軍事需要增設總督、巡撫等官，權位高於布政使。清代正式定爲督、撫屬官，專管一省的財賦和人事】司信牌【即傳信牌，官府公文。宋仁宗康定元年五月，制軍中傳信牌，傳遞軍中文件時，以爲憑信。《宋史·輿服志六》："傳信木牌：先朝舊制，合用堅木朱漆爲之，長六寸，闊三寸，腹背刻字而中分之，字云某路傳信牌。却置池槽，牙縫相合。又鑿二竅，置筆墨，上帖紙，書所傳達事。用印印號上，以皮繫往來軍吏之項。臨陣傳言，應有取索，並以此牌爲言，寫其上。"元代民事亦用信牌，凡管官以公事攝所部，並用信牌】，順治十五年三月二十八日，蒙欽差巡撫【始於明置，時巡撫非地方專任之官，《明史·宣宗紀》："大理卿胡概、參政葉春巡撫南畿浙江，設巡撫自此始。"清以巡撫爲省級地方政府的長官，總攬一省的軍事、吏治、刑獄、民政】河南兵部左侍郎【隋乃有兵部尚書，統兵部、職方、駕部、庫部四曹。蓋因北周兵部之名，兼前代五兵之職。侍郎，兵部尚書下屬之職。隋煬帝置，唐因之，爲正四品下官。兵部侍郎皆二員，爲兵部尚書之副】兼都察院【明置。改御史臺爲都察院。以都御史爲長官，其次有（左右）副都御使，僉都御使，監察御史等。監察彈劾官吏，參與審理重大案件。清沿明制】右副都御史加一級賈，憲牌【舊時官府的告示牌】前事照得各府、州、縣之有誌也。其所紀載不越提封【版圖，疆域。《舊唐書·東夷傳》：“遼東之地，周爲箕子之國，漢家玄菟郡耳。魏晉已前，近在提封之内，不可許以不臣。”】四境之中，而實能備國史之所未盡，猶大宗之有小宗焉，猶江海之支流，山嶽之嶁阜【lǒu fù。嶁，即岣嶁；阜，土山】焉，不可廢也。中州夙稱文獻名邦，高賢輩出，其於典故載籍必所素重。昨據該司呈送通省、府、州、縣誌書，僅四十六種，其餘各屬咸稱兵燹【燹xiǎn，野火】之後，蕩然無遺。就其中新經纂刻者，止汝州、永寧數處，此外皆係勝國【《周禮·地官·媒氏》：“凡男女之陰訟，聽之於勝國之社。”鄭玄注：“勝國，亡國也。”按，亡國謂已亡之國，爲今國所勝，故稱“勝國”。後因以指前朝】舊編，而於近今之事者，俱付闕如【存疑不言，空缺不書。《論語·子路》：“君子於其所不知，蓋闕如也。”闕 quē，通“缺”】。及今不圖，恐世遠言湮【湮 yān，埋没，湮滅】，老成【年高有德者】凋謝，後來雖欲從事，勢必更難擬合【擬定彙集】通行，急爲修纂。爲此牌，仰【舊時下行公文用語。表命令。《北齊書·孝昭帝紀》：“詔曰：‘……朕纂承大業，思弘古典，但二王三恪，舊説不同，可議定是非，列名條奏，其禮儀體式亦仰議之。'"】本司官吏，文到即便轉行各府、州、縣。凡無誌者，速宜網羅【招羅搜求。司馬遷《報任少卿書》："網羅天下放失舊聞。"】舊章【以前的典籍文章。《書·蔡仲之命》："無作聰明亂舊章。"僞孔傳："無敢爲小聰明，作異辯以變亂舊典文章。"】，博求稗乘【bài shèng，猶稗史——記載軼聞瑣事的書】，敦禮【尊崇禮敬】耆英【高年碩德者之稱。耆，qí】，開局【舊時官府設立的編寫書籍的機構】裒輯【搜集編輯。裒 póu，搜集】。其有舊誌而未載近今之事者，或有雖經飜【"翻"的異體字】刻而因陋就簡不諳史裁【安排取捨】者，亦須多方採集，更延【邀請，招攬】名碩【學識淵博者】訂正，務使缺略咸輯，今昔備載。修成，先録清稿呈送本部院披覽。諒此不朽之垂，人人自有同心也。毋得遲違，等因【即等由，舊時公文用語，各種事由之義，常用於敍述上級官署的令文結束時】到司，備行到府，蒙此擬合，就行爲此帖。仰本州官吏，照帖備蒙憲牌内事理，即察該州無志者，速宜網羅舊章，博求稗乘，敦禮耆英，開局裒輯。其有舊志而未載近今之事者，或有雖經翻刻而因陋就簡不諳史裁者，亦須多方採集，更延名碩訂正。務使缺略咸輯，今昔備載。修成，先録清稿，具文徑送本部院併送本司本府披覽。諒此不朽之垂，人人自有同心也。慎勿遲違，速速須至帖者。

右帖下陳州准此

順治十五年四月　　日。

修志姓氏

總裁【元、明、清官方修史的主管官】

巡撫河南提督【清代於重要省設提督，職掌軍政，統轄諸鎮，爲地方武職最高長官】軍務兼理河道【清代凡有河務之處均設河道，專管河務】太子少保【官名。三公的副職。又稱"三少"、"三孤"。《漢書·百官公卿表上》："太師、太傅、太保，是爲三公……又立三少爲之副，少師、少傅、少保，是爲孤卿，與六卿爲九焉。"】兵部尚書【兵部主官，宋以前屬尚書省，元屬中書省，明清直屬皇帝。兵部尚書之設始於隋，但兵部一名已見於北周。至隋乃有兵部尚書，唐沿隋制，尚書省設兵部尚書一員，爲正三品官。】兼都察院右副都御史加二級賈漢復膠侯，滿洲籍，曲沃人。

巡按【官名。唐天寶五年，派官巡按天下風俗黜陟官吏，巡按之官名始此。明永樂元年後，以一省爲一道，派監察御史（隋唐始置，御史臺各種御史之一，掌分察百僚，巡按各縣，糾視刑獄，整肅朝儀。宋明清沿置）分赴各道巡視，考察吏治，每年以八月出巡，稱巡按御史，又稱按臺】河南監察御史劉源濟□九，滑縣人，丙戌進士。

提調【負責管領、調度】

河南等處承宣布政使司【前身爲元朝的行中書省。洪武九年行政區變革，太祖將原行中書省一分爲三，其中負責一省民事事務的部分列出，設立"承宣布政使司"，簡稱"布政使司"。洪武十三年，又把全國十三布政使職權再次一分爲二，改爲左右各一，秩降爲正三品】**左布政使徐化成**文侯，昌平籍，滿洲人，貢士。

河南等處承宣布政使司右布政使姚延著榕□，浙江烏程人。丁亥己丑【清成瓘《(道光)濟南府志》卷二十九："姚延著，浙江烏程人，進士，順治十二年任。"】。

督糧道【清置。有漕糧省份皆置督糧道，掌監察兑糧、督押運艘】**管通省税糧漕務左參政**【明於布政使置左右參政。清初各部也置參政，後改爲侍郎】**馬　元**子貞，遼東籍，真定人，貢生。

河南等處提刑按察司【元明清三代設立在省一級的司法機構，掌管一省司法事務，同時也是都察院在地方的分支機構】**李　茂**盛吾，滿洲人，生員。

清軍屯田驛傳鹽法道【清制以兼管驛傳與鹽法道者爲驛鹽道】**兵備**【明制於各省重要地方設整飾兵備的道員，主管兵備事宜】**僉事**【官名，全稱爲"簽書判官廳公事"。其職務爲協理郡政，總管文牘。宋代按察司設有僉事，元代設都督僉事，明清沿襲】**陳士本**頡仙，江南武進人，貢士。

提督學政【學官名，亦稱"督學使者"，簡稱"學政"，俗稱"學臺"。由朝廷委派到各省主持院試並督察各地學官的官員。語出《周禮·春官·大司樂》："大司樂掌成均之法，以治建國之學政。"】**按察司副**

使汪永瑞緘菴,長洲籍,吳縣人,丁亥。

管理河道兼管水利兵備僉事盛治霖襄,江南江都人,己丑。

分守大梁道左參政王來用竹予,遼東人。

分巡睢陳道兵備僉事柯士芳濟名,福建莆田人,庚辰,特用。

分巡大梁道兵備副使沈筌位菴,江南青浦人,壬辰【《陶廬雜録卷二》:"沈荃,江南青浦人。壬辰(順治九年,1652)進士。"】。

督理【監督管理】

開封府知府【宋代命朝臣出守列郡爲府的長官,稱爲權知某府事,簡稱知府。明代始正式稱知府,清代沿襲】錢　綸比直,元城人,拔貢。

同知【官名,稱副職,始於宋。凡主管一事而不授以正官之名,則謂之知某事。清代唯府州及鹽運使置同知,府同知即以同知爲官稱,州同知稱州同,鹽同知稱鹽同】崔維雅賜菴,□新人,丙戌【民國趙爾巽《清史稿》列傳六十六:"崔維雅,字大醇,直隸大名人。順治三年(丙戌)舉人,授濬縣教諭,遷河南儀封知縣。"】。

清軍同知韓齊范

南河同知趙汝斌山西岳陽人,選貢。

捕盜同知王　鑽公遠,北直人,拔貢。

通判【始置於宋。明設於府,分掌糧運、督捕、水利等事務。清設於府,稱通判,州稱州判,皆爲輔佐之官】張俊哲樂菴,涼州人,歲貢,教習。

推官【官名。唐代節度使、觀察使等屬官。其後諸州府皆置推官。元明時各府置推官一人,專管一府刑獄,俗稱刑廳。清初仍沿置,不久即廢】于紀龍見川,四川營山人,辛卯【《九江府志》卷二十五:"號見田,四川人,舉人,十年任。"】。

　　軼梓【把散失的史事、詩文之類搜集製版印刷】

陳州知州【宋代始置,爲州之長官】王士麟瑞徵,遼陽人,甲午【王士俊《河南通志》卷三十六:"王士麟,奉天遼陽人,舉人,順治十六年任。"】。

判官【地方長官的僚屬,佐理政事】安　璇在之,贊皇人,貢監。

吏目【始於元,明清沿制。知州之直接屬官爲吏目,爲刑獄及官署內部事務】陳可久

儒學署學正劉　泗凡源,光州人,舉人。

訓導【學官名。明清府州縣儒學的輔助教職。《明史·職官志四》:"儒學:府,教授一人,訓導四人。州,學正一人,訓導三人。縣教諭一人,訓導二人。教授、學正、教諭,掌教誨所屬生員,訓導佐之。"《清史稿·職官志三》:"儒學:府教授、訓導,州學正、訓導,縣教諭、訓導,俱各一人。"】高聯第洛陽人,貢生。

　　纂修【編輯修撰】

舉人　何　潤　　羅廣韻　　劉　灝　　辛永和

　　評論

貢生　田多祚　　牛以諭　　李　皓　　萬　巍

訂正

生員【明清時,取人府州縣學的通名生員,俗稱秀才】曾起鳳

　　吴行法　　趙六謙　　彭雲香　　王　淳

采輯

生員　任　鏡　　陳思濟　　雷四友　　吕應期

　　齊牧民

舊版序跋

重修陳州志序

志以言事【南朝齊王融《永明九年策秀才文》："雖言事必史，而象闕未箴。"又童宗説曰："《書》以紀言，《春秋》以紀事。"】也。家有乘【shèng，春秋時晉的史書，後用以稱一般的史書，亦指家書】，國有史，郡邑有志。所以明載籍【書籍，書册。《史記·伯夷列傳》："夫學者載籍極博，猶考信於六藝。"】，考典故【典制和成例】，稽【考核，考查】俗尚而資【用作動詞，提供……材料】法憲【法令】。自《春秋》絕筆【停筆。《春秋左傳·哀公十四年》："十四年春，西狩於大野，叔孫氏之車子鉏商獲麟，以爲不祥，以賜虞人。仲尼觀之曰：'麟也。'然後取之。"《春秋·哀公十四年》："十有四年春，西狩獲麟。"晉杜預注："麟者仁獸，聖王之嘉瑞也，時無明王，出而遇獲。仲尼傷周道之不興，感嘉瑞之無應，故因《魯春秋》而修中興之教。絕筆於'獲麟'之一句，所感而作，固所以爲終也。"】，班馬名高【指班固、司馬遷】，掌記【掌管記載。《後漢書·百官志二》："太史令一人……凡國有瑞應，災異，掌記之。"】之功，匪讟讟也【匪通"非"。讟 jiǎn，同"讟"，十分淺薄。《史記·李斯列傳》："能薄而才讟，强因人之功，是不能也。"】。陳志從中原鼎沸【紛擾動亂。宋王讜《唐語林·識鑒》："及安史之亂，華夏鼎沸。"】，秣馬厲兵後，大半煙銷響滅，是無論從前名賢政事之得失，人物制行之臧否【善惡，得失。否 pǐ。《左傳·隱公十一年》："凡諸侯有命，告則書，不然則否。師出臧否亦如之。"】，以及風尚之質野【質樸鄙俗。語本《論語·雍也》："質勝文則野。"】，文章之淳澆【亦作"澆淳"。淳，厚；澆，薄。多指社會風俗的敦厚與澆薄；亦指文風的質樸與浮艷】，無可考鏡【參證借鑒。清龔自珍《祀典雜議》之四："方今休隆時，正宜差等百王，考鏡群籍，召萬靈之佑，錫九流之福。"】。邇來闖逆煽禍，宛城【宛丘城，即陳州】罹變。忠臣、孝子、貞女、烈婦俠義殺身，視死如飴【面對死亡，如吃甜食般安然。飴 yí，飴糖】，指不勝屈者，亦同金石消沉矣。余蒞陳，即欲彰隱闡幽【使隱藏幽深的彰顯出來。《易·繫辭下》："夫《易》彰往而察來，而微顯闡幽。"】，昭善揚芳。近羅明季【收集明朝末年的史料。一個季節或朝代的末了謂之季】，遠溯古先，俾【bǐ，使】事歸於志，志歸於信，以爲余服官【爲官，做官。語本《禮記·內則》："五十命爲大夫，服官政。"】蒞治【治理政事】之首務也。會逢部院豫撫賈老大人纂修通省志書，檄【xí，文體名。古代官府用以徵召、曉諭、聲討的文書，亦泛指信函】令郡守，延碩儒，集往牒【泛指往昔各種書籍、表冊】，取舊乘而增損之，詢新蹟而補緒之，彙類成書，如古陳詩觀風【採集並進獻民間詩歌,以觀察民俗得失。《禮記·王制》:"命大師陳詩,以觀民風。"鄭玄注:"陳詩,謂采其詩而視之。"孔穎達疏:"此謂王巡守見諸侯畢,乃命其方諸侯大師是掌樂之官,各陳其國風之詩,以觀其政令之善惡。"南朝宋顏延之《應詔觀北湖田收》詩:"觀風久有作,陳詩愧未妍。"】之遺意。余思志猶史然。曰信,曰直,曰詳,曰公。夫信以言乎實也。事欲其核【真實。漢揚雄《法言·先知》:"或問政核,曰:真偽。真偽則政核。"《漢書·司馬遷傳贊》:"其文直,其事核。"】,文欲其確,不虛美,不匿惡。直以言乎正也。毀人不避其親,譽人不避其仇,無詭隨【謂不顧是非而妄隨人意。《詩·大雅·民勞》:"無從詭隨,以謹無良。"】,無謬詞。夫詳以言乎明也。稱人之善,臚【lú,陳列】其行,懲人之惡,列其端【跡象,原委】,即愚夫婦靡不快慊【qiè,滿意。《孟子·公孫丑下》:"行有不慊於心,餒矣。"】而嘆服。夫公以言乎不誣也。彰癉【即"彰善癉惡"之省寫。《書·畢命》:"旌別淑慝,表厥宅里,彰善癉惡,樹之風聲。"孔傳:"言當識別頑民之善惡,表異其居里,明其為善,病其為惡,立其善風,揚其善聲。"癉 dàn,憎恨】不踰其實,進退不市以意【不憑主觀意志去損益、褒貶】,數字不容祈改,九原【九州大地,南朝宋鮑照《松柏篇》:"永離九原親,長與三辰隔。"】以亦有起色。四者備而志可得言矣。故《漢書》成於前,後綱目成於續編,則繼絕開來。余身任其責也,乃禮郡紳士謀,所以舉事。自萬曆丙辰緒纂之後,虛心訪求,多方羅列。煩者芟【shān,除草,引申為刈除,刪除。劉勰《文心雕龍·熔裁》:"芟繁剪穢,弛於負

擔。”】之，缺者補之，沉遺者顯著之。即兵火鼎革【鼎新革
故。《易·雜卦》：“革，去故也；鼎，取新也。”後多指朝政變革或改朝換
代，泛指事物的破舊立新】，忠孝節廉，靡不表揚而旌勸之。
至於天文之吉祥，地理之疆域，人官詞苑之政治文章，
貞孝軌物【準則，爲事物之規範。北齊顏之推《顏氏家訓·序致》：
“吾今所以復爲此者，非敢軌物範世也。”盧文弨補注：“車有軌轍，器有
模範，喻可爲世人儀型也。”】之女德民行，又無不臚列【陳列】
在目。所謂必信、必直、必詳、必公者，此志之大義也。
是集既成一郡之文獻，以足百世之徵信【徵，同征】，有自
其功及出先後世也，殆不朽矣。

　　撫臺老大人採風入奏，持此以獻，聖天子亦嘉納而
寶視之矣。豈特備一郡之觀美哉。余忝【tiǎn，自謙之辭，
有愧於】下吏，殊有榮施。
順治庚子春。三韓【朝鮮】王士麟謹識

陳州誌後跋

　　陳舊有志，重修成於督撫賈公。紀風土【紀，通記】，

載人物，稽吏治，溯古鏡今，與國史並垂不朽，誠盛舉也。猶恐兵燹【因戰亂而造成的災害。燹 xiǎn，火災，特指兵火。清薛福成《應詔陳言疏》："江蘇久造兵燹，創痍呻吟，元氣未復。"】之後，一時弗補，則一時有未備，久漸佚失【散失。佚 yì】，非信史也。且修志如修室然，初則度址構材，其道爲創。創，宜博而瞻【廣泛取材，仔細觀察】。繼則繕頹補漏【修繕壞損的，彌補缺漏的】，其道爲緝【jī，會合，編織，整治】。緝，宜密而固，卒則改棟易榱【cuī，屋椽。《左傳·襄公三十一年》："棟折榱崩。"《急就篇》卷三："榱椽枎櫨瓦屋梁。"顏師古注："榱即椽也，亦名爲桷。"棟梁榱桷對舉，以喻主要的和次要的都改易了】，其道爲更。更，宜通而變。弘綱細目，前人之作述備矣。是以不用更而用緝，沿厥【代詞，猶"其"】舊志訂補一二，不益王濟之略，上下刪謝艾之繁【繁冗，繁雜】，嬍慝【měi tè，善惡。嬍，古"美"字】直書無諱，裨益更治爲獨切。璇不敏，叨【tāo，猶忝，自謙之辭】攝陳篆【名字印章多爲篆文，故稱名爲篆，稱字爲次篆。亦以爲官印的代稱，引申爲做官任職。攝陳篆，掌握陳州的官印，即在陳州任職】，簿牘【指批閱文書、公文】之暇，偕何子、吳生輩校緝成帙【zhì，書布套，借指書】，綱無不舉，目無不張。因而竊有感焉。戶口凋殘，何以復之，徭役困緊，何以甦【緩解】之。風俗敝【衰敗。《禮記·禮運》："刑肅而俗敝，則法無常。"】矣，則思轉而之淳【質樸，敦厚。《淮南子·齊俗訓》："澆天下之淳，析天下之樸。"】；人物衰矣，則思扶而之盛。治不逮

【dài，及，追上】，古人不恥之；民不逮，古人則恥之；文獻禮教不逮，古人則恥之。若是，則志非陳志，乃吏志也，抑非志。吏治，乃忘吏訓也，其激發人心何如也？後之覽者亦將有感於斯。

順治庚子贊皇安璇撰

修陳州誌序

　　古者，王朝列國，有左右史，內外史，備載寔録，用以澂往詔來【澄清往事，告知未來。澂 chéng，“澄”之古字，澄清。《後漢書·馮衍傳》：“澂德化之陵遲兮，烈刑罰之峭峻。”】，考風辨俗，醜厲【丑類，丑惡之人，猶言惡人，壞人。《詩·大雅·民勞》：“無縱詭隨，醜厲。”“醜厲”，同義復詞】淑慝【猶善惡。《書·畢命》：“旌別淑慝，表厥宅里。”慝 tè，邪惡，罪惡】，而助宣其政教。州郡志仿之，典乃綦【qí，極，很】詳。是勿論今曏【xiǎng，“嚮”的異體字。從前，舊時】，可使一日湮没也者。陳，宛丘，故太皞【皞 hào，傳説中的古帝名，即伏羲氏。《荀子·正論》：“自太皞、燧人莫不有也。”楊倞注：“太皞，伏羲也。燧人，太皞前帝王。”】建國之墟，義畫孔鐫【伏羲的畫卦臺、孔子絃歌臺畫像。鐫 juān，雕刻】在焉，最後媯滿肇封【媯 guī，姓。滿，舜帝後裔，周武王封媯滿治陳，建陳國，並以國爲姓，世稱陳胡公。《史記·陳杞列傳》："陳胡公滿者，虞帝舜之後也。昔舜爲庶人時，堯妻之二女，居於媯汭，其後因爲氏姓，姓媯氏。舜已崩，傳禹天下，而舜子商均爲封國。夏后之時，或失或續。至於周武王克殷紂，乃復求舜後，得媯滿，封之於陳，以奉帝舜祀，是爲胡公。"】，備稱三恪【周朝新立，封前代三朝的子孫給以王侯名號，稱三恪，以示敬重。周封三朝説法有二：一説封虞、夏、商之後陳、杞、宋。《左傳·襄公二十五年》："昔虞閼父爲周陶正，以服事我先王。我先王賴其利器用也，與其神明之後也，庸以元女大姬配胡公，而封諸陳，以備三恪。"一説封黄帝、堯、舜之後於薊、祝、陳。《詩經·陳風譜》唐孔穎達疏："案《樂記》云：'武王未及下車，封黄帝之後於薊，封堯之後於祝，封帝舜之後於陳；下車乃封夏后氏之後於杞，投殷之後於宋。'則陳與薊、祝共爲三恪。"】。夫陳固文獻之祖，神明之冑【zhòu，古代稱帝王或貴族的子孫】也。夫子述陳詩二十六章，《衡門》【《詩經·陳風》中的篇名。《詩經》采《陳風》凡十首，大多是情歌。其情纏綿，其音婉轉，或是"多嫋音"之故】以外，多嫋音【音韻宛轉悠揚】，不可訓【以……爲訓，遵循】，將遂蔽陳之風耶，而非也。經與史異，史載事，六經垂訓，所以原本【考究其本源。原，推求，察究】治忽謬云。仲尼述史者三焉，未達於觀也。惟是陳自義皇【即伏羲氏。《文選·揚雄〈劇秦美新〉》："厥有云者，上罔顯於義皇。"李善注："伏羲爲三皇，故曰義皇。"】歷來幾帝幾王，幾治幾亂，封圻【封畿。古指王都周圍地區。《漢書·文帝紀》："封圻之内勤勞不處。"顏師古注："圻亦畿字。王畿千里。不處者，不獲安居。"圻qí，邊界】所分隸，質文所代變，仁暴貞淫【仁愛與殘暴，堅貞與淫亂】所並馳，歷數百載，缺焉無傳記，則何以信前程後，成此邦之令典。明華岡州二王諱堯封，州大夫楊諱堪相與葺蕪綴遺【修整雜亂，連綴遺漏。葺qì，修】以勒【lè，編纂。宋王安石《進〈字說〉表》："謹勒成《字說》二十四卷，隨表上進。"】成陳志，一家言，閱二十餘年。睢陳翟公諱師雍，嘗取華岡公所論列，時翻閱之。復命學博弟子員潤色補緒，較前爲增益。明末，兵火頻仍，陳志故帙【zhì，包書的套子，用布帛製成。後借指書籍】缺略，文獻云不足矣。國朝鼎定十有七年，庚子歲河南督撫賈公，慨然搜核通省乘書，檄諭各州、縣，敦請名碩，源本舊誌，繼緒新言。郡孝廉何子、辛子輩及恩拔弟子員田生、牛生、吳生輩，披求遺編，尋訪耆碩。上稽星分【謂以天上的星宿劃分地上的區域。晉左思《蜀都賦》："九土星分，萬國錯跱。"又，我國古代天文學稱某國或某地區相對應的星宿叫星分。《漢書·地理志下》："及《詩風》陳鄭之國，與韓同星分焉。"】，下搜方輿【此指地方政事。明區大相《南行感懷》："先朝煩鎮守，重任典方輿。"】，中綜人倫，總運世【運轉世局，亦謂世代的遞變。清侯方域《豫省試策》："今皇帝創制顯庸，運世以禮，一切綱紀條貫，固可以次第舉矣。"總，概括，總合】而要其指，則嬎【亦作"嬊"，古"美"字】惡而分其流。要以因舊乘參【考索驗證】之時變。蔓者剔，詭者訂，幽者闈,未備者補。俾不佚於今典,千秋得失之林,乃以鏡焉。迄於明末,闖逆陷陳,忠臣、義士、烈女、節婦就義殉難、視死如歸者,實繁多人。不佞【nìng,謙辭,不佞,猶言不才】備兵睢陳間,亦表彰一二。然而家簉【家庭。簉,屋簉】、陋巷、村落、幽閨不見不聞者,難以概舉也。陳典促成,時趨【疾走】蜀過宋,太守王丐【乞求】不佞以序,因返溯顛末【本末,始末】,聊爲記言。後之,縉紳編氓【méng,古代稱百姓。編氓,編入户籍的平民】,按牒【簿册,書籍】指之,觀所以榮華及所以廢辱不可自鑑乎。夫推表山川,攟【jùn,同“攈”、“捃”,拾取,採集。《國語·魯語上》:“收攟而蒸,納要也。”】記迋【wǎng,《説文》、《字彙》、《正字通》都釋爲“往”】昔,以示嚮往者,刱【chuàng,古“創”字,撰寫】典之思也。陳乘,如在陳之典也。不佞方望表而赴焉,如曰鄙俗爲典牒,審者亦何敢辭。

順治庚子金沙于朋舉撰

陳州志後跋

和晚學其於陳乘,雖聞其概狀而未睹其書。順治庚子歲,河南督撫賈祖臺【舊時對高級官員的尊稱。清陳維崧《與王阮亭先生書》:"此字去後,復接老祖臺手劄,欲易墓表爲行狀。"】,檄令陳州修葺志書一事。郡守王公始進學博暨諸孝廉弟子員,搜求遺志,慾其删舊增新,而以是役【差事】委之何子潤及衆諸子衿【《詩經·鄭風·子衿》:"青青子衿,悠悠我心。"毛傳:"青衿,青領也。學子之所服。"後因稱學子、生員爲子衿】輩。和亦濫竽【典出《韓非子·内儲説上》:"齊宣王使人吹竽,必三百人,南郭處士請爲王吹竽,宣王説之,廩食以數百人。宣王死,湣王立,好一一聽之,處士逃。"後以"濫竽"比喻没有真才實學的人。亦表自謙之辭】史館,得取是書而初終披之。始知陳之菠始於渾茫【混沌蒙昧。指上古人類未開化的狀態。晉葛洪《抱朴子·塞難》:"渾茫剖判清濁以陳,或昇而動,或降而静,彼天地猶不知所以然也。"】,備恪於三代,卦畫開文字之先,絃誦繼《春秋》之響。嗣是而文正之芳嬿【嬿,古"美"字。范仲淹卒謚"文正"】,長孺之卧治【汲黯,字長孺】,以及武穆【岳飛之謚號。宋孝宗淳熙六年謚武穆,宋寧宗嘉定四年,追封鄂王】、孝肅【包拯之謚號】之勳,猶炳如在目,猗歟【嘆詞,表示讚美。猗,yī】盛哉【范仲淹、汲黯、包拯、岳飛此四人者,被陳人贊爲"四賢",並爲之立祠以祭之。詳見本志書《藝文》卷:《祭四賢祠文》、《四賢祠記》】。是役也,明州守楊公、同知王公閲二十年,兵憲翟公翻鐫二次矣。今復始改革之後,彙集新編,或補舊史之殘缺,或續新朝之人文,忠孝、節烈、淑慝、好丑,以矢【陳述,陳獻】

公慎，即操觚【操觚，執筆，謂寫文章。明宋濂《王冕傳》："操觚賦詩，千百言不休。"觚 gū，寫字或記事用的木簡。其形或六角，或八角】者，不敢謬參臆説，和亦何敢妄置月旦【即月旦評，品評人物。典出《後漢書·許劭傳》："初，劭與靖俱有高名，好共覈論鄉黨人物，每月輒更其品題，故汝南俗有'月旦評'焉。"】也。陋識管窺【從管中看物。比喻所見者小。《後漢書·章帝紀》："朕在弱冠，未知稼穡之艱難，區區管窺，豈能照一隅哉！"】，用勷【xiāng，説明，成全】其事，敬修數言以跋陳志之後。

順治庚子歲季夏之吉。

郡後學辛永和撰

重修陳州誌序

吾陳羲農建都，尼父過化【孔子經過陳地而教化其民。《孟子·盡心上》："夫君子所過者化，所存者神。"】，胡公備三恪之封，歷代剖維藩【《詩·大雅·板》："價人維藩，大師維垣。"毛傳："藩，屏也。"後以"維藩"喻保衛疆土的重任】之符【《戰國策·秦策三》："穰侯使者，操王之重，決裂諸侯，剖符於天下，征敵伐國，莫敢不

聽。"鮑彪注："符，信也，謂軍符。漢制，以竹，長六寸，分而相合。"】，
俻載傳註。然文闕獻謝【即文獻缺謝】，不過存什百於千
萬，至於今而湮佚殆盡，又僅什百中之一二耳。其風化
之所遺留，人賢之所歷履，猶有可採拾而俻乘者。先是
延陵王公注意修纂，未及就梓【印書的雕版。因雕版以梓木爲
上故稱。後泛指製版印刷】。暨憲副翟公祖慨然欲刪定之，
廼進諸鄉紳、士大夫而語之曰："有郡斯備志，本以經世
非以傳文也。"爾孝廉博士弟子員其相與共成之，輒成
一家言，迄今又二十餘年矣。鼎革【即"鼎新革故"之省寫。
《易·雜卦》："《革》，去故也；《鼎》，取新也。"】相繼，人物頓殊，歷
年來水旱災疫，兵火殘廢，較昔事繁而情慘。忠、孝、
節、烈種種於我陳者，猶有羲皇、尼父之正氣也。但經
回禄【傳説中的火神。《左傳·昭公十八年》："郊人助祝史除於國北，
禳火於玄冥、回禄。"後用以指火災】大變，諸書不存，而陳舊志
僅存殘編，聖邦遺跡，方痛湮没矣。適值河南督撫賈公
祖，檄諭本州，搜羅志書，郡守三韓王公諱士麟，始滌
【清理】史館，進諸孝廉學博弟子員，略就遺編，旁採新
蹟。於是舉其大凡【大凡，即要旨，概要】，芟【shān，除去，刪除】
其蕪穢【冗雜，雜亂。南朝梁蕭統《〈文選〉序》："略其蕪穢，集其清
英。"】，衡其損益，核其真贋，列其臧否，別其是非，文簡
其事覈，其言近，其旨遠。嗚呼，我陳雖不曰有完書，然
而亦可俻參考矣。昔江淹【(444—505)，字文通，濟陽考城（今

河南兰考)人,是南朝著名文學家】欲爲志【通"誌",記載】縣志未成,遂爲千古闕文。朱文公【朱熹(1130—1200),字元晦,號晦庵,諡號徽國文公。宋徽州婺源人。晚年徙居建陽考亭,又主講紫陽書院,故亦別稱考亭、紫陽。宋高宗紹興十八年進士,歷知南康軍、秘閣修撰。宋代教育家、理學家,繼承二程理學,世稱"程朱學派",是宋代理學的集大成者】至南康【府名。宋太平興國六年以江西星子縣爲南康軍治。元爲南康路,明清爲南康府】,首先問志。今公舉數千年一綫僅存之業,察往彰來,所由殆與淹異【其緣由大概與江淹迥異】而得文公之深意者乎。其所以示正俗之良規【匡正習俗的良好法規】,垂經世【治理國事】之大典者,即與孔氏之《春秋》並傳不朽可也。豈直【直,特,只】爲衡文【評選文章】者之便覽已哉!

順治庚子夏日

　　　　　　　　　　郡人何潤　撰

陳州志凡例【晉杜預《春秋經傳集解序》:"其發凡以言例,皆經國之常例,周公之垂法,史書之舊章。"又《左傳·隱公七年》:"凡諸侯同盟,於是稱名,故薨則赴以名,告終稱嗣也,以繼好息民,謂之禮經。"杜預注:"此言凡例,乃周公制禮經也。"後因以"凡例"指體制、章法或内容大要,今多指書前説明本書内容或編纂體例的文字】

一、義例,參用明舊《一統志》【記全國地理之書,元明清都有。元《一統志》一千卷。明《一統志》九十卷,李賢等撰。清《一統志》,康熙、乾隆、嘉慶時,屢經修輯。通行的爲乾隆四十九年所修之本,五百卷】、《河南通志》、《開封府志》、本州暨屬邑各新舊志,而稍集它郡國志乘之長,有全録原文者,徑注【直接注明】云某省、某郡、某邑志,或傳寫佚所從出【散失的文辭或篇什出自何處】,亦以"某志"二字標之。如原文不可【其下漏一字,如"考"之類】,仍必術其大指【術通"述",記述。大指同"大旨"】,矢【謹慎陳述】不掠掩【竊取掩飾】,示廣且公也。(《陳乘》)

一、古之學者,左圖右書【亦作"左圖右史"、"左右圖史"。

周圍都是圖書。謂嗜書好學。明鄭棠《長江天塹賦》：“桂檝蘭舟，左圖右書。”】，況郡國輿地【《易·說卦》：“坤爲地，爲母，爲布，……爲大輿，爲文，爲眾，爲柄，其於地也爲黑。”司馬貞《史記索隱》：“謂地爲‘輿’者，天地有覆載之德，故謂天爲‘蓋’，謂地爲‘輿’，故地圖稱‘輿地圖’。”後遂以“輿地”指大地，土地。】之書，非圖何以審訂。兹編先準晉裴秀《禹貢·地域》【《尚書·夏書》篇名。成書約在周秦之際。書中把當時中國畫分爲九州，記述各區域的山川、交通、物產狀況以及貢賦等級等，保存了我國古代重要地理資料】、元朱思本【臨川人，字本初，號貞一。以奉詔代祀境内名山大川，得以實地考察所至地理情況，參校前人著作，編繪廣達七尺的《輿地圖》二卷，已佚】《畫方圖》及明羅彝正省文象【省略了文字及日月星辰變化的跡象】，勒一圖式【勒，刻，勾畫。式，樣式，格式】，摩其疆域營建，冠諸簡端【冠，加在前面】，俾觀者瞭然刮目【俾，使。瞭，明晰】。（《陳乘》節文）

　　一、是編悉本《陳乘》，蓋取博極群書，校訂詳盡，無俟【俟，待】再搜，直撮【摘取，《史記·太史公自序》：“采儒、墨之善，撮名、法之要。”】大要，蘄【通“祈”，求】於簡典【簡樸而典雅】易觀，非敢以臆芟【憑主觀刪除。芟 shān，刪除】也。

　　一、各彙小引，采《陳乘》者什七，借【jiàn】補綴者什三，以分條稍別，難以牽合故也。

　　一、舊志沿革多有舛訛，今以歷代年表，參互考訂，即淮陽亦詳辨之，庶不至混淆，而以彼中人事參紀云。

一、《陳乘》兼載屬縣，亦見統轄之體，但邑志業【既，已】有專紀，不必再收，以滋煩蕪【滋生煩瑣蕪雜】，今一概不録。

一、陳地窊【yǔ，凹陷；低下】下，代有水災，惟河流之故道，湮淤而數爲患，故援古證今【南朝梁劉勰《文心雕龍·事類》："事類者，蓋文章之外，據事以類義，援古以證今者也。"】，溯流窮源，特爲之加詳。乃其説，率取酈道元《水經注》【酈道元（？—327），字善長，范陽涿鹿（河北省涿鹿縣）人，曾任尚書主客郎中、河南尹、御史中尉等職。他一生好學，歷覽群書，著《水經注》四十卷，保存了許多古代地理珍貴的資料，對後人作山水遊記影響頗深】及《通志》【各省志書亦稱通志】、《開封郡志》以爲據。（《扶溝志》稍加潤）

一、山川、宮室、古蹟，舊志題記多條附下方，今並入藝文類中，用便披覽，斷章剩句則附本條之下，以其關大故【大概】也。

一、物産非異他土者，不載。舊志列書涉於賬簿，《陳乘》詳註，大類《爾雅》【我國第一部詮釋古籍詞義的詞典，十三經之一】。今敷演【陳述而加以發揮。《三國志·魏志·高堂隆傳》："於是敷衍舊章，奏而改焉。"】成説，略本《扶溝》。而以授時事宜【謂記録天時以告民關於事情的安排和處理。授時，語本《書·堯典》："曆象日月星辰，敬授人時。"】附見於後總之，省方勤民，義各有取爾。

一、營建隨時因革，雖廢必書，以不忘前人之所創也。坊表十不存一者，亦特志之。

一、戶土久失，原額難於深考，今秖載其歷年衰益之數，校勘可知其由。稅糧舊額，新法不妨並載，用見更化宜民者之留心於地方也。

一、列傳並人物也，似不當別立名目。今依明舊《一統志》，以宦蹟人物分條，爲後來學宮【學校。舊指各府縣的孔廟，爲儒學教官的衙署所在】兩祀張本【預先說的話，或預先做的安排，謂之張本】。

一、舊志宦蹟，止載郡官，其餘如包孝肅公輩有大功於陳者，不錄；又如，睢陳道駐節本州政教，及我士民非淺以非陳官不載，甚爲闕典。今於宦蹟，立命使一，條載前代出使大臣及命監司，庶體統【體例、條理。《左思〈三都賦〉序》：“聊舉其一隅，攝其體統，歸諸詁訓焉。”】不紊，而亦不泯其功云。

一、宦蹟見任人物見存者，例不立傳，蓋公論必久而後定也，用俟後之君子。其鄉耆【鄉里中年高德劭的人】與飲好義樂施者，不妨列名以示風勵。

一、名宦名賢有賢子孫者，不拘世歲，附書傳後，以表像賢之隆應，以類從者，第繫其名，曰見某數。（《陳乘》）

一、孝行、貞烈，凡奉旌表【用立牌坊賜匾額等方式加以表揚，叫做"旌表"）者，特傳其實。然有窮鄉寠【寠 jù，窮困。《詩經·邶風·北門》："終寠且貧，莫知我艱。"】戶力不能上達者，雖表獎不及，亦志其略，不致泯滅焉。

一、它乘於封君義士多略不書。至於紀載繁蕪者，又屬可厭，兹以封贈【推恩臣下，將官爵授予其父母。父母活者稱封，死者稱贈。封贈之制，起於晉與南朝宋，至唐始備。最初僅及父母，唐末五代以後，始上追曾祖、祖、父母三代，往往以子孫的官位爲贈】另爲一類，不與正襍【"雜"的異體字】諸徒溷淆【同"混淆"，溷 hùn】。（《陳乘》）

一、鄉貢士有已仕而未得以一命榮親者，有未仕而臺使【六朝時指朝廷使臣。唐時指未正名的監察御史。《通典·職官六》："又有臺使八人，俸亦於本官請，餘同監察。"】以散秩示優者，知父者視其子，誼得並書，以彰式穀【gǔ，賜予福祿。又古謂任用賢德之人。《詩經·小雅·小明》："神之聽之，式穀以女。"式，用；穀，善。用其善人，則必用汝。以彰式穀，用以表彰賢德之人】之訓。

一、舊志有《兵衛志》一類較詳。至清朝定鼎，裁去衛所，其軍職、軍政以及營伍、器儲俱不載外，止具前有賢能陞遷，及值闖難殉義捐生者，猶備書之，以示鼓勸。

一、郡中大典，如朝賀祭享之類，有通行儀，注在不志。惟是太昊、絃歌【古代傳授《詩》學，均配以弦樂歌詠，故稱

“弦歌”。後因指禮樂教化、學習誦讀爲“弦歌”】，皆此中特典，亦特書之。其祠廟、寺觀除拆毀若干處，依舊志姑存。至於頒降郡書正典章【頒發下達陳郡的文書，正本的法律制度】之宜守，今經回禄【傳説中的火神。《左傳·昭公十八年》：“郊人助祝史除於國北，禳火於玄冥、回禄。”後用以指火災】焚缺不復存矣，無憑稽查。

一、它志有載及封贈、誥勑【gào lài，告誡，勤勉】之文，疑於家乘【好像是家乘。疑，比擬，好像】，今直紀其姓氏曰：以子某貴秩【官職的品級】，寵榮自在。若賦贈詩歌有關境土者，仍收拾遺文，用附末簡。（《扶溝志》節文）

一、《春秋》以兵戎、災異比次【次第】聯書，重其事也。兹編以兵變、災祥備紀，亦竊取《春秋》之義云。（通上文稍潤。《陳乘》）

一、仙釋勼【jiū，同鳩，聚集】異事，涉不經，然考之《一統志》及各省直《通志》皆存而不削，非好奇衺【xié，亦作“奇邪”，詭詐】，亦紀異之體也。是編據《夷堅志》【筆記小説集。宋洪邁著。取《列子·湯問》“夷堅聞而志之”語爲書名，書中所述多爲神怪故事，但也有不少軼事遺文，方言民俗】、《幽怪録》【即《玄怪録》。唐牛僧孺撰。原書久佚。《新唐書·藝文志》著録十卷，《太平廣記》録存十一篇，記敍怪異】、《搜神記》【東晉干寳作。是一部筆記體裁編寫的志怪小説集】及此中父老所目擊者，兹書之，以爲鑒戒之資。

一、諸史列傳，美惡並載，初不尚【“專”之異體字】主褒也。是編業志賢良，以示法程【猶效法。明陳烈《重刻〈誠意伯文集〉後序》：“集殘缺矣，士君子有志用世明道，舍是何所法程哉？”】。復爲惡鑑一類，以附於楚稱“檮杌”【táo wù，傳説爲遠古的惡人，“四凶”之一。《左傳·文公十八年》：“舜臣堯，賓於四門，流四凶族渾敦、窮奇、檮杌、饕餮投諸四裔，以禦螭魅。”後泛指兇惡之人】之義。然亦止及往代，今尚曲爲之隱，以存雅道。

一、舊志藝文，以宸翰【帝王的墨蹟】奎章【帝王的詩文與書法】與諸作溷【混雜】紀，尊尊之謂何？今以御製首標，而臣士之作臚列【臚 lú，陳列】於後，庶爲得體。

一、增入事蹟人物，藝文悉采自郡史、各子集、誌書、類書，靡不搜討，胥【通“須”，待，等待】後核實，不敢餙【同“飾”】增。（陳）

一、引用駁正，必詳著所從，間有錯簡則傳寫之誤，不敢擅爲更改，以示闕疑【有疑問暫時擱置，不作主觀臆測】之義。

一、此中人事，有在可否之間者，即不書，亦可。然比於雞肋，棄之可惜，故爲外傳一類。收之要亦籍爲鑒戒，不厭拾遺，幸勿以贅疣【亦作“贅肬”。指附生於體外的肉瘤以喻多餘無用之物。《楚辭·九章·惜誦》：“竭忠誠以事君兮，反離群而贅疣。”】目之也。

一、志爲紀事之書，必談切時事，方爲有益。據事且書，奚暇藻繪【奚，何，胡；暇，通"假"，借著，利用】，然有特爲論著關法戒之大端【(事情的)主要方面】者，稍行以文義取條陳，亦不屑屑於餖飣【dòu dīng，將食品堆疊在器皿中擺設出來，比喻雜湊堆砌】也。知我罪我，何庸心焉。

一、新編事蹟俱照舊志門類附入篇後。自明萬曆乙卯丙辰，迄今清上庚子歲，諸凡事宜，悉屬目擊耳聞，無阿隱【庇護隱瞞】，無浮靡，雖曰俚鄙不文，統以俟後之君子，爲之點綴而潤色焉。

陳州境圖一

（圖二缺）

陳州城圖三

陳州治圖四

陳州學圖五

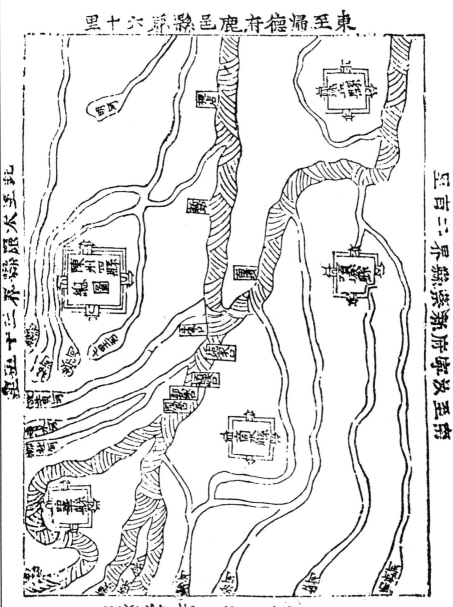

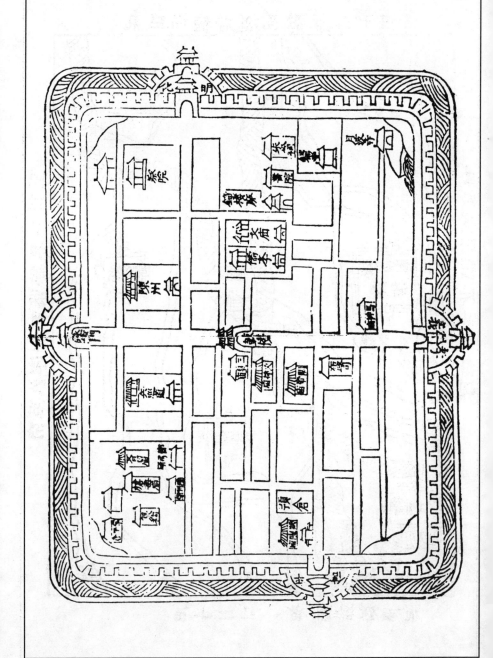

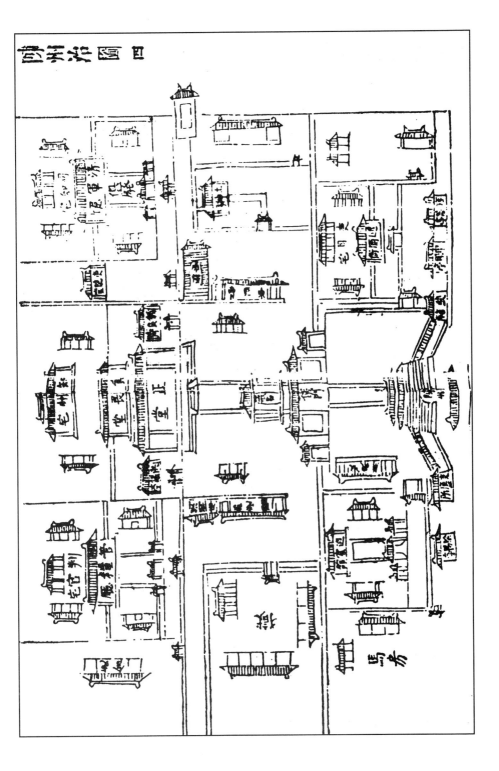

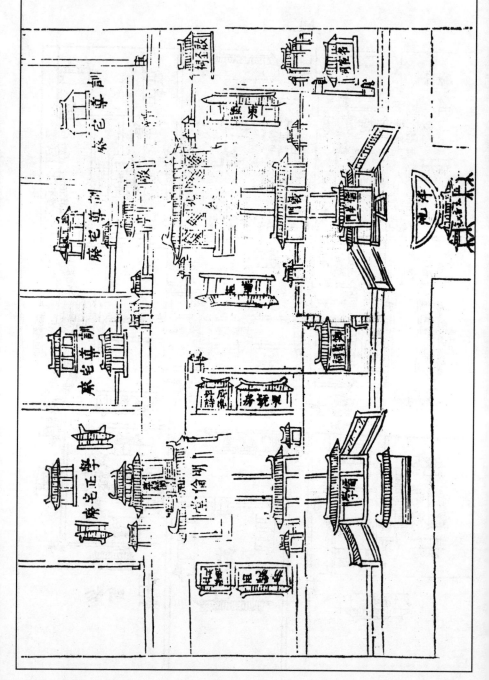

陳州志第一卷

疆理【劃分，治理。語本《詩經·小雅·信南山》：“我疆我理，南東其畝。”楊伯峻注：“疆，劃分經界。理，分其地理。”】**志**

建置　星躔【chán，日月星辰運行的度次】分野　疆域　形勝　山川　古蹟　陵墓　風俗　物産

夫辨方正位，經土分域【即經分土域。劃分土地疆域界限。《周禮·地官·遂人》：“遂人掌邦之野。以土地之圖經田野，造縣鄙形體之法。”鄭玄注：“經、形、體，皆謂制分界也。”】。陳自赤帝【古帝王之一。“以火德王”，故亦稱炎帝，即神農。《易·繫辭下》：“包羲氏没，神農氏作。”詳見本志《紀勝志·聖皇建都》】白阜【《太平御覽·地部·地上》卷三十六：“《春秋元命苞》曰：‘神農世怪義生白阜（注：怪義，白阜母之名也），圖地形脈道（注：白阜爲神農圖畫地形，通水道之脈，使不擁塞也）。’”】之命業已然矣。第【但是，表示轉折】我疆我理，名以代更，一隸一轄，勢隨時變，則披圖吊

古,寧不班班【明顯貌,顯著貌】可考乎。惟是星次分躔,山河流峙,勝概【美景。李白《夏日陪司馬武公與羣賢宴姑熟亭序》:"此亭跨姑熟之水,可稱爲姑熟亭焉。嘉名勝概,自我作也。"】名蹟,雄跨千古。一眺臨,猶令人有上世皇風之想,蓋寔【"實"字異體字】地自效靈【顯靈】,中州迥異者矣。若乃覽風物而晰方音,又有轉移化導【教化開導。《百喻經·認人爲兄喻》:"爲利養故,取彼佛語,化導衆生。"】之術,於官師【百官】都人士【指居於京師有世行的人。《詩經·小雅·都人士》:"彼都人士,狐裘黃黃。"】有厚望焉,作疆理志。

建　　置

陳,太昊之墟,古宛丘之地,神農都之始爲陳陳舊也,謂伏羲所居之舊都也。殷以封舜之後《史記》宋忠注云:"虞思之後,箕伯直柄中衰,殷湯封遂於陳,以爲舜後。"周復封虞嬀滿爲陳侯國屬豫州《史記·陳杞列傳》:"陳胡公滿者,虞帝舜之後也。昔舜爲庶人時,堯妻之二女,居於嬀汭,其後因爲氏姓,姓嬀氏。舜已崩,傳禹天下,而舜子商均爲封國。夏后之時,或失或續。至於周武王克殷紂,乃復求舜後,得嬀滿,封之於陳,以奉帝舜祀,是爲胡公。"】。其邑有壺丘一作狐丘,未詳其地、焦譙縣、夷城父、株林今西華縣西夏亭、株野今柘城縣、相即苦今鹿邑縣、鳴鹿今址在鹿邑、辰陵未詳其地、防《博物志》曰:"陳境北防亭在焉。"今廢、檉【chēng】西華南有會檉寺《春秋·僖公元年》:"楚人伐鄭。八月公會齊侯、宋公、鄭伯、曹伯、邾人於檉。"杜預注："檉，宋地。陳國陳縣西北有檉城。"】、留祥符縣本鄭邑，陳併之故。留，迨春秋與項伯國，今項城、頓子國，今南頓鎮、沈子國，今沈丘爲列國。其後滅於楚周景王十一年，至頃襄王自郢【楚國的都邑，今湖北江陵西北】遷都之周赧王三十七年。及秦滅楚，以陳爲縣屬潁川郡。漢罷【解除】潁川郡，益【增加】淮陽。其縣有平輿今沈丘、富波今爲沈丘地、汝陽今商水、南頓、西華莽【新莽，王莽】曰華望、長平莽曰長正，今址在西華、宜禄今爲店、項今爲槐坊店、博陽莽曰樂嘉，今址在州東南，俗名羅氏淫，又封淮陽國爲郡莽曰新平。其縣有陳附郭，莽曰陳陵、苦陽夏今太康縣、寧平今址在鹿邑、扶溝今屬開封、固始今屬汝寧、圉【yú】址在杞縣、新平址在州東北、柘今曰柘城屬歸德府。東漢因之，有平輿、南頓、汝陽、項、鮦【tóng】陽今址在沈丘境、西華、富波、宜禄，又改陳國。章和《後漢書·孝和孝殤帝紀》："章和二年二月壬辰，即皇帝位，年十歲。尊皇后曰皇太后，太后臨朝。三月丁酉改淮陽爲陳國。"】二年，有陳附郭、夏陽、寧平未詳其地、苦柘、新平、扶樂今址在太康西、武平址在鹿邑、長平、新陽未詳其地、新安未詳其地，至永平【東漢明帝劉莊年號，在章和之前】八年，削西華、項、新陽；十二年削圉、宜禄、扶溝，三分魏爲陳郡太和【三國魏明帝曹叡年號】六年。晉置豫州，治陳國，又僑設【即僑置。六朝時南北分裂，戰亂頻仍，諸朝遇有州郡淪陷敵手，則往往暫借別地重置，仍用其舊名，稱爲"僑置"】陳郡於南以永嘉【西晉懷帝司馬熾年號】之後，中原淪没也。

又合陳郡於梁國【南北朝—南朝】武帝某年，有陳、項、長平；又分梁國，立陳郡惠帝【西晉司馬衷帝號】某年，有陳、項、長平、陽夏。南北朝宋爲豫州部，以陳分爲二郡。陳郡之屬項、西華、長平、穀陽今處在鹿邑。南頓郡之屬南頓，東魏分爲二部三郡，北楊州部，陳郡之屬項、長平、西華、襄邑治思都，南頓郡之屬南頓郡治、和城在南頓平鄉，新蔡合州部。北陳郡之屬陽夏，北齊爲信州，有秣陵州治、西華、和城。後周始爲陳州，縣因之。隋置淮陽郡開皇十六年，復爲陳州太業初。尋廢州，置淮陽郡煬帝某年，有宛丘開皇初析置臨蔡縣，大業初仍併入、西華開皇八年改鴻溝，大業初復改西華、溵水今商水、扶樂、太康即陽夏、鹿邑即鹿邑、項城開皇初改秣爲項縣，十六年，分置沈州，大業初州廢、南頓、郾、鮦陽。唐爲陳州淮陽郡，有宛丘武德【唐高祖李淵年號】元年，析置新平縣，八年省、太康貞觀元年，省扶樂入焉、項城武德四年，以項城、鮦陽、南頓、溵水置沈州，並置潁東縣。貞觀元二年州廢、南頓證聖【武則天年號】初，改曰光武。景雲【唐睿宗李旦年號】元年復故、西華貞觀初，改武城，又改箕城，景雲元年復故名、沈丘隋沈州領沈丘、宛丘二縣，唐初州廢，以宛丘隸陳。五代爲陳州鎮安軍晉置軍，漢廢，周復置。宋爲陳州，遷陞淮寧府宣和【宋徽宗趙佶年號】元年，置淮陽郡鎮安軍，有宛丘、項城、商水即溵水、西華、南頓，今因之嘗置行中書省於此。復爲陳州附郭屬縣與宋同置，清水至元【元世祖忽必烈年號】二年廢。明仍爲陳州，領商水、西華、項城三縣,而隸於開封府,并置陳州衛以守之。弘治【明孝宗朱祐樘(chēng)年號】十一年,新益沈丘縣焉,共統四縣。

清順治十六年奉旨將陳州衛裁併歸附陳州。

淮陽郡辨

陳乃《禹貢》【《尚書·夏書》篇名】豫州之域,春秋陳侯之國也。其曰淮陽者,以其在淮水之北,故名。第歷代有沿革而他土或同其稱,是不容於無辨者。按漢置淮陽國,自高帝【漢高祖劉邦】始。隋置淮陽郡,唐因之,此陳號淮陽之顛末【本末,前後經過情形。顛,本,始】也。他如真陽屬汝南【縣名。西漢置,屬汝南郡。以其在汝水之北而名】郡,隋【疑為陳】嘗以載初【武則天年號】元年改淮陽矣。又《輿地廣記》【宋歐陽忞(mín)撰,三十八卷。五卷之後,列郡縣建置沿革離合,內容完整,體例清晰,開後代編一統志的先河】淮陽縣在漢陵縣【縣名。屬山東省。漢安德縣地,屬平原郡。隋置德州,唐宋因之。明永樂(明成祖朱棣年號)七年改為陵縣。明清皆屬山東濟南府】、泗陽【縣名。屬江蘇省。西漢置,屬泗水國。故城在今縣東,東漢廢。元置桃園縣,亦名桃源縣,清因之,屬江蘇淮安府】之間,有淮陽城。而梁蕭衍因置淮陽郡,則後魏尉元【見本志卷二《紀勝·歷代藩封》注】所稱,先定下邳【秦縣。漢屬東海郡故地,在今江蘇宿縣】、平宿、豫鎮、淮陽者是已。至宋太平興國【宋太宗趙匡義年號】七年，以下邳、宿遷【縣名。屬江蘇省。春秋時鐘吾子之國，後宿國遷都於此】二縣置淮陽軍【宋代行政區劃名，與州、府、監同隸屬於路】，蓋皆楊州之域，而非吾陳之所謂淮陽也。舊志誤以彼中人參紀，而名宦亦有崇祀之者。殊未深考，今特詳辨於此。庶令博雅君子無致混淆云。

　　附錄：俗傳州東關爲“昭那府”，考之載籍無所見，豈陳嘗設“招討府”【掌招撫征討事務的機構】爲史志所遺，而後譌稱之耶。抑漢皇甫嵩【字義真。皇甫規兄子。少好詩書，習弓馬。漢靈帝時因大敗黃巾軍有功，領冀州牧，拜太尉。《後漢書》有傳】爲朝那【縣名。漢置，屬安定郡。故址在今甘肅平涼縣西北】人，曾討黃巾於此而爲之府耶，未能詳究，姑記於此，以俟知者辨焉。

　　星　躔【日月星辰運行的規律。躔 chán，日月星辰在黃道（人們從地球上看太陽移動的路線叫做黃道）上的運行度次。《方言》第十二：“躔歷，行也。日運爲躔。”】
　　分　野【與星次相對應的地域。古以十二星次的位置劃分地面上州、國的位置與之相對應。就天文説，稱作分星；就地面説，稱作分野】

　　夫天下郡國【郡和國並稱。漢初，兼采封建及郡縣之制，分天下爲郡與國。郡直屬中央，國分封諸王、侯。封王之國稱王國，封侯之國稱侯國。隋廢國存郡。後以郡國泛指地方行政區劃分】多矣。一州詎【jù，豈】止一國，天文分野於十二州，才舉十二國，則自十二國之外皆爲附見【謂見於正本的附錄或正傳的附傳】，無專星矣。陳雖大國，而不與十二國之數。前漢《地理志》以爲觜【zī。觜宿，星宿名。二十八宿之中白虎七宿的第六宿，有星三顆】參【shēn，星名，參星，二十八宿之一，西方白虎七宿的末一宿。即獵戶座的七顆亮星】之分，又以陳屬角亢【kàng。角宿與亢宿並稱，二十八宿中東方蒼龍七宿的第一、第二宿。舊傳均爲壽星。《爾雅》：“壽星，角、亢也。”】氐【dī，星名，即氐宿。二十八宿之一，東方蒼龍，七宿的第三宿。有星四顆，也稱天根】謂與韓同分，則《天文志》幾於自背其説矣。晉直以陳爲入心【二十八宿之一，東方蒼龍七宿的第五宿，有星三顆。其主星亦稱商星、鶉星、大火、大辰。《宋史·天文志三》：“心宿三星，天之正位也。”】一度。唐又以角亢壽星爲豫州之分，宜屬鶉火【星次名。南方有井、鬼、柳、星、張、翼、軫七宿，稱朱雀七宿。首位者稱鶉首，中部者（柳、星、張）稱鶉火，末位者稱鶉尾。《左傳·昭公八年》：“歲在鶉火，是以卒滅。”】。《天文志》則以鄭與周同分豫州，而陳州四縣爲豫州之域，屬亢。總之，或爲觜參，或爲氐角，專之而爲心亢，兼之而爲房心【二十八宿中房宿與心宿並稱。舊時以房心象徵明亮】。彼是此非，陳之分野，終於紛紛之説矣。

疆　　域

陳州爲郡，居梁、蔡、亳、許之間，於河南境爲東南隅，總管内之地，幅隕【地廣狹爲幅，周圍爲員（圓），合指疆域。《詩經·商頌·長發》：“幅隕既長。”幅隕亦作“幅員”，隕通“員”】蓋二百餘里。其所自理者【自然而治理之范圍】，東至鹿邑界四十里，西至西華界六十里，北至太康界四十里，南至項城界七十里，廣袤【指土地面積。從東到西的長度叫"廣"；從南到北的長度叫"袤"】僅百里有奇【jī，零數，有餘】焉。其通道於四隣則由州治，而北少西到太康，七十里，路達會城【省城】；西少北到西華，七十里，路達許、禹【許昌、禹州】；西到鄢城，一百五十里，路達唐、鄧【唐河、鄧縣】；西南到商水，七十里，路達汝蔡【汝南、上蔡】；南到項城，一百二十里，路達光黃【光山、潢川】；南到沈丘，一百五十里，路達潁壽【潁州，壽縣】；東少北到鹿邑，一百二十里，路達亳滁【亳州、滁州】；東北到柘城，一百二十里，路達歸睢【歸德、睢縣】；西北經會城轉而東北，到京師，一千八百里；東南經潁州，迤邐到江南，千二百里。

形　　勝

古今談方向者，率貴陽明。陽明者，東南也。故崑崙爲天地之中，自古神州赤縣【戰國時期齊人騶衍稱華夏爲"赤縣神州"。《史記·孟子荀卿列傳》："以爲儒者所謂中國者，於天下乃八十一分居其一分耳。中國名曰赤縣神州。赤縣神州內自有九州，禹之序九州是也，不得爲州數。中國外加赤縣神州者九，乃所謂九州也。"】號爲中國，乃居崑崙東南張衡《靈憲》。豫爲九州之中，陳爲樂土，亦在豫東南。蓋東南者，顯明之地，陽和之所鐘也，形勝之所趨也。昔伏羲仰觀俯察，肇居【創始居住。《後漢書·班彪傳下》附"班固傳"："且夫建武之元，天地革命，四海之内，更造夫婦，肇有父子，君臣初建，人倫寔始，斯乃宓羲氏之所基皇德也。"】是土，諒無取爾矣。雖女媧、神農不能易焉。後世即尚險固，不能定都，而建國置郡恒在也。今觀其地維【繫大地的繩子。古人以爲天圓地方，天有九柱支撐地有四維繫綴】廣平，無名山大川《詩經》朱註。其形勢咸自嵩【嵩山。在河南登封縣北，爲五岳之中岳】而來，有西銘【即西銘山。詳見本志《疆理·山川》】以昭其觔【同"筋"】絡，有汝潁【汝河、潁河】以通其血脈，有穀蔡【穀水、蔡河】以流其穢濁。南襟淮、蔡，荆、塗【荆山，在湖北荆州。塗山，在今安徽懷遠東南、淮河東岸，又名當塗山】諸山揖拱於前，北枕魏、梁，河、濟【黄河、濟水】之流環繞於後，右挹【牽引，汲取。郭璞《遊仙詩》："左挹浮丘袖，右拍洪崖肩。"】外方之秀，左控孟諸之麋【麋，通"湄"，水邊。《詩經·小雅·巧言》："彼何人斯？居河之麋。"】。《世紀》云："太昊都陳，豫州之域，西望外方，東不及孟諸。"外方，山名，即嵩山。孟諸，澤名，在今歸德。居中山之衝要【軍事或交通上重要的地方】本州修造記，乃西楚之名都。《路史·國名紀》【宋羅泌撰，四十七卷。紀三皇至夏桀之事】云："頃襄徙陳，號西楚。"《鹽鐵論》云：燕之涿薊，趙之邯鄲，魏之溫、軹，韓之榮陽，齊之臨淄，楚之宛丘，鄭之陽翟，三川之二周，富冠海内，皆爲天下名都，居五諸侯之衢。跨街衢之路也。周爲三恪之首周以前代之後爲三恪。恪，敬也。言敬之爲賓，不敢臣也。

宋稱諸輔之雄宋以陳、曹、許、滑、鄭州爲輔郡。明《道襃志》云："陳，輔郡之雄。"勁兵之處《史記》，用文之國唐《〈天文志〉序》。舟車駢會【聚會。駢，並列】，誠爲財賦之區西華舊志及本州《譙樓上梁文》。禮教夙閑【嫻雅】，允稱英賢之藪【sǒu，指人聚集的地方》《上梁文》及《科舉題名記》。古蹟多於列郡《史記》註。見建置之頻興，土壤饒於他邦舊志。知軍民之富庶，爲諸藩【指封建王朝的侯國或屬國，唐朝的節度使，明清時期的布政使】之控扼《輿地圖》云："歸睢、陳州地兼數省統轄，非一奸人，常藉以首難，剿捕則潰溢四出，禍延他境。"實東南之都會。

山　川

　　西銘山，據《紀纂淵海》在州西北，今城西北一帶。地勢豐隆，隱然若山。而故老相傳，有耕地得墻基者，疑宋之西園【在城西。宋張詠創建。中有七亭，曰流芳、中宴、流杯、香陰、環翠、洗心、望京。有閣曰冷風堂，曰清思。晏殊以故相陳，因之陳地有莎叢生，殊愛之，辟爲莎場，作記（見本志《藝文·庭莎記》）。今廢】，或依此而爲之乎？今人以城西池外高岸當之，不知此爲舊城之西乳耳。有指城中南十字街爲西銘山，近是。

　　宛丘，《爾雅》云："宛中，宛丘。"又云："丘上有丘，爲宛丘。"又云："天下有名丘五，其三在河南，其二在河北。"毛氏【指漢代初期，毛亨（一說毛萇）著有《毛詩》二十九卷，《毛詩故訓傳》三十卷，故稱】云："四方高，中央下，爲宛丘。"孔氏曰《釋丘》云："宛中宛丘，言中央宛宛然，是爲四方高，中央下。"郭璞【晉河東聞喜人，字景純。和經術，博洽多聞，擅詞賦，通陰陽曆算，注《爾雅》等】亦謂"中央隆峻，狀如一丘"，則與《爾雅》合，與毛、孔正反矣。

韞【yùn】丘，孔子在陳，巫馬期與子路【見本志《人物志》】薪【柴火。在此用作動詞，拾柴】於韞丘，今不知其處。

清丘，在州治北五十里，高二丈五尺。舊以爲漢淮陽王【見本志《歷代藩封》】嘗登此丘，以長安有清丘，故名此，以寄思耳。

燕丘，在州城東南四十里，高五丈。相傳楚滅陳燕軍【燕通"宴"，犒賞楚軍】於此。

鞍子嶺，在州北二十五里，灉【huò】河之南，其形似鞍，故名。

沙水，俗名小黄河。源出滎陽北，河東南過中牟縣之北與汴【即"汴河"，亦作"汴水"。其上流受黄河水爲古滎陽滎瀆，也叫南濟，在滎陽的一段叫蒗蕩渠】同流。是曰：蒗【làng】蕩渠。東南至浚儀而分：一瀆【dú，溝渠】東注爲汴，一瀆受新溝水，南流爲沙，經朱仙鎮、吕家潭至扶溝縣東北，受溱洧【zhēn wěi。溱水與洧水】水，世謂之雙洎河。沙水又東南入西華縣境，至縣繞城之西、北、東三面，又東南逕李方口西，又東南合潁、汝二水，入商水縣境。逕周家口，又其東，受清水及柳社河水，爲白馬溝。其南爲潁岐口。潁、汝東南流沙，東流逕郡城南牛家口，東受河水，又東逕新站南王昶集，北又東受蔡水，又東逕故項城縣南，又東逕新安集南，又東受枯河水，又東逕紙店南，又東界首集南，又東逕太和縣南，又東逕潁州【府名。秦爲潁川郡地，兩漢爲汝南郡地。明屬鳳陽府，清置潁州府。州治爲今安徽阜陽縣】北，後合潁水而注入於淮。按此水自受新溝水南流爲沙，以上水經故道。自朱仙鎮以下，俱今日水道典《水經》所載，逕小扶城西、大扶城西、東華城西、長平故城北，及逕又東而南，屈分爲二瀆，一注於潁，一入於淮者，其道不同。

　　項水，俗名沙河。源出潁川陽城縣西北少室山。東流歷陽城、陽翟、潁陽、潁陰臨諸縣，又東南逕澤城北，又東逕故濦濄【yǐn qiáng。濦同“潩”，濦水，亦作潩水，水源即今河南登封縣潁水三源中的中源】城南，又東入於西華縣西北，其右枝瀆亦入於縣之西境，逕清水鎮北，復合流逕縣西南，分一瀆爲棗祇河。潁水又過縣東南合汝水，又東南入商水縣境合沙水，逕周家口，又東爲潁岐口，沙水東流。潁水東南流逕南頓鎮，又東南逕今項城縣北，受澱【gǔ】水、汾水，又東入沈丘縣境，受虹河水，又東南逕今沈丘縣南，又東南逕故沈丘縣北，又東逕潁州北，復與沙水合流，至鎮陽注於淮按，此水至西華縣，而上俱水經故道。自西華而下，今水道與故稍不同。《爾雅》：“潁出爲沙。”則沙之稱名有自來矣。

　　黃河,源出崑崙西南星宿海,北流塞外。由山西境而南至潼關入河南境。宋太平興國【宋太宗趙光義年號】十年,河決滎澤始南徙,奪汴水之道以注於淮。金昌明【章宗完顏璟年號。當作"明昌"】五年,河決新鄉,由太康逕本州東南至潁州。元末又自通許分一支,自本州商水入南頓,混潁水,東流於項城。明洪武二十四年,河決原武,經汴城東南至本州城西,又東南經項城,下入淮。三十年冬十一月,河徙入本州。永樂九年,濬入故道。正統【明英宗朱祁鎮年號】十三年又決滎陽,經本州至項城,下入淮。弘治間又北徙。

　　蔡河,即惠民河。自汴城東南,流至州城西北五十里明馬集西入境,東流至鞍子嶺,土人呼爲黑河。又東至臨蔡城北,又東逕戴家集南,東流入鹿邑縣境。五代周顯德六年,引河入蔡以通陳潁之漕,又於近城鑿渠,築倉城以便儲守。宋時,陳蔡之粟自此入汴。明初,猶置七閘,以通舟楫,其渠自州城西北,還太昊陵前而東至護城堤東北隅,折而南受七里河水,又南合於枯河,東南逕馮唐店西,又東南至魯臺集,南合黃河故道,又東南至故項城縣西注潁,即大北關之河也。以上引蔡水,故亦名蔡河。今人以此爲蔡,故北蔡河爲黑河,以別之,然蔡河即濋河也。詳見後。

谷水，源出潦陂【bēi】。陂在郡城西北，南暨華城，皆爲陂。陂水東流謂之谷水，東經潦城北。王隱【晉，陳人。著有《西晉史》。詳見本志《人物志》】曰："犖【luò】北有谷水，是也。"潦犖同。犖，即《春秋傳》公會齊、宋於檉【chēng，古城名。一作朾，又名犖，故址在河南淮陽西北。公元前659年楚伐鄭，魯僖公與齊桓公、鄭文公、邾人會於此】之地也。在郡西南，谷水又東流，逕郡城南，又東入於沙。按今郡境之西北，有清水河，南流逕土中坡至搬罾【zēng】口。西華縣境之東有柳社河，南流逕故清河驛，亦至搬罾口合流，是曰：白馬溝。南入於沙，似即穀水。而穀水之過郡入沙者，則淤不復可考。

濯河，上源湮淤，但承郡西北諸陂水，東流逕鞍子嶺北，又東逕臨蔡城北，又東逕戴家集南，又東逕入鹿邑縣境，注於剌河，今涸。考漢《溝洫志》【記載田間水道、溝渠的書】，元光【漢武帝劉徹年號】五年，河水泛溢，上使汲黯疏決枝河數道，以分河水。濯水即舊引河水瀆也。蓋亦自扶溝東滀蕩渠來者，一名典水，一名涸河，今俗謂之黑河。

枯河，即沙水故道。上流自長平故城北來，今皆淤塞。但郡西北二十里上承陂水，匯爲河，東流逕沙窩店北，又東爲九里溝，即陳佗溝，漸折而南逕郡東，又南十餘里合於蔡水。稍南又分東流逕試劍冢南，又東南逕故黃花城，又南入沈丘縣境新安集，東注於潁，今涸。

七里河，無源。但自郡西北淩家廟西起，上承諸陂微有水道。隆慶【明穆宗朱載坖年號】戊辰僉憲傅霖以郡多水患遂疏河，南流逕郡西南折而東注於蔡。此河去郡西與南皆七里，因名。

柳湖，在郡城西北隅，見古蹟。

北關湖，在郡城柳湖東。

南壇湖，在郡城東南隅，南壇傍，因名。

八字溝，在郡東南八里。宋州守陳襄所開。

呂長溝，在郡東四十五里。

狼兒溝，在郡東十八里。

陳佗溝，在郡東北，即今九里溝。《寰宇志》【即《太平寰宇志》，北宋地理總志】云：“在州北一十里，上從安仁溝出，入州郭。”古老傳云：陳公子佗【見本志二卷《紀勝志·歷代藩封》】開，所以灌溉。

古　　蹟

駐蹕【bì，帝王出行時，開路清道禁止通行。駐蹕：帝王出行時沿途停留暫住】亭，在州城北蔡河之濱。洪武元年，幸汴道【幸，帝王親臨。此指明太祖朱元璋親臨汴梁（開封）道】經本州，因建亭以駐蹕。正統間，黃河水溢，傾圮【pǐ，坍塌，毀壞】，遺址見存。

羲神實，《路史》【宋人羅泌撰，四十七卷。紀三皇至夏桀之事】註云："今宛丘有陳城。"故《陳國傳》云："太昊之墟，神農亦居此。"酈元云："今古城北有所謂羲神實者，其處也。"《世紀》【記錄帝王世繫的書。古有《尚書·世紀》，晉皇甫謐撰《帝王世紀》，載上古帝王之事】云："太昊都豫州之域，西望外方，東不及孟諸【亦作"孟瀦"、"孟豬"，古澤藪名。在今河南省商丘東北、虞城西北】，胡公之封，神農亦都之。是羲、炎果同處矣。"羲神實，未詳其處【《水經注·渠沙水》："沙水又東逕長平縣故城北，又東南逕陳城北，故陳國也。伏羲、神農竝都之。城東北三十許里，猶有羲城實中，舜後嬀滿，爲周陶正，武王賴其器用，妻以元女太姬而封諸陳，以備三恪。"殿本：案城近刻訛作神。由此可見，此處"羲神實"中"羲神"當爲"羲城"。"實"是割裂原文，本來"實中"爲一詞】。

五穀營，在城北十里，相傳神農種五穀處。

畫掛臺【一名八卦臺，又名八卦壇】，《路史》註云："今宛丘城北一里有伏羲廟、八卦壇。"《宇志》【《太平寰宇記》】云："伏羲於蔡水得龜，因畫八卦之壇。有長史張齊賢文，李邕易之。"《一統志》有揲蓍【shé shī】壇【《河南通志》："伏羲揲蓍之所，内有蓍草堂（今名"蓍草園"）在太昊陵後，方廣八十餘步，蓍草迎春發芽（"蓍草春榮"，爲淮陽八大景觀之一），秋後莖成。取其莖以揲卦。"】即此處。明正統三年，知州張志道增築建亭，垣周十二門，石刻一座。嘉靖二十四年，知州唐方鼎建大殿七間，石刻四座，東西廂各三間，門一座。嘉靖丙辰，知州李應霑修之，立坊於西，扁曰：觀察遺址。萬曆初，知州洪蒸增捲棚五間，八角亭一座，內塑伏羲像。知州許汝升繼立坊於舊處，扁曰：則圖古壝【wěi，壇、墠及矮土圍墙的總稱】。今廢，止存基。

厄臺，在州城外西南隅，世傳爲孔子絕糧處。明成化六年，知州戴昕闊其基址，建以廟庭，繞以周垣，中設尼父木牌拜謁，以石記之，名曰：厄臺。明弘治【明孝宗朱祐樘年號】七年知州倪誥重建，塑聖像於中，左右列四科之賢【孔門四種科目，指德行、言語、政事、文學。《論語·先進》："德行：顔淵、閔子騫、冉伯牛、仲弓。言語：宰我、子貢。政事：冉有、季路。文學：子遊、子夏。"】。嘉靖七年巡按御史譚公纘【zuǎn】增拓祠宇，題曰：絕糧祠。扁後堂曰：知德書院。二十一年巡按御史趙繼本改曰：絃歌臺。其廟則正殿七間，門二座，皆高臺危壁，巍然可仰。萬曆二十九年，徐公即登復建講堂數楹，榜曰：仰止軒。更其堂扁曰：崇正書院。增其門曰：美富之門。每夕陽晚眺，古柏蒼然，蒲荷爭碧，偉然亦奇觀也。今殿宇漸頹，大門盡圮，及時修葺，大有望於賢守云。【按：孔子在陳絃歌之地，後人築臺祀之。明成化六年知州戴昕建廟，設木主，名曰：厄臺祠。弘治七年，知州倪誥重建，塑聖像，列十哲。嘉靖七年，巡按御史譚纘增拓正殿七間，門二座。題曰：絕糧祠。二十一年巡按御史趙繼本改曰：絃歌。萬曆二十九年（1601年），睢陳道徐即登增其門曰：美富之門。一云弦歌臺爲弩臺。《後漢書·孝明八列王傳》："（陳愍王）寵善弩射……中平（靈帝劉宏年號)中,黃巾賊起,郡縣皆棄城走,寵有强弩數千張,出軍都亭。國人素聞王善射,不敢反叛,故陳獨得完,百姓歸之者衆十餘萬人。"《太平寰宇記》有陳王弩臺,開元(唐玄宗李隆基年號)中,移孔廟於其上】

陵陽臺,《家語》【《孔子家語》】:"孔子自衛之陳,陳侯起陵陽之臺。"今臺不存。

秋胡臺,在州城東南六十里,俗傳秋胡仕陳時居此。秋胡,魯人,故名,臺曰"魯臺"。

弩臺,《太平寰宇記》:"陳敬王,弩臺。開元中,移孔子廟於其上。"疑即今之厄臺。

藕臺,在州城西北三十里。舊志以爲即古固陵之地。《括地志》【唐代分道計州的地志】云:"固陵在州沈丘縣西北十二里。"《一統志》云:"固陵在陳州城西北三十里【即今之"柳林鎮"】。"然謂之固陵近似,但不知何以名曰"藕臺",且其地有鳴馬臺,亦未詳其名臺之義。【按《舊志》古固陵地,不知何據,其旁有鳴馬臺,亦無考。《後漢書·郡國志》:陽夏有固陵。《史記》:高祖五年,追項羽於固陵。晉灼《漢書》注云:汝南固始縣。《括地志》:"固陵在陳州沈丘縣西北四十二里。"《河南通志》:"固陵在陳州西北三十里。"】

貯糧臺,在州城五里,俗呼平糧冢。其高二丈,其大頃餘,有四門,林木鬱然。未詳何代所築。

石牛臺,在城東二十里。舊志,昔有人發此得石牛一,遂止。因名之。

讀書臺，在州西北隅柳湖。宋蘇轍【詳見本志卷六《宦跡·學博》】爲陳州教授時，讀書之所。明成化六年，知州戴昕構亭於上，立碑識之。後屢加修葺，往往仕客遊賞，稱其勝境。【清康熙八年（1669 年）知州方宇光、九年（1670 年）知州劉汝埴重修。額曰：潁濱亭。二十九年（1690 年）知州王清彥補修。同治年間，項城袁寶恒重修。今已傾塌】

梳洗臺，在州城北二里。宋，狄青判陳時築，上建以樓，時遊憩焉。今爲真武廟。石欄翠瓦，掩映林間，亦一勝觀也。

望湖臺，《一統志》：“在陳州之西園。宋，知陳州張詠築，常有詩云：‘昨日隄高向西望，滿川煙樹雨濛濛。’范鎮詩云：‘臺上望城下，迢遥知幾尋。湖光陰隱見，多礙柳煙深。’”今臺不存。

孝義臺，在州城南十里。

紫荊臺，在州城南二十里。

臨蔡城，在州城東北二十里。隋分宛丘，置臨蔡縣。

新平故城，《一統志》：“新平縣在陳州東北。漢置縣，屬淮陽國。”

長平故城，在州城西北七十里，西華縣東北。漢置縣，屬淮陽國。

武平故城，在州城東北七十里，鹿邑縣境。漢置縣，屬淮陽國。

古糧城，在州城北一里許，蔡河濱。門上有樓，繞以周垣。舊以貯江、淮漕運之糧，今建關王廟。

方城，在州城東南四十里，始築無考，以城制方，故名。

防亭，《博物志》【中國古代神話志怪小説集，晉張華撰。十卷。分類記載異物怪境殊俗瑣聞等】云：“邛【qióng，土堆，丘也】地，在陳縣北，防亭在焉。”毛氏云：“防，邑也；邛，止也。”

夏亭城，《寰宇志》：陳州、南頓縣西南三十里有夏亭城。城北五里有株林此與西華縣兩夏亭無干。

辰亭，《國名紀》：“陳古國，宛丘西南四十里有辰亭。”【《春秋》宣公十一年（前 598），楚子、陳侯、鄭伯盟於辰陵。杜預注：“長平東南有辰亭，陳州地。”《後漢書·郡國志》：“陳國長平故屬汝南，有辰亭。”《路史》：“辰亭名，紀辰古國，宛丘西南四十里有辰亭。”】

瓦關，在州城南二十里。

龍王關，在州城西南。

水關，亦在城西南三關。舊志以爲皆頃襄所立。

卧治閣，在州治西。漢太守汲黯所建。今閣廢址存。

白黿池，在州城北一里畫卦前。世傳伏羲於蔡水得白黿，鑿此池以養之。

東門池，按《水經注》：“陳城，故陳國也。東門內有

池，池水東西七十步，南北八十步許步。水至清潔而不耗竭，不生魚草，水中有故臺處。"【《水經注·渠沙水》】

磨碓寨，在州城東。昔黃巢圍城久，四郊仍歲無耕稼，人大飢，委頓墙塹間。賊俘以食，日數千人，至爲春磨寨，列巨磨數百，生納人於臼，碎之，合骨而食，又名搗磨寨。

西園，在州西，宋知州張詠創。中有七亭，曰流芳、中燕、流盃、香陰、環翠、洗心、望京。有閣曰冷風堂，曰清思。晏殊以故相守此，於隙地有莎【草名，即香附子】叢生，殊愛護之，爲莎場，既成，作《庭莎記》。見藝文，今廢。

何莊村，在州城南。世傳何休【公元 129—182 年。東漢任城樊人，字邵公。爲董仲舒四傳弟子，精研六經。詳見《後漢書·儒林傳》】居此。

東橋閘，在城東蔡河內。

繡尾閘，在州城南蔡河內。二閘俱廢。

神農井，《史記》註云："淮陽多古蹟，今有神農井。"失處。

鳴井，在州城東南三里，以物投下，聲應如鐘。

義井，在州南門外。明成化六年，指揮李峴【xiàn】鑿二井，以蘇【舒解，緩解】暑月行人之渴。

三教堂井，在州城南五里。昔有趙道人建堂，甃【zhòu，井壁，亦指修治水井】井以濟行渴，兼置石槽飲騎【飲

yìn,給牲畜水喝】。今堂拆毀,逐尼還俗,井槽尚存。

王禹偁《厄臺記》。

張說《隆興寺碑》。

李邕《畫卦臺碑》。

《流杯亭碑陰記》趙穀書,光化(唐昭宗李曄年號)中立。

《趙太尉祠堂記》。

以上五記,出《河南通志》,今俱不存。

陵　墓

太昊陵,在州城北三里許,古所謂太昊之墟。隋以前盡未知崇奉。唐太宗貞觀四年,始禁民芻牧【割草放牧。芻,chú。《説文・草部》:"芻,刈草也。"】。周世宗顯德【後周世宗柴榮年號】元年,勅【chì,皇帝的詔令】官吏,禁民樵、采、耕、犁,然未置守之者。宋太祖建隆【宋太祖趙匡胤年號】元年,始置守陵户,然未有祭也。乾德【宋太祖年號】元年,詔每三年一饗【祭獻。用酒食款待人,泛指請人享受。《禮記・月令》:"乃命大史次諸侯之列,賦之犧牲,以共皇天上帝社稷之饗。"】,以仲春之月出大牢【即"太牢"。古代帝王、諸侯祭祀社稷時,牛羊豕全備爲"太牢"】,祀官以本州長官,有故則上佐行事,官造祭器,然未有廟也。四年詔立陵廟,置守陵五户,春秋祀以大牢御書祝板。開寶【宋太祖趙匡胤年號】四年，增守陵戶二，定配享儀，以時薦祭以朱襄（炎帝的別號）昊英（古帝名，亦寫作"嗥英"）配，牲用羊豕。九年，命修祠廟。真宗咸平【宋真宗趙恒年號】元年，詔葺陵廟。景德【宋真宗年號】元年，詔修陵墓。大中祥符【宋真宗年號】元年，詔加崇飾。天禧【宋真宗年號】元年，申禁樵采。真宗崇奉之意尤拳拳也。徽宗政和【宋徽宗趙佶年號】二年，定新儀，春秋享太昊於陳州，以金提【相傳伏羲六佐之一，主化俗】勾芒【亦寫作"句芒"，古代傳說中主木之官，又爲木神名。《禮記·月令》："（孟春之月）其帝太皞，其神句芒。"鄭玄注："句芒，少皞氏之子曰重，爲木官。"】配而禮益備矣。靖康【宋欽宗趙桓年號】而後祀事不修，廟貌漸毀，至元末而蕩然無遺矣。明洪武三年，訪求帝王陵寢。四年駕幸陳州，製祝文致祭。八年遣官行視陵寢。九年置守陵戶二人。正統【明英宗朱祁鎮年號】十三年，知州張志道以太昊陵從前有禋祀【古代祭祀天神的一種禮儀。以燒柴升煙，再加牲體及玉帛於柴上焚燒。《周禮·春官·大宗伯》："以禋祀祀昊天上帝。"禋 yīn，義與祀同】，例宜舉行，但廟貌未立，祭於何所。廼奏請立寢殿、廊廡、戟門、廚庫、宰牲等房。天順【明英宗朱祁鎮年號】六年，知州萬宣同知李鼒【zī】復加修葺，立後殿、鐘鼓樓、齋宿房、具祭器，又作三清觀，以居焚修道士。吏目【始於元，明清沿制。知州之直接屬官爲吏目，主要任務爲刑獄及官署內部事務】汪澄改立前門。成化六年，知州戴昕起敝易堅，粧嚴帝像,綵繪殿宇,增高鐘鼓二樓,金碧輝映,偉然可觀。十二年,監生鄭諤奏准重修。至嘉靖二十四年,監察御史吳悌按臨謁陵,見廟貌傾頹,陵冢坦夷,與參政金清、僉事翟鎬、李維藩命通判范汝敬董【監督】役而大修之。落成祭告。三十八年,監察御史孫昭命知州伍思召修葺。萬曆四年,督學副使衷貞吉疏奏留輸帑【tǎng,國庫里的錢財】三千金,又大修之。其規制則南臨蔡河之濱,曰:靈星門。左坊曰:繼天立極,右坊曰:開物成務。其次爲券門,三扁曰:先天門,又次稱爲無梁殿。歲久,材朽不堪,重建亦改爲磚券門,三闔【門扇】。其內則戟門,戟門則鐘鼓樓,樓北則正殿五間,雕墻黃瓦,彩繪金碧,稱爲帝居。後殿規矩亦頗同前,其後爲磚甃高臺,上建翬【huī】閣,下爲券門,扁曰:太始門。而閣則貯御製碑焉。門內則爲陵。陵前樹碑,大署曰:太昊伏羲氏之陵。陵下則築方臺。臺周則砌磚垣,垣南亦闢三門。陵左右地蒔【移植,栽種。《書·堯典》:"播蒔百穀。"】有藷【草名。多年本生草本植物,一本多莖,可入藥。我國古代用其莖占卜】草,垣內外皆樹松栢。後殿之左垣外有真武廟副使翟師雍曰:"陵寢豈宜褻以神廟。"今拆毀,皆焚修者之所居也。真武殿前有更衣亭五間。亭左右有廂,前有門。亭西則爲岳武穆祠今移祠城內。三清殿前則爲宰牲堂五間,堂左右有廂,前亦有門,此皆在內垣之外也。外垣之內則焚脩者之所畊【“耕”之古字】也。陵地凡三頃五十畝，袤四百五步，廣二百七步，南至蔡河岸爲界，比至民人徐通地，東至大路張雨地爲界，西至大路汪珣爲界。樹木翁蘙【yì，草茂，遮蔽】，稱勝境焉。明天啟【熹宗朱由校年號】六年，睢陳道【我國歷史上行政區域的名稱。在唐代相當於現代的省，清末和民國初年省下設道】唐煥、知州林一柱各捐金有差，重修大殿、二殿、御製樓及開物成務、繼天立極二坊，周圍皇墻俱全，煥然一新，後因連雨傾壞。至清順治十五年，州守王諱弘仁捐銀一百兩，申文於部院賈捐銀五十兩。十六年繼任州守王諱士麟捐銀一百兩。於十七年三月，內委吏目陳可久督修二殿，彌月告成。其大殿坊墻以次葺補。按羲陵乃開天鼻祖，氓庶顧本思源，咸以醮【jiào，此作祭祀，祈禱】祀崇報。因年久，殿宇傾壞，州守王設法置簿，委鄉約及提點張守桂，道官張玄觀查照香客修醮者，各捐醮資，以供修葺。計二年，得會金二百金，助修大工有碑見，今後殿告成。

墓

胡公墓舊志謂在城東南。世傳其墓用鐵冶鑄成，苔色蒼古，在壕內。今人皆以在城西北角臺下。

陳懷公墓在商水縣西二十里，俗呼南陵。

陳靈公墓在西華縣西南三里許。

馮唐墓在州城東南四十里【馮唐，漢文帝時，爲郎中署長】。

汲黯墓在州城東四十里，鹿邑縣境。黯，漢太守卒葬【見本志卷六《宦蹟·良牧》】。

朱買臣墓在州城南十八里。按本傳《漢書·朱買臣傳》朱買臣與陳不干。梁元帝時有朱買臣，不知是其墓否。

陸思鐸墓在州城東北。鐸，唐刺史，卒葬。

趙犨【chōu】墓在州城東北。犨，唐太尉，弟昶、珝併附【見本志卷七《人物·武功》】。

狄青墓在州城西北柳湖濱。青，宋使相判州，卒葬【武襄公狄青其人詳見本志書卷七《人物志》】。

段少連墓在州城西，即段家冢。見范文正公墓銘【龍圖閣直學士段少連。詳見本志書卷七《人物·名賢》】。

張詠墓宋知州，卒葬宛丘縣孝悌鄉謝村。古孝悌鄉在城西，今為平信鄉【見本志卷十一《事紀·勾異》】。

思恩侯墓在州城西六十里，西華縣境，寬州人【進士劉思溫】。

孟侍御墓在州城西北【名鏞】。

王方伯墓在州城西北【王良臣。見本志卷七《人物·名賢》】。

張都御史墓在州城東北。萬曆癸丑，賜葬於此【張養志。見本志卷七《人物·名賢》】。

董烈婦墓在州西北，官府營葬。

魏烈婦墓在州城西北。

思陵冢在城南三里。凡四，相去數十步，高廣無異，或以為陳思王墓【或稱"曹植墓"，陳州人俗稱"思陵冢"。《河南通志》："曹植墓在陳州南三里，植，魏封陳思王。"】

三冢在四冢近處。

黃土冢在城南大堤內，或以是作黃頭冢。以唐軍斬黃巢，傳首詣宛埋此。余幼時猶記此冢，頗高大。每年臘月二十四日，城內人多於此冢取黃土泥竈，故云黃土冢乎？

平糧冢在城東南三里許【一說即貯糧臺】。

雙冢有三處。一在州城東南十里。二冢相連，高六七尺。一在城西十里，高丈餘，止一冢，不知因何名爲雙冢，或以爲春秋時，陳女厲媯、戴媯適【女子出嫁】衛莊公。厲媯生孝伯蚤【“早”之通假字】死，戴媯生桓公，嬖人生州吁。莊公死，桓公立。州吁殺桓公而自立。二媯大歸於陳，卒葬於此。其南十餘里又有雙冢，其形頗小【《左傳》及《詩》注：大歸止戴媯，厲媯】。

嚴家冢在州城南三十里。

試劍冢在州東南十八里。

黃連冢在州城南十餘里。上舊產黃連故名。或以爲黃霸墓者，非。

王禪冢在城東南三十五里。

五里堤冢五里堤，在城南五里。高峙如門闕。愚以古陳州城週三十里。此或是古南城耳。其近處有冢，高卑【低下】大小不同，不可計數。多有漸同平地者，或是古宮室之基址也。

九女冢在城南二十餘里，陳地之冢，惟此頗有布置。中一冢，大十數畝，高五六丈。少前一冢，頗小，土人謂喬亭，以爲墓前焚香處也。左二冢、右二冢，各相去數十步，兩兩相對，其東西又各一冢。西冢亦二冢相連，東大冢，後五冢如連珠。其高大次於大冢。五冢後又連二冢,其形略小,蓋中爲王葬,左右皆其貴臣,後七,乃其妃御也。

方冢在九女冢東,形如覆斗。

胡家冢與方冢相近。

泥河店冢在城東南二十里,店前後俱有。

范家冢在泥河南數里。

方城屯冢在范家冢東南。

連冢在城西南五十里。

魯臺三冢在魯臺集東北。

毛冢在魯臺集北。

城東冢凡有數處。

楊湖冢在城東北二十餘里。

亂冢在城東北十數里,凡數處。

蔣家冢在城東北二十餘里,俗呼蔣家臺。

朱丘寺冢在城東北三十五里。

武家漥冢在城東北二十里。凡數處。

青冢在城西,未詳。

古陳八景

太昊遺墟　白龜靈池　卦臺秋月　胡公鐵墓　絃歌西【又作"夕"】照　思陵墓靄　古宛晴煙　柳湖春曉八景題詠,見藝文。

右所稱八景者,此中古蹟之最著者,非有點綴粉飾以炫觀而已。用是布景，允冠中州，往代碑碣，如羲陵、卦臺、絃歌諸勝當有存者，乃今湮不可考。説者謂爲明初修城督役者，煆【xiā，猛火】以爲灰，亦一厄也，惜哉！余獨於"古宛晴煙"有異焉。秋冬之交，餘輝薄暮，風恬籟静，月朗星輝，遠望之，淑氣盈城。近挹【yì，酌取】之，清芬滿目。半天宿霧，浮九陌以氤氳；一抹寒煙，凝四隅而縹緲。匪山川所苞孕，何青紫之交呈，可謂絶勝。嵐光而敻【xiòng，高遠】殊，曙色者也。父老相傳，晏公祠【晏殊祠】是其出煙處，然未有的據。聞之尹喜【又稱關尹子，周時關令。相傳老子西遊至函谷關，喜強留。老子授《道德經》五千言而去】瞻紫氣【紫色雲氣。古代以爲祥瑞之氣。附會爲帝王、聖賢等出現的預兆。漢劉向《列仙傳》："老子西遊，關令尹喜望見有紫氣浮關，而老子果乘青牛而過也。"】，而知有真人至彼，蓋偶一望見耳。此氣欝蔥【充盈茂盛。欝，亦作"鬱"。蔥，"葱"的異體字】，亘古如斯，而豈徒哉。儲祥毓秀，名世乃生，予拭目竢【sì，等待】之矣。

風俗【風尚、禮節、習俗。《詩序》："先王以是經夫婦，成孝敬，厚人倫，美教化，移風俗。"】

夫風俗，淆【xiáo，混雜】於地而漸於化者也。地善故民淳，化隆【教化隆盛】則俗美。陳居中土，物受正氣。在古三皇【説法不一，通常稱伏羲、燧人、神農或伏羲、神農、黃帝】迭馭，以道化民，無爲而治。其風邈乎不可及已。五帝【黄帝、顓頊、帝嚳、唐堯、虞舜】之世，以及夏商，道德一，風俗同。故列國風俗不登史策。周武建陳，以元女太姬妻胡公。太姬尊貴，好樂巫覡【xí，男巫曰覡，女巫爲巫】歌舞之事，民俗化之。降而春秋，迫於强楚，爲其淩駕，陳俗不免似之。爾後，公卿宣淫【公開淫亂。據《左傳·宣公九年》："陳靈公與孔寧、儀行父通於夏姬，皆衷其衵服，以戲於朝。洩冶諫曰：'公卿宣淫，民無效焉，且聞不令。君其納之。'公曰：'吾能改矣。'公告二子。二子請殺之，公弗禁，遂殺洩冶。"《左傳·宣公十年》："陳靈公與孔寧、儀行父飲酒於夏氏，公謂行父曰：'徵舒似女。'對曰：'亦似君。'徵舒病之。公出，自其廐射而殺之。二子奔楚。"《史記·陳杞世家》有同樣記載】，民無則效，多遊佚淫蕩之行，載於國風者【此指《詩經》十五國風中的《陳風·株林》："胡爲乎株林？從夏南。匪適株林，從夏南。駕我乘馬，說於株野。乘我乘駒，朝食於株。"毛序云："《株林》刺陳靈公也。淫乎夏姬，驅馳而往，朝夕不休息焉。"】可考也。漢尚寬簡，而汲黯爲守，又以清静爲治，史稱其俗習淳尚質，好農重民亦可想已。逮唐及宋，賢守不一，相與振勵而化導之，風淳俗美，他邦鮮儷【罕見其匹。儷，成雙，成對的。揚雄《法言·君子》："顏淵以退爲進，天下鮮儷。"】。至明重修濡洽【和諧融洽。王充《論衡·自然》："霈然而雨，物之莖葉根荄，莫不洽濡。"】，故其俗高節義，尚廉恥，男耕女織，屏【摒棄】奢華，務節儉，肅衣冠，慎威儀，重喪葬郡人多結賻會，以備喪之事。奠賻吊送，多近古禮，謹婚姻婚者，唯論男女門第，不論聘財多寡，亦庶乎太古三代【上古夏、商（殷）、周。《論語·衛靈公》：“斯民也，三代之所以直道而行也。”】之風矣。然明初，土曠人稀，淳樸未漓【同離，背棄】，故民淳俗美。今則生齒日繁，客户日衆，加以世禄導奢，遊手蠹費，而舊俗漓矣。士則華冠服，美車乘；農則恥胼胝【pián zhī，俗稱繭子】，總積畜；工則避難即易，去堅作巧；商則營奸尚僞，匿惡炫美，以故刁風日熾，爭奪漸興，而奸盜益滋矣。有政教之責，尚留意於復古哉。

　　附録　歲時瑣事

　　每歲元旦，雞鳴盥櫛【guàn zhì，洗手臉，梳頭】，陳牲醴【lǐ，甜酒，泛指酒】祭天，次祭祖先。男女奉祀事，設庭燎燒榆柳木根謂之熰歲，紙炮聲光微旦，罷市三日。七日祭賽【舊時祭祀酬報神恩】火神，以神之誕辰也。上元【即上元節，農曆正月十五日】前後之夕，架燈植火，樹簫鼓，謳歌達旦，或作燈謎，謂之打虎。十六日，闔郡士民辦香，詣太昊陵奠獻。觀者，因而爲市。亦有過橋者，謂之走百病。抵晚登城，士女縱觀往來，周圍肩相摩也。是時閨閣女子，有請七姑孃之戲，占歲豐凶取柳木於元旦五更，密埋糞中。上元取出，縛木杓爲首，以門神紙蒙之，著衣服，依人而動，以叩頭之數占豐凶【占卜年歲的豐收和歉收】。有以面捏燈十二盞，各掐【“掐”之異體字】其邊，如十二月數，蒸熟取出，看某燈内氣水，以驗某月有水，或蒸麵繭【"茧"的繁體字】以祀蠶姑。又於正月上旬，占日干【gān。天干，甲、乙、丙、丁、戊、己、庚、辛、壬、癸的總稱】坐子【子時，天干計時法，指夜里十一點鐘到一點鐘的時間】，知歲休咎【吉祥兇惡。咎 jiù，凶】。甲子年豐，丙子年旱，戊子年蝗，庚子年荒，壬子年潦。

二月十五日，花朝。士多宴賞，如李白桃李園遊賞故事【李白《春夜宴桃李園序》："夫天地者，萬物之逆旅；光陰者，百代之過客；而浮生若夢，爲歡幾何？古人秉燭夜遊，良有以也。況陽春召我以煙景，大塊假我以文章。會桃李之芳園，序天倫之樂事。群季俊秀，皆爲惠連；吾人詠歌，獨慚康樂。幽賞未已，高談轉清。開瓊筵以坐花，飛羽觴而醉月。不有佳作，何伸雅懷！如詩不成，罰依金穀酒數。"】。

三月三日，戴薺【jī，同"薺"，簡化作"荠"】菜花，俗云可免目疾，鋪之衽席下，謂可辟蚤。清明日，墓祭加土於隴，謂之上墳。折柳枝戴之，或插於門額。携酒肴郊遊謂之"踏青"。女子爲鞦韆之戲。十五日，洪山廟會，遠近皆來祭之，以神司六畜之命也。二十八日，城隍廟會。士民辦香楮【chǔ，楮樹，樹皮可製作紙】奠獻，而各色貨玩雲集道傍，交易一日近來本廟建醮【古代一種禱神的祭禮，後來專指僧道爲禳除災祟而設的道場。醮 jiào】，春三月香火不絶。穀雨日，置符帖於床榻、門壁間以禁蠍。

四月八日，僧舍爲浴佛會，鄉人戴皂莢葉，然不知其何所取也。

五月五日，謂之端午，爲黍角，飲菖蒲雄黃酒，貼艾虎符，戴艾並插於門。小兒帶五色絲索，謂之"百索"，且以雄黃塗兒耳及手足，曰辟蟲毒。姻戚多以是日相餽【"饋"的異體字】送，亦有婚姻。以是日進禮者，具扇帨【shuì，巾帕】香茝，謂之"追節"。有取蝦蟆【青蛙、蟾蜍的總稱。蝦，在此同"蛤"】置墨口中者，陰乾磨塗，療腫毒。醫家亦以午時合藥，取其用之，效也。十三日，關聖廟會，祭賽盡禮。天多雨，俗說之"磨刀雨"焉。二十五日，俗以爲分龍節，雨則多大水。

六月六日黎明汲井水造酒，醬麵、豆豉，以甕蓄之，取其經月不壞云。曝書、衣及裘褐【泛指禦寒衣服】則蟲不蛀。取麥麵炒拌鹽糖，食之，曰除腹痛及痢。

七月七日夕乞巧【舊俗農曆七月七日夜婦女在庭院裏陳設瓜果向織女星祈求智巧】。十五日掃墓祀祖先。

八月中秋日，設月餅、瓜果、酒肴、香楮，候月升祭□暢飲，謂之"翫月"。

九月九日，蒸麵糕相餽送，登高飲酒，姻婚之家亦以是日追節。

十月朔日【農曆每月初一】墓祭，剪紙爲冥衣，焚之，俗謂送寒衣。是月也，農工已畢，田家置農器於塲，備牲醴香楮祭之。祭畢相餉勞及佃人，俗曰"卧磙"。宰牲命樂賽土穀之神。歡【"歡"之異體字】飲一日，謂之"牛王社"。冬至縉紳相伴拜賀，略如元旦儀俗。煮赤小豆食之，以湯灑地，曰"辟瘟"。是月，有爲酥糖、麻糖條兒蔥管者，夜售小兒，取消道之意也。

十二月八日，食臘粥，謂爲佛生日。髡【kūn，剃光頭髮】小兒，謂剃臘葫蘆。收雪入瓮，置陰處，俟暑月煮肉食，謂可以驅蠅。汲臘水造酒糟，取經年不壞。二十三日備紙馬祀皂【應爲"竈"】神，品用飴糖。或有在二十四日者，掃舍宇，釀酒屠牲，親友以酒肴相餽遺【wèi，贈】，謂之送年。二十八九日，多設餅糒【bèi，乾飯】，雖貧亦具焉。除日，多嫁娶，書春帖，易門神，列桃符，撒芝麻杆於屋院地。守歲，焚辟瘟丹。

以上皆此邦鄙俚瑣屑之事，不可聞於大方者，奚煩紀錄。但從來俗尚有相昔【通"措"，猶用】而不解其義，有相沿而不知其非，特摭【zhí，摘取】拾一二，俟維風者，潛移默化焉。要之，俗有可化者，亦有可因者。孔子爲政而慎，潰氏出其妻【休棄其妻。《孟子·離婁下》："出妻屏子，終身不養焉。"《荀子·解蔽篇》："孟子惡敗而出妻，可謂能自彊矣。"楊倞注："孟子惡其敗德而出其妻。"】，沈猶氏不晨飲羊【使羊喝飽水以增加其重量。指以欺詐手段做生意牟利。語本《孔子家語·相魯》："魯之販羊有沈猶氏者，常朝飲其羊，以詐市人。"】，化俗也。孔子之宋章甫【亦作"章父"。商代的一種冠。《釋名·釋首飾》："章甫，殷冠名也。甫，丈夫也。服之所以表章丈夫也。"】，之魯逢掖【寬大的衣袖。《禮記・儒行》："丘少居魯，衣逢掖之衣；長居宋，冠章甫之冠。"】，因俗也。俗不可猝化，姑先因之，久之則化矣。孔子先簿正【謂立文書以正其不正。《孟子・萬章下》："孔子先簿正祭器，不以四方之食供簿正。"趙岐注："先爲簿書以正其宗廟祭祀之器，即其舊禮取備於中國，不以四方珍食，供其所簿正之器度。"】祭器，而同魯人獵較【打獵。《孟子・萬章下》："孔子之仕於魯也，魯人獵較，孔子亦獵較。"】是也。苟其無害於義，孔子亦從衆焉，何必化純而麻冕【麻布帽，古代的一種禮服。《論語・子罕》："子曰：'麻冕，禮也。'"】哉。然亦有不可化者。尺蠖【huò，蛾的幼蟲，體柔軟細長，屈伸而行。故名】食黃則黃，食蒼則蒼；草木，地肥則肥，地瘠則瘠，是可化也。鴝鵒【qú yù，鳥類的一屬，也叫八哥】不過濟【水名，古與江淮黃並稱四瀆。濟水源於河南濟源王屋山，其故道本過黃河而南，東流至山東與黃河並行入海，後爲黃河所奪】，貉渡淮則死，是不可化者。不化者聽之可化者，有化導之微權【謂謀略，機變。《黃石公三略・中略》："《軍勢》曰：'使智使勇使貪使愚。智者樂立其功，勇者好行其志，貪者邀趨其利，愚者不顧其死，因其至情而用之，此軍之微權也。'"】，蓋積習既久，頓革爲難。吾正其本，即小同於俗而就中，有轉移之妙。若乃驕奢淫蕩之風，破義踰檢之事，上干國憲，下玷仁里【仁者居住之地。語本《論語・里仁》："里仁爲美。"後泛指風俗淳美的鄉里】，則朝令而夕更之可矣。奚以矯爲嫌

【怎麼把糾正陋習而變成怨恨。矯，匡正，糾正。嫌，仇隙，怨恨】哉。嗟夫，移風易俗，其機【關鍵】在上而不在下，返薄還淳，其責在士而不在民。夫士者，乃民之表也。豈其汶汶【玷污。《楚辭·漁父》："安能以身之察察，受物之汶汶者乎？"】焉，以同流合污【"污"的異體字】已哉。脫凡近以遊高明【具有高尚文明風俗之處】。予日望之矣。

物　產

穀類

小麥　大麥　黍　稷　蜀朮　白谷　紅谷　菀【應同"豌"】豆　蕎麥　菉【"綠"異體字】豆　黃豆　黑豆　小豆三色　芝麻

蔬類

芫荽　菠菜　韭菜　蘿蔔　葫蘆　山藥　王瓜　瓠子　菜瓜　南瓜　芹菜　莧菜　蒽　蒜　絲瓜　茄子　甘露子　冬瓜　蒲菜　芥菜　白菜　苦瓜　荊芥

菓類

桃　杏　李　梅子　棗　梨　蓮芳　西瓜　甜瓜　雞頭　芋頭

貨物

棉花　綿線帶　孔弓　于箭舊出此二件，今家絕失傳

木類

榆　柳　桑　槐　柘　楮　楊　椿

藥材

桑白皮　車前子　香附　金銀花　蓖麻　薏苡小茴香　紫蘇　豬牙草　地丁

草類

蓍草_{産羲陵上者佳}　蒲　葦　茅草　稀薟草　益母草

水族

鯽　鯉　鮎　烏魚　蝦　鱣　鱉

陳州志第二卷

紀　勝　志

聖皇建都　　至聖遊寓　　歷代藩封　　帝王巡幸

　　陳在今日，土澆風漓【即“土風澆漓”，多指社會風氣浮薄。澆漓，浮薄不樸厚】，不當它方一鉅邑【古代稱國爲邑。後泛指一般城市，大的稱都，小的稱邑。亦是縣的別稱】。然往徑稱爲名區，豈以上古羲、農相繼建都之故歟？孔子周流天下，而在陳獨至再且久【據《史記·孔子世家》載，孔子六十歲（公元前492年，周敬王二十八年，魯哀公三年）至陳，到六十三歲（公元前489年，周敬王三十一年，魯哀公六年）離陳，共來陳三次，先後居陳三年。詳見本卷《紀勝·至聖遊寓》篇】，其所過化【謂經過其地而教化其民。明劉基《述志賦》：“聖人魯仲尼之過化兮，焉役役而無所容其身。”】者深矣。況自周以還，侯王之析圭【亦作“析珪”。古代帝王按爵位高低分頒玉圭。《漢書·司馬相如傳下》：“故有剖符之封，析圭而爵。”如淳曰：析，中分也。白藏天子，青在諸侯】，暨帝王之馭幸，其增重茲者，不既多乎。地因人勝，今猶古也。作《紀勝志》。

太昊伏羲氏，成紀人也天水郡有成紀縣，今鞏昌府秦州是也。風姓，以木德【秦漢方士以金、木、水、火、土五行相生相勝，附會王朝的命運，以木勝者爲木德。《史記·封禪書》：“夏得木德，青龍止於郊，草木暢茂。”】繼天而王【《孔子家語·五帝》：“孔子曰：‘……古之王者，易代而改號，取法五行……是以太皞配木，炎帝配火，黃帝配土，少皞配金，顓頊配水。’康子曰：‘太皞氏其始於木，何如？’孔子曰：‘五行用事，先起於木。木在東方，萬物之初，皆出焉。是故王者則之，而首以木德王天下，其次則以所生之行轉相承也。’”】，都宛丘。德合上下，天應【上天的感應、顯應】以鳥獸文章【錯雜的彩色或花紋】，地應以河圖、洛書【《易·繫辭上》：“河出圖，洛出書。”古代傳說謂伏羲氏時，有龍馬從黃河出現，背負“河圖”；有神龜從洛水出現背負“洛書”。二者都是“天授神物”。漢儒孔安國認爲“河圖”即“八卦”，“洛書”即“洪范九疇”（《尚書·洪範》）。於是，仰觀象【象徵。《易》用卦爻等符號象徵自然變化和人事休咎。《易·繫辭下》：“是故易者象也，象也者像也。”孔穎達疏：“謂卦爲萬物象者，法像萬物，猶若干卦之象法像於天也。”】於天，俯觀法於地，中觀萬物於人，始畫八卦。卦有三爻【構成《易》卦的基本符號。“—”陽爻，“- -”陰爻；每三爻合成一卦，可得八卦。兩卦（六爻）相重可得六十四卦。卦的變化取決於爻的變化。故爻表示交錯和變動的意義】，因而重之爲卦六十有四，以通神明之德，以類萬物之情

【春秋《易・繫辭下》、西漢孔安國《尚書・序》、西漢劉安《淮南子・要略篇》、西晉皇甫謐《史記・補三皇本紀》、北宋劉恕《資治通鑑外紀・庖犧氏》、北宋李昉《太平御覽》、南宋羅泌《路史・太昊伏羲氏》、清吳承權《綱鑒易知録》等都有類似的記載】。於是神蓍【shī，別稱"蓍草"。古代人筮用的蓍草莖，以卜吉凶。如今太昊陵墓之後仍有一片蓍草，供觀賞】著地，乃以蓍爲筮【謂用蓍草占卦】，一十八變而成卦，以斷天下之吉凶，紾【zhěn，扭轉，變化。《淮南子・精神訓》："禍福利害千變萬紾，孰足以患心。"】離象法。鷙狐作，爲網罟【捕魚及捕鳥獸的工具。罟 gǔ，捕魚的網】，以畋以漁【《書・多方》："今爾尚宅爾宅，畋爾田。"孔穎達疏："治田謂之畋，猶捕魚謂之漁。"畋 tián，耕種，整治。又，畋，"打獵"。《韓詩外傳》："春曰畋，夏曰苗，秋曰獮，冬曰狩。"】化蠶桑爲繐布，給其衣服，因網罟以建都市。神龍降瑞，以龍紀官【宋劉恕《資治通鑑・外紀・庖犧氏》："太昊時，有龍馬負圖出於河之瑞，因而名官始以龍紀，號曰龍師。命朱襄爲飛龍氏，造書契；昊英爲潛龍氏，造甲曆；大庭爲居龍氏，造屋廬；混沌爲降龍氏，驅民害；陰康爲土龍氏，治田疇；栗陸爲水龍氏，繁滋草木，疏導泉源。又命五官：春官爲青龍氏，夏官爲赤龍氏，秋官爲白龍氏；冬官爲黑龍氏，中官爲黃龍氏。"】乃命子襄爲飛龍氏，造書契【文字符號。《易・繫辭下》："上古結繩而治，後世聖人易之以書契。"《書序》："古者伏羲氏之王天下也，始畫八卦，造書契，以代結繩之政，由是文籍生焉。"】。書制【文字製作（造字法）】有六：一曰象形，二曰假借，三曰指示，四曰會意，五曰轉注，六曰諧聲【六書的名稱和排序大體有三家：一、鄭玄注《周禮・地官・

保氏》引鄭司農説："六書，象形、會意、轉注、處事、假借、諧聲也。"二、漢許慎《〈説文〉序》："保氏教國子，先以六書：一曰指事，上下是也。指事者，視而可識，察而見意。二曰象形，象形者，畫成其物，隨體詰詘，日、月是也。三曰形聲，形聲者，以事爲名，取譬相成，江、河是也。四曰會意，會意者，比類合誼，以見指撝，武、信是也。五曰轉注，轉注者，建類一首，同意相受，考、老是也。六曰假借，假借者，本無其字，依聲託事，令、長是也。"三、《漢書·藝文志》："古者八歲入小學，故《周官》保氏掌養國子，教之六書，謂象形、象事、象意、象聲、轉注、假借，造字之本也。"】使天下義理必歸文字，文字必歸六書，以同文而代結繩之政，盡地之利。分壤蒔【shì，移栽，種植】穀，以制國用。正百姓，通媒妁，以重萬民之儷【婚配】。儷儷，鹿皮也，又雙皮也皮【古代用爲聘問、酬謝或訂婚的禮物。《儀禮·士冠禮》："乃禮賓以壹獻之禮，主人酬賓，束帛、儷皮。"三國蜀譙周《古史考》："伏羲制嫁娶，以儷皮爲禮。"】薦之，以嚴其禮，示合姓之難。而民不貿【買賣】，聚銅以爲棘幣，外圓法【模式，仿效。《易·繫辭下》："制而用之謂之法。"】天，內方法地【古人認爲天圓地方，故而鑄銅幣時法此】，以定輕重，以通有無。太昊幣謂之九棘。詳見《發揮昔寶鼎》。尉王鑄家有一布，長寸六分，肩廣八分，首廣五分，足間二分，重六銖【古代重量單位，一兩的二十四分之一】，面文作行。昊乃帝昊字暮文作引，李彦美所謂了傍斜畫者羲字也。又董令昇家有一種長寸八分，額廣六分，肩廣寸一分，奇間五分，重十二銖，面文作父昊，皆太昊字也。

治針砭以拯夭枉【短命早死】而民滋壽。命子英爲潛龍氏，升敷教【布施教化】之臺而作甲曆【用甲子記載歲時的日曆。《古三墳》："伏羲氏木王月命臣龍潛氏作甲曆。"】，以示民，故星辰順而歲、月、日、時無易。命金提【相傳爲伏羲六佐之一。其六佐見晉陶潛《群輔録·伏羲六佐》："金提主化俗，烏明主建福，視默主災惡，紀通爲中職，仲起爲海陸，陽侯爲江海。右伏羲六佐，六佐出世……"】主化俗之政，指苫蓋【用茅草編制的覆蓋物】，謹窖藏，以靖敷【安定施予】民而除其災害；命烏明建方泭【fú，即桴，用竹木並排編成的筏】窾【kuǎn，空也。《淮南子·説訓》："見窾木浮而知爲舟，見飛蓬轉而知爲車。"】木，絶巷道，以濟不通；命視冒音墨爲胜【shèng，財富。此指管理財富者】，志災厄【"厄"的異體字】，察虛實，居百賮【guì，資，財貨】以平民；【以上文字詳見宋羅泌《路史·後紀·禪通紀·太昊》命紀侗中職，定田賦於中邦；仲起司陸主平土之政；陽侯司海主水政，是謂六佐。又有蜚龍【今本《易·乾》作"飛龍"】氏主河圖靈録，獻南主占卜，以前民用芒主九苞【鳳的九種特徵。後爲鳳的代稱】，以祀上帝而和神明。蹇修【伏羲之臣。蹇 jiǎn，屈原《離騷》："解佩纕以結言兮，吾令蹇修以爲理。"】爲士以之御【控制，治理】敗【禍亂，荒年】而下情【民情】。至郝骨氏【《路史·後紀一·禪通紀·太昊上》注："《元和姓纂》作郭骨氏，《唐書·繫表》又作郝省氏，云太昊之佐。戚佐也。"】立制，使天下共守而不敢越，百令具舉而天下治。長離鳳也來翔，爰作荒樂，歌《扶徠》【亦作"扶來"、"扶犁"。傳説伏羲的樂名。《通典·樂一》："伏羲樂曰《扶來》，亦曰《立本》。"《路史·後紀一·禪通紀·太昊上》：

"長離來翔，爰作荒樂。歌扶來，詠網罟，以鎮天下之人。"】，詠網罟，以鎮天下之人，命曰：立基。斲【zhuó，"斫"的異體字，本義爲大鋤，引申爲砍，斬】桐爲琴，繩絲爲絃，絃二十有七，命之曰：離【古代一種大琴。《爾雅·釋樂》："大琴謂之離。"郭璞注："或曰琴大者二十七弦，未詳長短。"】徽【琴徽，繫琴絃的繩】以通神明之貺【kuàng，賜予】。緪【gēng，粗绳索】桑爲瑟，其絃三十有六，以修身理性，還其天真，而禮樂于是興焉。其爲治也，去羨去慕【去，離開，背棄。羨，《説文》："貪欲也。"《詩·大雅·皇矣》："帝謂文王，無然畔援，無然歆羨。"即"無是貪羨"】，惟以道化，是以事簡俗淳，功揆【kuí，揆度，管理】上下，洞八方而後不可及也。在治百六十有四載，壽年百九十有四，葬於宛丘。以上參用小司馬《補史記》、王子年《拾遺記》、鄭樵《通志》、羅泌《路史》、陳士元《荒史》。

炎帝神農氏，姜姓，繼風姓【太昊伏羲，風姓】而王，都於陳。初，帝生二歲而知稼穡，般戲【遊戲。般，遊樂】之事必以禾稷。日於淇山【在河南省林縣東南輝縣西北之界，淇水所出】之陽，求其利民宜，久食之穀而蓺【同"藝"，種植】之。天感嘉，生菽【shū，豆類的總稱】粟誕苓【líng，草名，一曰蒼耳子，一曰大苦。又中藥，茯苓】，神農其【一本作"灼其"】可以養民也。於是，因天之時，分地之利，以教天下播種。擣木爲耜【sì，古代的一種農具，似今之鍬】，撓木爲耒【古代一種可以腳踏的木製翻土農具。撓，使木彎曲】，制畮【同"畝"。《説文》："六尺爲步，百步爲畝。"】清明而成之耕。爰申國禁，亡敓【duó，古"奪"字。强奪，奪取】人所務，而農得以順其時，教之桑麻爲布帛，相土停居，令人知所趨避。乃命赤冀【古代傳説中臼的發明者。《吕氏春秋·勿躬》："赤冀作臼。"】創捄【jū，又讀 jiù，盛土於器】銚爲杵臼【杵與臼。舂搗糧食或藥物用的工具】，作鉏【同"鋤"】、耨【nòu 同"槈"，鋤草的農具】、錢、鎛【都是古代鋤草的農具。錢，類似現代的鐵鏟。鎛 bó，類似現代的鋤頭。《詩·周頌·臣工》："命我衆人，庤乃錢鎛。"】槇【當作"桮"，盂碗之類】、簝【qín，釜類的烹器】、井、竈，以濟萬民，爆【huò。《説文·火部》："爆，灼也。"】盉【yòu，《説文·皿部》："盉，小甌也。"】刳甑【kū zèng，製作炊具】，以蒸以𥹓【《説文》："潰米"。段注："米之棄於地者也。"】，民始播食，而不勝有火瑞【謂應火德而興的祥瑞。《左傳·昭公十七年》："炎帝氏以火紀，故爲火師而火名。"晉杜預注："炎帝神農氏，姜姓之祖也。亦有火瑞，以火紀事，名百官。"】。官長師事【以師禮相待。《後漢書·楊倫傳》："少爲諸生，師事司徒丁鴻習古文尚書……"】，悉以火紀，故稱炎焉。列廛【劃分房地。廛 chán，古代平民一家在城市所占的房地。《周禮·地官·遂人》："上地，夫一廛，田百畝，萊五十畝。"】於國【封地，區域】，日中爲市，致天下之民聚，天下之貨，交易而退，各得其所而有亡【通"無"】，於是俱興。乃紀上元【古代曆法名稱之一。《史記·天官書》："其紀上元。"司馬貞索隱："上元是古曆之名。"】，調氣朔【指顯示吉凶的雲氣和每月的朔日。後亦泛指節氣】，以端起閟【以端正起居止息。閟，bì，閉，止息】；拂【排除，砍斫】焄【同“熏”氣味蒸發貌，香臭氣味】蒿【氣味發散。《禮記·祭義》：“其氣發揚於上爲昭明，焄蒿悽愴。”】，辟尸【居，享】隰【xí，低濕之地，新開墾的田】，以逃民害。三光【日、月、星】會於攝提【即攝提格之省寫，星名。木星（歲星）繞日一周約十二年，以十二地支表示寅年，名攝提格。《史記·天官書》：“大角者，天王帝廷。其兩旁各有三星，鼎足句之，曰攝提。”】，七曜【指日月和金木水火土五星。亦指北斗七星】起於天關【星名。《星經·斗宿》：“南斗六星……一曰天斧，二曰天關，三曰天機。”】，所謂太初曆也【曆法名。漢武帝太初元年，鄧平等人根據天象實測和長期天文記録所造】。乃命司怪主卜，巫咸【古代傳説中的神巫名。黄帝時人。《太平御覽》卷七九引《歸藏》：“昔黄帝與炎神争斗涿鹿之野，將戰，筮於巫。巫咸曰果哉而有咎。”】巫陽【古代傳説中的女巫。《楚辭·招魂》：“帝告巫陽曰：‘有人在下，我欲輔之。魂魄離散，汝筮予之。’”】主筮，通其變，極其數【窮盡其技藝。《易·繫辭上》：“極數知來之謂占。”孔穎達疏：“謂窮極蓍策之數，豫知來事，占問吉凶，故云謂之占也。”】，八八【八八的乘積，即六十四。《易緯乾鑿度》：“八八推蕩，運造縱横。”《漢書·律曆志上》：“統八卦，調八風，理八政，正八節，諧八音，舞八佾，監八方，被八荒，以終天地之功，故八八六十四。”】成卦，而取艮【gèn，八卦之一，也爲六十四卦之一，象征山】以爲始，所謂《連山易》【或稱《連山》，是伏羲所作，與《歸藏》、《周易》合稱《三易》】也。民有疾病，未知藥石【藥劑和砭石。泛指藥物】，乃嘗草木而正名【辨正名稱、名分，使名實相符】之。審其平毒【審定藥物的平和與毒性】，旌【旌別，區別】其燥寒，稽【考查】其畏惡，辨其臣使【辨別藥物的配屬和使用。臣，泛指物的配屬】，病正四百，藥正三百六十有五，著之《本草》，立之《方書》【藥書。白居易《病中逢秋招客夜酌》："合和新藥草，尋檢舊方書。"】，訰【通"諄"。《集韻》作"諄"，誠懇】告以利天下，而人得以繕其生。粵【句首語氣詞。清錢大昕《十駕齋養新録・永樂大典》："粵以始畫八卦，通神明之德，類萬物之情。"】又制請雨之法。蓋南置水，掩骼埋胔【zì，肉還沒有爛盡的屍體】以待天澤【上天布施恩澤】之至。赤松子【亦稱"赤誦子"、"赤松子輿"，相傳上古時神仙。各家所載，其事互有異同。司馬貞索隱引《列仙傳》："神農時雨師也，能入火自燒，昆侖山上隨風雨上下也。"《漢書・古今人表》："赤松子帝嚳師。"宋羅泌《路史・餘論二赤松石室》："赤松子者，炎帝之諸侯也，既耄，移老襄（升到高處。《尚書・堯典》："蕩蕩懷山襄陵，浩浩滔天。"引申爲"高"，《水經注・河水》："河中竦石傑出，勢連襄陸。"）城，家於石室……《神仙傳》云：'赤松子者，服玉水，神農時雨師，叫神農入火……而《列仙傳》有赤松子輿者，在黃帝時啖百草華，不穀，至堯時爲木工……'"】者，諸侯也。移老壞城，於是下之致爲雨師。每歲陽月【農曆十月別稱】，盇百種【匯合百穀的種子。《禮記・郊特牲》："祭百種以報嗇也。"盇，合】，率萬民蜡戲【蜡祭】於國中，以報其歲之成。是故，淳鹵【瘠薄的鹽鹼地】作而人民毓【yù，同"育"，《說文》："育，養子使作善也。"生育，養育】，教化興，行耕桑，得利而究【窮，終】年受福。乃命刑天【神話傳說中的人物。也作"形天"。《山海經・海外西經》："刑天與黃帝至此爭神，帝斷其首,葬之常羊之山。乃以乳爲目,以臍爲口,操干戚以舞。"]作《扶犁》【宋羅泌《路史・後紀・三炎帝上》:"乃命刑天作扶犁之樂,制豐年之詠。"羅蘋注:"《扶來》歌,即鳳來之頌,乃神農之扶犁也。扶、來、犁音相同爾。"]之樂,制豐年之詠,調雅琴,度瑤瑟,以保合太龢【語出《易・乾》:"保合太和,乃利貞。"朱熹本義:"太和,陰陽會合冲和之氣也。"]而閑民欲。於是神濆灒【fèn,泉水自地下噴湧而出】嘉穀苗,乃命屏封作《穗書》以同文,放令命白阜甄【甄別】四海,紀地形,辨方正位,經土分域,處賢以便勢而王者,以家焉。乃課工【督責,督促】定地,爲之城池以守之。後歲省方觀民,設教明堂【古代帝王明政教,舉行典禮等活動的地方】,爰崇郊祀【古代於郊外祭祀天地,南郊祭天,北郊祭地。郊爲大祀,祀爲群祀。《漢書・郊祀志下》:"帝王之事莫大乎承天之序,承天之序莫重於郊祀。"],封岱禪【古代帝王祭天地的大典。在泰山上築土爲壇,報天之功,稱封;在泰山之下的梁父山上辟場祭地,報地之德,稱禪。岱,岱宗,即泰山。《史記・封禪書》:"古者封泰山禪梁父者七十二家。"元劉壎《隱居通議・禮樂》:"説者謂封禪取高厚之義,封土於山,而禪祭於地,天一高位尊,地以厚爲德也。增泰山之高以報天,附梁父之厚以報地。"]云,以大報而天下治。補遂【古國名。《戰國策・秦策一》:"蘇秦曰:'昔者神農伐補遂,黃帝伐逐鹿而禽蚩尤。'"鮑彪注:"國名未詳。"]不恭乃伐補遂,而萬國定。故其民樸,重端愨【端莊誠實。愨 què】,窐尊【即窐樽,唐開元中李適之登崐山,見山上有石竇如酒尊,可注斗酒,因建亭其上,名曰"窐尊"】曰飲,竦身戴聽【側耳傾聽。戴,側也】以陶【喜悦,歡樂】乎至化。是以刑罰不施於人而俗善，不忿争而財足，不勞形而功成。南交【指交趾，古地區名。泛指五嶺以南。因地處南方，故稱。《書·堯典》："申命羲叔，宅南交。"】北幽，三危【傳説中的仙山。《山海經·西山經》："又西二百二十里，曰三危之山，三青鳥居之。"】暘谷【古稱日出之處】，偎僾【親愛，親近。偎，緊貼，挨著。僾，亦作"愛"】之人靡不戾止【來到。《詩經·魯頌·泮水》："魯侯戾止，言觀其旂。"毛傳："戾，止也；止，至也。"】。故黄龍川泳，丹渠先産，風不鳴條，雨不破䔃【kuǎi，草名。多年草本植物，葉線形，花褐色。生於水邊陰濕處，莖可做席。一説當爲"塊"字。《論衡·是應篇》："風不鳴條，雨不破塊，五日一風，十日一雨。""風不鳴條，雨不破塊"本指風調雨順，後世多指聖賢在位，出現天下大治的自然景象】，亡扎瘥【應作"札瘥"，因疾病而死】，沈焅【kù，旱氣，熱氣】之怒【nì，憂思。《詩經·小雅·小弁》："我心憂傷，怒焉如擣。"】，而天下共尊共富之。懷其仁義之心，後遷都於曲阜，在位百四十有五載，壽年百六十有八。其崩也，天下聞之，不將【陰陽家語。指宜於婚嫁的吉日。這裏指天下因其崩，而七日内不舉行婚嫁，以示哀悼】者七日焉。娶承桑氏之女，生子十有三人。參用同上。

《陳乘》紀女媧氏謂與神農並都陳。今考媧城相傳在西華□□柳城間，當入本縣誌，删之。

至　聖　遊　寓

史記周敬王【姬匄(gài)】二十四年，魯定公之十四年

【是年春孔子離魯，魯哀公十一年返魯，凡十四年】，陳湣公越【陳懷公之子，名越】之六年也。孔子年五十有六，先是以魯司寇【官名。夏殷已有之。周爲六卿之一，曰秋官大司寇。掌管刑獄、糾察等事。春秋列國亦多置之】攝行相事，魯大治【《史記·孔子世家》："與聞國政三月，粥羔豚者弗飾賈，男女行者別於塗，塗不拾遺；四方之客至乎邑者不求有司，皆予之以歸。齊人聞而懼，曰：'孔子爲政必霸，霸則吾地近焉，我之爲先並矣。'"】。齊人沮以女樂【即"齊人以女樂沮"。沮，阻止、敗壞。齊人"選國中女子好者八十人，皆衣文衣而舞《康樂》"以送桓子】，季桓子受之郊【古代有郊社之禮。在南郊祭天爲郊，在北郊祭天爲社】，不致膰【不贈送給大夫們烤肉。膰 fán，古代祭祀用的烤肉。《史記·孔子世家》："桓子卒受齊女樂，三日不聽政；郊，又不致膰俎於大夫。"】。孔子遂去之衛【孔子在衛或往或來約五年（公元前 497—前 493 年）】。是年，自衛適陳，畏於匡返衛【《史記·孔子世家》："將適陳，過匡（古邑名，屬衛，在今河南長垣縣西南）……匡人聞之，以爲魯之陽虎（一作陽貨。季孫氏家臣，挾持季桓子，據爲陽關，把持國政，權勢很大。魯定公八年，他欲廢三桓勢力，被擊敗，奔於齊）。陽虎嘗暴匡人，匡人於是遂止孔子。孔子狀類陽虎，拘焉五日。"】。明年丙午去衛，過曹【曹沒有接納】適宋，伐木於桓魋【tuí，宋司馬桓魋造石槨，花了三年的時間尚未完成，受孔子責備："若是其靡也，死，不如速朽之愈也。"詳見《禮記·檀弓》。《史記·孔子世家》："孔子去曹適宋，與弟子習禮大樹下。宋司馬桓魋欲殺孔子，拔其樹。孔子去。弟子曰：'可以速也？'孔子曰：'天生德於予，桓魋其如予何！'"】，去。適鄭，過乎宋之野，聞有童謠曰：“楚王渡江得萍實，大如斗，赤如日，剖而食之，甜如蜜。”孔子識之。至鄭，爰有喪家之誚【qiào，譏諷。“孔子適鄭，與弟子相失，孔子獨立郭東門。鄭人或謂子貢曰：‘東門有人其顙似堯，其項類皋陶，其肩類子產，然自要以下不及禹三寸，纍纍若喪家之狗。’子貢以實告孔子。孔子欣然笑曰：‘形狀，末也。而謂似喪家之狗，然哉！然哉！’”見《史記·孔子世家》】。遂來陳【魯哀公二年到陳，六年離去又返衛（前483—前479年，約四年）】。主【居住】於司城貞子【陳之仰慕孔子的賢人，城內原有“貞子閣”。見本志《藝文》卷】家。歲餘，有隼【sǔn，鳥綱隼科各類的通稱。如鷹類，又名“鶻”，兇猛善飛】集陳侯【即陳湣公】之廷而死，楛矢【以楛木做杆的箭。楛，hù，又讀kǔ，木名，荊屬，莖堅韌，可做箭竿】貫之，石砮【石刻的箭鏃】，其長尺有咫【zhǐ，周制八寸】。陳侯使人以隼如孔子之舘，問之。孔子曰：“隼之來也，遠矣，此肅慎氏【古族名，後來的女真族。居長白山北，東濱大海，北至黑龍江中下游，從事狩獵。周武王時以“楛矢石砮”來貢，臣服周朝】之矢也。昔武王克商，通道於四海九州【古以中國四境有四海環繞，各按方位爲“東海”、“南海”、“西海”、“北海”。九州，古代分中國爲九州。說法不一。《書·禹貢》作冀州、袞州、青州、徐州、揚州、豫州、梁州、雍州；《爾雅·釋地》有幽州、營州而無青州、梁州；《周禮·夏官·職方》有幽州、並州而無徐州、梁州。後以四海九州泛指天下。《孔子家語·辨物》作“九夷八蠻”】，使各以其方賄【同方物，即地方土特產】來貢，使無忘職業【使其不要忘掉自己的職責和事務】。於是肅慎氏貢楛矢石砮，其長尺有咫。先王欲昭其令德之致遠也，以示後人，使永鑒焉。故名【《國語·魯語下》作“銘”】其括【《國語》作“栝”】曰：‘肅慎氏之貢矢，’分大姬【周武王之長女】配胡公【陳胡公滿者，虞帝舜之後也。昔舜爲庶人時，堯妻之二女，居於嬀汭，其後因爲氏族，姓嬀氏。舜已崩，傳禹天下，而舜子商均爲封國。夏後之時，或失或續。至於周武王克殷紂，乃復求舜後，得嬀滿，封之於陳，以奉帝舜祀，是爲胡公】而封諸陳。古者，分同姓以珍玉【把珍玉分贈給同姓】，展親也【盡親親之道，使親者益見其親。展，重也】；分異姓以遠方職貢【邊遠地方的貢品。職，貢獻，進貢】，使無忘服也。故分陳以肅慎氏之貢【因此把肅慎氏楛矢箭分贈給陳國】。君若使有司求諸故府【舊時政府收藏財物或文書處】其可得也。”使求得之金櫝【外面用金繩捆束的木櫃】如之【以上“肅慎氏之貢”的故事詳見《國語·魯語下》《孔子家語·辨物》】。居陳三歲，會晉、楚爭強，更伐陳，及吳侵陳，陳常被寇，於是孔子去陳。弟子陳人公良孺【字子正，“賢而有勇，孔子周行，常衣家車五乘從。”見《孔子家語》】者，以私車五乘【shèng，古時一車四馬爲一乘】從，至二十八年己酉，爲陳湣公十年。其春，孔子復自衛來，以靈公【衛襄公之妾所生，名“元”】問陳【靈公問軍事問題，是因爲衛國太子蒯聵刺殺南子不成，逃到晉國，靈公想用兵，所以向孔子問兵。孔子覺得作戰理由不正當，父子之爭，不好插嘴，故有下文“未之學”的回答。事見《史記·衛康叔世家》《論語·衛靈公》。陳，同“陣”，軍隊的戰鬥隊形】，及仰眎蜚雁【《史記·孔子世家》：“他日，靈公問兵陣。

孔子曰：'俎豆之事則嘗聞之，軍旅之事未之學也，'明日，與孔子語，見
蜚鴈，仰視之，色不在孔子。孔子遂行，復如陳。"眂，"視"之古字。蜚，
通"飛"】故是時，陳侯方起陵陽之臺，未畢，役死者數十
人，又執三監吏，將殺之。孔子既見陳侯，與登臺觀之，
陳侯曰："昔周作靈臺【周文王建。《詩·大雅·靈臺》："經始靈
臺，經之營之，庶民攻之，不日成之。"】亦戮人乎？"對曰："文王
之興附【興隆歸附】者六州【指古代九州中的六州。《逸周書·程
典》："維三月既生魄，文王合六州之侯，奉勤於商。"《文選·郭璞〈江
賦〉》："滀汗六州之域，經營炎景之外。"李善注："六州，益、梁、荆、江、
揚、徐。"】。六州之衆以子道來，不日成之，何戮之有？"陳
侯赦所執吏，遂罷役。夏，桓、僖廟災【《左傳·哀公三年》：
"夏五月辛卯，司鐸（官署名）火。火逾公宫，桓、僖災（魯桓公、魯僖公
牌位所在之廟被焚燒）。救火者皆曰顧府（保護府庫）。南宫敬叔（魯
大夫）至，命周人出御書（搬出君王所讀的書），俟於宫……"災，《史
記·孔子世家》作"燔"，焚燒】，南宫敬叔救火。孔子聞之曰：
"災必於桓、僖廟乎？"【《左傳·哀公三年》："孔子在陳，聞火，曰：
'其桓、僖乎？'"】已而果然。秋，季桓子病，嘆曰："昔此國
幾興矣，以吾獲罪於孔子，故弗興也。"顧謂康子【季桓子
庶子，繼桓子之後在魯執政】曰："我即死，若必相魯，必召仲
尼。"後康子代立，欲召仲尼。公之魚【魯大夫】曰："昔吾
先君用之不終，爲諸侯笑。今又用之不能終，是再爲諸
侯笑。"康子曰："然則誰召而可？"曰："必召冉求【冉求其
人見本篇《德行科者》】。"於是使使召冉求。冉求將行，孔子

曰："魯人召求，非小用之，將大用之也。"是日，孔子曰：
"歸與，歸與，吾黨【古代以五百家爲一黨。吾黨即我的家鄉】之
小子【指在魯之學生】狂簡【志向遠大性格率直】，斐然成章，不
知所以裁【剪裁，節制】之。"【語見《論語・公冶長》】子貢【《史記・
孔子世家》謂孔子弟子"子贛"】知孔子思歸，送冉求，因識【《世
家》作"誡"】曰"即用，以孔子爲招"云。冉求既去，明年庚
戌，孔子自陳遷於蔡，往來葉【舊讀 shè。古邑名，在今河南葉
縣】蔡間。三年，敬王三十一年壬子，陳湣公之十三年
也。是年春，吳伐陳，楚昭王來救。及渡江，果有物大
如【此處脱一"斗"字】，圓而赤，觸舟，舟人以獻。昭王怪
之，使使問於孔子。孔子曰："此萍實【謂甘美的水果】也。
剖而食之，吉祥也。惟伯者爲能獲焉【惟有位在伯爵的人才
能得到萍實啊】。"昭王食之，大美【《孔子家語》云："楚王渡江，江
中有物，大如斗，圓而赤，直觸王舟，舟人取之，王大怪之，遍問群臣，莫
之能識。王使使聘於魯，問於孔子。子曰：'此所謂萍實者也。萍，水
草也，可剖而食也，吉祥也，唯霸者爲能獲焉。'"使者返，王遂食之，大
美。久之，使來以告魯大夫。大夫因子遊問曰："夫子何以知其然乎？"
曰："吾昔之鄭，過乎陳之野，聞童謠曰：'楚王渡江得萍實，大如斗，赤
如日，剖而食之甜如蜜。'此是楚王之應也，吾是以知之。"】。至是，
軍【駐軍】於城父【春秋時陳邑，又名夷。地在今安徽亳縣】。聞孔
子在陳、蔡之間，遣使奉金幣來聘。宰予【魯人，字子我，通
稱宰我，利口辯辭】、冉有曰："夫子之道至是行矣。"遂請

見。問孔子，曰："太公【即齊始祖太公望呂尚，東海上人。周文王時號太公望，其祖先封於呂，又名呂尚。本姓姜，字子牙。俗稱姜子牙，別號太公。佐武王滅殷，封於齊。漢徐幹《中論・審大臣》："又有不因衆譽而獲大賢，其文王乎？畋於渭水邊，道遇姜太公，皤然皓首，方垂竿而釣。"】勤身苦志，八十而遇文王【姓姬名昌，諡爲文王。周武王之父。殷時諸侯，居於岐山之下，敬老慈少，禮賢下士，受到諸侯的愛護擁戴，爲西方諸侯之長，稱西伯。士多歸之。帝紂乃囚之於羑里，蓋益《易》之八卦爲六十四卦。後因呂尚、散宜生、閎夭三人爲西伯求美女奇物，獻紂王而獲釋，遷都於豐。子武王起兵滅殷，建立周王朝。見《史記・周本紀》】，孰與許由之賢【許由亦作"許繇"，傳説中的隱士。堯讓天下於許由，不受，遁耕於中岳潁水之陽，箕山之下，終身無經天下色。堯又召爲九州長，由不願聞之，洗耳於潁水濱。事見《莊子・逍遙遊》、《史記・伯夷列傳》】？"孔子曰："許由獨善其身者，太公兼利天下者也。然今世無文王之君也，雖有太公孰能識之，乃歌曰：'大道隱兮禮爲基，賢人竄【奔逃，服匿】兮將待時。天下如一欲何之？'"既見楚使，遂往拜禮焉。出陳、蔡。陳、蔡大夫相與謀曰："孔子聖賢，其所刺譏皆中諸侯之病。今者，久留陳、蔡之間，諸大夫所設行皆非仲尼之意。楚，大國也，業聘孔子。孔子用於楚，則陳、蔡用事，大夫危矣。"乃相與發徒役困孔子於野，不得行，絶糧七日。從者病，莫能與孔子愈，絃歌【依琴瑟而詠歌。《周禮・春官・小師》："小師掌教鼓鞀、柷、敔、塤、簫、管、弦、歌。"鄭玄注："弦，謂琴瑟也。歌，依詠詩也。"】不衰。

乃召子路而問焉，曰：“《詩》云：‘匪兕【sì，雌犀牛】匪虎，率彼曠野’【以上詩句出自《詩經·雅·何草不黃》】。吾道非乎？吾奚爲至於此？”子路慍，作色而對曰：“君子無所困，意者，夫子未仁與，人之弗吾信也，意者，夫子未智與，人之弗吾行也；且由也聞諸夫子，曰：‘爲善者天報之以福，爲不善者天報之以禍。’今夫子積德懷義，行之久矣，奚居之隱也？”子曰：“由未之識也。居吾與【當作“語”】汝。汝以仁者爲必信也，則伯夷、叔齊【商孤竹君的兩個兒子。相傳其父遺命要立次子叔齊爲繼承人。孤竹君死後，叔齊讓位給伯夷，伯夷不受，叔齊也不願登位，先後都逃到周國。周武王伐紂，兩人曾叩馬諫阻。武王滅紂後，他們恥食周粟，逃到首陽山，采薇而食，餓死在山裏。事見《孟子·萬章下》、《史記·伯夷列傳》】不餓死首陽；汝以智者爲必用也，則王子比干不見剖心【商紂王的叔父，官少師。因屢勸諫紂王，被剖心而死。《史記·殷本紀》：“紂愈淫亂不止，微子數諫不聽，乃與大師、少師謀，遂去。比干曰：‘爲人臣者，不得不以死争。’乃强諫紂。紂怒曰：‘吾聞聖人心有七竅。’剖比干，觀其心。”】；汝以忠者爲必報也，則關龍逢【古代夏之賢臣。夏桀無道爲酒池糟丘，關逢龍極諫，桀囚而殺之。《莊子·人間世》：“昔者桀殺關龍逢，紂殺王子比干。”】不見刑；汝以諫者爲必聽也，則伍子胥【名員，春秋楚國人。楚平王因信少傅費無忌讒言，殺其父太子太傅奢和其兄棠邑大夫尚。子胥奔吳，吳封以申地，故稱申胥。吳公子光用子胥計，襲刺吳王僚而自立，是爲吳王闔廬。後與孫武共佐吳王闔廬伐楚，五戰入楚都郢，爲報父兄仇，掘平王墓，鞭屍三百。吳王闔廬伐越，句踐迎擊，敗吳於姑蘇，闔廬因傷指而死，其子夫差繼位，以伯嚭爲太宰。夫差敗越於夫湫，勾踐以厚幣賄宰嚭請和，子胥諫不從。夫差信伯嚭，迫子胥自殺。子胥臨死乃告其舍人曰："必樹吾墓上以梓，令可以爲器，而抉吾眼縣吳東門之上，以觀越寇之入滅吳也。"乃自剄死。事見《國語·吳語》、《史記·伍子胥列傳》】不見殺。夫遇不遇者，時也；賢不肖者，才也。君子博學深謀而不遇時者，衆矣，何獨丘哉！且芝蘭【芷和蘭。皆香草。芝，通"芷"】生於深林，不以無人而不芳【語見《孔子家語·在厄》】。君子修道立德，不爲困窮而改節。爲之者，人也；生死者，命也。是以晉公子重耳【春秋晉獻公之子。獻公寵驪姬，殺太子申生，重耳奔翟。流亡十九年，以秦穆公之力，得返爲君。用狐偃、趙衰、賈佗、先軫等爲輔，尊周室，平王子帶之亂，納周襄王，救宋破楚，爲春秋五霸之一】之有霸心，生於曹衛；越王勾踐【勾，本字爲"句"。春秋時越王。爲吳王夫差所敗，困於會稽，屈膝求和。其後臥薪嘗膽發憤圖强，終滅吳國】之有霸心，生於會稽【上文從"乃召子路而問焉"至此，見《孔子家語·在厄》】；齊桓公小白【春秋時齊侯，五霸之一。名小白。周莊公十一年，以兄襄公暴虐，去國奔莒。襄公被殺，歸國即位。任管仲爲相，尊周室，攘夷狄，九合諸侯】之有霸心，生於莒【jǔ，古邑名，今山東莒縣。周時爲莒國。桓公即小白，因齊亂奔莒】。故居不隱者思不遠；身不佚【同"逸"，謂奔竄。《家語》作"常逸者"】者志不廣。庸安【"安"字衍】知吾不得之桑落之下乎？"【以上文字見《孔子家語·在厄》。《荀子·宥坐》篇是這樣記載孔子回答子路的話的"由不識，吾語女。

女以知者爲不用邪？王子比干不見剖心乎！女以忠者爲必用邪？關逢龍不見刑乎！女以諫者爲必用邪？伍子胥不磔（zhé，古代一種酷刑，即分屍）姑蘇東門外乎！夫遇不遇者，時也；賢不肖者，材也。君子博學深謀不遇時者多矣。由是觀之，不遇世者衆矣，何獨丘也哉！且夫芝蘭生於深林，非以無人而不芳。君子之學，非爲通也；爲窮而不困，憂而意不衰也，知禍福終始而心不惑也。夫賢不肖者，材也；爲不爲者，人也；遇不遇者，時也；死生者，命也。今有其人不遇其時，雖賢，其能行乎？苟遇其時，何難之有？故君子博學、深謀、修身、端行以俟其時。孔子曰：‘由！居！吾語女。昔晉文公重耳霸心生於曹，越王勾踐霸心生於會稽，齊桓公小白霸心生於莒。故居不隱者思不遠，身不逸者志不廣，女庸知吾不得之桑落之下！’”子路出。召子貢，告如子路。子貢曰：“夫子之道至大也，故天下莫能容，夫子何少貶焉【“焉”字衍】？”子曰：“良農能稼不必能穡【播種五穀爲之稼，收穫五穀爲之穡】，良工能巧不能爲順【不能順從人意】，君子能修其道，綱而紀之【按照法制或禮制治理國家】，統而理之，不必其能容。今爾不修爾道而求爲容賜，爾志不廣矣，思不遠矣。”子貢出。顏回入，問亦如之。顏回曰：“夫子之道至大，故天下莫能容焉。雖然，君子推而行之，不容何病？不容，然後見君子。夫道之不修也，是吾醜【羞恥，慚愧。《史記·魏世家》：“以羞先君宗廟社稷寡人甚丑之。”】也。夫道，既已大修而世不我用，是有國者之醜也，已無與矣。夫子何病哉！不容，然後見君子。”孔子欣然而笑曰：“顏氏之子，使爾多財，吾爲爾宰。”於是使子貢至楚。楚昭王興師迎孔子，然後得免。子貢執轡曰："二三子從夫子而遭此難也，其弗可忘已。"孔子曰："惡是，何言也。語不云乎：三折肱而成良醫【《左傳·定公十三年》："三折肱，知爲良醫。"後常以此比喻對某事閱歷多，富有經驗，自能造詣精深】。夫陳、蔡之間，丘之幸也。二三子從丘者，皆幸人也。列士不困不成行【《孔子家語·困誓》："吾聞之，君不困不成王，列士不困行不彰。"】，用之爲道，從寒之及暖，暖之及寒也。唯賢者獨知，而難言之也【從"子貢執轡"至此，見漢劉向《説苑·雜言》】。"《易》曰："困，亨，貞，大人吉，無咎，有言不信。"【大意爲"身陷窮困之中，仍自得其樂，必能堅守自己的原則，和理想，故能通達（即亨），像如此堅守正道（即貞），惟有偉大的人才能做到，因而吉祥，没有災難（無咎）雖能安於窮困，堅守原則，但被小人所掩蔽，不會有人相信，應當隱忍"】聖人所與人難言，信也。於是遂去之楚餘詳《史記》。【孔子厄於陳蔡，事《論語·衛靈公》、《孔子家語》、《史記·孔子世家》、《説苑》等書均有記載，詳略互異】

　　其從於陳蔡，居德行科者：

　　顏回，魯人，字子淵，顏路無繇【《孔子家語·七十二弟子解》："顏由，顏回父，字季路。孔子始教學於闕里（孔子故里，在此講學，後建有孔子廟。在今山東曲阜城内闕里街。因有兩石闕，故名），而受學焉，少孔子九歲。"繇，亦作"由"】之子也。路少孔子九歲。孔子始教，首授學焉。已遣回【少孔子三十歲】事孔子，孔子亟稱之【《孔子家語·七十二弟子解》："顏回，魯人，字子淵。年二十九而髮白，三十一早死。孔子曰：'自吾有回，門人日益親。'回之德行著名，孔子稱其仁焉。"具在《論語》、《家語》諸篇】

閔損，字子騫，魯人。始見孔子，有菜色。孔子切磋之，以至道而襄【贊勉。襄，通"揚"】之於孝德【《史記·仲尼弟子列傳》："孔子曰：'孝哉，閔子騫！人不間於其父母昆弟之言。'不仕大夫，不食污君之禄。"《家語》："以德行著名，孔子稱其孝焉。"】。芻豢【牛羊犬豕之類的家畜。泛指肉類食品。《孟子·告子上》："故義理之悦我心，猶芻豢之悦我口。"】之色，盎如也，得深已。唯是不仕【《論語·雍也》："季氏使閔子騫爲費宰。閔子騫曰：'善爲我辭焉！如有復我者，則吾必在汶上（汶水之北）。汶，山東汶水河矣。'"】，欲隱約【隱身守約。閔損是孔子弟子中唯一不願做官的人】以明道。《函史》【明鄧元錫撰】

冉伯牛，名耕【《家語》："以德行著名，有惡疾，孔子曰：'命也夫。'"】。仲弓，名滩，蓋同族魯人也【《家語》："生於不肖之父。以德行著名。"】。伯牛靖【謙恭，安定】無欲。孔子節小物【小事。《國語·晉語九》："夫君子勤小物，故無大患。"】，必以伯牛侍。曰："吾以自薦也，雍重厚簡默【持重而敦厚，簡静而沉默】，在貧如容，使其臣如借【在貧困中要一樣矜持莊重，役使自己的臣下要像借來的一樣謙和】，不遷怒，不深怨，不録舊罪【不記恨他人過去所犯的過錯】。"其自言曰："君敦行簡【謂持身恭敬，行事簡易。《論語·雍也》："居敬而行簡，以臨其民，不亦可乎？"】，凝於德矣。"《函史》

居言語科者：

端木賜，魏人，字子貢【《家語》："有口才著名。"】。性警悟，善說辭。事並見《論語》、《家語》暨前紀中。

宰我【《家語》："宰予，字子我，魯人。有口才著名。"】信孔子，以爲賢于堯舜。而夫子常告之以鬼神之情狀，亦通明之才。史稱其爲臨菑【同淄】大夫，與田常【春秋時齊人。《左傳》稱"陳恒"，齊大夫。後弒齊簡公立齊平公，卒諡成子】作亂，孔子恥之【《史記·仲尼弟子列傳》："宰我爲臨淄大夫，與田常作亂，以夷其族，孔子恥之。"臨淄，齊國國都。在今山東淄博東北。田常，即田成子，名恒，因避漢文帝劉恒諱，改稱田常。齊國大臣齊簡公四年殺簡公，擁立齊平公，任相國。據《左傳·哀公十四年》載，宰我並未參與田常之亂。然而有個叫闞止（字子我）的人，因爲爭寵，被田常所殺】。然《呂覽》【《呂氏春秋》】則言陳恒攻宰予於庭，即簡公於廟【陳恒在宮廷攻殺宰我，在朝廷殺害齊簡公。事見《呂覽·慎勢》："齊簡公有臣曰諸御鞅，諫於簡公曰：'陳成常與宰予，之二臣者，甚相憎也，臣恐其相攻也。相攻唯固，則危上矣。願君之去一人也。'簡公曰：'非而細人所能識也。'居無何，陳成常果攻宰予於庭，即簡公於廟。"】，則予非助亂者也，死於亂者也。《函史》

居政事科者：

冉求，字子有，仲弓族人【《家語》："有才藝，以政事著名。"】。學文博藝，省物而勤己【《孔子家語·弟子行》："恭老恤幼，不忘賓旅，好學博藝，省物而勤也，是冉求之行也。"】，其行恭老

慈幼,温然退讓【謙讓,禮讓。《禮記·曲禮上》:"是以君子恭敬撙節,退讓以明禮。"】焉。《函史》

子路,魯卞人,仲由也【一名季路。《家語》:"有勇力才藝,以政事著名。"】。性伉直【剛直。《史記·仲尼弟子列傳》:"子路性鄙,好勇力,志伉直,冠雄雞,佩豭豚,陵暴孔子。孔子設禮,稍誘子路,子路後儒服委質,因門人請爲弟子。"】,有勇力,不爲不義,屈從孔子於陳、蔡之間,絶糧七日,孔子絃歌。子路入見曰:"夫子之歌,禮乎?"孔子弗應。曲終而曰:"由,來,吾語汝。君子好樂,無爲驕也;小人好樂,爲無憚也。"子路悦。援戚【古兵器,斧的一種】而舞之,三終乃出。明日,免於厄。《函史》

居文學科者:

言偃,字子遊,吳人【《史記·仲尼弟子列傳》、《孔子家語》説他是魯人】。慕聖,自吳如魯,受學於孔子。《函史》

子夏,晉國温人【一説衛國人】也,名商。篤信謹守,故孔子自曾子而下,篤信稱子夏,而文學大著《序詩》、《傳禮》,而孔子嘗屬其傳《易》、《春秋》云【子夏是孔門高足。他曾提出"學而優則仕"的著名論點】。

附:《史記·仲尼弟子列傳》:孔子曰:受業身通者七十有七人,皆異能之士也。德行:顔淵、閔子騫、冉伯牛、仲弓。政事:冉有、季路。言語:宰我、子貢。文學:子遊、子夏。師也辟,參也魯,柴也愚,由也喭,回也屢空,賜不受命而貨殖焉,億則屢中。

歷 代 藩 封

陳之爲國，蓋自殷封之，以爲舜【號有虞氏，名重華，據説舜目爲重瞳子。古代傳説中繼堯之後著名的帝王，是我國父繫氏族社會部落聯盟領袖，史稱虞舜】後者也。舜妻堯【古代傳説中的著名帝王，是我國父繫氏族社會部落聯盟領袖，史稱堯舜，名放勳，號陶唐氏】之二女【傳説指娥皇，女英】，居嬀汭【guī ruì，水彎曲的地方，在今山西省永濟縣南】，因爲嬀姓焉。舜傳禹【"禹者，黃帝之玄孫而帝顓頊之孫也。"見《史記・夏本紀》。《帝王世家》："禹受封爲夏伯，在豫州外方之南，今河南陽翟（今禹縣）是也。"】天下，而封舜子商均於有虞【其地在河南虞城縣】。及思之後【到了夏封虞思之後】，箕伯直柄中衰，湯始封遂【虞遂】於陳。至周武王虞幕裔孫閼父，爲周陶正【周代官名。掌製造陶器之事】，能利器用，王賴之，且與其神明之後，以元女大姬下嫁其子滿而封諸陳，是爲胡公【謚號胡公，名滿】。使奉虞祀【讓他承擔帝舜的祭祀】而與杞、宋並備三恪【三恪，古代新的王朝建立之時，往往封前代三個王朝的子孫，給以王侯的名號，稱三恪。三恪即三客。（1）陳、杞、宋三國。《左傳・襄公二五年》："而封諸陳，以備三恪。"——周得天下，封夏殷二王后，又封舜後，謂之恪，並二王后爲三國。其禮轉降，示敬而已，故曰三恪。（2）周武王封黃帝之後於薊，帝堯之後於祝，帝舜之後於陳。《左傳・襄公二十五年》記載："昔虞閼父爲周陶正，以服事我先王。我先王賴其利器用也，與其神明之後也，庸以元女大姬配胡公，而封諸陳，以備三恪。"】云。杞，夏之後；宋，殷之後。恪，敬也。以其爲神明之胄而賓敬之也。胡公卒，子申公犀【此處脫文"侯"】立。申公卒，弟相公皋羊立。相公卒，立申公子突，是爲孝公。孝公卒，子慎公國戎立。慎公卒，子幽公寧立。幽公卒，子釐公孝立。釐公卒，子武公靈立。武公卒，子夷公說立。夷公卒，弟平公燮立。平公卒，子文公圉立。文公卒，子桓公鮑立。桓公弟佗，殺其太子免而自立。蔡人殺陳佗，桓公之次子躍立，是爲厲公。厲公立，五月卒，弟莊公林立。莊公卒，弟宣公杵臼立。宣公卒，子穆公款立。穆公卒，子共公朔立。共公卒，子靈公平國立。靈公爲夏徵舒所殺，楚殺徵舒，乃迎立公子午，是爲成公。成公卒，子哀公弱立。哀公之弟招殺公子偃師，而立其嬖子留爲世子。哀公憂恚【huì，怒】自殺，楚滅陳。棄疾復封之，立偃師之子吳，是爲惠公。惠公卒，子懷公柳立。懷公卒，子閔公越立《史記》作湣公。楚滅陳，殺閔公，陳亡。【以上史實，詳見下附《史記·陳杞世家》】

余考陳胡公世家，而知天之報舜遠也。夫天下之大器【《莊子·讓王》："故天下，大器也，而不以易生，此有道者之所以異乎俗者也。"因以大器比喻國家、帝位或有大才並能擔當大事的人】常情鮮不惼【"忞"之異體字】之。矧【shěn，況且、何況】在側微【卑賤。《書·舜典》："虞舜帝側微。"孔疏："不在朝廷謂之側，其人貧賤謂之微。"】遽陟天位，其繫戀【亦作"繫孿"，戀念不舍】宜何如者？而舜舉以授禹若敝蹝【xǐ，同"屣"，草鞋】焉。此其初，焉有市德【猶言"市恩"，同"市惠"。謂以私惠取悦於人，而徼報【求取報答】之情哉！廼夏之世封之虞，殷之世封之遂，周之世封之陳，子孫相繼有國，永世不絶，胡其昌耶。即其中祚遷於楚【祚 zuò，福，賜福帝位】，而敬仲已熾於齊【田敬仲，即陳完，春秋時陳國公族。厲公之子。公元前 707 年，陳國發生宮廷内亂，厲公被殺，太子完被貶爲大夫。後宣公太子禦寇，被宣公寵妃謀殺；完和禦寇相好，恐禍及已，奔齊，齊懿仲以女妻完。完之如齊，以陳字改爲田氏。完卒，諡爲敬仲。敬仲生子穉（同稚）孟夷，田穉孟夷生子湣孟莊，田湣孟莊生子文子須無，田文子事齊莊公。文子卒，其子田桓子無宇，事齊莊公，甚有寵。無宇卒，其子田厘子乞事齊景公爲大夫行陰德於民。由此田氏深得衆心，宗族日益强盛，民思田氏。其後的田常、田忌、田單等皆齊之重臣，專齊國之政。熾，昌盛】，甚至百世之餘，如元魏孝文【高祖孝文皇帝，拓跋氏，名宏，顯宗獻文皇帝之長子。二十年自改“拓跋”爲“元氏”俏訪【訪查，尋求】其苗裔復之，畢世以紹明德於不替，果奚以得此哉！

【附録：《史記·陳杞世家·陳世家》

陳胡公滿者，虞帝舜之後也。昔舜爲庶人時，堯妻之二女，居於嬀汭，其後因爲氏姓，姓嬀氏。舜已崩，傳禹天下，而舜子商均爲封國。夏后之時，或失或續。至於周武王克殷紂，乃復求舜後，得嬀滿，封之於陳，以奉帝舜祀，是爲胡公。

胡公卒，子申公犀侯立。申公卒，弟相公皋羊立。相公卒，立申公子突，是爲孝公。孝公卒，子慎公圉戎立。慎公當周厲王時。慎公卒，子幽公寧立。

幽公十二年，周厲王奔於彘。

二十三年，幽公卒，子釐公孝立。釐公六年，周宣王即位。三十六年，釐公卒，子武公靈立。武公十五年卒，子夷公説立。是歲，周幽王即位。夷公三年卒,弟平公燮立。平公七年,周幽王爲犬戎所殺,周東徙。秦始列爲諸侯。

二十三年,平公卒,子文公圉立。

文公元年,取蔡女,生子佗。十年,文公卒,長子桓公鮑立。

桓公二十三年,魯隱公初立。二十六年,衛殺其君州吁。三十三年,魯弑其君隱公。

三十八年正月甲戌己丑,桓公鮑卒。桓公弟佗,其母蔡女,故蔡人爲佗殺五父及桓公太子免而立佗,是爲厲公。桓公病而亂作,國人分散,故再赴。

厲公二年,生子敬仲完。周太史過陳,陳厲公使以《周易》筮之,卦得《觀》之《否》:"是爲觀國之光,利用賓於王。此其代陳有國乎?不在此,其在異國?非此其身,在其子孫。若在異國,必姜姓。姜姓,太嶽之後。物莫能兩大,陳衰,此其昌乎?"

厲公取蔡女,蔡女與蔡人亂,厲公數如蔡淫。七年,厲公所殺桓公太子免之三弟,長曰躍,中曰林,少曰杵臼,共令蔡人誘厲公以好女,與蔡人共殺厲公而立躍,是爲利公。利公者,桓公子也。利公立五月卒,立中弟林,是爲莊公。莊公七年卒,少弟杵臼立,是爲宣公。

宣公三年,楚武王卒,楚始彊。十七年,周惠王娶陳女爲后。

二十一年,宣公後有嬖姬生子款,欲立之,乃殺其太子禦寇。禦寇素愛厲公子完,完懼禍及己,乃奔齊。齊桓公欲使陳完爲卿,完曰:"羈旅之臣,幸得免負檐,君之惠也,不敢當高位。"桓公使爲工正。齊懿仲欲妻陳敬仲,卜之,占曰:"是謂鳳皇于飛,和鳴鏘鏘。有嬀之後,將育於姜。五世其昌,並於正卿。

八世之後,莫之與京。"

三十七年,齊桓公伐蔡,蔡敗;南侵楚,至召陵,還過陳。陳大夫轅濤塗惡其過陳，詐齊令出東道。東道惡，桓公怒，執陳轅濤塗。是歲，晉獻公殺其太子申生。

四十五年，宣公卒，子款立，是爲穆公。穆公五年，齊桓公卒。十六年，晉文公敗楚師於城濮。是歲，穆公卒，子共公朔立。共公六年，楚太子商臣弑其父成王代立，是爲穆王。十一年，秦穆公卒。十八年，共公卒，子靈公平國立。

靈公元年，楚莊王即位。六年，楚伐陳。十年，陳及楚平。

十四年，靈公與其大夫孔寧、儀行父皆通於夏姬，衷其衣以戲於朝。洩冶諫曰：“君臣淫亂，民何效焉？”靈公以告二子，二子請殺洩冶，公弗禁，遂殺洩冶。十五年，靈公與二子飲於夏氏。公戲二子曰：“徵舒似汝。”二子曰：“亦似公。”徵舒怒。靈公罷酒出，徵舒伏弩廄門射殺靈公。孔寧、儀行父皆奔楚，靈公太子午奔晉。徵舒自立爲陳侯。徵舒，故陳大夫也。夏姬，御叔之妻，舒之母也。

成公元年冬，楚莊王爲夏徵舒殺靈公，率諸侯伐陳。謂陳曰：“無驚，吾誅徵舒而已。”已誅徵舒，因縣陳而有之，群臣畢賀。申叔時使於齊來還，獨不賀。莊王問其故，對曰：“鄙語有之，牽牛徑人田，田主奪之牛。徑則有罪矣，奪之牛，不亦甚乎？今王以徵舒爲賊弑君，故徵兵諸侯，以義伐之，已而取之，以利其地，則後何以令於天下！是以不賀。”莊王曰：“善。”乃迎陳靈公太子午於晉而立之，復君陳如故，是爲成公。孔子讀史記至楚復陳，曰：“賢哉楚莊王！輕千乘之國而重一言。”

八年，楚莊王卒。二十九年，陳倍楚盟。三十年，楚共王伐陳。是歲，成公卒，子哀公弱立。楚以陳喪，罷兵去。

哀公三年，楚圍陳，復釋之。二十八年，楚公子圍弑其君郟敖自立，爲靈王。

三十四年，初，哀公娶鄭，長姬生悼太子師，少姬生偃。二嬖妾，長妾生留，少妾生勝。留有寵哀公，哀公屬之其弟司徒招。哀公病，三月，招殺悼太子，立留爲太子。哀公怒，欲誅招，招發兵圍守哀公，哀公自經殺。招卒立留爲陳君。

四月，陳使使赴楚。楚靈王聞陳亂，乃殺陳使者，使公子棄疾發兵伐陳，陳君留奔鄭。九月，楚圍陳。十一月，滅陳。使棄疾爲陳公。

招之殺悼太子也，太子之子名吳，出奔晉。晉平公問太史趙曰："陳遂亡乎？"對曰："陳，顓頊之族。陳氏得政於齊，乃卒亡。自幕至於瞽瞍，無違命。舜重之以明德。至於遂，世世守之。及胡公，周賜之姓，使祀虞帝。且盛德之後，必百世祀。虞之世未也，其在齊乎？"

楚靈王滅陳五歲，楚公子棄疾弒靈王代立，是爲平王。平王初立，欲得和諸侯，乃求故陳悼太子師之子吳，立爲陳侯，是爲惠公。惠公立，探續哀公卒時年而爲元，空籍五歲矣。

十年，陳火。十五年，吳王僚使公子光伐陳，取胡、沈而去。二十八年，吳王闔閭與子胥敗楚入郢。是年，惠公卒，子懷公柳立。

懷公元年，吳破楚，在郢，召陳侯，陳侯欲往，大夫曰："吳新得意；楚王雖亡，與陳有故，不可倍。"懷公乃以疾謝吳。四年，吳復召懷公。懷公恐，如吳。吳怒其前不往，留之，因卒吳。陳乃立懷公之子越，是爲湣公。

湣公六年，孔子適陳。吳王夫差伐陳，取三邑而去。十三年，吳復來伐陳，陳告急楚，楚昭王來救，軍於城父，吳師去。是年，楚昭王卒於城父。時孔子在陳。十五年，宋滅曹。十六年，吳王夫差伐齊，敗之艾陵，使人召陳侯。陳侯恐，如吳。楚伐陳。二十一年，齊田常弒其君簡公。二十三年，楚之白公勝殺令尹子西、子綦，襲惠王。葉公攻敗白公，白公自殺。

二十四年，楚惠王復國，以兵北伐，殺陳湣公，遂滅陳而有之。是歲，孔子卒。】

周赧王【公元前？—前256年。慎靚王之子，名延。他與諸侯約從攻秦，爲秦所滅。】三十有七年，楚頃襄王【楚頃襄王，簡稱楚襄王，姓名熊横，楚懷王之子。熊横爲太子時，曾經在齊國當人質以求和平。前299年楚懷王被秦國扣留後，齊湣王用其相計讓熊横返回楚國，楚人立熊横爲王，是爲楚頃襄王。】徙都陳。秦白起伐楚，拔郢，燒夷陵，楚襄王遂徙郢於陳。王薨【hōng，周代諸侯死之稱。《禮記·曲禮下》：“天子之死曰崩，諸侯曰薨。”】。太子熊元代立，是爲考列王【《史記·楚世家》：“三十六年，頃襄王病，太子亡歸。秋，頃襄王卒，太子熊元代立，是爲考烈王。考烈王以左徒爲令尹，封以吳，號春申君。”】。昊請侯伐秦不利【《史記·楚世家》：“（考烈王）十二年，秦昭王卒，楚王使春申君弔祠於秦。十六年，秦莊襄王卒，秦王趙政（即嬴政。秦遠祖與趙同宗，嬴政生於趙，故稱）立。二十二年，（楚）與諸侯共伐秦，不利而去。”】而東徙壽春【戰國時楚邑（今安徽壽縣）】。

高祖十有一年，春三月丙寅，立皇太子友【高祖有八子，劉友是劉邦第六子，姬妾生，後徙爲趙幽王。《漢書·高五王傳·趙幽王劉友》：“趙幽王友，十一年立爲淮陽王。趙隱王如意死，孝惠元年，徙友趙王，凡立十四年。”】爲淮陽王惠帝元年，呂后【似脱文“遷”】淮陽王爲趙王【惠帝，名盈，字滿。《漢書·惠帝紀》：“孝皇惠帝，高祖太子也，母曰呂皇后。帝年五歲，高祖初爲漢王。二年，立爲太

子。十二年四月，高祖崩。五月丙寅，太子即皇位，尊皇后曰皇太后。"】

　　高后吕氏【即吕太后吕雉，字娥姁，單父（今山東單縣）人。兒子劉盈即位後，她爲皇太后。應劭曰："禮，婦人從夫諡，故稱高也。"吕后爲人剛毅，佐高祖定天下，所誅大臣多吕后力。惠帝死後，臨朝行天子事，斷決萬機，主政柄八年，排斥劉邦舊臣，立諸吕爲三王。吕后死，周勃、陳平等盡滅諸吕，擁立文帝。《史記》《漢書》有紀】元年夏四月，立所名孝惠子彊爲淮陽王惠帝後宮子【《史記·吕太后本紀》："太后欲王吕氏，先立孝惠後宮子彊爲淮陽王。""後宮子"指宮中一般妃嬪和美人所生之子，以與皇后所生者相區別。《漢書·高后紀》："元年夏五月丙申，立孝惠後宮子彊爲淮陽王……武爲壺關侯。"】。彊卒【吕后五年秋八月，淮陽王彊薨】，以壺關侯武【子彊的弟弟】爲淮陽王，亦所名惠帝子。年少未之【去，到】國，居長安。

　　文帝【劉恒，漢高祖之第四子。母薄姬。高祖平代地，立爲代王，都中都。吕后死，周勃、陳平等平諸吕之亂，迎立爲帝。在位二十三年，提倡農耕，免農田租，與民休息，尚清静無爲，故全國經濟漸次恢復，政治穩定。在歷代帝王中以生活儉素稱，與其子景帝兩代並稱爲"文景之治"】三年，徙代王武爲淮陽王【《漢書·文三王傳》："孝文皇帝四男：寶皇后生孝景帝、梁孝王武，諸姬生代孝王參、梁懷王揖。梁孝王武以孝文二年與太原王參、梁王揖同日立。武爲代王，四年徙爲淮陽王，十二年徙梁，自初王通曆已十一年矣。"】，文帝子，十一年徙爲梁王。

景帝【劉啟,漢文帝之中子,母竇太后。用晁錯計,削諸侯封地。吳楚等七國叛亂,以周亞夫爲太尉,討平七國。繼文帝重農抑末,整頓吏治,在位十六年。《史記》、《漢書》有紀】二年,春三月,立皇子餘爲淮陽王【孝景帝有十四男,魯恭王劉餘是景帝第五子,爲程姬所生。《漢書·景十三王傳》:"魯恭王餘以孝景前二年爲淮陽王。吳楚反破後,以孝景前三年徙王魯。好治宮室苑囿狗馬,季年好音,不喜辭。爲人口吃難言。"】立三年,徙爲魯王。

宣帝【劉詢,字次卿。漢武帝之曾孫,戾太子孫。以祖戾太子據遭巫蠱之禍自殺,父母皆遇害。劉詢雖在緥褓,也被關押在郡邸獄中。監廷尉邴吉憐其無辜,使女徒復作淮陽趙征卿、渭城胡組更乳養,詢賴吉得全。大將軍霍光既廢昌邑王賀,乃迎立爲帝。即位後,勵精圖治,任賢用能,重視吏治,減輕賦稅徭役。信威北夷,單于慕義,稽首稱藩。在位二十五年。《漢書》有紀】元康【宣帝年號】三年,夏六月,立皇子欽爲淮陽憲王【其母張倢伃有寵於宣帝。宣帝亦甚愛淮陽王,認爲他"好經書法律,聰達有才",數嗟嘆曰:"真吾子也!"(事見《漢書·宣元六王傳》)。又曾説:"淮陽王明察好法,宜爲吾子。"且有意欲用淮陽王代太子劉奭,即孝元皇帝。(事見《漢書·元帝紀》)】傳至縯王,新莽時絶。

新莽【新朝王莽。王莽,漢元城人,字巨君。元帝皇后之侄。父曼早死,叔伯皆封侯,莽獨孤貧,折節讀書,敬事諸伯,交接名士,聲譽甚盛。平帝立年九歲,以莽爲大司馬,元后以太皇后臨朝稱制,委政於莽,號安漢公。平帝死,立孺子嬰爲帝,自稱攝皇帝,三年成真,改國號曰新。紛事改革,土地皆稱王田,禁民買賣,鹽酒鐵錢等皆由官管,法令苛細,又連年戰爭,徭役頻繁,民不聊生,各地農民紛紛起義,莽地皇四年,劉玄(更始帝)新市平林軍、赤眉下江等農民軍攻入長安,殺莽。見《漢書·王莽傳》】始建國元年,僞封陳崇【陳崇在王莽專權期間,主要活動有:一、"陳崇時爲大司馬司直,與張敞孫竦相善。竦者博通士,爲崇草奏,稱莽功德,崇奏之。"二、"莽女立爲皇后,大赦天下,遣大司馬司直陳崇等八人分行天下,覽觀風俗。"三、"劉歆、陳崇等十二人皆以治明堂,宣教化,封爲列侯。"四、"二年春,竇況等擊破西羌……十二月,王邑等破翟義於。司威陳崇使監軍上書。"五、"司威陳崇奏,衍功侯光私報執金吾竇況,令殺人,況爲收繫,致其法。莽大怒,切責光。"上事見《漢書·王莽傳》】爲統睦侯,奉胡王後本胡公,亦莽僞爲追王【孟康注曰:"追王陳胡公。"】。

東漢光武【劉秀,字文叔。光武中興,故廟號世祖。南陽蔡陽人。漢高祖劉邦九世之孫。少長民間。王莽地皇三年,從其兄縯起兵春陵,受命於更始帝劉玄,打破莽軍於昆陽。玄既殺縯,秀以行大司馬定河北。更始三年即帝位,定都洛陽,是爲東漢。先後破赤眉軍,並削平公孫述、隗囂等割據勢力,統一全國。在位期間,加強中央集權,興修水利,減輕賦税,釋放官私奴婢,經濟漸漸復興。在位三十三年】辛未,封更始爲淮陽王名玄,漢宗室,初爲更始將軍,後爲帝【劉玄字聖公,光武族人。(新莽地皇三年)"光武及兄伯升亦起兵春陵,與諸部合兵而進。四年正月破王莽前隊大夫甄阜、屬正梁丘賜,斬之,號聖公爲更始將軍。衆雖多而無所統一,諸將遂共議立更始爲天子,二月辛巳,設壇場於淯水上沙中,陳兵大會,更始即帝位,南面立,朝群臣。素懦弱,羞愧流汗,舉手不能言。於是大赦天下,建元曰更始元年。"事見《後漢書·劉玄傳》】光武即位,詔封爲王。後降于赤眉,爲赤眉所殺。十有五年，夏四月，封皇子延爲淮陽公。十七年進爵爲王二十八年始就國，明帝永平（明帝劉莊年號）十六年，徙封阜陵王【《後漢書·光武十王列傳·阜陵質王延》：“延性驕奢而遇下嚴烈。永平中，有上書告延與姬兄謝弇及姊館陶主婿駙馬都尉韓光招奸猾，作圖讖，祀祭祝詛。事下案驗，光、弇被殺，辭所連及，死徙者甚衆。有司奏請誅延，顯宗以延罪薄於楚英王，故特加恩，徙爲阜陵王，食二縣。”】。

景帝【景帝誤。“建初”、“元和”應爲章帝年號。《後漢書·肅宗孝章帝紀》：“肅宗孝章皇帝諱炟，顯宗（孝明帝）第五子也。母賈貴人。永平（明帝劉莊年號）三年，立爲皇太子。少寬容，好儒術，顯宗器重之。”】，建初四年，夏四月己丑，徙常山王昞爲淮陽王章和元年薨，謚曰頃【淮陽頃王昞，永平五年（一說“十五”年）封常山王，建初四年，徙爲淮陽王，以汝南之新安、西華益淮陽國。立十六年薨】。

章和【章帝年號】二年，三月丁酉，用遺詔徙西平王羨爲陳王。癸亥，王始就國。和帝永元八年薨，謚曰敬【《後漢書·孝明八王列傳》：“陳敬王羨，永平三年封廣平王。建初三年，有司奏遣羨與鉅鹿王恭、樂成王黨俱就國。肅宗性篤愛，不忍與諸王乖離，遂皆留京師。明年，案輿地圖，令諸國戶口皆等，租入歲各八千萬。羨博涉經書，有威嚴，與諸儒講論於白虎殿。七年，帝以廣平在北，多有邊費，乃徙羨爲西平王，分汝南八縣爲國。及帝崩遺詔徙封爲陳王，食淮陽郡，其年就國。立三十七年薨，子思王鈞嗣。”】子鈞嗣安帝元初【安帝劉祜年號】四年薨，謚曰思。子竦嗣立二年薨，謚曰懷絕。

永寧【恭宗孝安皇帝劉祜年號】元年，夏四月【四月丙寅，立皇太子保爲皇太子,改元永寧大赦天下。己巳,紹封陳王羨子崇爲陳王),封陳敬王崇爲陳王延光【安帝年號】三年薨,謚曰頃。子承立是爲孝王。承薨,子愍王寵立獻帝建安(漢獻帝劉協年號)二年,袁術侵陳殺愍王【《後漢書·劉焉袁術吕布列傳》:"袁術,字公路,汝南汝陽人,司空逢之子也。少以俠氣聞,數與諸公子飛鷹走狗,後頗摺節。舉孝廉,累遷至河南尹、虎賁中郎將。時,董卓將欲廢立,以術爲後將軍。術畏卓之禍,出奔南陽。……建安二年,因河内張炯符命,遂果僭號,自稱"仲家"。以九江太守爲淮南尹,置公卿百官,郊祀天地。乃遣使以竊號告吕布,並爲子娉布女。布執術使送許。術大怒,遣其將張勳、橋蕤攻布,大敗而還。術又率兵擊陳國,誘殺其王寵及相駱俊,曹操乃自征之。"】。

魏太和【魏明帝曹叡年號。明帝,字元仲,曹丕子。繼丕位,廟號明帝。與曹丕並稱,謂之三祖】六年春二月,以陳四縣改封東阿王植爲陳王【陳思王植,字子建,曹操三子,曹丕之同母弟。少善詩文,操屢欲立嗣以代丕,故深爲丕所忌恨。操死,丕廢漢稱帝,藉故貶爵徙封,植抑鬱不得意。丕死,子叡魏明帝即位,植屢次上疏求自試,皆不見用。《三國志·任城陳蕭王傳》:"其年冬,詔諸王:朝六年正月。其二月,以陳四縣,封植爲陳王,邑三千五百户。植每欲求別見獨談,論及時政;幸冀試用,終不能得。既還,悵然絕望。時法制:待藩國既自峻迫,僚屬皆賈豎下才;兵人給其殘老,大數不過二百人。又植以前過,事事復減半。十一年中而三徙都,常汲汲無歡。遂發疾,薨,時年四十一。遺令薄葬。以小子志,保家之主也,欲立之。初,植登魚山,臨東阿,喟然有終焉之心,遂營爲墓。子志嗣,徙封濟北王。景初中,詔曰:'陳思王昔雖有過失,既克己慎行,以補前闕,且自少至終,篇籍不離於手：誠難能也。其收黄初中諸奏植罪狀，公卿以下議，尚書秘書中書三府、大鴻臚者皆削除之。撰録植前後所著賦、頌、詩、銘、雜論凡百餘篇，副藏内外。’”卒，謚曰“思”。**子志嗣**徙封济北王。

黄初【魏文帝曹丕年號。曹丕，曹操次子。操死，襲位爲魏王。代漢稱帝，爲魏文帝】**二年，改封淮南王邕爲陳王**【《三國志·武文世王公傳》：“邯鄲懷王邕，黄初二年封淮南公，以九江郡爲國。三年，進爲淮南王。四年，改封陳。六年改封邯鄲。太和三年薨。”】**六年改封邯鄲。**

晉某年，封子斌爲陳王咸寧【晉武帝司馬炎年號】四年徙爲西河王【《晉書·宗室列傳·西河繆王斌》：“西河繆王斌，字子政，魏中郎。武帝受禪，封陳王，邑千七百一十户。三年，改封西河。咸寧四年薨。”】。

穆帝永和【晉穆帝司馬聃年號】**七年，以子騰封淮陽公。**

南北朝淮陽王尉元【字苟仁，代人。效忠於北魏拓跋氏四代皇帝：世祖太武帝拓跋燾、高宗文成帝拓跋濬、顯祖獻文帝拓跋弘、高祖孝文帝元宏。《魏書·尉元傳》：“世祖嘉其寬雅有風貌，稍遷駕部給事中。從幸海隅，賜爵富城男，加寧遠將軍”；“和平（文成帝年號）中，遷北部尚書，加散騎常侍，進爵太昌侯，拜冠軍將軍”；“天安（獻文帝年號）元年，顯祖以元爲使持節、都督東道諸軍事、鎮南大將軍、博陵公”；“太和（孝文帝年號）初，徵爲内都大官。既而出爲使持節、鎮西大將軍、開府、統萬鎮都將。……三年進爵淮陽王，以舊老見禮，聽乘步挽，杖於朝。”】**獻文**【獻文帝拓跋弘年號】**時封，子翊嗣。**

淮陽公皮豹【《魏書·皮豹子傳》：“漁陽人。少有武略。泰常

（北魏明元帝拓跋嗣年號）中，爲中散，稍遷内侍左右。世祖時，爲散騎常侍，賜爵新安侯，加冠軍將軍。又拜選部尚書，餘如故。出除使持節、侍中、都督秦雍荆梁四州諸軍事、安西將軍、開府儀同三司，進爵淮陽公，鎮長安。尋加征西將軍。後坐盜官財，徙於統萬。"】太武【北魏太武帝拓跋燾】時封，子承宗嗣。

陳郡公李叔仁以戰功積封。

後周文帝建德三年【此句所記有誤。"建德"是北周武帝宇文邕的年號。根據《周書·文閔明武宣諸子傳》載，陳惑王純是西魏文帝的第九子。原文如下："陳惑王純，字堙智突。武成（北周明帝年號）初，封陳國公，邑萬户。保定（武帝年號）中，除岐州刺史，加開府儀同三司。使於突厥迎皇后，拜大將軍。尋進位柱國，出爲秦州總管，轉陝州總管，督鴈門公田弘拔齊宜陽等九城。建德三年，進爵爲王。四年，大軍東伐，純爲前一軍總管。以帝寢疾，班師。五年，大軍復東討，詔純爲前一軍，率步軍二萬守千里徑。并州平，進位上柱國，即拜并州總管。宣政中，除雍州牧，遷太傅。大象元年五月，以濟南郡邑萬户爲陳。純出就國。二年，朝京師。是隋文帝專政，翦落宗枝，遂害純，并世子謙及弟厐公讓、讓弟議等，國除。"】，以子純封陳王後爲楊堅所殺，諡曰惑。

隋某年，以竇抗封陳國公。

唐高祖武德【唐高祖李淵廟號高祖，諡太武皇帝。年號武德】某年，以兄子道玄【淮陽王道玄，高祖從兄子。武德元年封淮陽王，授右千牛。"五年，劉黑闥引突厥寇河北，復授山東道行軍總管。師次下博，與賊軍遇，道玄帥騎先登，命副將石萬寶督軍繼進。萬寶與之不恊，及道玄深入，而擁兵不進，謂所親曰：'吾奉手詔，言淮陽小兒雖名爲將，而軍之進止皆委於吾。今其輕脱，越濘交戰，大軍若動，必陷泥溺，莫若結陣以待之，雖不利於王而利於國。'道玄遂爲賊所擒，全軍盡没，惟萬寶逃歸。道玄遇害，年十九。太宗追悼久之，贈左驍衛大將軍，謚曰壯。無子，詔封其弟武都郡公道明爲淮陽王，令主道玄之祀。累遷左驍衛將軍。送弘化公主還蕃（吐谷渾），坐泄主非太宗女，奪爵國除，後卒於鄆州刺史。"事見《舊唐書·宗室·太祖諸子傳·淮陽王道玄》】封淮陽王後討劉黑闥戰死，傳道明，坐罪，免。元年以納言，封段達爲陳國公。

太宗貞觀【唐太宗李世民年號】二十年秋八月，封皇孫忠【燕王忠，字正本，高宗之長子】爲陳王高宗永徽三年立爲皇太子【《新唐書·高宗本紀》："七月丁巳，立陳王忠爲皇太子，大赦，賜五品以上子爲父後者勳一轉，民酺三日。"】。

玄宗開元【唐玄宗李隆基年號】二十有一年秋九月，封皇子滀【cuǐ】爲陳王舊志名珪【所記與《舊唐書》所載不符。"義王玭，玄宗第二十四子，初名滀。開元十三年三月封爲義王。二十三年七月，授開府儀同三司，乃改名玭。"《舊唐書·玄宗諸子傳》："陳王珪，玄宗第二十五子也，初名涣。開元二十三年七月，封爲陳王。二十四三月改名珪。"淮陽王僖，肅宗第十四子，初封淮陽王，早夭，追封宋王】。

文宗開成【唐文宗李昂年號。文宗爲穆宗第二子】二年，以敬宗【敬宗睿武昭潛孝皇帝，唐穆宗長子，字湛】子成美封陳王四年立爲皇太子【開成四年十月詔曰："敬宗皇帝第六男陳王成美，天假忠孝，日新道德，温文合雅，謙敬保和。裕端明之體度，尚《詩》《書》之辭訓,言皆中禮,行不違仁。是可以訓考舊章,欽若成命,授之匕鬯,以奉粢盛。宜迴朱邸之榮,俾踐青宮之重,可立爲皇太子。宜令所司擇日備禮册命。"自莊恪太子薨,上遂命立陳王。事見《舊唐書・敬宗五子傳・陳王成美》】,五年爲仇士良所殺。

宋太平興國【宋太宗趙炅(本名匡義,改名爲光義,即位後改名爲炅)年號。開寶九年癸丑,太祖匡胤崩,太宗以晉王繼位】八年冬十月,進廣平郡王元佑爲陳王雍熙【宋太宗趙光義年號】二年,改封許王,淳化【宋太宗年號】三年薨,贈皇太子謚恭孝【昭成太子元僖,初名德明,太平興國七年,封廣平郡王,八年進封陳王,改名元佑。雍熙二年,元佐被疾,進封許王,加中書令。淳化"三年十一月己亥,元僖早入朝,方坐殿廬中,覺體中不佳,徑歸府。車駕遽臨視,疾已亟,上呼之猶能應,少頃遂薨。上哭之慟,廢朝五日,贈皇太子,謚恭孝。元僖姿貌雄毅,沉静寡言,尹京五年,政事無失。及薨,上追念不已,悲泣達旦不寐,作《思亡子詩》示近臣。"事見《宋史・宗室列傳二・昭成太子元僖》】。

神宗熙寧【宋神宗年號。宋神宗趙頊,宋英宗趙曙之長子】三年,以宗望封陳國公宗室允言子,官至陳州觀察使,卒謚良。僖子士闞嗣,父卒,徒行數百里卒,贈陳州觀察使,徽宗即位,改封陳王爲越王。

哲宗元符【宋哲宗年號。宋哲宗趙煦,神宗第六子】三年春三月,徽宗【趙佶,神宗第十一子,自稱教主道君皇帝。宣和七年,金兵南下。靖康二年,徽宗、欽宗爲金兵所俘,北宋亡。徽宗死於五國城】即位,以申王泌爲太傅,進封陳王賜贊拜不名三年,賜入朝不趨,崇寧五年薨【《宋史・宗室列傳三・吳榮穆王似》:"吳榮穆王伈，神帝第九子。初授山南東道節度使，封儀國公。哲宗立，加開府儀同三司、大寧郡王，進申王，拜司空。帝崩，伈於諸弟爲最長，有目疾不得立。徽宗嗣位，以帝兄拜太傅，加殊禮，旋拜太師，歷京兆、真定尹，荆、揚、太原、興元牧，徙國陳。崇寧五年薨"】。

高宗紹興【宋高宗年號。宋高宗趙構，字德基，徽宗第九子。初封康王，徽欽被金所俘，在南京應天府（今河南商丘）即位，後建都臨安（今浙江杭州），是爲南宋。】八年，冬十月，金封宗儁爲陳王婁室嗣。

帝王巡幸

漢高祖五年冬十月，王追楚王籍至固陵《漢紀》王追項羽至陽夏南，此足證固陵在宛丘西北，而非固始矣。【《史記·高祖本紀》："項羽恐，乃與漢王約，中分天下，割鴻溝（戰國魏惠王開鑿溝通黄河與淮水的運河。北起滎陽，中經中牟，至開封，折南流至淮陽縣南入潁水。後人常以鴻溝喻界限分明）而西者爲漢，鴻溝而東者爲楚。……項羽解而東歸。漢王欲引而西歸，用留侯、陳平計，乃進兵追項羽，至陽夏（今河南太康縣，在淮陽縣北，約有七十華里）南止軍。與齊王信、建成侯彭越期會而擊楚軍，至固陵（在今淮陽縣西北、太康縣西南的柳林鎮），不會。楚擊漢軍，大破之。漢王復入壁，深塹而守之，用張良計，於是韓信、彭越皆往。及劉賈入楚地，圍壽春，漢王敗固陵，乃使使者召大司馬周殷舉九江兵而迎武王，行屠城父……立武王布爲淮南王。"】六年，帝會諸侯于陳，執楚王信以歸【《史記·高祖本紀》："十二月，人有上變事告楚王信謀反，上問左右，左右爭欲擊之。用陳平計，乃僞遊雲夢，會諸侯於陳，楚王信迎，即因執之。是日，大赦天下。"】今西門曰"平信"，本此。

光武十有九年，秋九月壬申，帝行幸南頓縣【春秋時頓子國。漢置縣，明廢。《漢書地理志補注》卷十三："南頓縣，應劭曰：頓迫於陳，其後南徙，故號南頓。"故城在河南項城縣西】。舍置酒會，賜吏民，復【免除徭役或賦稅。《荀子·議兵》："中試，則復其戶，利其田宅。"楊倞注："復其戶，不徭役也。"】南頓田租一歲，因父老請復增一歲，進幸淮陽【《後漢書·光武帝紀》："秋九月，南巡狩。壬申，幸南陽，進幸汝南南頓縣舍，置酒會，賜吏人，復南頓田租歲。父老前叩頭言：'皇考居此日久，陛下識知寺舍，每來輒加厚恩，願賜復十年。'帝曰：'天下重器，常恐不任，日復一日，安敢遠期十歲乎？'吏人又言：'陛下實惜之，何言謙乎？'帝大笑，復增一歲。進幸淮陽、梁、沛。"】。

章帝八年冬十二月甲午，帝東巡狩，由陳留【地名。古有莘城。《寰宇通志·開封府陳留縣》："上古有莘城，春秋爲留地，屬鄭，後爲陳所滅，故曰陳留。秦始皇二十六年置縣，漢爲陳留郡，隋初廢郡存縣，歷代因之。"】、梁國至於淮陽【《後漢書·肅宗孝章帝紀》："八年冬十二月甲申，東巡狩，幸陳留、梁國、淮陽、潁陽。戊申，車駕還宮。"】。

周世宗顯德三年，正月丁未，周主至陳州，宴從官於行宮。

宋仁宗明道二年，帝幸洪福寺【《宋史·李宸妃傳》作"洪福院"。《通鑑》云："在開封府陳州。"按：仁宗生母宸妃李氏薨，劉后欲以宮人禮治喪於外。呂夷簡力言不可。以宸妃誕育聖躬，而喪不成禮,異日必有受其罪者。於是以后妃殮,用水銀殯洪福寺。燕王元儼爲帝言:陛下乃李宸妃所生,妃死以非命。帝始知爲宸妃子,因號慟,累日下詔自責,追尊謚曰:莊懿皇太后,幸洪福寺祭告,易梓宫。親啟視之,妃以水銀故,玉色如生,冠服如皇后,帝歎曰:"人言其可信哉!"遇劉氏加厚。

【《宋史卷二百四十二列傳第一》:李宸妃,杭州人也。祖延嗣,仕錢氏,爲金華縣主簿;父仁德,終左班殿直。初入宫,爲章獻太后侍兒,莊重寡言,真宗以爲司寢。既有娠,從帝臨砌台,玉釵墜,妃惡之。帝心卜:釵完,當爲男子。左右取以進,釵果不毀,帝甚喜。已而生仁宗,封崇陽縣君;復生一女,不育。進才人,後爲婉儀。仁宗即位,爲順容,從守永定陵。章獻太后使劉美、張懷德爲訪其親屬,得其弟用和,補三班奉職。

初,仁宗在繈褓,章獻以爲己子,使楊淑妃保視之。仁宗即位,妃嘿處先朝嬪御中,未嘗自異。人畏太后,亦無敢言者。終太后世,仁宗不自知爲妃所出也。

明道元年,疾革,進位宸妃,薨,年四十六。】

明洪武元年某月,駕幸汴梁,駐蹕【亦作"駐驆"。帝王出行,途中停留暫住】於陳。

陳州志第三卷

營　建　志

城池　　治署　　學校　　市集　　坊表　　河渠　　津梁郵遞附

先王建國，營宮式【房屋、居室的規格形式。古者居室貴賤皆通稱宮】，符法象【對自然界一切事物現象的總稱。《易·繫辭上》："是故法象莫大乎天地，變通莫大乎四時。"宋張載《正蒙·太和》："凡天地法象，皆神化之糟粕爾。"】，蓋盛民御衆【集結容納治理民衆。盛，容納、承受。《呂氏春秋·君守》："身以盛心，心以盛智。"御，統治，治理。《尚書·大禹謨》："臨下以簡，御衆以寬。"】，實惟治理先圖焉。市井在城，聚落在野，體經【體國經野之省稱。《周禮·天官·冢宰》："惟王建國，辨方正位，體國經野。設官分職，以爲民極。"體，劃分。國，都城。經，丈量。野，田野。古代奴隸主把都城劃分若干區域，由"國人"分別居住；把田野劃分爲方塊耕地，使"野人"居住耕作；設管理，不准隨便遷徙。後泛指治理國家】之制，抑振古

【遠古。《詩經·周頌·載芟》："匪今斯今，振古如茲。"】如斯矣。
施禊【通"禊"xì，祭名。古人拔除不祥之祭。常在春秋二季於水濱舉
行。農曆三月上巳行春禊；七月十四日行秋禊】表閭【謂旌表閭里，以
彰顯功德。語出《史記·殷本紀》："封比干之墓，表商容之閭。"】風
聲。以樹造舟，疊石利涉攸資【攸遠的求取。資，取用】。籍
令視若弁髦【弁 biàn，黑色布帽；髦，童子眉際垂發。古代男子行冠
禮，先加緇布冠，次加皮弁，后加爵弁，三加后，即棄緇布冠不用，并剃
去垂髦，理發爲髻。因以"弁髦"喻棄置無用之物。《左傳·昭公九
年》："豈如弁髦，而因以敝之。"】聽之蠹蝕，考古致嘆於不足八
疆，逆占【預測。逆，預先。《北史·隋紀下·煬帝》："(煬帝)東西行
幸，靡有定居，每以供費不給，逆收數年之賦。"】其必亡，補捄【補
救，挽救。捄同"救"】莫施，曠瘝【guān，曠廢職守，耗費】奚逭
【huàn，逃，避。清王夫之《宋論·光宗》："則沽名之咎，又奚逭耶？"】
哉。肆【遂；於是。《尚書·舜典》："正月上日，受終於文祖，在璿璣
玉衡，以齊七政，肆類於上帝，禋於六宗，望於山川，徧於群神。"】於諸
所興廢，臚列篇中，舉墜葺存【興辦毀壞的，修理現存的】，是
所望於後之人爾。作營建志。

城　　池

州城，即古陳國也。《九域志》【即《元豐九域志》。北宋
王存主編，曾肇、李德芻修撰。首具赤、畿、望、緊、上、中、下之名，次列
地理，次列戶口，次列土貢。每縣下又詳載鄉鎮，而名山大川之目，亦

並見焉】云："陳胡公所築。"《太平寰宇記》【宋太宗趙炅時地理總志，記述了宋朝的疆域版圖，樂史撰，共二百卷，是現存較早較完整的地理總志之一】云："楚惠王【楚昭王娶越國妃子所生之子章，是爲惠王。《史記·楚世家》："惠王八年，晉伐鄭，鄭告急楚。楚使子西救鄭，受賄而去。白公勝怒，乃遂與勇力死士石乞等襲殺令尹子西、子綦於朝，因劫惠王置於高府，欲弒之。惠王從者屈固負王亡走昭王夫人宮。白公自立爲王。月餘，會葉公來救楚，楚惠王之徒與共攻白公，殺之。惠王乃復位。是歲也，滅陳而縣之。"】所築。"然神農之教有曰："石城十仞，湯池百步，帶甲百萬而無粟不能守也。"【語見《漢書·食貨志上》】神農實繼庖羲都陳後，乃于曲阜別營城，且應在上古之世爾。《晉·地道志》云："陳城西南角有淮陽城，漢淮國城也。"杜氏《通典》【唐杜佑撰，二百卷，記述唐天寶以前歷代經濟、政治、禮法、兵刑等典章制度及地志、民族的專書。是漢民族歷史上第一部體例完備的政書，"十通"之一】亦云："漢淮陽郡，故城在陳州宛丘縣西南。"《寰宇記》又云："陳州，州城枕蔡水，周圍三十里。"今蔡水寔由城北大折而東焉。郡國屢更，城郭【泛指城市。城，指內城；郭，指外城】多非故址。總之，楚莊【即楚莊王。楚穆王子，名侶，春秋五霸之一。楚莊王十六年，伐陳，殺夏徵舒。已破陳，改陳爲縣】來代覘【chān，窺視，觀察】者，已羨高深，靈王【共王次子，名圍。靈王八年，使公子棄疾將兵滅陳。靈王十一年大修陳、蔡、不羹之城】大城【擴建加固陳國都宛丘城。大，在此作動詞】，頃襄【見上文《歷代藩封》注】東徙，陳涉起蘄【jī，古縣名。本戰國楚邑，秦置蘄

縣。《史記·高祖本紀》："秦二世元年秋，陳勝等起蘄，至陳而王，號爲‘張楚’。"】來據，皆其憑藉彰彰者也。自漢迄今，歷千餘禩【通"祀"，年。明張居正《賀朱鎮山重膺殊恩序》："公自登士，迨今餘三十禩矣。"】，圖經鮮備修莫稽。唐季趙刺史犨【chōu。詳見本志卷七《人物·武功》】繕培【修繕甲兵，加固城墻。《新唐書·趙犨傳》："乃培城疏塹，實倉庫，峙槀薪，爲守計。民有貲者悉内之，繕甲兵，募悍勇，悉補子弟領兵。"】力摧巢、權二賊【指黄巢、秦宗權二位農民起義軍領袖】。宋中業趙守子崧，版築【"版築飯牛"典故之省文。版築，造土墙。飯牛，喂牛。相傳商代賢者傅説築於傅岩，武丁用以爲相。事見《書·説命上》。春秋時，衛國賢者寧戚飯牛車下，扣牛角而歌，桓公拜爲上卿。後以"版築飯牛"爲賢者出身微賤之典】先聲【昔日的聲望】，勳名煌煌，與雉堞【城墻上的矮墙。雉，長三丈，高一丈】俱峙矣。相傳今城乃縣東右徙者，東堞即古西闉【yīn，古代城門外城的曲城】以東南一隅猶存，仰瓦外抱跡爲証。舊志西銘山在城西五里，今當以小堤者，非。識者指城中大十字街爲銘山之麓。是街形勢殊崨嶪，頗類山形。四望抵城闉，不啻注坡【謂從斜坡上急馳而下。不啻，無異於】走阪【語出《漢書·蒯通傳》："猶如阪上走丸。"比喻事勢發展順利迅速】，俗且謂諸門麗譙【華麗的高樓】之脊，與是街等高。則《爾雅》所云："宛爲丘上丘者。"【《爾雅·釋丘》："丘上有丘爲宛丘。"】地勢實肖之。今城似復淮陽舊址，不足萬年，形勝區【小】哉。明洪武初定中原，兹寔後服

【較遲降服或指後降的人】。尋幸汴，駐蹕於兹，即命指揮賈齊守守焉。辛亥，指揮陳亨重繕周甃【zhòu，以磚修井。《易·井》："井甃，無咎。"】，延袤【縱長。《説文》："南北曰袤，東西曰廣。"】七里有奇【jī，零數】，高三丈，趾【通"址"，基址】廣五丈五尺，頂廣不及趾十之三。舊有四門：東明化、西平信、南孝義、北永安門，各增築甕城，暨門表裏，各施井幹，四隅各爲角樓，隅間傅垣爲敵臺【各個角落之間附著增設矮墙使之成爲對等的平臺。傅，附著，增設。垣，矮墙。敵，對等，匹敵】，臺計三十有九，堞二千七百，池深一丈五尺，廣二丈有奇，外環護城堤。有云乃古外城者，亦臆説，無的【箭靶的中心，引申爲確鑿、準確】考。景泰【明代宗朱祁鈺年號】間，樓堞稍圮【pǐ，毀，坍塌】。指揮陳紀新之【翻新】，增巡警舖，凡三十有七。嘉靖丁酉，知州郝璋、指揮王三錫濬【"浚"之異體字，疏浚】池，深廣視洪武初加十之三。隆慶【明穆宗朱載垕年號】丁卯夏六月，雨洽【浸淫，浸潤】四十日，城復圮。知州崔南陽、指揮賈國禎分葺【修繕，修葺】以完。萬曆丁丑，兵備憲使徐公學詩重建四門甕城，平信、孝義業築基矣。適公以遷秩【舊指官員晉級】，行不果建。癸巳以來，水患頻仍，視隆慶初爲甚，城堞多壞，南門崩，知州胡大成修焉。

明崇禎十五年三月十二日，闖賊李自成陷陳，城垣毀拆，四門焚燒。

清順治三年，知州趙煒復行修築，雖堞垣稍全，而堅固若古，尚望夫良牧。

治　署

州治前代莫詳臥治閣故基。相傳即兵巡道署，今州治似屬宛丘艮【東北方。《易·説卦》：“艮，東北之卦也。”】隅，然元末已毀矣。明初，知州王禮、劉公獻完繕，以中爲堂，曰：聽政。凡五楹【計算房屋的單位。一列爲一楹】，後堂三楹，爲知州萬宣建，今併入知州宅。堂東爲幕廳，三楹，用以延見諸寮【通“僚”】。堂西舊爲架閣庫【指儲藏文牘案卷的處所】，亦三楹，後改爲供案房。堂前爲露臺，甬道，有戒石亭今廢。堂東翼掾曹【猶掾史。古代分曹治事。掾 yuàn，官府中佐助官吏的通稱。曹，古代分科辦事的官署或部門】三：曰吏、曰户、曰禮。今益以承發户曹【掌管民户、祠祀農桑等的官署】，且析南北而三矣。西翼曰兵、曰刑、曰工。兵之分曹【分科，分班】：曰馬、曰舖長。刑亦分爲中南北，迄北曰庫樓。署東爲清軍衙今廢。其前爲土神祠，儀門三楹。東西角門，西爲督糧署，後亦判官居。前爲圄圉【亦作“圄圉”，牢獄】。出儀而左爲吏目【古官名。元於儒學提舉司及各州設吏目爲參佐官。明之翰林院、太常寺、太醫院、留守、安撫、招討、市舶、鹽課諸司及都指揮司、各長官司、各千户所。各州均有設置。掌管醫療、文書，或佐理刑獄及官署事務】宅。其並吏目而右崎者,堂曰寅賓,可備賓饗。外爲大門,麗樵【高樓,後亦作麗譙。即更鼓樓】居上。上楹設鐘鼓,大門之東二亭爲申明、旌善。西本陰陽學、醫學、惠民藥局今基址居民占住。

清順治十七年州守王奉文、揀選陰陽陶大錦、醫生劉聲赴部納□,各領本管印信。行署之在州者,曰察院,距治東半里許今廢。改治西一里許,依民宅闊修,又依衛衙修理小察院一處。治西南修民宅一處,爲公館以上俱新創。

預備倉三　一在永積倉東,扁曰:預備中倉廢;一在城隍廟東,扁曰:預備南倉。廒【áo,亦作"廠",本作"敖"。秦漢魏時在敖山(今河南滎陽北)上置穀倉,後世因以沿稱倉爲"敖"】舍,共三十二間今廢止,修房三間儲糧。一在大北關古糧城內,故老相傳包公監糧之處。嘉靖間,尚有羇包公古槐樹根,廒舍共四十九間,廢壞已久,其地爲八蠟廟今亦廢。

鐘樓　在儒學東南。先是明知州洪蒸議建王字街中,已築四臺,未成,垂【將近】三十年。萬曆【明神宗朱翊鈞年號】己亥,知州楊堪改築其街之南,層臺巍閣,上際雲霄,偉然一大觀也。後署州事判官李中立,改爲鼓樓,遷鐘于西門上,士民頷之。丁未,知州康應乾復移鐘置本處,人心快然。己巳,知州張國仁以鐘樓偪【通"逼"】近學官,拆毀,移鐘于東南城樓上。

申明亭　在州大門東,其鄉都各立一所。凡有過犯者,榜書【在宮闕門額上題署大字】此亭,以警惡焉。

旌善亭　在州大門東,其鄉都各立一所。凡民間孝子、順孫、義夫、節婦曾經旌表者,則榜書此亭,以勸善焉此制今廢。

里甲營　在州治東南一里。明成化年建,營房共二百二十間。久不修葺毀壞,民人私造居室。萬曆初,改爲草書院今廢。

養濟院【舊時爲矜寡孤獨者救濟的場所】　在州城北。萬曆壬寅,知州羅彬重修,視舊有加焉。大北關有新養濟院,知州楊堪建,隘舊院而增之也今二院俱廢。

清順治十七年,州守王公諱士麟,依址重建,亦恤孤之義云。

學　　校社學書院附

陳之學制始宋熙寧【宋神宗趙頊年號】八年。知州陳勷【ráng】創建。元末兵火,惟文廟【孔子廟。唐封孔子爲文宣王,稱其廟爲文宣王廟。元明以後省稱文廟】獨存。明景泰【明代宗朱祁鈺年號】元年,知州唐銓鼎新【猶言更新。《易·雜卦》:"鼎,取新。"】大成殿及兩廡【堂下周圍的走廊、廊屋】、戟門【立戟爲門。古代帝王外出,在止宿處插戟爲門。後指立戟之門。胡三省云:"唐設戟之制,廟社宮殿之門二十有四,東宮之門一十有八,一品之門十六⋯⋯設戟於門,故謂之戟門。"】、明倫堂【《孟子·滕文公上》:

"夏曰校，殷曰序，周曰庠。學，則三代共之，皆所以明人倫也。"舊時各地孔廟大殿稱明倫堂〉、齋號，而學之制粗備矣。成化六年，知州戴忻立櫺星門，塑聖賢像，別製木牌，書諸爵諡，以尊崇。其時工將就緒，而用猶未敷【饒足，足夠】，忽土中獲金二斤，會督學陳選增置啟聖祠，建敬一亭于殿後，尊經閣於明倫堂後。知州聶相虞又修泮池【學宮前面的水池，狀如半月形。借指學校】於櫺星門外，立坊於其南，書曰：太和元氣。嘉靖【明世宗朱厚熜年號】七年，知州王大紹奉文建啟聖祠，易聖賢像，以木主敬一亭，久遭回禄【傳説中的火神。《左傳·昭公十八年》："禳火於玄冥、回禄。"後世用作火災的代稱】。兵憲翟公議修，捐俸五十金，署州事柳文捐銀三十兩，州士民捐貲有差，吏目阮繼源董【監督】之，重修亭三楹，今存。後因闖寇兵火，止存大殿。

清順治七年，兵憲孫公諱建宗督教官張化鵬，始修兩廡戟門、櫺星門。順治十五年兵道于朋舉捐俸，同知州王弘仁重修明倫堂學署大門，儀門稍有可觀。

書籍百有餘部，俱寇火焚無存。

思魯書院　在州城南，絃歌臺正殿後。明嘉靖七年，御史譚纘【zuǎn】扁曰：知德書院。萬曆初，兵憲計公坤亨改四科書院。二十九年，豫章徐公即登以按察使駐節【舊指身居要職的官員於外執行使命，在當地住下。節，符節】于陳，倡明正學，建講堂于中，更名思魯書院。每月二次率生儒講課焉。設田租銀二十四兩，以充公費，擇生員二人董之。歲癸丑，憲副翟公留心課士，細加品評，額外獎賞，諸生感奮。乙卯，舉三人皆公所賞識者，人服其藻鑑【品藻和鑒別】云。今歌臺猶在，有志者，尚圖舉行。

社學【古代地方學校】　在城北大關街東。明萬曆二十三年，義民王綱建房三楹，群房五楹。乙卯兵憲翟公復于東西南關各立社學，聚民間子肄業【謂修習其業】其中，命生員各一人教之。每生歲給谷二十四石。其在北關者，有綱施義田一頃二十畝，種以自給焉。其社師須擇諸生貧而學行俱優者，不得混濫。

清順治十年，兵憲孫公行文陳州舉設義學，訪延徽【美善】儒龔作肅絳帳【紅色帳帷。語出《後漢書·馬融傳》：“融才高博洽，爲世通儒，教養諸生，常有千數……居宇器服，多存侈飾。常坐高堂，施絳紗帳，前授生徒，後列女樂，弟子以次相傳，鮮有入其室者。”後因以“絳帳”爲師長或講座的代稱，含有尊敬稱美之意】於其內，方行間而公有陞遷之命，復囑州守高公，云龔生博雅端正，且能文善書，可爲童子法，但家徒四壁，須令得所。高州守隨查州內義學舊處在三皇廟即今馬神廟也，出示延肅於此，群州中子弟從焉。歷來州守每給廩米，近州守王公益留意於茲，起敝維新亦興學雅意也。

潔己鄉　陳州南百里許，有古互鄉，即孔子所云

"難與言處也"【語見《論語·述而》互鄉難與言，童子見，門人惑。子曰："與其進也，不與其退也，唯何甚？人潔己以進，與其潔也，不保其往也。"】，後俗名爲古牆集。其地僻野，其人強悍逋負【拖欠賦稅、債務。逋，bū】者，輒逃匿其處，官民患之。崇禎【明思宗朱由檢年號】九年，睢陳道張鵬翀思化其地，擇官宋景運督理於集所，修蓋講堂一座，廂廳大門俱全，號房十間，改名爲潔己書院。命儒師設絳帳，群一方子弟誦讀其處，又選儒學教官一員，每月赴書院二次，省試學業。復通文督學道，每考定於潔己鄉，入庠【xiáng，古代學校名。《漢書·儒林傳序》："鄉里有教，夏曰校，殷曰庠，周曰序。"】三人，以爲鼓舞。一時居民遷善，風俗頓易。後兵火復毀其處郡人何潤記。

市　　集

陳城街巷分爲二十坊，於要會【通都要道。《資治通鑒·後唐明宗天成元年》："大樑，天下之要會也。"】處置更鋪，街口各設柵門，令更夫輪班坐鋪，擊柝警夜。衛所官軍則分地而巡之。後併二，今止十八坊：曰明化東門街，曰平信西門街，曰永安北門街，曰孝義南門街，曰安民州治前，曰儒林儒學前，曰武鎮州治後，曰大中鼓樓南，曰文林鼓樓西，今曰文武，曰柔遠鼓樓北，曰德化儒學南，曰孝德南門内迤東，曰孝城衛後街，曰安遠衛南，曰永積永積倉西，曰威武衛門東，曰修武衛門西，曰武備軍器局西。城外巷分爲五廂：曰東關，曰南關，曰順城關，曰大北關，各置更鋪栅門，嚴警如城中焉。四郊之外，聚落大而可頓商貨者，曰集：西北柳林二十五里，于家四十里，北鞍子嶺二十五里，明馬四十里，俗曰苗家集，東回王二十里，戴家三十里，巴家四十里，魯臺六十里，東北臨蔡城二十里，棠林三十里，東南中心二十里，舊曰牛家集，馮唐四十里，南買臣十八里，瓦關二十里，沙土二十五里，新站四十里，牛家口四十里，西南李家十五里，鄧灣二十里，久廢，許家灣二十五里，搬罾口三十里，新興五十里，有二，一曰郭家口、一曰周家口，西指揮營二十里，栗七三十里。聚落小而可憩行旅者，曰店：有潁陰南四十里，潁岐西南五十里，牛王東南十五里，藏許東三十里，柳杜西五十里，泥河東南二十里，王家南十二里，九里溝東北九里，觀音堂北二十里，半坡北二十里。舊市三十六處，兵後多廢，唯田家廟、苑土集繫漸起，人物輻輳【車輻湊集於上，比喻人或物集聚一處】，亦一巨鎮也州西南四十里沙河南岸。

坊　　　表【坊，即牌坊，舊時用以表彰忠孝節義、富貴壽考等的紀念性建築物。牌坊大都用方塊、長方塊的石頭搭砌而成。牌坊是由一種單排或多牌立柱和橫向額坊等構件組成的標誌柱開敞式建築。牌坊的形式多爲四柱三門三重簷五滴水牌樓式，青石仿木結構建築】

陳之戟襖【應爲"綽楔"，亦作"綽削"、"綽屑"。明清時官屬牌坊。】表衙署者，有承流、宣化在州治左右，今俱不存，有耀德、宣威在兵備道左右，今廢。表街衢者，有德星在州治東，忠義在州治西，孝義在州治南，廣化在州（治）北。表科第者，有經魁在州治北，宣德壬子爲馬嵩立，進士在州治北，明宣德癸丑爲馬嵩立，沖霄在州治北，明景泰癸酉爲吳增立，鳴鳳在州治西，明成化庚子爲李倫立，騰蛟在州治西，成化癸卯爲劉時禎立，奪錦在州治西，癸卯爲劉一青立，飛黃在州治西，成化丙午爲嚴圯立，奎光在州治南，明弘治壬子爲張惟立，進士在州治北，弘治癸丑爲王良臣立，繡衣在州治南，弘治壬戌爲王良臣立，後改大方伯，恩榮在州治西，明嘉靖爲謝孟金立，成志在州治西南，嘉靖丁酉爲何學禮立，解元在州治東，嘉靖壬子爲紀朝宗立。提督京營在州治西南，嘉靖間爲孫勇立，文光在州治西南，嘉靖丁酉爲韓尚義立。天曹榮寵在州治東，明萬曆二年爲劉淳立，以上俱廢。進士柱史父子繡衣在州治東，爲張養志立，今石坊現存。諫議疏榮在州治南，萬曆戊申爲宋一韓立。表貞烈者有二：一在大北關街西，爲周氏節立；一在王字街爲董氏節立。外節坊年久傾廢不能盡查。表義行者有六：一爲千户張能立；一爲後所百户許俊立；一爲文進里民趙益立；一爲鄭莊里民朱昇立；一爲軍餘葛永立；其一名未詳。表陵寢者：有繼天立極太昊陵外門左；有開物成務在太昊陵外門右。表古蹟者，則有則圖古壝【wěi，壇和埒】在畫卦臺路側。表學校者則有太和元氣在文廟前，以上俱廢。

河　渠

周穆王十三年，徐子僭稱王，遂溝陳蔡之間，以舟行上國【春秋時齊晉等中原諸侯國稱爲“上國”，對吳楚諸國而言】。是後，陳公子佗【詳見上卷《藩封》或《史記・陳杞世家》】開溝於城北，以資灌溉詳山川内。

漢武帝元光五年，河溢，命主爵都尉汲黯、大司農鄭當時【詳見本志卷七《人物》卷】治之，疏陳北水道。

隋煬帝大業三年，詔尚書左丞【宰相，輔助皇帝，總攬政務之官】皇甫誼，發河南男女百萬開汴水，起滎澤【古澤名。故址在今滎陽縣境。漢平帝以後漸淤爲平地】入淮千餘里，爲通濟渠。

唐開元中，黄門侍郎裴輝卿言江淮租船，自長淮西北，泝【“溯”之異體字】鴻溝【古運河名。在今河南省賈魯河東，由滎陽北引黄河水曲折東至淮陽入潁水。楚漢相争時劃鴻溝】轉相輸納於河陰【黄河南岸】，凡三年，運米七百萬石。

唐憲宗元和十一年十二月初，置淮潁水運使。楊子完米自淮陰入潁至項城入潁【古水名，亦作“瀙水”。水源即今河南登封縣潁水三源中的中源】，輸於郾城，以饋討淮西諸軍，省汴運七萬緡【mín，穿錢的繩子，後亦指成串的錢，一千文爲一緡】。

周世宗顯德六年，命馬軍都指揮使韓令坤，自大梁城東導汴水入蔡水，以通陳潁漕運。

宋都大梁有四河以通漕運：曰汴水、曰黃河、曰惠民河、曰廣濟河。惠民河粟四十萬石，菽二十萬石。由石塘惠民河而至京師者，陳、潁、許、蔡、光、壽州，皆有京朝臣督之。

建隆【宋太祖趙匡胤年號】二年，詔發畿甸【古制王畿千里，千里之內曰甸，去王城五百里。後泛指京城地區】陳、許丁夫數萬，浚蔡水南入潁。

宋大中祥符【宋真宗趙恒年號】二年四月，陳州言州地洿【同"污"，低凹之地】苦積潦，歲有水患，請自許州長葛縣，浚減水河及補棗村舊河，以入蔡河。從十月於減水河修雙門，以減陳潁水患。張爲陳州兵馬督監，修堤袁家曲捍水【護水】，陳以無患。

宋熙寧【宋神宗趙頊年號】三年九月，遣殿中丞陳世修，經度【籌劃】陳潁州八丈溝故跡。八年六月，疏汴水、蔡河以通漕。陳襄知陳時，開八字溝以渫【xiè，疏通，淘去泥污】水，遂無泥行之阻。

宋元祐【宋哲宗趙煦年號】四年六月，知州胡宗愈議古八丈溝可開浚，分蔡河之水，自爲一支，由潁壽入淮。詔霍端友知陳州，以陳地污下，久雨則積潦，時疏新河八百而去淮尚遠。水不時洩，乃益開二百里，徹於淮，自是水患遂去。

明洪武【明太祖朱元璋年號】七年，河決開封堤，河壅塞，漕運不通。參政【參知政事的簡稱】安然親督工疏導之，不逾月工成。州地界頻有水患，知州李子儀率民築堤，以備其後，河雖間溢，竟不爲災。

明永樂【明成祖朱棣年號】元年，戶部尚書都新奏言，近因淮河至淤淺，以致饋運不通，請自淮安用輕舟運至沙河及陳州潁岐口，仍以大舟載入黃河，復陸運衛河以轉輸北京。

明嘉靖【明世宗朱厚熜年號】四十五年，州大水。隆慶二年，復大水。兵憲傅公霖，以蔡河一瀆【dú，小溝渠】，不足以洩水，乃訪近城溝渠故跡，悉疏通之，又分命文武官築護城堤及沙潁諸河堤。

明萬曆【明神宗朱翊鈞年號】二十一年又大水。二十三年，知州楊堪申准築堤堰，通溝渠。二十四年，復大浚溝渠，建創橋閘。

三十三年，知州康應乾疏通明化鋪，火燒賽溝渠，以洩盧家窪之水入黑河，名康河，至今成沃壤焉。

三十六年，知州康應乾議濬蔡、枯二河，於八布袋口開支河，直抵乾河鋪、馬家橋。又自東三空橋至董家橋，旁開兩溝，築堤以分水勢，併入沙河，因陞任。至三十八年，知州陳大期始成其工。四十五年，兵憲翟公師雍，修北門至東門內一帶溝渠，甃【zhòu，以磚修井】以磚石,架以木梁。故城隈西北、東北之水得有所歸。時翟公捐俸二十金,署州事判官柳文捐銀八兩,吏目阮繼源捐銀十兩,而勸相勞來,其功居多。

明崇禎【明思宗朱由檢年號】五年六月二十三四日,洪水泛漲,自襄、郾至陳,漂沒室廬,淹【通"淹"】傷人口,沙河一帶,自上流而下,屍骸無數。其水北抵州城,南決苑家口,患延沈、潁三百餘里。兵憲委百户李恭全修堤塞者。三至七年,又大水,復決其處,民復受患東【此"東"疑爲衍字】。

清順治九年,兵憲孫公委州判顧爾健、巡檢韓邦國督夫築修,始完其工。

清順治十七年,郭家埠口逼近沙河,連年河水泛漲決堤,居民房舍田禾盡爲漂沒。州守王公諱士麟,率學官高聯第,督夫修築,預防民患。

津　　梁

陳地無大川之限,故津梁之名不見於載籍。今摭【zhí,摘取、選取】諸境内津則有:潁陰渡南五十里,潁岐渡西南五十里,蔡河渡東南五十里,廢,柳林渡西北二十五里,廢,曹家渡在柳林上流,廢,李家埠口在柳林下流,廢,郭家埠口西南五十里,周家埠口西南五十里,牛家埠口南三十五里,苑土集埠口西南四十里新增。梁則有四門橋,顯德橋糧城門外,周顯德中，鑿河時即有此橋，故名，東西橋顯橋橋東西，通濟橋城東運河中，豆家橋城東蔡河中，臨蔡橋臨蔡城北，柳林橋柳林集西，張家橋有二，俱臨蔡城北蔡河，大石橋鞍子嶺北，陳家橋有二，俱東南，黃家橋南五里，蕭家橋南七里，高橋東南六里，程家橋東十里，方家橋東四十里，新站橋上下中三座，今拆去中座，李家橋有二，俱東南，三孔橋有二，俱東南六十里，朱家橋有二，俱東南，呂長橋東四十里，楊公橋東南五十里，董家橋東南五十里，栗八橋西三十里，許家灣橋西南三十里，羊皮寺橋西南五十里，賀家橋西五十里。

郵　　　遞附

　　州門總鋪舊在州治西。萬曆六年，改爲馬房。二十一年，知州夏相虞別建於州門南，今廢，穀河鋪州東南十里，乾河鋪州東南二十里，馮唐鋪州東南四十里，魯臺鋪州東南六十里，以上通沈丘。瓦關鋪州南二十里，新站鋪州南四十里，以上通項城縣。大堰鋪州西十里，留村鋪州西二十里，青塚鋪州西三十五里，以上通西華。枯河鋪州北十里，轆轤鋪州北十里，明馬鋪州北三十五里，上通太康縣。戴家集鋪州東三十五里，以上通鹿邑縣。

　　舊鋪十一處，知州白思義增置三處轆轤、明化、戴家集鋪。每處爲正亭三間，大門三間，左右廂房六間，統以周垣【圍牆】，規度【規模形制】頗爲弘敞，今多傾圮【pǐ，毀，坍塌】。兵憲翟公師雍議興復諸路墩堡【報警臺和堡壘】。委吏目阮繼源共修舖房五十餘間，墩五十餘坐，而以保甲地方鄉夫輪流守之今廢。

陳州志第四卷

賦 役 志

户口　土地稅糧　里甲　鹽法　馬政　保甲

　　國家賦法，徵稅于畝，責役于户，丁夫非倣租、庸、調【唐代對受田課丁徵派的三種賦役的並稱。凡丁男授田一頃，歲輸粟二斛、稻三斛，謂之租；歲輸絹二匹，綾、絁二丈，布加五之一，綿三兩，麻三斤，非蠶鄉則輸銀十四兩，謂之調；役人力，歲二十日，閏加二日，不役者日納絹三尺，謂之庸。】之遺意歟。厥【jué，其】後豪猾匿田，諸以户丁役者，里胥【古之鄉吏，亦泛指衙役】通賄上下，反失其真，而供給騷擾民間疾蹙【"疾首蹙額"之省寫。頭痛、皺眉，痛恨憂苦貌。蹙，cù】久矣。則均輸【漢武帝實行的一項經濟措施。在大司農屬下置均輸令、丞，統一徵收買賣和運輸貨物，以調節各地供應】之行，亦改絃易轍之道宜爾也。第初【只是當初】議諸費一從省約，差輕易辦。頃冗費日增而加派不已，則差重難支，甚有卑卑【微不足道】取盈出納以成繭絲【比喻苛征暴斂，有如剝繭抽絲】，猶藉口【《左傳·成公二年》："若苟有以藉口而復於寡君，君之惠也。"孔穎達疏："言無物則空口以爲報，少有所得則與口爲藉，故曰藉口。"後用爲託辭或借爲口實】均輸之便而塗民耳目，可乎？故夫譚節愛【談論操守與仁愛。譚同"談"】，希保障，惟恃有治人而已矣。作賦役志。

戶 口

明洪武辛未：戶，一千八百九十有二。口，八千四百六十有八。

永樂壬辰：戶，一千三百一十有八。口，九千一百有五。

景泰壬申：戶，一千四百有六。口，一萬三千一百四十。

天順壬午：戶，七千一百有九。口，四萬六千七十有四。

成化壬辰：戶，七千三百一十有四。口，五萬五千八百九十有二。內民戶五千四百三十有五；軍戶一千六百六十有五；校尉戶四；力士戶一十有三；陰陽戶二；醫戶六；匠戶一百有六；竈戶八十有三。

弘治丁巳：戶，八千六百一十有七。口，七萬五千四百七十有五。

萬曆戊戌：户，七千二百九十有五。口，七萬四千三百八十。壬寅：户，七千二百九十有五，口，八萬六千六百一十有八_{以上舊志户口，今曰人丁詳土田。}

土 田 税 糧

明洪武戊申至天順壬午，原額官民地數闕【通"缺"】。成化壬辰，官民地三千九百一十五頃九十二畝九分。弘治丁巳，官民地三千九百一十四頃七十二畝九分。嘉靖辛巳，地一萬二千五百四十四頃四十畝。萬曆戊戌，地一萬九百四十七頃五十畝三分七厘。

按郡地嘉靖間，清丈【測量土地】業有定額矣。迨萬曆乙酉，奉文均又得地一萬九百四十餘頃，較諸舊額失一千五百九十六頃有奇。蓋郡地軍民錯業【交錯耕種】難以究詰，而旁隣諸邑，犬牙相制，地固有附其中者。接壤之所，均丈所及，藉口隣邑以自詭避。百里之外，均丈不及，益得自匿而奠【更能自我隱瞞而佔有。奠，建立，佔有】之誰何？明末大亂，人民傷殘過半，陳郡數年不事耕種。入清定鼎【舊傳禹鑄九鼎，以象九州，歷商至周，作爲傳國重器，置於國都，因稱定立國都爲"定鼎"。後借指爲建立王朝】，人少地荒。自順治丙戌至十五年，道州勸令開墾除荒，徵熟得地一千七百九十二頃七十八畝六分八厘五毫【頃、畝、分、厘、毫均爲土地面積單位量詞。頃，田百畝爲頃。畝，古制不一，周制六尺爲步，百步爲畝。秦爲五尺爲步，二百四十步爲畝；唐以廣一步，長二百四十步爲畝；清以五方尺爲畝。厘，畝的百分之一。十厘爲一分，十分爲一畝】。至順治十六年，奉旨差御史李森先清丈通省土田，勅書【勅 chì，同"敕"，自上命下之詞，特指皇帝的文書】云："丈地弓尺【丈量地畝的器具或計算單位。弓，一弓合一點六米，三百六十弓爲一里，二百四十方弓爲一畝】悉照舊，行弓，則不得意【隨意】爲盈縮。"陳州丈量地仍照舊用七尺五寸弓尺，折筭【同"算"】行糧，共得地二千二百九十二頃七十八畝六分八厘五毫。遵照賦役，每畝派正供襍【"雜"的異體字】辦，並加增九厘銀四分六厘七毫五絲一忽八微二纖八沙三塵三埃四渺【分、厘、毫、絲、忽、微、纖、沙、塵、埃、渺均爲古代重量單位。分，兩的百分之一；厘，兩的千分之一。《孫子·算經》："微，一兩的百萬分之一。"《察微算經·小數》："忽，十微。微，十纖。纖，十沙。沙，十塵。塵，十埃。"十忽爲一絲，十絲爲一毫，十毫爲一厘，十厘爲一分】。

見在活丁三千二百一十四，丁不分等，則每丁派銀九分，共派丁銀二百八十九兩二錢六分，丁地二頃。除鄉紳舉貢生員吏承優免外，通共實徵銀一萬七百二十七兩一錢五分四厘九絲一忽七微七纖。

歸併陳州衛屯地畝數
明舊額屯田等地共一萬三千五百三十五頃。舊額

屯糧等銀共六萬三千六百一十四兩五錢。入清定鼎，
均丈新舊見種，共得熟地三千六百二十頃五十六畝九
分七厘一毫。比照民田正管賦役，則例每畝派正供褥
辦，並加增九厘銀四分六厘七毫五絲一忽八微二纖八沙
三厘三埃四渺，共該派銀一萬六千九百二十六兩八錢二
分五厘三毫五絲五忽三微二纖二埃。內除紳衿吏承共
免糧二百七十一石，每糧一石准折免褥辦銀八錢，共折
免銀二百一十六兩八錢，除扣免外，共實徵熟地銀一萬
六千七百一十兩二分五厘三毫五絲五忽三微二纖二埃。

　　衛所原無人丁，亦無額徵徭銀。清見在活丁三等
九則，共七百七十八丁，共派丁銀八十兩九錢七分，內
除紳衿【衿 jīn，古代衣服的衣領。《詩經・鄭風・子衿》："青青子衿，
悠悠我心"。青衿爲學子所服，故稱秀才爲"青衿"，亦省稱"衿"】優免
丁銀八兩六錢四分，實徵丁銀七十二兩三錢三分。丁
地二頃，除優免外，共實徵銀一萬六千七百八十二兩三
錢五分五厘三毫五絲五忽三微二纖二埃。

　　陳州起運存留稅糧總數新款

清

　　起運京邊折色【徵收的實物田賦稱本色，如改爲徵其他實物或貨
幣，稱折色】。共該銀四千九百三十七兩九錢五分六厘四毫九絲六忽
六微三纖。

起運本色並改折共該銀一千三百八十四兩六錢七分四厘八毫九絲九忽。

存留各上司並本州官俸衙役、工食、河夫、驛站、賓興【原爲周代舉賢之法。謂鄉大夫自鄉小學薦舉賢能而賓禮之，以升入國學。科舉時代，地方官設宴招待應舉之士】等項，共徵熟銀二千八百一十一兩五錢三分七厘九毫六絲九忽九微四纖，奉部文銀七錢三百，照徵收支解。

裁剩並裁扣改解户部共銀一千五百九十二兩九錢八分四厘七毫五絲六忽二微，充餉用。

陳州衛起運存留糧總數新欵

明舊

起運户、上二部折色等項，原額銀五萬八千八百一兩二分二厘七毫。

清

除荒，實征銀□萬六千八百五兩八錢二分四厘二毫四絲七忽三微二纖二埃。

明舊

裁解存留經費支解等項，原額銀四千七百九十三兩四錢七分七厘三毫，照依新制經費款項類目，共該銀二千五百三十三兩八錢二分四厘。

清

除荒，實徵銀六百七十六兩五錢三分一厘八忽，俱應全裁用。

鄉飲【古代嘉禮之一。指“鄉飲酒禮”，亦稱“鄉飲酒”。周代鄉學三年業成大比，考其德行道藝優異者，薦於諸侯。將行之時，由鄉大夫設酒宴以賓禮相待，謂之“鄉飲酒禮”。歷朝因之。亦指地方官按時在儒學舉行的一種敬老儀式】每年正月十五、十月初一，奉行廉孝齒德

【年高德劭。明瞿佑《歸田詩話·鐘馗徒》：“予視先生猶大父行，而先生不以齒德自足。”】並優，或宦成或庠儒，有司預啟與正賓位止以齒德稱者列，鄉耆次之。至期明倫堂【舊時各地孔廟的大殿稱明倫堂】懸聖旨，主賓依次坐，行三歌禮，所以彰有德，敬耄耋【mào dié，八九十歲的老者。泛指老年】也。

賓興【科舉時代，地方官設宴招待應舉之士。亦指“鄉試”】本州生員應試常規至七月朔後，州堂設賓興，送卷價盤費花紅迎送出城。中式【科舉考試合格。《明史·選舉志二》：“三年大比，以諸生試之直省，曰鄉試，中式者爲舉人。”】舉人報到本州，送旗扁，回日，州盒酒郊迎，舉人會試有公車銀，比賓興禮稍隆，進士禮儀視前倍隆。

里　　甲【明代州縣統治的基層單位。後轉爲明三大徭役（里甲、均徭、雜泛）名稱之一。《明史·食貨志一》：“洪武十四年，詔天下編賦役黃冊，以一百十户爲一里，推丁糧多者十户爲長，餘百户爲十甲，甲凡十人。歲役里長一人，甲首一人，董一里一甲之事。”起初里長、里首負責傳遞公事、催徵稅糧；以後官府聚斂繁雜，凡祭祀、宴饗、營造、饋送等費，都要里甲供應】舊志，康公條議附

陳之里甲前代莫考。明初當大亂之後，生靈存者蓋無幾焉。故編户十二里。正統而後，流移漸歸，總舊管新附四鄉共六十六里。永安鄉廂里【靠近城的地區。清法式善《陶廬雜記》卷五：“明洪武十四年，令天下編黃冊，在城曰坊，近城曰廂，鄉都曰里。”】十八，廣化第一廂、廣化第二廂、廣化第二【應爲“三”】廂、文進、青冢以上舊管、阜城、長信、懷仁、

歸義、敦化、廣惠、崇德、宗政、遵教、永周、來寧、博愛、新泰。平信鄉里十五，鄭莊、張田_{以上舊管}、務本、大善、尚忠、奉恩、仰聖、體信、達順、寧遠、篤厚、親賢、樂善、明智、順城。孝義鄉里十五，孔村、西文、方城_{以上舊管}、孝城、新安、敬安、德化、思善、永安、義和、崇仁、順安、永寧、向善、慕義。明化鄉十四，五穀、黃仁_{以上舊管}、智仁、勝義、中和、明倫、立教、正誼、明道、思永、安遠、咸寧、咸和，復又續增從化、熙恬、格心、丕變四里。撥歸義、遵教、新泰、務本、大善、達順、親賢、樂善、孝城、永安、智仁十一里，屬沈丘縣。其後又併明德、正誼、思永、安遠、咸寧、咸和、從化、熙和、格心、丕變十里，止四十五里。明末大亂，生靈百不存一。

　　清順治三年，知州趙煒併興孝、興弟、興忠、興信四里，至十六年裁去陳州衛併陳州，州守王弘仁分為興溫、興良、興恭、興儉、興讓五里，合前四里共為九里。

　　附錄陳州知州康條議八款於後。_{康公諱應乾，北直隸雞澤縣人，萬曆甲辰進士。}

　　陳之賦法至此蓋三變矣。明初迄嘉隆間，皆官徵正賦、雜賦，並徵均徭。其馬頭大戶、民壯河夫諸力，差率【_{徭役}】編審頭項，民間應役，若走遞馬夫支應廩糧百費，則責之里甲。見年【_{每年}】謂之坐月。萬曆初，改行會銀。見年里甲封銀貯庫，以備雇覓夫皂【_{亦作"夫皁"，差}

役】下程【接待行人的酒食】廩糧【公家給予的糧食】之費，他皆如前編審供給。萬曆十二年始改行條鞭【即一條鞭法。明中葉以後的賦役制度，清代因之。《續文獻通考·職役二》：“一條鞭法者，總括一州縣之賦役，量地計丁，丁糧輸於官。一歲之役，官爲僉募，力差則即其工食之費，量爲增減；銀差則計其交納之費，加以增耗。凡額辦、派辦、京庫歲需與存留供億諸費，以及土貢方物，悉並爲一條，皆計畝徵銀，折辦於官，故謂之一條鞭】。其銀差、力差，百凡公費總爲均費、均役二項，並正賦、雜賦一概通融，灑派官徵解給焉。法愈變而愈善，固宜永爲定規矣。奈連年水荒，户口逃亡，錢糧拖欠。萬曆三十五年，知州康應乾條陳詳允，救荒八事，皆中時弊，業已舉行。今將其議附録於後，以志其爲地方實政云。

　　復丁銀。夫有田則有賦，有丁則有役，此不易之法也。查得本州額地一萬九百餘頃，户口三萬，餘丁見今與差者，此無地丁户三千餘丁，每丁出銀八分，其餘有地一二畝或三二分者，即繫有地人户，丁不與焉，夫三等九則之法，乃祖宗成法。凡民年十六以上者曰成丁，即有差役。本州未行條鞭之先，審丁之法猶存，及議條鞭之後，百凡差役，悉加於地。有地之户，無論地之多寡，一概免編丁銀，獨無尺寸之寸者，編以丁銀。夫惟差歸於地則思以避差者，無不欲飛詭【明朝糧户將田地寄在享有優免的官吏、紳衿名下，以逃避賦役的一種方法】其地，矧又無丁銀之累也。乃有以趙甲灑地若干於錢乙者，灑地若干於孫丙者，灑地若干於李丁者，賄通書排，任意詭寄【胥吏貪污田賦的一方種法】，至比限之期，拖欠者錢乙、孫丙、李丁究之無其人也，趙甲且深匿之矣。其爲奸弊可勝道哉。爲今之計，莫若復丁銀於册，有一名者即編一丁,出銀八分,通計有三萬餘丁,可徵銀二千四百兩,餘即將此丁銀減編於地,不惟舊制可復而弊端亦可清矣。

別地賦。本州曩稱沃壤,至萬曆二十一年以來,率苦水患,獨地之較高者頗收花禾,其次者,間收秋麥,最下者輒遭湮没,終歲無一粒之入,然則錢糧逋負而户口逃亡者,惟下地之喫累也。由今計之,莫若將概州之地分爲上中下三等,起科如每畝徵銀以三分爲率,上地徵銀四分,中地徵銀三分,下地徵銀二分。其上中下地之畝數未必盡停,第以此爲則可類推之耳。仍將其下地人户量給牛種,督令開濬溝渠,洩水一年之後,地可無荒蕪,糧可無拖欠矣。

分差糧。里甲之弊最甚者,惟詭寄矣。夫一州民也,有州地、有縣地、有衛地,懼州地之當差也,則有故税紅契【舊時買田地財産時,經過納税而由官廳蓋印的契約】冒遞開收,以州地而詭之縣民衛軍之名,下者又有將州地而作爲縣衛之地者,夾襍淆亂,不可究詰。今欲清之,莫若將正管、寄莊之税糧而分之爲二。本州共地一萬九百五十二頃九十七畝七分九厘八毫六絲八忽四微,正管地共四千三百三十五頃三十畝五分九厘四毫二絲八忽四微。該徵銀一萬一千二百零四兩一錢七分五厘三毫三絲,今減派銀二千八百零一兩四分三厘八毫三絲二忽五微以加之於寄莊,寄莊地共六千六百一十七頃六十七畝二分四毫四絲,該徵銀一萬八千二百七十七兩八錢七分一厘九毫五絲三忽,今加派銀二千八百零一兩四分三厘八毫三絲二忽五微以減之於正管。夫正管者,差役煩擾,終歲勤動,即減之毫釐不爲偏私。寄莊者,袖手高坐,風雨不及,即加之毫釐不爲過,此法一行,將詭寄者各思歸正,亦均役之王法,清畝之微權也。

併里甲。本州額設四十五里,曰一廂里、二廂里、三廂里、文進里、五穀里、黄仁里、青冢里、鄭莊里、孔村里、西文里、方城里、張田里、阜城里、長信里、懷仁里、敦化里、廣惠里、崇德里、宗政里、永固里、來寧里、新安里、博愛里、尚忠里、奉恩里、體信里、仰聖里、寧遠里、篤厚里、明智里、敬安里、德化里、思善里、順城里、義和里、保安里、崇仁里、順安里、永寧里、向善里、慕義里、勝義里、忠和里、明倫里、立教里。中有德化、思善、勝義、忠和、立教等里，戶口剝落，里不全甲，甲不全籍，第名口一里則應一里之差，富者貧而貧者逃，今愈不可支矣。夫一戶逃則一甲累，一甲逃則一里累，至一里盡累，勢不得不加重於別里，則此吃累之里，徒空名耳。矧逃亡之衆，懼差爲累竟成長往，招之不來，與其不能收一里之用，而且空一里之民，負一里之糧，又孰若合併之爲四十里，即將德化等里，從公查勘分派於四十里内，遮逃亡者【遮，通"庶"，衆】，或可望其有還集之日，而國課且得以早完矣。

　　實版籍。本州亦至辟也，而浙直山右之民，多挾貲而輻輳終身於陳，剝利於陳，婚嫁於陳，田産丘墓於陳，與陳民何異哉！乃不入陳之籍，不當陳之差，權子母而充囊篋，剜肉醫瘡之瘠民，僅供此衣輕策肥之豪客，亦大不平矣。計莫若令此輩各歸本州里甲入籍當差，不願者逐之出境，是以其餘補其不足，亦天之道也，人之情也。

　　廣招徠。民非木石，各有邦族，其離鄉井捐丘墓而逃者，孰無故土之思。第其自爲計曰：我一逃民也，負數年之錢糧，一旦赤手還鄉，官雖議招撫矣，能實哀其窮而周其急乎？里排之代爲賠納者，能不取償乎？輾轉思維竟成畏阻，欲議招集，則莫若蠲【juān，減免】其負而與之資。出示明諭，有復業還鄉者，許在官投狀一紙，明開繫某里甲，住址何方，有荒地若干，計幾段在某處，與某爲隣，官隨給免帖一張，一切逋【逃亡，拖欠】負官糧私債、差役盡行停免，仍將其里甲、住址、地畝明注帖内，酌其地畝，給以牛種，自復業之日爲始，止納本年錢糧，況屬下地糧輕亦易辦處。官置一簿，照帖登記，不時親詣一二處，驗其勤惰，量行勸懲，此法行之年餘，四遠逃避之衆，有不聞風而集者，情也。

　　處牛種。本州官牛大小共八百五十隻。舊被里老冒名領出，據爲己有，甚有賣其生而食其死者。職逐一查考，責令補足原數，轉給開耕，第其地多牛少，委不足用，巧婦不能爲無米之炊。設處爲難合於存糧銀兩借支買牛，嚴行稽覈，取其里排連結，務給抛荒，貧民及時開墾，十月之後變價還庫至社倉。穀豆原爲賑濟貧民而設，即可給爲子種，秋成之後，如數還倉。一轉移之間，而民可資以爲利，亦變通補救之術也。

　　議軟攤。本州差役稱累者，如充軍買麻、河夫倈馬之類，率蕩產業，鬻妻子，猶不能以結其局。間仍有奸猾富厚者，工於鑽幹【鑽營《陔餘叢考‧鑽》："世謂夤緣（攀附以上升）幹進（營謀職位）者爲鑽。"】而幸脱於苦差，鄉懦貧窮者，拙於營謀而獨當其重，一當起差之候，彼此推諉，甲乙扯攀，僉一人如在倒懸，脱一人如釋重負，此職所親睹者。今議將前差賠累之數派於闔州地畝之中，除士夫應免地畝外，一概軟攤。容職從長酌議成數，嚴行禁約，不令奸民指此分外科斂，庶衆擎易舉而公私兩便矣。

　　以上八事，爲明州守康公所條議。彼行之數年，里甲亦陰受其賜。不意法久弊生，猾胥竟將所別地畝高下其手【亦作"上下其手"。謂玩弄手法】，而民稱厲焉。余閱舊志，讀此八款，深服公之關心民瘼。雖此時清興與前代不同，今日與昔時迥異，然議有可採、法有可因者，不妨酌古準今，通變宜民於大略而潤澤之，是望今日之賢守哉。

鹽　法【官府管理鹽務所指定的政策法令、産銷制度和約關則例】

　　明初，本州管内並食解鹽【山西解池出産的鹽。宋司馬光《涑水記聞》卷十五："舊制河南、河北、曹濮以西、秦鳳以東，皆食解鹽。"】，後改淮鹽，著在銅板【用銅鑄成或用銅版刻成的印版】。復因淮鹽少，至今河東鹽兼行。嘉靖二年，巡鹽御史秦鉞，條陳兩淮鹽法，欲將南陽、汝寧、陳州三處仍依銅板舊制。二十七年六月，更令汝寧府及陳州各縣行淮鹽稱其道近故也。二十五年，御史徐爌條陳鹽政事宜，部覆一款。淮陽之間私鹽盛行，乞行巡鹽御史嚴督所司緝捕，定限議罰，其馳驛官鹽，不許私稅。開封一府硝鹽不許出城貨賣。陳州、汝寧等處不許刮土煎燒，違者治該管官罪。隆慶【明穆宗朱厔年號】三年，總理鹽法都御史龐、巡按御史馬復會題奉，欽依陳州食淮鹽四千引【重量單位。宋以後鹽或茶運銷時以"引"爲計量單位，每引規定的斤數，不同時期和地区各不相同】。萬曆十九年，行條鞭法併鹽糧於二稅中。國家鹽課其與食鹽各有分地，蓋欲商販之必行而歲課之無虧也。陳州原行解鹽，以集沙味惡，民間患之，而東南隣郡食淮鹽味較美，故民多竊食，而奸犯藉以規【圖謀】厚利焉。解鹽遂幾不售，故改行淮鹽。頃比隣郡邑亦因解鹽不可食，行長蘆鹽。郡人私販接踵，此非長蘆鹽之味美於淮。邇年淮鹽少，至其價頗高，而長蘆之價差賤於淮。民情好利，故希賤而冒禁耳。爲近日計，無如使淮鹽之價，高下隨時與長蘆等，彼私販者，不禁而自革矣。語曰：“法窮則變，變則通。”信夫《舊志》。煮海者【相傳宿沙氏曾煮海爲鹽，尊之爲鹽宗。呂忱云："宿沙氏煮海，謂之鹽宗，尊之也。以其滋潤人生，可得置祠。"】始於夷吾【管仲，名夷吾，字仲。齊潁上人。初事公子糾，糾與齊桓公（小白）爭位而敗，管仲被囚。後因鮑叔牙薦舉而相齊桓公，主張通貨積財，富國强兵，九合諸侯，一匡天下，使桓公成爲春秋五霸之首。詳見《史記·管晏列傳》】，計口食鹽，自古記之。但人煙寥寥而引額如初。今陳淮鹽三千五百引，每年引數不敷，有司徒事敲樸【亦作"敲撲"，鞭打的刑具。短曰敲，長曰撲，指敲打鞭笞】。

清順治十六年，州守王公諱弘仁，憐其疾苦，申詳院道，分與沈丘縣鹽引六百，食銷餘引二千九百，但賣法不善，鹽價騰高，百姓艱苦如故。幸州守王公諱士麟，甫下車【《禮記·樂記》："武王克殷，反商，未及下車，而封黃帝之後於薊。"後稱初即位或到任爲"下車"】即軫念【悲痛的思念。《梁書·沈約傳》："思幽人而軫念，望東皋而長想。"】積弊，會同郡中鄉紳士民僉【qiān，都】議官買，停止商運，公具呈狀，王公俯從下情，轉詳本道及鹽院，詳允酌行，不惟百姓蘇息【休養生息。唐姚合《聞魏州賊破》詩："生靈蘇息到元和，上將功成自執戈。"】，抑且【況且，而且】考成無礙，此上下兩便之法也。
允稱良牧，著爲令典。

馬　　政

　　舊額俵馬【將官馬分派給民戶飼養，過一定時期後再由民戶將馬解送指定地點，由官府驗收。俵，分給，散發】，俵種馬孳育之駒耳。乃種馬業變價值而猶有額俵，無名莫甚。前有本色【自唐宋至明清原定以米麥等徵收的田賦稱本色，如改征其他實物或貨幣，稱折色】折色【所征田糧折價征銀鈔布帛或其他物產。《明史·食貨志二》："十七年，雲南以金、銀、貝、布、漆、丹砂、水銀代秋租，於是謂米麥爲本色，而諸折納稅糧者，謂之折色。"】之說，以二者較之，折色不過往返之費，稱允之賠償耳。本色之害不可勝言者，後俱准折色。清朝定鼎仍照依折色，每年原額俵太僕寺馬七十四匹，每匹派銀三十兩，原額銀二千二百二十兩。今除荒，徵熟馬十八匹，六分一厘五毫二絲九忽二微，除荒，徵熟銀五百五十八兩四錢五分八厘七毫六絲。

　　驛遞馬【用驛遞馬傳遞】

　　從來難理者莫如馬政【亦作"馬正"。指我國歷代政府對官用馬匹的牧養、訓練、使用和採購的管理制度】，爲民害者亦莫如養馬。蓋盛傳而來唧【"銜"的異體字】符【奉命】而至者，不日宦途則曰"上臺"，此里甲所難支也。上司三令五申嚴禁多索，夫馬驛遞稍稍可清，然民窮不能私養，今仍官養，或可免應付之苦矣。

保　　甲【宋代的一種鄉兵制度。熙寧初，王安石變募兵爲保甲。其法是：十家爲一保，有保長。五十家爲一大保，有大保長。十大保爲一都保，有正副都保正。家有兩丁以上者，選一人做保丁組成保甲，授以弓弩，教之戰陣。詳見《宋史·兵志六》。後演變成統治者管轄人民的户籍編制。清代保甲之法，十户爲牌，設一牌頭；十牌爲甲，設一甲頭；十里爲保，設一保長。户給印牌，書其姓名丁口，出則注其所往，入者籍其所來】

粤【助詞，用於句首，表示審慎的語氣】自保甲之説，肇于宋王荆公【王安石兩度爲神宗宰相，實行新法封荆國公，世稱王荆公】。其法未嘗不善，第行之既久，漸失初意耳。僉派【末流】者拘于地方之轄，一保常隔數里，彼孤村窵【diào，遠，長】遠，形勢不得相聞，一旦盜警，即自衛不暇也，而望防守他人乎？且掣肘于軍民之混處，此曰“州地方”，彼曰“衛地方”，互相推諉，人各一心。以是而求守望相助也，難矣。迨夫有警而見報也。吏胥之需索無厭，説項之限，比時厪【通“僅”，才】一事催擾，動輒經年，計上下之所費，當倍蓰【xǐ，五倍】于被盜之所失者。是以告警則相與力請于失家，併力包賠，希圖免報而已。蔽匿日深，盜之所以無忌憚也。合無相度村落附近者，數家聯爲一保，大約不越五里。不問軍民，彼此互相挨查某某作何生理【生計】，某人出外何干，某店羈旅【亦作"羇旅"作客他鄉。羈，寄；旅，客】何人，如有奸宄【違法作乱的事情。《書·舜典》："蠻夷猾夏，寇賊姦宄。"孔傳："在外曰姦，在內曰宄。"宄，guǐ】容隱不舉者，有事一體連坐，庶奸細無所容，而保甲之法行矣。邇來人户寂寥，止編十甲排，稍有前制之遺意云。

陳州志第五卷

秩　官　志

監司　知州　同知　判官　吏目　學正　訓導

陳自明以前並列郡治，而節度、觀察、防禦諸使所爲節制者，尤凜凜【令人敬畏】焉。明初寄以專城【古時以稱州牧、太守等地方官，言一城之長。古樂府《陌上桑》："三十侍郎中，四十專城居。"】，任云重矣。乃僚倅武弁【僚倅，州郡長官副職。倅 cuì，武弁，武官。弁，biàn】勢相等，夷【語首助詞】非有彈壓，何以使事權之有統哉。正德中，歸德改郡，兵備增官，因時制宜，能令大小相維。有如此者，州守五馬【五匹馬。漢代太守駕車用五匹馬。《陌上桑》："使君從南來，五馬立踟躕。"】朱旛【fān】，一郡表率，廉敏可振頹靡，若材秀以庠序爲鄧林【古代神話傳説中的樹林。《山海經·海外北經》："夸父與日逐走，入日，渴欲得飲，飲於河渭。河渭不足，北飲大澤，未至，道渴

而死,棄其杖,化爲鄧林。"此比喻薈萃之所】,程課范型,繄【yī,猶
"惟",語氣助詞】惟一二廣文【此指清苦閒散的儒學教官】是寄。
議者動相指目貧老,而教職愈輕,教職輕而人材以愈不
逮矣。鼓舞作興,是在賢守哉。用作秩官【常設之官。《爾
雅·釋詁》:"秩,常也。"秩官,常設之官。秩,官吏的俸禄。《荀子·强
國》:"官人益秩,庶人益禄。"引申以指官吏的職位或品級】志。

監　　司【負有監察之責的官吏。漢以後的司隷校尉和 督察州縣的刺史、轉運使、按察使、布政使等通稱監司】

睢、陳兵備道。正德辛未,增建以按察司僉事或副
使一員。領之轄府,一曰歸德州,二曰陳、曰睢。縣十
有二:曰商丘、曰寧陵、曰鹿邑、曰夏邑、曰永城、曰虞
城、曰考城、曰柘城、曰商水、曰西華、曰項城、曰沈丘,
民壯共二千七十七人,州縣巡捕官分領操演。巡檢司
四:曰常社、曰南頓、曰界首、曰丁家道口,弓兵共二百
五人。衛四:曰陳州、曰歸德、曰睢陽、曰潁川。守禦
千戶所一:曰潁上。萬曆辛巳併大梁,兵巡道兼轄開
封府,屬諸州邑,然以跋涉稍難,庚子復改前銜,仍以太
康屬焉。

明

徐　炳浙江海寧縣人,進士。嘉靖四十年任僉事。

林大椿廣東潮陽縣人，進士。嘉靖四十二年任僉事，有傳。

董文寀北京金吾衛人，進士。嘉靖任□□□□僉事，有傳。

傅　霖山西忻州人，進士。隆慶二年任僉事。

姜廷寶山東掖縣人，進士。四年任僉事。

吉大同開州人，進士。五年任僉事。

王乾章浙江東陽縣人，進士。六年任僉事。

計坤亨廣東馬平縣人，舉人。萬曆元年任僉事。

徐學詩靈璧縣人，進士。四年任僉事。

陳尚伊湖廣桂陽州人，進士。五年任僉事。

謝師啟湖廣蒲圻【qí】人，進士。萬曆八年任僉事。

王應吉山西襄陵縣人，進士。萬曆十年任副使。

王之屏直隸潁州人，進士。萬曆十三年任副使。

王九儀陝西長安縣人，進士。萬曆十六年任僉事。

楊有仁四川新都縣人，進士。萬曆十九年任僉事。

陳　裪【táo】四川內江縣人，進士。萬曆二十年任副使。

賈希夷山東歷城人，進士。萬曆二十一年任副使。

杜允繼直隸霸州人，進士。萬曆二十五年任僉事。

徐即登江西豐城人，進士。萬曆二十七年任按察使。有傳。

蕭　雍直隸涇縣人，進士。萬曆二十九年任按察使。有傳。

蘇光泰山東濮州人，進士。萬曆三十一年任副使。有傳。

吳中明直隸歙【shè】縣人，進士。萬曆三十五年任按察使。有傳。

陶嘉璋山東濟南人，進士。萬曆三十六年任副使。

趙可教四川温縣人，進士。萬曆三十八年任左參政。有傳。

梁祖齡四川温縣人，進士。萬曆四十年任右布政使兼副使。有傳。

翟師雍山西襄陵人，進士。萬曆四十一年任副使。

盧維屏山西忻州人，進士。萬曆四十五年任副使。

周士昌四川人，進士。任副使。

唐　焕山東人，進士。任副使。

臧爾令進士。任僉事。

張夢鯨山東人，進士。副使。

劉餘佑山東濱州人，進士。課士歸陳二屬，刻有《陳宋課藝》行，副使加參議。

葉重華蘇州府人，進士。崇禎十二年任僉事。

張鵬翀【chōng】東鹿人，進士。剿削土寇，安輯地方有功，任副使。

關士傑陝西鞏昌府人，進士。崇禎十四年任，十五年破城殉難，有傳。僉事。

清

李芳蘊直隸廣平府人，貢士。順治三年任僉事。

林永盛滿洲人，貢士。順治五年任副使。

孫建宗山東歷城人，進士。順治六年任僉事，陞通政司。

祖重光滿洲人,貢士。順治十一年任副使。

李世耀福建人,進士。順治十二年任副使。

于朋舉江南金壇人,進士。由翰林院順治十四年任副使,陞福寧道。

知　　　州

明

洪　蒸浙江平湖縣人,進士。隆慶六年任陞兵部員外郎。蹟見《去思祠德政碑傳》。

許汝升直隸華縣人,舉人。萬曆五年任。

潘志伊直隸吳江縣人,進士。萬曆八年任。

張夢鯨山東人,進士。副使。

劉餘佑山東濱州人,進士。課士歸陳二屬,刻有《陳宋課藝》行,副使加參議。

葉重華蘇州人,進士。崇禎十二年任僉事。

張鵬翀東鹿人,進士。剿削土寇,安輯地方有功,任副使。

關永傑陝西鞏昌府人,進士。崇禎十四年任,十五年破城殉難,有傳。僉事。

清

李芳蘊直隸廣平府人,貢士。順治三年任僉事。

林永盛滿洲人,貢士。順治五年任副事【當作"使"】。

孫建宗山東歷城人，進士。順治六年任僉事，陞通政司。

祖重光滿洲人，貢士。順治十一年任副使。

李世耀福建人，進士。順治十二年任副使。

于朋舉江南金壇人，進士。由翰林院順治十四年任副使，陞福寧道。

遲日震滿洲人，貢士。順治十五年任副使，陞陝西苑馬司。

曹申吉山東安丘人，進士。由翰林院，順治十七年任副使。

柯士芳福建莆田人。任副使，庚辰持用，順治十七年任。

蔡含靈直隸真定府寧晉縣人。順治丙戌進士。康熙元年任按察司僉事加二級，德政有聲，藝文有傳，名宦有紀。

明

李春和江西新建縣人，舉人。萬曆十三年任。

王　懋直隸蕪湖縣人，舉人。萬曆十六年任，遷彰德府同知。

夏相虞孝感縣人，舉人。萬曆十七年任，遷四川順慶府別駕。

胡大成江西高安人，進士。萬曆二十年任。

楊　堪山東禹城人。萬曆二十三年任。有傳。

羅　彬山東滋陽人，舉人。萬曆二十七年任。

康應乾直隸雞澤縣人，進士。萬曆三十二年任，陞南京刑部員外郎。

陳大期廣東南海人，舉人。萬曆三十七年任。

丁三益山東汶上人，舉人。萬曆三十九年任，陞淮安府同知。

楊師項_{貴州新貴縣人，舉人。}萬曆四十一年，以順天府治中遷陳致仕。有傳。

孫繼祚_{浙江仁和縣人，舉人。}萬曆四十三年任。

徐宗儒_{浙江上虞人，進士。}萬曆四十五年任。

林一柱_{福建莆田人，乙丑進士。}天啟丙寅年任。

張國仁_{山西高平人，舉人。}崇禎元年任。

薛　坤_{福建人，進士。}

蔣應昌_{舉人。}

牟應春_{雲南人，舉人。}

沈萬春_{浙江仁和人，舉人。}

傅爲楫_{四川人，舉人。}

侯君擢_{直隸成安人，舉人。}崇禎十五年殉難。有傳。

清

趙　煒_{山東人，貢士。}順治二年任。

王宏猷_{山東人，貢士。}順治五年任，陞江西鹽運司。

高民望_{滿洲人，貢士。}順治七年任，陞江西南康府知府。

李復元_{陝西寶雞人，舉人。}順治十年任。

王弘仁_{遼陽人，貢士。}順治十四年任。捐俸修太昊陵、明倫堂，俱有碑記。十六年，奉旨同御史李清丈地畝，陞彰德府知府。

王士麟_{遼陽人，舉人。}設法鹽政，修葺陵廟，課藝勸農，諸政次舉。順治十六年任。

同　　知

明

浦士及_{大倉州人，監生。}

劉公仰_{廣東人。明季裁去。}

判　　官

明

李中立_{華亭人，進士。}

楊允達_{湖廣，舉人。}

劉應召_{浙江，監生。}

劉　源_{四川，舉人。}

石　堦_{陝西人，監生。}

屠維霖_{浙江人，監生。}

張奇勳

張鵬翮

清

樊士英_{唐山人，貢士。}

蔣應泰_{大興人。}

顧爾健_{直隸人，貢士陞。}

安　璇_{直隸人，貢監署州。慎重周詳，冰蘗自甘。}

吏　　目

明

阮繼源

孫承芳

張夢麟_{山西人。}

田有時_{江南人。}

鄭萬言_{山東人。}

清

孫世揚_{大興人。}

劉茂賢_{浙江人。}

陳可久_{浙江人。}

學　　正

明

簡重厚_{河內縣，貢。}

陳朝倚_{福建閩縣人，舉人。}

劉　相_{山東昌樂縣，貢。}

蘇夢霖_{南陽縣，貢。}

廖文煥_{襄陽人，貢。}

王　奕_{嵩縣，貢。}

李繼武_{陝西藍田人}，貢。

李知春_{遼東瀋陽人}，貢。

李時發_{貴州貴陽府}，貢。

閆調美_{新蔡縣}，貢。

趙師尹_{江西德安人}，舉人。

王民瞻_{直隸束鹿}，貢。

王養民_{貴州}，舉人。

趙文燦_{洛陽}，貢。

蕭鳳鳴_{江南}，舉人。

龔洪元_{南昌府}，舉人。

何宜健_{洛陽人}。

清

張星燧_{洛陽}，貢。

張化鵬_{郟縣}，貢。

馬崇賢_{衛輝府}，貢。

段亨昭_{裕州}，貢。

劉　泗_{光州}，舉人。

訓　　導

明

張雲從_{汲縣}，貢。

韓承祚河内人,貢。

崔　宜光山人,貢。

張啟蒙寧夏人,貢。

蘇時霖汲縣,貢。

盧應麟商丘縣,貢。

楊三近新鄉人,貢。

劉　浚遂平人,貢。

范之齊息縣,貢。

清

韓國賢洛陽人,貢。

劉大壯洛陽人,貢。

高聯第洛陽人,貢。

陳州志第六卷

宦　蹟　志

命使　國相　良牧　學博

　　昔虞舜所居，輒【"輒"之異體字】成聚【村落。《管子·乘馬》："方六里命之曰暴，五暴命之曰部，五部命之曰聚。聚者有市，無市則民乏。"《史記·五帝本紀》："一年而所居成聚，二年成邑，三年成都。"】成邑。孔子柄【執掌】魯三月而國大治。大聖人存神過化【存養精神，經過其地而教化其民。語出《孟子·盡心上》："夫君子所過者化，所存者神，上下與天地同流。"朱熹集注："聖人過化存神之妙，未易窺測。"】，固自不測。然愚觀古豪傑，所至國能令其國重者，往往而有，微獨舜、孔也。此必有所長，豈苟而已哉。夫趙有廉頗而強，秦不敢加兵【相如曰："夫以秦王之威，而相如廷叱之，辱其群臣，相如雖駑，獨畏廉將軍哉？顧吾念之，強秦之所以不敢加兵於趙者，徒以吾兩人在也。"詳見《史記·

廉頗藺相如列傳》】；汲黯一過河南而飢饉賴以賑【見本志卷六
《宦蹟·良牧》志】。故宦無人暫蘄【qí，通"祈"】于禔福【安寧幸
福。《漢書·司馬相如傳下》："遐邇一體，中外禔福，不亦康乎？"禔 tí，
安】孔子曰："苟有用我者，期月【一整年。邢昺疏："期月，周月
也，謂周一年之十二月也。"期，jī】而可。"【語出《論語·子路篇》】
陳，仕國也。宦蹟所經，或以文餝【通"飾"，整治】治，或以
武勘【當作"戡"】亂，官守各殊，功蹟亦異，自古及今，略可
概見。余采其徵信者，著於篇，毋令湮滅不傳，非敢謂
評騭，足當勸誡也。作宦蹟志。

命　　使

唐

劉昌裔，太原陽曲【縣名。屬太原郡，故城在今山西定襄縣
境。黃河千里一曲，縣當其陽，故名陽曲】人也。貞元【唐德宗李適
年號】十五年，昌裔爲陳州刺史。韓全義敗于溵水【水名。
出河南省登封縣少室山，東流入潁水，流經商水境】，引軍走陳【跑到
陳國。走，逃跑】，求入保。昌裔登陴【pí，城墙的女墙——城墙上
呈凹凸形的小墙。《釋名·釋宮室》："城上垣曰睥睨……亦曰女墙，言
其卑小，比之於城，若女子之於丈夫也。"此借指城墙】揖曰："天子
命君討蔡，何爲來陳？且賊不敢至我城下，君其舍【駐
紮】城外，無恐。"明日，從十餘騎，持牛酒抵全義營勞
軍。全義不自意，迎拜歡服。十八年，改充陳、許行軍

司馬【職官名。始於三國魏元帝，職務相當於軍諮祭酒】。明年，詔檢校【加於官名之上。原義爲考察檢查，帶"檢校"二字本有職事。隋煬帝遣使巡省風俗詔有"明加檢校，使得存養"之語。至唐，漸以爲加官名稱，自三公至各部尚書，具有加檢校之名，如檢校司徒、檢校司空等】工部尚書【官署名，古代六部之一，掌管工程屯田、水利、交通等政令，長官爲工部尚書】。

宋

呂夷簡，字坦夫，壽州【春秋時爲六國地。隋置壽州，以壽春爲治所。清屬安徽鳳陽府，今安徽壽縣】人，進士及第。累官檢校太傅【官名。三公之一，《書·周官》："立太師、太傅、太保，茲惟三公。論道經邦，變理陰陽。"秦廢，漢復置，歷代沿置。明清則爲贈官加銜之用】同中書門下平章事【古代官名。唐代以尚書、中書、門下三省長官爲宰相，因官高權重不常設置，選任其他官員加同中書門下平章事之名，簡稱"同平章事"，宋因之】，判【署理】陳州。歲中而夷復相，因與王曾數爭事不平，于是二人皆罷。夷簡以鎮安軍節度使【官名，統管一道或數州的軍事民政】平章事判許州，徙天雄軍【軍名】。未幾，以右僕射【官名。秦始置，漢以後因之。漢成帝建始四年，初置尚書五人，一人爲僕射，位僅次尚書令，職權漸重。漢獻帝建安四年，置左右僕射。《漢書·百官公卿表》："僕射，秦官，自侍中、尚書、博士、郎皆有。古者重武官，有主射以督課之。"漢末分置左右僕射，唐宋左右僕射爲宰相之職】復入相，後以太尉【官名。秦至西漢置，爲全國軍政首腦，與丞相、御史大夫並稱三公。漢武帝改稱大司馬。東漢時太尉、司徒、司空並稱三公。歷代多沿用。但漸變爲加官，無實權】致仕。既薨，帝見群臣，涕下，曰："安得憂國忘身如夷簡者。"贈太師，謚"文靖"【《宋史·呂夷簡傳》："自仁宗初立，太后臨朝十餘年，天下晏然，夷簡之力爲多。其後元昊反，四方久不用兵，師出數敗，契丹乘之，遣使求關南地。頗賴夷簡計劃，選一時名臣報使契丹、經略西夏，二邊以寧。夷簡當國柄最久，雖數爲言者所詆，帝眷倚不衰。然所斥士，旋復收用，亦不終廢。其於天下事，屈伸舒卷，動有操術。後配食仁宗廟，爲世名相。始，王旦奇夷簡，謂王曾曰：'君其善交之。'卒與曾並相。後曾家請禦篆墓碑，帝因慘然思夷簡，書'懷忠之碑'四字以賜之。有集二十卷。"】。

包拯，字希仁，廬州府【周舒巢國地。秦屬九江郡。隋開皇初於合肥縣置廬州，大業初改爲廬江郡。明清爲府，治所在今安徽合肥】合肥人。舉進士，除大理評事【職官名，屬大理寺，決斷疑獄】，歷官監察御史【官名，掌分察百官、巡撫州縣獄訟、祭祀及監諸軍出使等】知諫院【諫官官署】，立朝剛毅。時陳飢，朝命貴戚曹某往監糶米。其人憑寵怙勢，攙秕糠掊尅【亦作"掊刻"、"掊克"。王安石《兼併》詩："俗吏不知方，掊尅乃爲財。"掊，pǒu】，民苦不勝。事聞，賜金牌【即金字牌。古代凡赦免、軍機以及緊急之事用之】，命拯往廉【通"覝"。考察，查訪。《漢書·高帝紀下》："且廉問，有不如吾詔者，以重論之。"顏師古注："廉，察也。廉字本作覝，其音同耳。"】之。拯潛入陳城，雜郡民中求糶。忤豪貴受羈【違逆豪强權貴且受到拘禁】，因出金牌示之，衆皆震慄。正刑【正定刑律】明禁，立糶法，豪貴伏誅，民賴全活。今永積倉乃其監糶處也，有司尸祝【祭祀。明宋濂《題傅氏誥敕後》："金昌年嘗浚慈湖，溉田千頃，民至今尸祝之。"】焉【《宋史·包拯傳》："拯性峭直，惡吏苛刻，務敦厚，雖甚嫉惡，而未嘗不推以忠恕也，與人不苟合，不偽辭色悦人，平居無私書，故人、親黨皆絶之。雖貴，衣服、器用、飲食如布衣時。嘗曰：'後世子孫仕宦，有犯贓者，不得放歸本家，死不得葬大塋中。不從吾志，非吾子若孫也。'"】。

　　岳飛，字鵬舉，相州湯陰【古羑里，地名。漢置蕩陰，因蕩水爲名，後併入安陽，貞觀元年改爲湯陰】人。少負氣【有志氣】，沉厚寡言。家貧力學，尤好《左氏春秋》、《孫武兵法》。有神力，未冠【古禮男子年二十加冠，故未滿二十歲爲"未冠"】挽弓三百斤，弩八石【古代重量單位，一百二十市斤，今讀 dàn】。應募屢破劇賊，遷秉義郎【武階官名。始名"西頭供奉官"】。留守【古代皇帝巡幸、親征時，以親王或重臣鎮守京師得便宜行事，稱京城留守。其他行部、陪都亦有常設或間設留守者，多以地方長官兼任】宗澤【字汝霖，義烏人。元祐進士。靖康年間，抗擊金兵，任副元帥。徽宗欽宗被金兵俘虜後，入援京師，繼任京師留守。用岳飛爲將，屢敗金兵，民間有"宗爺"或"宗父"之稱】大奇之【《宋史·岳飛傳》："戰開德、曹州皆有功，澤大奇之。"】，曰："爾勇智才藝，古良將不能過。然好野戰，非萬全計。"因授以陣圖。飛曰："陣而後戰，兵法之常，運用之妙，存乎一心。"澤然其言。薦補英州刺史【《宋史·岳飛傳》："（康王即位）三年。賊王善、曹成、孔彦舟等合衆五十萬,薄南薰門。飛所部僅八百,衆懼不敵,飛曰:'吾爲諸君破之。'左挾弓,右運矛橫冲其陣,賊亂,大敗之。又擒賊杜叔五、孫海於東明。"】。賊王善圍陳州,飛戰于清河,擒其將孫勝、孫清以歸。陳人立廟,至今祝之。

元

董守簡,藁城【西漢置,屬真定國,治所在今河北藁城市西南。後漢爲鉅鹿郡,明屬真定府】人。至正【元順帝孛兒只斤妥懽帖睦爾年號】間,爲汴梁路【宋元時行政區,相當於明清時的省、府】總管,庭無晉訟【呈進的訴訟。晉,即進】。宛丘有惡少,爲里族害。其黨乘衆怒,殺之,而誘其妻以逃。事覺,有司【官吏。古代設官分職,各有專司,故稱】坐【連坐】族人死。守簡閱牘曰:"惡少既死,妻安在?"吏語塞。乃捕其黨及所誘妻,一訊俱服。

明

年富,字大有,鳳陽懷遠【縣名,屬安徽省。漢沛郡地。宋置懷遠軍。元改縣,明清沿置】人,第進士。正統末,爲河南左轄【即左丞。左右丞管轄尚書省事,故左丞謂之左轄。唐杜甫《贈韋左丞丈濟》:"左轄頻虛位,今年得舊儒。"】時,流民聚州境,剽掠爲盜。富撫定之,悉籍爲民【全都登記成爲老百姓。籍,登記。《史記·項羽本紀》:"沛公曰:'吾入關,秋毫不敢有所近,籍吏民,封府庫,而待將軍。"】,由是境內肅然。至今州邑聚落間,稱年布政【布政使之省稱。官名。明洪武九年改行中書省爲承宣布政使司。宣德(明宣宗朱瞻基年號)後,全國府、州、縣等分統於兩京和十三布政使司,每司設左右布政使各一人,爲一省最高行政長官】施行政教營者,皆其遺蹟也。累官戶部尚書【唐置吏、戶、禮、兵、刑、工六部,戶部是朝廷掌管戶口、財賦的官署】,卒,謚公定。

　　陳選,字士賢,台【即台州,地名。唐武德四年置海州,五年改爲台州。地在浙江臨海縣】之臨安【縣名,屬浙江省。秦餘杭縣地,後漢建安(漢獻帝劉恊年號)十六年置臨水縣,晉武帝(司馬炎)太康元年改爲臨安】人,登進士,拜御史【官名。春秋戰國列國都有御史,掌文書及記事。唐以後亦稱監察御史】。督學【學政的別名,亦別稱"督學使者"。明清派駐各省督導教育行政及考試的專職官員】南畿【猶南都,唐肅宗(李亨)時指南京,明代亦指南京。清王韜《送八戶宏光遊金陵序》:"江寧舊稱金陵,爲六朝建都勝地,明代列於陪京,稱爲南畿。"】,與諸生講明正學【謂合乎正道的學説。西漢武帝時,排斥百家,獨尊儒術,始以儒學爲正學。清黃宗羲《宋元學案・泰山學案》:"宋興八十年,安定胡先生、泰山孫先生、徂萊石先生,始以師道明正學。"】。暇則教以肄禮,士習丕變【大變,《尚書・盤庚上》:"罔有逸言,民用丕變。"孔傳:"民用大變從化。"】。既擢河南憲副督學,建社學【元、明、清三代的地方學校,明代各州縣都立社學】,刊小學【"小學"最早見於《漢書・藝文志》。漢代稱文字學爲小學。因兒童入小學先學文字,故名。隋唐後爲文字學、訓詁學、音韻學之總稱】書,令諸生誦讀。大率爲教,如南陳有敷教堂,在明倫堂【《孟子·滕文公》："夏曰校，殷曰序，周曰庠，學則三代共之，皆所以明人倫也。"舊時各地孔廟的大殿稱明倫堂。明李東陽《深澤縣重建廟學記》："學制之：爲明倫堂，楹數識殿，齋東西各減堂楹之二。"】東，即選所居，以課士者也。故士多速肖【猶仿效】，亦如南畿，而學宮至今祀焉。

張曉，字光曙，陝西三元【應爲"三原"。本漢池陽縣地。苻秦時因其地西有孟侯原，南有豐原，北有白鹿原，於此置三原護軍。北魏太武帝拓跋燾時改置三原縣】人。弘治初，歷官河南憲副，治河有功，進觀察使【官名。唐於諸道設置，位次於節度使】。陳州有告毆死少年者，三年莫能決。晚閱屍圖，驚曰："安有少年而缺齒者乎？"訊之【審訊查訪案情】，果捕得一少年，其屍丐嫗也。事遂白，人稱神明。尋以憂【居父母喪】去。

馮相，字良弼，真定欒城【縣名，屬河北省。春秋時爲晉欒邑，戰國時爲趙，東漢改置欒城縣，明屬真定府】人，進士。正德累官按察僉事【官名。宋各州府的幕僚，全稱爲簽書判官廳公事。其職務爲恊理郡政，總管文牘。按察、都督、宣撫等都置僉事】。時河南守臣上言：陳、睢二州四通之郊，盜所出没，且兵荒之後，尤急彈壓【控制，鎮壓。范仲淹《奏雪滕宗諒張亢》："邊上主帥，若不仗朝廷威勢，何以彈壓將佐軍民，使人出死力，禦捍强敵。"】，請添設兵備。憲臣【指御史】部覆【審察】如議，相方以前職需選，遂命整飭睢、陳等處兵備事，駐陳州。既至，肅清風紀，發奸摘伏【揭發隱秘的壞人壞事。發奸摘伏，亦作"發奸摘覆"、"發奸摘伏"、"發奸擿伏"，摘、擿均讀 tì，揭發。《魏書‧良吏傳‧宋世景》："民間之事，巨細必知，發姦擿伏，有若神明。"】，不受請託。命所司修城隍【護城河。隍，沒有水的護城壕】，練甲兵，廣儲粟穀，以能殺急，盜息民安，四境爲之肅然。先是二州衛□□，軍民雜居，多不相能【彼此親善和睦。《左傳‧襄公二十一年》："（范鞅）與欒盈爲公族大夫而不相能。"】，自設道後，相復以諝練鎮之。一時强悍震懾，而官民咸賴以安焉《舊志》稍潤。

　　林大春，廣東潮陽【縣名，屬廣東省。本海陽縣，晉置潮陽縣，因在大海之北而名。明清屬潮州府】人，進士，以僉憲【僉都御史的美稱。明代都察院設有左右僉都御史，故稱"僉憲"】駐節【舊指身居要職的官員與外執行使命，在當地住下。節，符節】陳州。公政尚精明，振剛【當作綱】肅紀，官屬屏息【抑止呼吸。形容謹慎畏懼的樣子】。頃，有豪從駕，威陵人，至莫敢攖【yīng，觸犯。黃景仁《觀潮行》："答言三千水犀弩，至今猶敢攖其鋒。"】。公不畏强禦，執而訊之，咸置于法。尤嚴禁賭博，至不敢以呼盧【賭博。唐李白《少年行》之三："呼盧百萬終不惜，報讎千里如咫尺。"】佐酒者，威聲遠播，鼠竊潛蹤。暇則興學育才，時勸講課。念孔聖絃歌處，止存古壝【wěi，壇和壝及其矮土圍墻的統稱】，不爲崇祀，非禮也。於是，集諸生考訂儀制【禮儀制度及其具體規定。《漢書‧郊祀志下》："漢興之初，儀制未及定。"】，以孔子生忌日，各舉祀焉，至今遵之。其地飭武備，申鄉約，諸治蹟在，人口碑至。其手書扁額，筆法超絕，爲一郡增重，尤今人所難儷也。陞浙江憲副督學。

董文寀【"采"的異體字】，金吾【掌管皇帝禁衛、扈從等事的親軍】衛人，嘉靖己未進士。歲乙丑，公以僉憲備兵【指駐守的軍隊】於陳。甫下車，值郡大水，堤潰憑城，人心鼎沸，公亟築塞，復疏蔡河以分其勢，民免於昏墊之虞【陷溺，指困於水災。亦指水患，災害。虞，憂患。《書・益稷》："洪水滔天，浩浩懷山襄陵，下民昏墊。"】。會歲飢饉，萬姓嗷嗷，公發困【圓形穀倉】□糜以賑之，全活者衆。陳故稱刁健【猶刁悍，狡猾兇悍】，獄訟煩興【頻繁發生。興，生，起】，良懦數爲奸黨羅織【無中生有地多方構陷】，有司不能勘【核對，審問】。公廉【考察】其尤者置於法。至其興學校，申警備，繕城墉【高牆，城牆。墉，yōng】，彌【通"弭"，平息，消滅】盜賊，偉伐【顯著功勞。伐，功勞】種種，未易枚舉，兩臺交章【謂官員交互向皇帝上書奏事】薦之。尋有河藩少參之，會以大司空【春秋晉有大司空，主司土木。明清用作工部尚書的別稱】朱謂所與共事河工者，微【無】公不可也。陳人借寇不可得【《後漢書・寇恂傳》載，恂曾爲潁川太守，頗著政績，後離任。建武七年，光武帝南征隗（wěi）囂，恂從行至潁川，百姓遮道謂光武曰："願從陛下復借寇君一年。"後因以"借寇"爲地方上挽留官吏的典故】，爲立碑，以志思焉新增。

徐即登，字獻和，江西豐城【漢南昌地。晉太康元年移治豐水西,改名豐城,明清皆屬南昌府】人,癸未進士。初督學閩中,校藝傳經【校對六藝。古代教育子弟學生的六種技藝"禮、樂、射、御、書、數",傳授儒家經典《詩》、《書》、《易》、《禮》、《樂》、《春秋》】,士欽山斗【泰山、北斗的合稱。猶言泰斗。比喻爲世人所敬仰的人】。尋擢觀察河南,駐節於陳。他務未遑【huáng,閒暇。《史記·秦本紀》:"國家內憂,未遑外事……"】,首申文教,立思魯書院,集諸生以時會講經書,質疑問難,務抉奧旨,課藝【課試之制藝。《明史·選舉志二》:"其文略仿宋經義,(科舉考試科目之一。宋代以經文中文句爲題,應試者作文闡明其義理,故稱,明清沿用而演變成八股文)然代古人語氣爲之,體用排偶,謂之八股,通謂之制義。"】則悉心評閱。兩河士聞風踴至者百人,皆自相淬勵【激勵,鞭策。宋蘇軾《策略五》:"昔之有天下者,日夜淬勵其百官。"淬cuì,同"焠"】,日進於學。乃設有田租,以供會資,至今取給焉。亡何【不久】以論閩事,調補本省參知【參與主持。《北齊書·司馬子如傳》:"朝夕左右,參知軍國。"】。再過陳,詣書院,感憶舊遊,情溢言表,屬以大計,聽處分,會講如初,毫無色愠,其養定可覘【chān,觀察】也。所著有《四書明宗録》、《論學要語》、《天中問答》等集,世多宗其説云。

　　蕭雍,直隸涇縣【宋制以州領縣,其直屬京師者稱直隸。涇縣,縣名,屬安徽省。漢置,屬丹陽郡(楚之先熊繹所封十八世,文王徙郢),明清皆屬寧國府】人,庚辰進士,以觀察使秉憲【執掌法令】陳州，爲政持大體【綱領，大要。《三國志・魏志・陳矯傳》："所在操綱領，舉大體；能使群下自盡，有統禦之才，不親小事。"】，官民安之。公性慈祥而不事姑息。銜虎社鼠必重懲不少貸【赦免，寬恕】。部有墨吏【貪官污吏。墨，貪污，不廉潔。清趙翼《謁補山制府奉呈》詩："今蕭百城無墨吏，官高一品尚書生。"】，梟狠無狀【狡悍不可言狀。梟 xiāo，勇猛，强悍】，當事者不敢問。公首發其惡，竟置於法。然公，名家也。向爲【昔時是】兩制督學使者，山斗在望，陳人士無不願得指南，以發蒙昧。公不憚折節【屈己下人。明陳繼儒《珍珠船》："李遵勗爲駙馬都尉，折節待士。"】，日與之講課評騭，無倦心也，士由是競勸焉。宦邸【古時朝覲京師者在京師的住所，後泛指高級官員辦事處或住處】著有《民牧約言》，條中肯綮【qìng，筋骨結合處，比喻事物的要害或關鍵。亦寫作"綮肯"】，仁人之言也。至今仕斯土者，各置一卷於案頭，以爲法程【法則，程式。漢賈誼《治安策》："立經陳紀，輕重同得，後可以爲萬世法程。"】新增。

蘇光泰，山東濮州【州名。春秋衞地。晉置濮陽郡，隋開皇十六年置濮州，唐天寶初又改爲濮陽郡，乾元元年復改爲濮州。歷代因之。1913 年改爲縣，屬山東省】人，己丑進士。以汝南太守晉憲副，備兵於陳。公雄才大略，震懾官寮。郡有鉅惡，盤據日久，有司莫敢問。公廉知其狀，立斃之通衢。奸黨屏息。時淮陽有楊思敬者，陰蓄不軌，當時頗憂之。公直以偃息【平静，安静】談笑，令之束手就擒。其威稜丰采【稜 léng，威稜，同"威棱"，聲威超越。南朝劉孝威《辟厭青牛畫贊》："名震八區，威棱五都。"】，聞風者辟易【驚退。《史記・項羽本紀》："是時，赤泉侯爲騎將；追項王，項王瞋目而叱之，赤泉侯人馬俱驚，辟易數里"】焉。公有愛士，論議獎引，諄諄不倦，多士咸受其益，顧公以詞名，主盟東土【豫東地區詞壇盟會的宣導者和主持者】。凡爲墨客者，無不欲一見顏色。故往往結靷【yǐn，引車前行的皮帶。借指車子】而來。公亦不憚倒屣【xǐ，鞋。急於出迎，把鞋倒穿。《三國志・魏志・王粲傳》："時邕才學顯著，貴重朝廷，常車騎填巷，賓客盈坐。聞粲在門，倒屣迎之。粲至，年既幼弱，容狀短小，一坐盡驚。邕曰：'此王公孫也，有異才，吾不如也。'"後因以形容熱情迎客】。然卒【終，終於】未嘗示以私也。倘所謂和而不流者，非耶。居二年，加參知服俸。陳人方幸借寇，乃坐媒糵【當作"蘗"，酒麴蘗。比喻挑撥是非，藉端誣陷，釀成其罪。媒，媒介，誘因。蘗 niè】者回籍，士論惜之新增。

吳中明，徽之歙【shè，縣名。屬安徽省。秦置，以縣南有歙浦而名】人，丙戌進士。以文名世，海內士爭傳誦之。初，督兩河【唐安史之亂後，稱河南、河北兩道爲兩河】學政【提督學政的簡稱】，崇雅黜浮【崇尚典雅，摒棄輕浮。《新唐書・文藝傳序》："玄宗好經術，群臣稍厭雕瑑，索理致，崇雅黜浮，氣益雄渾。"】，先行【德行】後文，士習化而端焉。轉參知視憲司篆【魏晉以來御史的別稱。後世稱按察司。篆：官印，例用篆文】，積羡千金【積聚錢財極多剩餘。羡，剩餘】，不自與【自己不用】爲募，夫增築會城堤及修南北通道二十里，成康莊，行者稱便。丁未，以總憲【明清都察院左都御史的別稱。御史臺古稱憲臺，故稱】備兵陳州，士民竊幸得天。方議疏河渠、墾荒蕪，諸所興除者，以次修舉。亡何，以給假治喪去，陳人大失所望。公居實心實政，更不喜人逢迎。有以錦軸贈者，錄其文而焚之，其風裁【風度，氣派】類如此。今開封府粵西起陞陪京【在首都之外另設的首都。漢張衡《南都賦》：“陪都之南，居漢之陽。”南陽郡治宛，在洛陽之南，漢都洛陽，故以宛爲南都。陪京，即背負洛陽之意。後世用爲附配之意，與陪都義同。此指明朝的南京】户部右侍郎。

趙可教，四川溫江【縣名，以地瀕溫江而名】人。壬辰進士，以管河憲副轉參知，整飭睢、陳故事。二郡分隸，軍衛官屬，多不相能【和睦】，公以雅道鎮之【用正道（誠懇厚道）威服他們】，武悍化而溫文【勇猛强悍者轉化爲溫和而有禮貌的人。武，勇猛】焉。然素好儉約，自奉一肉一菜，外無多品，亦不綺縠【綾綢縐紗之類。絲織品的總稱】服御【同“禦”，掛在車前的竹簾。《爾雅·釋器》：“竹前謂之禦。”邢昺疏：“李巡曰：‘竹前，謂編竹當車前以擁蔽，名之曰禦。’孫炎曰：‘禦，以簟爲車飾也。’”泛指車飾】爲華，豈以矯俗【故意違俗立異。清昭槤《嘯亭雜録·黃雅林》：“詩畫仿鄭板橋，有意矯俗，反使性靈汨没。”】，其天性也。部有權豪，必痛抑之，不稍縱。至惸【qióng，同煢，本謂無兄弟，引申爲孤獨無依。《周禮·秋官·大司寇》：“惸獨老幼。”鄭玄注：“無

兄弟曰惸，無子孫曰獨。"】獨無告者，則優恤常過於仁。亡
何，以祝釐【祈求福佑。《史記·孝文本紀》："今吾聞祠官祝釐，皆歸
福朕躬，不爲百姓，朕甚愧之。"釐 xī，賜給】。北上，遘內難【遭遇
內亂。內難，一般指國家內部的變亂，亦指家庭內部的變故（多指母
喪）。此指後者。遘 gòu，遭遇】去矣，人咸思之。

梁祖齡，蜀之温江人，丙戌進士。以右方伯【殷周時
一方諸侯之長。後泛指地方長官。漢以來之刺史，唐之採訪使、觀察
使，明清之布政使均稱"方伯"】特起，爲睢、陳兵備。公老成持
重，寬濟以嚴，不大聲色，而刁息弊釐【狡詐行爲止息、時弊
得以治理。息：停止，消失。釐，治理】，吏習民安。衛所有狡胄
【帝王或貴族的後裔】，慣以私憤媒蘖長官，告訐【責人過失或揭
人陰私，告發。《漢書·刑法志》："論議務在寬厚，恥言人之過失。化
行天下，告訐之俗易。"訐，jié】無已，公立剖而重懲之，武弁肅
然。頃，郡大水，沙河一帶，衝突民田不下千頃。公委
督疏塞堤防，永固。數年來，河伯安流，免昏墊。秋毫
皆公賜也。尋轉本省左轄開封兩河。其嚴禁惡宗，蕩
平礦盜，赫然偉伐【取得顯赫的功勞。伐，功勞】，自有勒鼎彝
【古代祭器。其上多刻著表彰有功人物的文字。《文選·史岑〈出師
頌〉》："澤霑遐荒，功銘鼎鉉。"李善注：《禮記》曰："夫鼎者有銘。銘者，
論譔其先祖之德，美功烈、勳勞而酌之祭器，自成其名焉。"】而標汗
青【古時在竹簡上記事，先以火烤青竹使水分和汗滲出，便於書寫，並
免蟲蛀，故稱。後借指史册】者，兹不具載。

清

蔡含靈，字子虛，號止齋，古廮陶【古縣名。在今河北省滏陽河上游。《說文·廣部》：“廮，鉅鹿有廮陶縣。”廮，yǐng。見《漢書·地理志》】巨族也。少而聰穎，善屬文。弱冠失怙恃【hù shì，依靠，憑恃。《詩經·小雅·蓼莪》：“無父何怙，無母何恃。”後因用“怙恃”爲父母的代稱】，家貧如洗。事王母，雖流食菜羹，皆自侍奉。二十八歲中乙酉鄉試。越明年，成進士。歲丁亥殿試，初授浙江台州府天台縣知縣。甫下車，即問民疾苦。時當昭代鼎新，山寇尚熾，民猶未安。公曰：“寇亦民也，但迫於官吏之追呼，衣食之不給耳。”於是單騎入山，擇其首而誅之，餘黨悉降，免其罪戾，付以牛種，使寄居於各鄉，未半載而化爲善良，蓋幾萬人焉。此公之勸民爲善，而造福於台之一端也。他如清里弊，伸民冤，法之不便於下者，通融之；不定、不得其所者，撫恤之；連遭荒旱而皆捐俸以賜台民，不至轉於溝壑者【溪谷，引申爲荒野死亡之處】，殆不勝數，如是者七年。台民愛之如父母。三院【唐制，御史臺設三院：臺院，置侍御史；殿院，置殿中侍御史；察院，置監察御史。清初改內閣爲三院，即弘文院、秘書院和內院】俱列首薦。甲午六月，陞工部營膳司主事【工部屬官。其餘五部均有都事、主事】。到任後，即管琉璃廠。時有乾清【即乾清宮，在北京故宮內】之工日夜督輯【監督協調】，不數月而告成焉。丙申，差通惠河道。此年大水浩蕩,堤防皆潰。公躬督河干【通"岸"】者十餘月,不暇暫息於公署。己亥,差龍江關,抽分關市之稅。循其舊例,時加寬之,從無刻苦,商賈如雲。六月海盜入逼,公復佐郎制臺【總督的別稱】,催運軍需,王師賴以成功,海盜因而寧息。如工差之稅課亦不苦竭。辛丑,陞雲南臨安道。未任,蒙吳平西題補他員。公候補於里門,朝夕博覽群書。或有鄉人之不得衣食,與夫死不能葬、長不能娶者,皆委曲湊辦以濟之。壬寅七月,補睢、陳觀察使,駐節在陳。所屬開、歸【即開封府歸德(睢州)府】二十一州縣,俱前賊寇蹂躪之餘黎,諸事殘缺,吏胥為奸,民無寧居。公蒞任之初,蹙首焦心,潸然自嘆曰:"余固心治人者也,且不憚勞於治人者也。當此兵荒未息之際,非大為整頓不可,非細為搜剔亦不可。"於是肅僚屬而綱紀丕振【大振。丕,大】,大破情面,從不輕假以顏色。徐察民隱而倒懸【比喻處境的痛苦和危機】悉解,小務必勤,亦不疲念於瑣細。故睢、陳所屬,自鼎革【取義於鼎、革二卦名,鼎新革故。鼎,取新;革,去舊。舊多指改朝換代】以來,册籍廢缺,里書詭計,繼而公細為查勘,即行釐正【治理改革】,賦役十而民始安。至徭役之重莫過河夫柳梢。以往皆棍蠹包攬,多索侵肥官價,里民不得領給分毫。公痛革積弊,而至里夫沾惠。念賭博為致盜之源,遊手無賴,每每哄誘良民,財盡為盜,理所必然。公禁飭而城野肅清。屬有捕役，假借緝賊，肆索鄉民，稍不如意，即借端陷誣，公屢飭嚴革，而善良保全。康熙三年冬，省缺臬司【元代稱廉訪使爲臬司，明、清稱按察使爲臬司。臬niè，刑法，法度。"康熙三年冬"與本志書相悖】，兩院委公視審。僅六月審理欽件三百八十餘起，內不備幕賓，外不傾胥吏，多所平反，案無留獄，道路【路上的人。指眾人。《史記・酈生陸賈列傳》："道路皆言君讒，欲殺之。"】呼公爲包孝肅。前代庖驛傳時，知驛遞之苦，天下稱最，公力爲清除，此公之惠流郵遞也。語曰："學校不興，作士無法。"前公帶管督學，雖五日，京兆【京都】而檄諭各學，令其作養培植，仍諭諸生飭躬受鼎【修養自身，科舉及第。飭，修；鼎，即鼎甲，科舉考試名列一甲】，貧乏無資斧者，公分俸相賑，而子衿爭相淬勵。撫臺嘉其才，猷【謀劃】留省六月，一署臬司，再署守道，陳郡百姓往□撫臺乞請回陳，不意公鞅掌【《詩經・小雅・北山》："或棲遲偃仰，或王事鞅掌。"言事多不暇整理儀容，引申指公事忙碌】數月，心血嘔盡，扶病歸來，止有兩袖清風。臥床七日，竟爾捐舘【捐棄舘舍。舊時對死亡的諱詞】矣。傷哉，公也！蓋愛民不啻愛身者有之，未有如公之甚者也。公嘗自銘於座右云：今日居官愛民，實有幾分從井救人之意，然須罷不得，惟本之以至誠，而出之以婉巽【溫順謙讓。巽，xùn】，則生與下或交相諒也，不然鬼神亦默相之矣。余性僻，信理太真，故經試之。臨終時言不及私，唯曰：“噫！我之不幸，實開、歸民之不幸也。”雖家人痛哭於前，而曰猶噴噴注，念於斯民。及卒，州城罷市三日，百姓如喪考妣，但治喪無具，扶櫬【chèn，棺】無資，郡紳士百姓各悲痛輸財以賻【fù，贈送財物助人治喪】。仍公具呈狀臚列德政，舉公入陳庠名宦，以彰監司之有功於社稷生民者。公平日所撰詩詞、文集，梓【雕制印書的木板。引申爲印刷】入陳志内，裨公政事、文章並傳不朽云。舉人何潤傳。

國　　相

春秋

司城貞子，本宋大夫，後入陳，仕湣公【懷公之子越，見《史記・陳杞世家》】，爲上大夫。孔子適陳【湣公六年】，主【寓居。清袁枚《隨園詩話補遺》：“余到蘇州，必主其家。”】於其家【見《史記・孔子世家》】。賢足占【值得記述】云。

漢

張歆，襄國【其地在今河北省邢臺縣。春秋時邢地，戰國爲趙邑。秦置信都縣，項羽改爲襄國。秦漢之際，趙歇爲趙王，張耳爲常山王，東晉列國後趙石勒，皆都於此。宋改爲邢臺縣】人，涿郡太守，況子也。初以報讎【chóu，亦寫作“讐”，仇敵】逃亡，後爲淮陽王相。王新歸國，賓客放縱，干亂法禁。歆將令尉入宮

搜捕，王白【告白】上，左遷【降官，貶官。《漢書‧朱博傳》："(朱
博)遷爲大司農。歲餘，坐小法，左遷犍爲太守。"】汲令，卒《東
觀記》。

第五倫，字伯魚，京兆長陵【漢代京畿的行政區劃名，三輔
之一，即今陝西西安以東至華縣之地。後世因稱京都爲京兆。長陵，
漢縣名。漢高帝十二年置陵，成帝時置縣，屬左馮翊故城在今陝西咸
陽東北】人。其先齊諸田，徙充園陵，宗族多，故以次第
爲氏【《後漢書‧第五倫傳》："其先齊諸田，諸田徙陵園者多，故以次
第爲氏。"《史記‧田敬仲完世家》："宣公十一年，殺其太子禦寇。禦寇
與完相愛，恐禍及己，完故奔齊。……完卒，諡爲敬仲。……敬仲之如
齊，以陳字爲田氏。"】。倫少介然【耿介，堅貞。晉陶潛《詠貧士》詩
之六："介然安其業，所樂非窮通。"】，有義行。建武【漢光武帝年
號】二十七年，舉孝廉，除郎中【官名。始於戰國。秦漢沿置。
掌管門户、車騎等事】，補淮陽王醫工長。隨王之國，光召
見，甚異之。二十九年，從王朝京師，隨官屬得會見帝。
問以政事，倫具言治道所宜，帝大悦。明日，復特召入，
與語至夕。帝戲倫曰："聞卿爲吏，笒【péng，意同捧，笞打】
婦公，不過從兄飯，寧有之耶?"倫對曰："臣三娶妻皆無
父，臣遭飢饉，米一石，萬錢，實不敢妄過人食。"【《後漢
書‧第五倫傳》李賢注引《華嶠書》曰："上復問：'聞卿爲市掾，人有遺
母一筓餅者。卿從外來見之，奪母筓，探口中餅，信乎?'倫對曰：'實無
此。衆人以臣愚蔽，故爲生是語也。'"】有詔拜倫爲扶夷長【縣

名,屬零陵郡,故城在今邵州武岡縣東北】,未到官,追拜會稽太守。餘詳《漢書》【第五倫是後漢人,見《後漢書》卷四十一】。

吳

黃昌,字聖真,會稽余姚【縣名。舜支庶封此。秦置縣,以舜姓姚而名。漢屬會稽郡。明清屬紹興府】人也,本出孤微【謂低微貧賤。《後漢書·周燮傳》:"良（馮良）字君郎,出於孤微,少作縣吏。"】。居近學宮【舊指學舍,亦指各府縣的孔廟,爲儒學教官的衙署所在】,數見諸生修庠序【古代的地方學校。後泛指學校。《漢書·董仲舒傳》:"立大學以教於國,設庠序以化於邑。"《孟子·梁惠王上》:"謹庠序之教,申之以孝弟之義。"】之禮,因好之,遂就經學,又曉習文法【禮樂制度】。仕郡爲決曹【管獄官】。刺史行部【謂巡行所屬部域,考核政績。《漢書·朱博傳》:"吏民欲言二千石墨綬長吏者,使者行部還,詣治所。"】見昌,甚奇之。辟從事【徵召爲僚屬。辟,徵召,薦舉。《漢書·鮑宣傳》:"大司馬衛將軍王商辟宣,薦爲議郎,後以病去。"從事,官名。漢以後三公及州部長官皆自辟僚屬,多以從事稱之】,後拜宛【宛丘】令。政尚嚴猛,好發奸伏。朝廷舉能,遷蜀郡太守,視事四年,徵再遷陳相。縣人彭氏舊豪縱,造起大舍高樓,臨昌每出行縣,彭氏婦人輒升樓而觀焉。昌不喜,遂勑收【訓誡拘押。勑 chì,告誡】付獄案,殺之。遷河內太守。

漢

朱頡，南陽宛【地名，漢屬南陽郡。在今南陽市】人，尚書僕射【官名。秦置，漢以後因之。漢成帝建始四年初，置尚書五人，一人爲僕射，位僅次於尚書令。射，yè】暉之子也，修儒術。安帝時，至陳相，卒。子穆與諸儒考依古義，諡曰：貞宣先生。

邊韶，字孝先，陳留浚儀【戰國魏地，屬陳留郡。以地在"夷門之下新里之東，浚水經其北，象而儀之，因名浚儀"。唐置汴州，宋時同爲開封與開封府所治。大中祥符三年改爲祥符】人也。以文學知名，教授數里人。桓帝時爲臨潁侯相，徵拜大中大夫【官名。秦漢有御史大夫、諫議大夫、光禄大夫、大中大夫等。秩自六百石至比二千石不等。多係中央要職和顧問】。著作《東觀》。再遷北地太守，入拜尚書令。後爲陳相，卒官。著詩、頌、碑、銘、書策凡十五篇。

孔疇，字元矩，孔子裔也。仕爲陳相。漢桓帝立老子廟于苦縣【春秋楚邑。漢置縣，屬淮陽郡。《史記·老子傳》謂老子爲苦縣厲鄉曲仁里人。故城在今河南鹿邑縣東】之賴鄉，畫孔子像。疇遂立孔子碑于像前，至今存焉。

駱俊，字孝遠，有文武才幹。少爲郡吏察孝廉，補尚書郎，擢拜陳相。值袁術僭號，兄弟分争，天下鼎沸，郡賊並起。陳與比界姦慝【歹徒、邪惡的人】四布。俊厲威武，保疆境，賊不敢犯。養濟百姓，災眚不生，歲獲豐穩。人有產子，俊致米肉達府。主意生女者以駱爲名。術軍衆飢困，就俊求糧，俊惡術，初不應答。術後使部曲將張闓楊私行到陳，之俊所。俊往從飲酒，因詐殺俊。一郡吏人哀號如喪父母謝承《後漢書》。

　　晉

　　魏司馬孚，晉宣帝懿【三國魏温縣人，字仲達。爲曹操父子重用。曹丕時任大將。魏少帝曹芳即位，他以太傅與丞相曹爽同輔朝政。嘉平元年，殺曹爽自爲丞相，獨攬朝政。其孫司馬炎，代魏稱帝，建立晉朝，追懿爲宣帝】之次弟也。温厚廉讓，博涉經史。漢末喪亂，與兄弟處危亡之中。簞食瓢飲【語出《論語·雍也》：“子曰：‘賢哉，回也！一簞食，一瓢飲，在陋巷，人不堪其憂，回也不改其樂。賢者，回也！’”】而披閱不倦。性通恕，以貞白自立，未嘗有怨於人。陳思王植負才凌物，孚每切諫，初不合意，後乃謝之。泰始【晉武帝司馬炎年號】八年，臨終遺令曰：“有魏貞士，河内【黄河以南的地方，相當於河南省】温縣司馬孚，字叔達，不伊不周【伊尹、周公】，不夷不惠【殷末伯夷、春秋魯國柳下惠三次被罷官而不去。此二典意爲“折中而不偏激”】，立身行道，終始若一。當以素棺單槨斂以時服。”卒年九十三《晉書》本傳節文。

良　牧

漢

申屠嘉，梁【此指戰國時魏國。魏惠王於公元前 362 年徙都大梁，故稱梁】人。以材官【有才能勇力的士兵。《漢書·晁錯傳》："材官騶發，矢道同的，則匈奴之革笥木薦弗能支也。"顏師古注："材官，有材力者。"】蹶張【以腳踏弩，使之張開。這裏指射手。《漢書·申屠嘉傳》："以材官蹶張從高帝擊項籍，遷爲隊率，從擊黥布，爲都尉。孝惠時，爲淮陽守。"】，從高帝，積功至淮陽守【高祖十年立淮陽國封皇子劉安。惠帝元年，淮陽王劉安被呂后徙爲趙王，淮陽廢國爲郡，申屠嘉爲郡守】。嘉爲郡廉直，門不受私謁。爲相時，折辱鄧通【是時，太中大夫鄧通方隆愛幸，賞賜累巨萬。文帝常燕飲通家，其寵如是。是時，嘉入朝而通居上旁，有怠慢之禮。嘉奏事畢，因言曰："陛下幸愛群臣則富貴之，至於朝廷之禮，不可以不肅！"上曰："君勿言，吾私之。"罷朝坐府中，嘉爲檄召鄧通詣丞相府，不來，且斬通。通恐，入言文帝。文帝曰："汝第往，吾今使人召若。"通至丞相府，免冠，徒跣，頓首謝。嘉坐自如，故不爲禮，責曰："夫朝廷者，高皇帝之朝廷也，通小臣，戲殿上，大不敬，當斬。史今行斬之！"通頓首，首盡出血，不解。上度丞相已困通，使使持節召通，而謝丞相："此吾弄臣，君釋之。"鄧通既至，爲上泣曰："丞相幾殺臣。"】。以非淮陽事不著詳《漢書》本傳。

灌夫，字仲孺，潁陰【縣名，漢置，屬潁川郡。漢灌嬰、三國魏陳群封潁陰侯，即此。今爲河內許昌縣】人。灌嬰舍人校尉孟子也【《漢書·灌夫傳》本傳："父張孟,嘗爲潁陰侯灌嬰舍人,得幸,因進之,至二千石,故蒙灌氏姓爲灌孟。吳楚反時,潁陰侯灌嬰爲將軍,屬太尉,請孟爲校尉。"】。吳楚反,夫與父孟俱從嬰。孟嘗陷吳軍死,夫奮與從數十騎,馳吳軍戲下【師古注:"戲,大將之旗也。讀與麾同。"】,殺數十人,名聞天下。武帝以淮陽天下勁兵處,故徙夫爲淮陽守。爲人剛直,不好面諛貴戚。諸貴在己之右,必陵之,在己左,雖貧賤必加敬禮,士以此多【尊重,讚美】之。

汲黯,字長孺,濮陽【縣名。春秋衛都。因地在濮水之北,故名】人也。性倨,少禮面折【當面駁回上級的主張、見解。折,斷,駁回】,不能容人過,尤好直諫,數犯主人之顏色,後坐小法免官,隱居田園數年。會更五銖錢【漢銅幣名。元狩五年因三銖錢太輕,改鑄五銖錢。每錢重五銖(古二十四銖爲一兩),上有"五銖"故名】,民多盜鑄,楚地尤甚。武帝以淮陽楚地之郊,召拜黯爲淮陽太守。黯曰:"臣自以爲填溝壑,不復見陛下,不意陛下復收用之。臣常有犬馬病,力不能任郡事,願爲中郎出入禁闥,補過拾遺,臣之願也。"帝曰:"君薄淮陽耶,吾今召君矣。淮陽吏民不相得【融洽】,吾徒得君之重【只能憑借您的威望。重,德望,威信】,臥而治之。"黯辭行抵任。不壞一鑪,不刑一人,高枕安臥而淮陽政清。居淮陽十年,卒。帝以黯故,官其弟及子。葬陳城東,今有汲塚云。

宋

范純仁，字堯夫，仲淹仲子也。皇祐【宋仁宗趙禎年號】元年進士第。調知武進縣，以遠親不赴。易長葛，又不往。仲淹没，始出。以著作佐郎【官名。三國魏明帝置著作郎，屬中書省，專管編撰國史，其屬有著作左郎、校書郎等】知襄城縣，累官尚書右僕射兼中書侍郎【官名，即中書郎】。章惇既相，純仁堅請去。遂以觀文殿【隋煬帝殿名。宋已有此殿，即延恩殿改名。設有學士、大學士，資望極高，非曾爲宰相者不除】大學士知陳州。會明堂【古代帝王宣明政教的地方。凡朝會、祭祀、慶賞、選士、養老、教學等大典，在此舉行】肆赦，純仁上疏申理呂大防等當放還，忤章惇，意詆爲同罪，落職知隨州。明年，又貶永安節度副使，永州安置，時疾失明，聞命怡然就道，或謂近名【追求名譽。《莊子·養生主》：“爲善無近名，爲惡無近刑。”】。純仁曰：“七十之年兩目俱喪，萬里之行豈其欲哉。但區區之愛君，有懷不盡，若避好名之嫌，則無爲政之路矣。”每戒子弟，毋得少有不平。聞諸子怨章惇，必怒止之。行至貶所，覆扶純仁出，衣盡濕，顧諸子曰：“此豈章惇爲之哉？”居三年，徽宗即位，兩遣吏使賜茶，每見輔臣問安否，仍遣上醫視疾。建中靖國【徽宗年號】改元之旦，受家人賀，明日，熟寐而卒，年七十五。詔賻【fù，舊指以財務助人辦喪事】白金三十兩，官給其葬。贈開封儀同三司【指三公。《宋史·職官志一》：“太尉、司徒、司空爲三公。"】,謚忠宜,御書碑額"世濟忠直"之碑。純仁性夷易寬簡,不以聲色加人。誼之所在,則挺然不少屈。自爲布衣至宰相,廉儉如一,所得奉贈皆以廣義在前,後任子恩【因父兄的功績,得以保住官職】,多先疏族。嘗曰:"吾平生所學得之'忠恕'二字,一生用不盡,以至立朝事君,接待僚友,親睦宗族,未嘗須臾離此也。"有文集五十卷行世。《宋史》本傳節文。

吴奎,字長文,濰州北海【州名。春秋戰國齊地。漢置北海郡。隋開皇十六年置濰州,以境有濰水而名】人。性强記。於書無所不讀,舉五經,至大理丞【秦始置漢以後,中央和地方官吏的副職,有大理丞、府丞、縣丞等。丞,佐官名】。策賢良方正,入等【唐代選官,試書判考合格者,稱爲"入等"】,擢太常博士【古代學官名。唐有太學博士、太常博士、太醫博士、律學博士、算學博士等,皆教授官】,通判【官名。宋初鑒於五代藩鎮權力太大,威脅朝廷,因用文臣知州,並置府通判,與知府知州共理政事】陳州。公達於從政,應事敏捷,吏不敢欺,豪猾畏斂,治聲赫然,入爲右司諫【官名。《周禮》地官之屬,主管督察吏民過失,選拔人才。宋補設左右司諫,掌諷論規諫】,累官參知政事。

明

萬宣,直隸當塗【屬安徽省。漢置縣,屬九江郡以江北濠州有塗山而名】人。領鄉薦。以景泰【代宗朱祁鈺的年號】丙子,來知州事。蒞政嚴明，約束吏胥，無敢鴟張蠹民者。時境內多盜，宣捕得之，悉置于法，于是一郡肅然。部使者上其蹟，詔旌異焉。

李鼒【zī】，秦州人，薦於鄉。以天順【明英宗朱祁鎮年號】間來同知州事，明而不苛，廉而有幹，鞫訟必求其枉直，民有衡鑑【衡可以量輕重鑒可以照美丑，指辨別是非善惡的尺度】之譽。秩滿，擢隆慶州知州。

戴昕，直隸上海【縣名。戰國時爲楚春申君封地，故名春申，簡稱申。南宋咸淳初置上海鎮，元至元二十九年割華亭五鄉設上海縣，屬松江府】人，領鄉薦。天順間，筮仕【指初出做官。王禹偁《感流亡》："因思筮仕來，倏忽過十年。"】臨漳令，有治聲。治滿擢守是州。下車【《禮記·樂記》："武王克殷反商，未及下車而封黃帝之後於薊。"後稱初即位或到任爲下車】首興學校，飾陵寢，訪古蹟，修葺而品題焉。爲治奉公，廉明仁恕，百姓德之。

倪誥，字汝制，河間【縣名。屬河北省。故戰國趙地。漢文帝二年爲河間國。因地處黃河與永定河之間而名】阜城人，由舉人弘治庚戌來知州事。宅心仁恕，處事明敏，薄稅斂，鋤頑梗【愚妄而不順服的人】，民安盜息。治門、吏舍、行署增置一新，聖殿、號房並加修拓，迄今傳誦其《麗譙【亦作"麗樵"，華麗高樓。譙：城門上的守望樓】上梁》文。秩滿，擢湖州府同知【稱副職。宋代中央有同知閣門事、同知樞密院事，府州軍

亦有同知府事、同知州事。元明因之】。既去,民爲立碑頌德
焉。舊志參《河間志》。

白思義,山西平定州【春秋晉地。漢爲上艾縣,屬常山國,
唐爲樂平縣,宋太平興國改爲平定縣】鄉舉士也。弘治庚申,知
州事。蒞政廉平,輕賦減徭,尤善釐剔弊蠹,奸猾斂跡,
士民懷焉。陳地下,歲苦水【被水患所苦】,思義築堤爲
禦,復大瀹其流,民賴以免。廨署【舊時官吏辦公處的通稱】、
庫樓、學舍一從鼎新,以至祭器、神龕靡不潤飭。治聲
大著,監司交賢之,擢永州府同知,今祀名宦。

楊堪,性剛毅,果於任事。萬曆乙未,以靈寶令擢
知陳州。甫稅駕【猶解駕,停車】,適河決,立樓岡,衝突民
居。公目擊其變,隨糾丁夫,爲堵塞計,而波濤洶湧,勢
難措手。公長跪水中,移時水平,閱【經歷】兩旬,功告
成。蒞事每問民疾苦,修河渠凡十餘道。陳雖卑【bēi,低
下】濕,稍得免水患,公之力也。且不避強禦犯者,必寘
於法,刁惡服栗。任滿,擢蘇州府丞【中央和地方官吏的副
職有大理丞、府丞、縣丞等】。去之日,民焚香泣送,遮不能
行,建生祠【爲活著的人所立的祠廟】以識【zhì,標幟】思。公,
山東禹城【縣名。春秋戚邑。漢改爲祝阿縣,屬平原郡,唐天寶元年
以縣西南有禹息故城,改名禹城。明清屬濟南府】人。嘉靖辛酉,
貢士,其子二人俱舉于鄉。

湯師項,字啟英。其先桃源【縣名,今屬湖南省。宋乾德

中，析置桃源縣，以其地桃花源而名】人，後以軍官調黔，遂爲貴陽人。萬曆戊子舉於鄉，典教粵西永福【縣名，屬廣西，因縣有永福鄉故名】轉北成均。擢京兆別駕【官名。漢置，是刺史的佐吏。因隨刺史出巡另乘傳車，故名】，陞治中【官名。西漢元帝時始置，全稱治中從事史，亦稱治中從事，主眾曹文書，州刺史佐官，省稱治中】，爲府尹所擠，謫守陳。爲人渾厚慈祥。蒞政二載，無束濕【捆紮濕物。形容舊時官吏馭下苛酷急切】之罰。而里甲不侵，行户不擾，商習民安。惟甘守拙，恥奔競，過賓、駐節多不得其歡心。以不安其位，年未耆【六十歲曰耆】，竟解綬歸【即綬帶，古代用以繫官印等物的絲帶。解綬，即解印辭官】，人咸惜之。家嗣景明，以孝廉肄業陳署，丙辰進士，諸子彬彬，具美才，誰謂德量不食其報哉！

清

高民望，三韓人。陳郡衝煩民苦。公曰："驛馬收解，皆我有司事，勿煩苦若百姓爲也，盡收入官，不以及民。"每郵客至，公解百文錢與之。客愧，提銀者僅文至，民始休息。且上發河工稍蔴等銀，封誌宛然，同里民拆散，甚平。公雖宦，儉約如寒士，啖蔬衣布，臧奴【又稱"臧獲"，古代對奴婢的賤稱。臧，奴隸，奴婢。揚雄《方言》卷三："荆、淮、海岱、雜齊之間罵奴曰'臧'，罵婢曰'獲'。"】竟無完衣。甫兩期，擢南康刺史，卒於任。

學　博

宋

蘇轍，字子由。年十九與兄軾同登進士科，又同策制舉【唐代科舉制度之一。除地方貢舉外，由皇帝親自詔試於殿廷稱爲"制舉科"，簡稱"制舉"，宋代因之】，累官大名推官【掌管刑獄的官。唐代節度使、觀察使、團練使、防禦使之屬官，其後各州、府皆置推官】。神宗召對延和殿。時王安石方新法，以書力言其不可。安石怒，出爲河南推官。會張方平知陳州【熙寧三年，張方平由觀文殿兼判尚書省改知州。臨行前上書，薦蘇轍爲陳州教授，得到朝廷認同，蘇轍辭去推官，才得到中書省試卷官的任命，與張方平到淮陽上任】，辟爲教授。是時朝廷以繇役【同"徭役"】溝洫事【田間水道，溝渠。洫 xù】，責成郡邑。陳雖號少事，而官吏奔走以不及爲憂。轍獨以詩書諷議。其間，城西柳湖中有一阜，轍築亭讀書於上，至今名曰：子由讀書臺。郡人太常【官名。秦置奉常，漢景帝更名太常，歷代因之，掌宗廟祭祀禮樂之官】少卿李簡夫歸老於家，轍間往與遊，唱和甚適焉。餘詳《宋史》。

明

閻調羹，汝南新蔡【縣名。屬河南省。古呂國春秋蔡平侯自上蔡徙都下蔡，也稱新蔡。漢置新蔡縣，隋大業二年改屬蔡州，明清皆屬汝寧（汝南）府】人。生負奇質，工古文辭，搦管【執筆】數千言，倚馬可待。萬曆乙巳，以孝廉來秉陳鐸【秉鐸，秉執，掌管。鐸，古樂器形如大鐘。宣教政令時，用以警衆者。文事用木鐸，武事用金鐸。鐸，在此用以借代陳州之政務】范士一閑於禮至，談經校藝，獎進後學，孜孜不倦。諸生有被侮者，爲伸其抑，間被告訐，則力白其冤，故刁風息而士氣振。然性好客，騷人墨士座上常滿，命酒賦詩，輒有佳句，直逼漢唐，陳人士爭傳誦之。丁未成進士，爲户郎【主守衛宮門的官】，累遷山西憲副。兩過陳，所延接如生平歡焉。

趙師尹，江西德安【屬江西省九江府。漢曆陵縣地。五代吳順義七年置，宋至清因之】人。庚子舉于鄉。丁未，以乙榜【即乙科。此指舉人。孔尚任《桃花扇傳歌》："下官楊文驄，表字龍友，乙榜縣令，罷職閒居。"】來署學正【國子監教官。宋代始設，元明清沿置。掌執行監規，協助博士訓導所屬生員。府學教官稱教授，縣學教官稱教諭】。性甘恬澹，作止端莊。士入其范者，莫敢踰論，文解大旨，嘗曰："會程一科，矯一科。"識者佩爲格言。教陳六年，多以静攝，潛修制義【即八股文】，獨抉其奧。暇則臨唐晉名帖，以資清賞，品可知已。癸丑，進士及第，授翰林編修【翰林，官名，即翰林學士，其供職之所爲翰林院，掌管編修國史及草擬制誥等。編修，翰林院所屬職官，職位次於修撰，與修撰、檢討同爲史官，掌修國史】。

陳州志第七卷

人　物　志

名賢　僑寓過賓附　　武功節義附　　貞烈淑媛附　仙釋
方伎

　　昔稱地靈人傑，愚謂人傑而地藉以靈。蓋兩者異指而寔相成焉。陳無名山大川，奚所毓秀而代不乏賢，懿軌【高尚的道德規範。《後漢書・橋玄傳》："故太尉橋公，懿德高軌，泛愛博容。"】芳風【美好的風尚和教化。漢禰衡《顏子碑》："亞聖德，蹈高蹤……秀不實，振芳風。"】，其令人仰且沐者【受潤澤，引申爲沐恩】，山高水長矣【語見范仲淹《嚴先生祠堂記》："雲山蒼蒼，江水泱泱，先生之風，山高水長。"】。矧有愛其土而居之，與儼然辱而臨之者，又爲茲土增重，何論地氣靈哉。乃忠義迭出，節烈數見，毋亦其風化然耶。間有著于氏之神奇，攻諸術之精詣【精到，謂學養精粹。《宋史・蔡元定傳》："精詣之識，卓越之才。"】。即君于不爲然，而道雖大不盡，雖小不遺也。並列爲傳，用【以，因】見陳之所產者，未嘗乏人云。作人物志。

名　　賢

春秋

洩冶【陳國大夫。洩，亦寫作"泄"】，陳靈公大夫。公與孔寧、儀行父通于夏姬【孔寧、儀行父均陳國大夫。通，通姦。夏姬，鄭穆公女，陳大夫禦叔之妻，陳大夫夏徵舒之母】，皆衷其衵【yì】服【杜預注："衵服，近身衣。"】，以戲于朝。冶諫曰："公卿宣淫，民無效焉【民眾無所效法】，且聞不令【而且傳揚開去名聲不好。令，好】，君其納之？"公曰："吾能改矣！"公告二子。二子請殺之，公弗禁，遂殺冶【《左傳·宣公九年》孔子曰："《詩》云：'民之多辟，無自立辟，'其洩冶之謂也。"】。鄧元見洩冶被殺，知陳之將亡也，廼去之，以其族行。《左傳》【《左傳·宣公九年》】。

逄【páng】滑，陳惠公大夫。惠公薨，懷公初立，吳入楚，使召公【懷公】。（懷公）朝國人而問焉，曰："欲與楚者右，欲與吳者左【想要親附楚國的站在右邊，想要親附吳國的站在左邊】。陳人從田【根據田地的方位而分左右，即田在東者居右，爲吳；田在西者居右，爲楚】，無田從黨【附親族而立。即沒有田地的跟從親族站在一起。黨，親族】。"滑當公而進曰："臣聞國之興也以福，其亡也以禍。今吳未有福，楚未有禍。楚未可棄，吳未可從，而晉盟主也。若以晉辭吳，若何？”公曰：“國勝君亡，非禍而何【吳國勝楚君逃亡，對楚國來説不是災難是什麼】？”對曰：“國之有是多矣，何必不復。小國猶復，況大國乎？臣聞國之興也，視民如傷【作戰受傷的士兵】，是其福也。其亡也，以民爲土芥，是其禍也。楚雖無德，亦不艾【yì，同“刈”，艾殺，即斬殺】殺其民。吳日敝于兵【吳國在戰爭中一天天凋敝。于，被。兵，借指戰爭】，暴骨如莽，而未見德焉。天其或者正訓楚也【上天或許正在教訓楚國吧】。禍之適【归向。《左傳·昭公十五年》：“好惡不愆，民知所適，事無不濟。”杜預注：“適，歸也。”】吳，其何日之有？”公從之。《左傳》【《左傳·哀公元年》】。

顓孫師，字子張，國人，孔子弟子【少孔子四十八歲。《論語》中提及他二十次。他爲人雍容大度，儀表出衆，好學深思，喜歡與孔子討論問題，後來成爲儒家八派之一。但他秉性邪僻，難於接近，孔子對他的評價是“辟”（偏激）。《家語·七十二弟子解》：“爲人有容貌資質，寬冲博接，從容自務，居不務立於仁義之行，孔子門人友之而弗敬。”】。孔子曰：“自吾得師，前有光，後有輝。”子貢曰：“美功不伐【誇耀】，貴位不善【以地位爲善、欣喜】，不侮不佚【不安逸放蕩】、不傲無告，是師之行也。”嘗從陳、蔡，問行【《史記·仲尼弟子列傳》：“他日，從在陳、蔡間，困，問行。孔子曰：‘言忠信，行篤敬，雖蠻貊之國，行也。言不忠信，行不篤敬，雖州里，行乎哉？立則見其參於前也，在輿則見倚於衡，夫然後行。'子張書諸紳。"】。孔子告以"忠信、篤敬"，師書諸紳【士大夫繫在腰間的大帶子】。他所問答語，具《論語》諸篇、《禮記》、《家語》【《孔子家語》】、《説苑》【漢劉向著】。唐贈陳伯，宋封宛丘侯，再封陳國公，陞十哲位【孔子的十個弟子：《論語·先進》："德行：顏淵、閔子騫、冉伯牛、仲弓；言語：宰我、子貢；政事：冉有、季路；文學：子遊、子夏。"自唐定制，從祀孔廟，列侍孔子近側。開元時，顏淵配享，升曾參，後曾參配享，升子張，合稱十二哲人】。

巫馬施，字子期【《家語》稱"巫馬期"。字子期。巫馬，復姓。一説魯人，少孔子三十歲】，國人，孔子弟子。孔子來游，子期與子路薪于韞丘【韞丘指四方高，中央下的丘地。韞丘，即宛丘】之下，國之富人有處師氏者，脂車【油塗車軸，以利運轉。借指駕車出行】百乘，觴于韞丘之上。子路語子期曰："使子無忘子之所知，亦無進子之所能，得此富終身，無復見夫子，子爲之乎？"子期喟然仰天而嘆，閖然【投物有聲貌。閖，xì】投鐮於地曰："吾聞之夫子，勇士不忘喪其元，志士仁人不忘在溝壑【山溝。借指野死之處或困厄之境。《孟子·滕文公下》："志士不忘在溝壑，勇士不忘喪其元。"】，子不知予與？試予意者其志與？子路慚，負薪先歸【此則文字有多處顯著漏誤，參讀《韓詩外傳》卷二《巫馬施傳》："子路與巫馬施薪於韞丘之下，陳之富人有處師氏者，脂車百乘，觴於韞丘之上。子路與巫馬施曰：'使子無忘子之所知，亦無進子之所能，得此富，終身無復見夫子，子爲之乎？'巫馬施喟然仰天而嘆，騑然投鐮於地，曰：'吾嘗聞之夫子：

勇士不忘喪其元,志士仁人不忘在溝壑。子不知予與? 試予與? 意者其志與?"子路心慚,故負薪先歸。'"】。嘗宰單父【地名,今山東單縣】。先是魯人宓子賤【《家語·七十二弟子解》:"宓不齊,魯人,字子賤,少孔子四十九歲。仕爲單父宰,有才智,仁愛,百姓不忍欺,孔子美之。"】,爲單父宰,鳴琴而治。子期繼之,以星出星入,日夜不處而單父亦治。子期問於子賤曰:"子鳴琴而單父治,一不見其勞,何也?"子賤曰:"我任【信任】人,子任力。任人者佚【安逸】,任力者勞。"子期曰:"是施之未至也。"【《史記·仲尼弟子列傳》張守節正義:"《説苑》云:宓子賤理單父,彈琴,身不下堂,單父理。巫馬期以星出,以星入,而單父亦理。巫馬期問其故。宓子賤曰:'我之謂任人,子之謂任力。任力者勞,任人者逸。'"】唐贈鄆伯,宋封東阿侯。

陳亢【字子亢,又字子禽。少孔子四十歲】字子禽,國人,孔子弟子。其于子貢、伯魚問答詳《論語》諸篇。陳子車【齊國大夫,陳亢兄】死于衛,其妻與其家大夫謀以殉葬定,而后亢至。以告曰:"夫子疾,莫養于下,請以殉葬。"亢曰:"以殉葬,非禮也。雖然,則彼疾當養者,孰若妻與宰【古代奴隸主家中掌管家務的總稱】? 得已則吾欲已,不得已則吾欲以二子者之爲之。"遂弗果用。唐封潁伯,宋封南頓侯。

公良孺,字子正,國人。孔子弟子,賢而有勇【《孔子家語·七十二弟子解》:"賢而有勇,孔子周行,常以家車五乘從。"】。

孔子適衛，路出于蒲【古地名，在今河南長垣縣境】，會公孫氏以蒲叛衛而止之。公良孺以私車五乘從夫子行。喟然曰："昔吾從夫子遇難于匡【古地名，在長垣縣境】，伐樹于宋，今遇困于此，命也。夫吾與夫子再罹難，寧鬥而死。"挺刃【拔出劍】而合眾，將與之戰，蒲人懼。曰："苟無適衛，吾則出子乃盟。"孔子而出之東門，孔子遂適衛。唐贈東牟伯，宋封牟平侯。

世碩，國人，七十子之弟子。著書二十一篇，名《世子》。以爲人性有善有惡，舉人之善性，養而致之，則善長；惡性養而致之，則惡長。如此則性各有陰陽【古以陰陽解釋萬物化生，凡天地，日月、晝夜、男女、生死、動靜、剛柔、善惡以至腑臟、氣血皆分屬陰陽】，善惡在所養焉。宓子賤、漆雕開【人名，孔子弟子】、公孫尼子之徒亦論性情，與《世子·養書》篇相出入云。《論衡》【《論衡·本性篇》："情性者，人治之本，禮樂所由生也。故原情性之極，禮爲之防，樂爲之節。性有卑謙辭讓，故制禮以適其宜；情有好惡喜怒哀樂，故作樂以通其敬。禮所以制，樂所以作者，情與性也。昔儒舊生，著作篇章，莫不論說，莫能實定。周人世碩，以爲人性有善惡。舉人之善性養而致之則善長；性惡養而致之則惡長。如此則性各有陰陽，善惡在所養焉。故世子作《養書》一篇。宓子賤、漆雕開、公孫尼子之徒，亦論情性與世子相出入，皆言性有善有惡。"】

芋尹蓋【芋尹，官名。蓋，人名】，陳閔公大夫。楚師伐吳及桐汭【安徽的桐水，源出安徽的廣德縣。汭 ruì，水濱】。公使公孫貞子往吊【慰問】，蓋爲上价【即上介，第一副使】，行及于良【地名，在吳都城附近】，貞子卒。蓋將以尸入。吳子使太宰嚭勞且辭曰：“以水潦之不時【由於大水氾濫不合時令】，無乃凜然閒大夫之尸【恐怕大水氾濫而傾動大夫的靈柩。凜，氾濫。凜然，傾動的樣子】，以重寡君之憂，寡君敢辭。”蓋對曰：“寡君聞楚爲不道，荐【屢次，多次】伐吳國，滅厥【其，指代吳國】民人。寡君使蓋備使【湊數的使臣。備，湊數，自謙之辭】，吊君之下吏。無祿【不幸，没有福分】，使人逢天之戚【戚：悲傷】，大命隕隊【死亡。墜落。隊通“墜”】，絶世於良【死於良地。良，地名。在吳都附近】，廢日共積【耗費時日聚斂殯殮用物】，一日遷次。今君命逆【迎接】使人曰：‘無以尸造【到，往】于門，是我寡君之命委於草莽也。’且臣聞之曰‘事死如生，禮也。’於是乎有朝聘而終，以尸將事之禮，又有朝聘而遭喪之禮。若不以尸將命，是遭喪而還也【因此而有了在朝聘過程中使臣死去，運著靈柩完成使命的禮儀，同時又有了在朝聘過程中遇到受聘國家發生喪事的禮儀，假如不奉靈柩完成使命，這就像是遇到發生喪事而回國了】，無乃不可乎！以禮防民【“民”字脱】，猶或踰之【還恐怕有所逾越】。今大夫曰‘死而棄之，是棄禮也。’其何以爲諸侯主【盟主】？先民有言曰：‘無穢虐士。’【不要把死人當做污穢】，備使奉尸將命【我奉著靈柩完成使命】，苟我寡君之命達於君所，雖隕于深淵，則天命也。非君與涉人【掌握渡河的吏】之過也。”吳人內【通“納”】之。《左傳》【《左傳·哀公十五年》】。

漢

應曜，郡人，隱居有盛名。高帝時嘗與四皓【高帝，即漢高祖。四皓，即商山四皓。漢初商山四個隱士：名東園公、綺里季、夏黃公、角（心）里先生。據晉皇甫謐《高士傳》云：此四人“皆修道潔己，非義不動。”始皇時，見秦政暴，“乃共入商洛隱地肺山，以待天下定。及秦敗，漢高聞而徵之，不至。乃深自匿終南山不能屈己。”另據《史記·留侯世家》載，漢高祖欲易太子，張良爲呂后謀，請出四皓從太子宴。四人年皆八十有餘，鬚眉皓白，衣冠甚偉。高祖見狀，竟不易太子】俱徵，曜獨不至。人下爲之語曰：“商山四皓，不如淮陽一老。”《舊志》。

鄭當時者，字莊，陳人也。孝文【漢文帝劉恒】時，莊以任俠自喜【憑借勇力或財力扶助弱小，幫助他人。《漢書·季布傳》：“爲任俠有名。”顏師古注：“任謂任使其氣力。俠之言挾也，以權力俠輔人也。”】，脫張羽於戹【張羽，梁孝王之將。戹，困厄，患難】，聲聞梁【國名，地在河南、安徽交界處，建都於睢縣】、楚間【一本作“之間”】。孝景【漢景帝劉啟】時，爲太子舍人【太子屬官，位次最末】。每五日洗沐【漢制，官吏辦公每五天例得休假一日，進行洗沐】，常置驛馬長安諸郊【驛馬，往來傳送的快馬。諸郊，即四郊，邑外爲郊，離城二十里叫近郊】，存【看望，慰問】諸故人，請謝賓客，夜以繼日，至期旦，常恐不偏【周到】。莊好黃老【黃帝和老子。道家以黃老爲祖，因以黃老爲道家。《史記·申不害傳》：“申子本於黃老而主刑名。"】之言，其慕長者如恐不見。年少官薄【卑下】，然其游知交皆其大父行【大父，祖父。行 háng，行輩】，天下有名之士也。武帝立，累遷江都相【江都，王國名。地在今江蘇省揚州、寶應、高郵一帶】至九卿，爲右內使【九卿，古時中央政府的九個高級官職。右內史，漢代三輔之一。漢景帝時，京師地區分爲左右二部，稱左、右內史。漢武帝太初元年，改右內史爲京兆尹】。莊誡門下："客至，無貴賤無留門者【停留在門口等候的】。"執賓主之禮，以其貴下人。莊廉，又不治其產業，仰奉賜以給諸公。然其餽遺人，不過算器食【算器，竹器。食，食物】。每朝，候上之間，説未嘗不言天下之長者。其推轂【屈身爲人推車輪，表示謙恭自下的至誠。引申有推薦之義】士及官屬丞吏。誠有味其言之也，常引以爲賢于己。未嘗名吏【名，直呼名諱，動詞】與官屬言，若恐傷之。聞人之善言，進之上【向上級推薦】，唯恐後。山東【崤山以東地區】士以此翕然【毫無疑義地，和同一致。翕，xī】稱鄭莊。及居郡，卒後，家無餘貲財，兄弟子孫以莊故，至二千石【漢代内自九卿郎將，外至郡守俸祿等級，後因以稱郎將、郡守等爲二千石】六七人焉《史記》節文【見《史記·汲鄭列傳》】。

　　汝郁，字叔異，國人，性仁孝。五歲時母病不能食，郁常抱持啼泣，亦不食。母憐之，强爲飯，紿言【謊言，欺騙】已愈。郁察母顔色不平，輒復不食。宗親共異之，因字曰"異"【《東觀記》云："郁年五歲，母病不能食，郁常抱持啼泣，亦不食。母憐之,强爲飯。宗親共異之,因字曰'異'也。"】。及親殁,遂隱處山澤。賈逵【(30—101),後漢扶風平陵人,字景伯,賈誼九世孫。和帝時,官至侍中,以老請歸。永元十三年卒,七十二歲。著有經傳義詁及論難百餘萬言。又作詩、頌、誄、書、連珠、酒令凡九篇。學者宗之,後世稱爲通儒】薦于和帝【漢和帝劉肇,肅宗之第四子】。帝徵之,甚見優禮,後累遷爲魯相。以德教化,百姓稱之,流人歸者八九千户。參《漢書》《東觀記》【《漢書》應爲《後漢書》。《後漢書·賈逵傳》云:"逵薦東萊司馬均、陳國汝郁,帝即徵之,並蒙優禮……郁字叔異,性仁孝,及親殁,遂隱處山澤。後累遷爲魯相。以德教化,百姓稱之,流人歸者八九千户。"】。

魏昭,字德公,國人。童子時,太原郭泰止陳【郭泰(公元127—169年),東漢太原界休人,字林宗。博通經典,善談論,性明知人,好獎訓士類。居家教授弟子至千人。止,到】。昭知其有異,求入其房,供給灑掃。泰曰:"年少當精義書【禮儀之書】,曷爲來近我乎?"昭(曰):"蓋聞經師【胡三省注:"經師,謂專門名家,教授有師法者。"】易遇,人師【胡三省注:"人師謂謹身修行,足以範俗者。"】難遭,故欲以素絲之質附近朱藍爾【素絲,白色,本色。附近,靠近、親近。朱藍,赤色和提制藍色的染料。南朝齊王融《爲望王儉讓國子祭酒表》:"匪曰蘭芷,疇變入室之情;不自朱藍,何選素絲之質。"】。"泰美其言,聽與共止【共同居住】。嘗不佳,夜後命昭作粥。粥成,進泰,泰一啜,怒而呵之曰:"爲長者作粥而不加敬,使沙不可入食耶。"以杯擲地。昭更爲重進,泰復呵之,如此者三。昭容色無變,意殊悦。泰曰："吾始見子之面，今乃見子之心。"遂與友善，卒爲妙士。《漢紀》參《通鑑》【《資治通鑑·漢紀四十七》："陳國童子魏昭請於泰曰：'經師易遇，人師難遭，願在左右，供給灑掃。'泰許之。泰嘗不佳，命昭作粥，粥成，進泰，泰呵之曰：'爲長者作粥，不加意敬，使不可食！'以杯擲地。昭更爲粥重進，泰復呵之。如此者三，昭姿容無變。泰乃曰：'吾始見子之面，而今而後，知卿心耳！'遂友而善之。"】。

張季禮，國人，遠赴師喪。行至汝南界中，遇寒冰車毀，頓滯道路。潁陰劉翊子相見而謂之曰【《後漢書·劉翊傳》："劉翊（yì）字子相，潁川潁陰人也。家世豐產，常能周施而不有其惠。曾行於汝南界中，有陳國張季禮遠赴師喪，遇寒冰車毀，頓滯道路。翊見而謂曰。"】："若慎終赴義，行宜速達。"即下車與之【指代劉翊所乘之車】，不告姓名，策馬去。季禮意其子相也。後故到潁陰，還所假乘。翊閉門辭行，不與相見云。《後漢書·劉翊傳》。

三國

陳融，國人。與陳留濮陽逸、沛郡蔣纂、廣陵梁迪【《三國志·陸瑁傳》作"袁迪"】皆單貧有志【出身寒微，志向高遠的人。典出《論語·雍也》："子曰：'賢哉，回也！一簞食，一瓢飲，在陋巷，人不堪其憂，回也不改其樂。賢者，回也！'"】。時吳丞相陸遜弟瑁，字子璋，少好學篤義。融等因就與之游處，瑁亦割少分甘，與同豐約焉【同甘共苦。豐，豐盛，約，簡樸】。《三國志·陸瑁傳》。

晉

周翼，字子卿，郡人。祖奕，上谷太守。父優，車騎咨議【咨議參軍，取諮詢謀議軍事而名】。翼幼孤，依舅高平郗鑒。值永嘉【南朝劉義隆的年號】喪亂，飢饉相望，鄉人依【以】鑒明名德，傳共飴之。鑒常攜兄子邁及翼二小兒往食，鄉人曰："各自飢困，以君之賢，欲共濟君耳，恐不能兼有所存。"鑒於是獨往食者，含飯著兩頰邊，吐與二兒，後並得存。同過江，鑒亡。翼為剡縣【縣名。漢置，屬會稽郡】，解職歸，席苫【謂坐於草苫上。代表居喪禮節】于鑒靈牀頭，心喪終三年。歷青州刺史、少府卿，六十四而卒。《世説新語·周氏譜》《世説新語·德行》。

王隱，字處叔，郡人，世寒素。父銓，歷陽令，少好學，有著述之志，每私録晉事及功臣行狀【履歷；事蹟。顏師古注引三國魏蘇林曰："行狀，年紀也。"】，未就而卒。隱以儒自守，不交勢援【猶後盾。喻以權勢作為支持或援助】，博學多聞，受父遺業，西都舊事多所諳究。建興【晉愍帝司馬鄴年號】中過江，丞相軍諮【同"咨"】祭酒【官名。漢平帝時置六經祭酒，秩上卿，為五經博士之首。隋唐以後稱國子監祭酒，為國子監之主管官】涿郡祖納雅相知重。納好博奕【同"弈"，六博(古代的亦指博戲，共十二棋，六黑六白，兩人相博，每人六棋，故名)和圍棋。《論語·陽貨》:"不有博弈者乎？爲之猶賢乎已。"】,隱每諫止之。納曰:"聊用忘憂耳。"隱曰:"古人遭時,則以功達其道;不遇,則以言達其才,故否泰【本爲《易》兩卦名。舊時於命運的好壞,事情的順逆,皆曰否泰。否 pǐ,惡;泰,善】不窮也。當今晉未有書,天下大亂,舊事蕩滅,非凡才所能立。君少長王都,遊宦四方,世事成敗皆在耳目,何所不述而裁之。故君子疾没世而無聞,《易》稱自強不息【不斷努力。《易·乾象》:"天行健,君子以自強不息。"】,況國史明乎得失之跡,何必博弈而後忘憂哉。"納喟然嘆曰:"非不悦子之道,力不足也。"乃上疏薦隱。元帝【東晉司馬睿】以草創務殷,未遑,寢不報【回答,答復。《晉書·王隱傳》:"元帝以草創務殷,未遑史官,遂寢不報。"】。大興【晉元帝司馬睿年號】初,乃召隱爲著作郎,令撰晉史。時虞預私撰《晉書》,而生長東南,不知中州事,數訪於隱,並隱所著書竊寫之,所聞漸廣。是後更疾隱,形於言色。交結權貴,共爲朋黨,以斥隱,竟以謗免,黜歸於家。貧無資用,書遂不就。乃依庾亮【(289—340 年),東晉潁川鄢陵人。字元規。好老莊,善談論。歷仕東晉元帝、明帝、成帝三朝】於武昌,供其紙筆,書乃成,詣上之。年七十餘,卒於家。《晉書》本傳。

唐

袁楚客,郡人。初魏元忠【始名真宰,避武則天母諱,改名爲元忠。宋州宋城人,《新唐書》有傳】相武后,有清正名。至神龍【唐中宗李顯年號。】中,自端州召還,再輔政,天下傾望其幹濟【辦事幹練而有成效】。而元忠老更事【即老於更事,謂經歷世事多】,度主闇,内亂不可貞,外示依違,欲忍隱以圖功,中外頗失望。時楚爲酸棗尉【酸棗,古縣名,古城在今河南延津縣北。尉,縣尉,管軍事的官】,致書規【規勸,告誡】其十失【詳見《新唐書·魏元忠傳》】。開元【唐玄宗年號】二年,玄宗置左右教坊【唐代掌管女樂的官署名】,選樂工數百人,自教法曲於梨園【唐玄宗時教練宮廷歌舞藝人的地方。《新唐書·禮樂志十二》:“玄宗既知音律,又酷愛法曲,選坐部伎子弟三百教於梨園,聲有誤音,帝必覺而正之,號‘皇帝梨園弟子’。宮女數百,亦爲梨園弟子,居宜春北院。”】,又教宮女使習之,又選伎女置宜春院【唐長安宮内歌妓居住的院子。開元二年置,在京城東面東宮内,與承恩殿宜秋院並列】,給賜其家。楚客上疏,以爲上春秋鼎盛,宜崇經術【崇尚經學】,邇端士【正直之士。邇,近,親近】,尚樸素,深以悅鄭聲【古代鄭地的俗樂。《論語·衛靈公》:“樂則《韶舞》,放鄭聲遠佞人,鄭聲淫佞人殆。”】、好遊獵爲戒。上嘉賞之,與梁昇卿並以直言極諫科【考試科目】及第。參《唐書》、《通鑒》。

宋

段少連,字希逸。其先開封人。父子昂,爲陳州録事參軍【官名。晉置此官,本爲公府官,掌總録衆官署文簿,隋初以之爲郡官,唐宋因之,元廢】。因家於陳,其母嘗夢鳳集家庭,寤而生少連。及長,美姿表,倜儻有識度【見識與器度】。大中祥符【宋真宗趙恒年號】七年秋,登服勤詞學科【詞學科,宋代科舉名目之一。此科只試文辭,不貴記聞,與博學宏詞科稍異】,釋褐試秘書省校書郎【秘書省,掌管圖書的官署。校書郎,東漢始於東觀置校書郎中。若以郎充任,則稱校書郎,以典校書之事】,知崇陽縣。崇陽劇邑【政務繁劇的郡縣。劇,繁重,巨,大】,自張詠【(946—1015),宋濮州鄄城人,字復之,號乖崖。官至禮部尚書,知陳州。《宋史》有傳。有《乖崖集》十卷】爲令有治狀【施政的成績】,其後惟少連能繼其風。權【唐以來稱試官或暫時代理官職爲"權"】杭州觀察判官。時樞密直學士【掌管備皇帝顧問參與論議核訂圖書】李公及領餘杭郡,當世清德,於人少許可,大愛少連之才,與本道轉運使薦之,改秘書省著佐郎【魏始置,著作郎一人,佐郎一人,隷中書省,後隷秘書省,主要職務在於修撰國史】,累遷太常博士【魏晉以後始爲掌儀禮之官】。時章憲太后臨朝,少連與曹修古等上言外戚劉從德家恩幸太過,責秘書丞監漣水軍税務。復太常博士,通判天雄軍。太后崩,召爲殿中侍御史【歷代管監察的屬官。除侍御史外,還有治書侍御史、殿中侍御史、監察侍御使等】,與孔道輔等伏閤,言郭皇后不當廢,少連坐贖【獲罪被贖免】。復上疏諫,未幾,除開封府判官,歷兩浙轉運使。少連以兩浙財賦爲大，下最孜孜【勤勉，專心一意】利病，無弊不革，舊使者所至郡縣，索簿書，不暇閱，委之吏胥，吏胥持以爲貨。少連命郡縣上簿書悉緘識【封藏識記。緘，封閉】，遇事間指取一二自閱，摘【tì，選擇，挑選】其是者按【查辦】之，餘不及閱者，全緘識以還。由是吏不能爲奸。部吏有過，召詰曰：“聞子所爲若此，有之乎？有當告我，我容汝自新。”吏皆以實對。少連得其情，戒飭使去。後有能自改過者，猶保任之。秀州獄死無罪人，時少連在杭，吏畏恐聚謀，僞爲死者服罪款，未及綴屬，少連已挐舟【撐著船。挐rú，牽引】入城。訊獄吏，具服請罪，以爲神明。是時，鄭向守杭，無治才。訟者不服，往往徑趨少連，一言處決，莫不盡其理。徙陝西。駙馬都尉【官名。三國都尉之類皆爲武官。而駙馬都尉自魏至明，專爲帝婿之官】柴宗慶知陝州，縱其下撓民。少連入境，劾奏之。時元昊反，范仲淹薦少連才堪將帥，遷龍圖閣直學士【宋代職官名。龍圖閣，宋真宗大中祥符中建。在會慶殿西偏，北連禁中，閣東曰資政殿，西曰述古殿。閣上以奉太宗御書、御制文集及典籍、圖畫、寶瑞之物，及宗正寺所進屬籍、世譜。有學士、直學士、待制、直閣等官】，知涇州，改渭州，命未至而卒。少連通敏有才，遇事無大小，決遣如流，不爲權勢所屈。既卒，仁宗歎惜之。《宋史》本傳暨《范文正集·墓表》。

　　樊可行，州人。五世同居。劉閏亦州人，聚居至七百口,累數十百年。咸平【宋真宗趙恒年號】後有司請加旌表【表彰。後多指官府爲忠孝節義的人立牌坊賜匾額,以示表彰】,詔從之,仍蠲其課調【徵收賦稅】。《宋史》。

黃寔,字師是,陳州人,登進士第。歷司農主簿,積官提舉京西、淮東、常平、河北轉運副使。哲宗以寔爲監司【指監察地方屬吏之官。宋置轉運使監察各路,始以監司爲通稱】久,議召用,曾布陰沮【jǔ,阻止】之。林希曰:"寔兩女皆嫁蘇轍之子。所爲不正,不宜用。"乃以知陝州,爲江淮發運副使,賀遼主登位。及境,迓【迎接】者移牒來,稱爲賀登寶位使。寔報以受命,無寶字拒不受。還除太僕【官名。《周禮·夏官》有大僕,掌正王之服位,出入王之大命。秦、漢爲九卿之一,掌輿馬及牧畜之事。北齊置太僕寺,有卿、少卿各一人。歷代因之。見《漢書·百官公卿表》】卿,再擢寶文閣待制【宋宮殿名。宋天章閣北有壽昌閣,慶曆初改爲寶文閣,用以藏宋仁宗趙禎遺書,命王珪撰記立名,並以龍圖閣例直學士(正三品)、直學士(從三品)、待制(從四品。宋承唐制,於殿、閣均設待制之官,典守文物,位在學士、直學士之下。詳見《新唐書·百官志二》、《宋史·職官志二》),作爲大臣的加銜】。知瀛洲,徙定州。朝旨籍民兵旁郡,因緣擾困,寔懷檄不下【藏著檄文不發】,而畫利害請之,事得寢。卒於官。贈龍圖閣直學士。寔孝友敦睦,世稱其內行。蘇轍在陳與寔遊,因結昏【結成兒女親家】,其後又與軾友善。紹聖【宋哲宗趙煦年號】黨禍起,寔以章惇甥故獲免。然亦不得久於朝著焉。《宋史》。

李宗易，字簡夫，宛丘人。少好學爲詩，效白樂天，詳於吏道。慶曆【宋仁宗趙禎年號】間，歷諸部官至太常少卿【官名。秦置奉常，景帝六年改爲太常，爲九卿之一。掌禮樂郊廟社稷事宜。至北齊，設太常寺，有卿、少卿各一人。相沿至清末改官制始廢】，得微疾，輒乞歸。所與交多名公，晏元獻公殊【晏殊，卒謐元獻】知之尤深。優遊林泉者十六年。郡人種花，有洛陽風，宗易觸詠其間甚適。蘇轍爲宛丘博士【古代學官名。六國時有博士，秦因之，諸子、詩賦、術數、方伎皆立博士。漢文帝置一經博士，武帝時置五經博士，職責是教授、課試，或奉使、議政。唐有太學博士、太常博士、太醫博士、書學博士、算學博士等，皆教授官。明清因之】，時與之遊。見轍所爲《李簡夫少卿詩集引》中，子君武以武舉中第，孫公輔宣德郎。【蘇轍《李簡夫少卿詩集引》記載："君之孫宣德郎公輔以君詩集來告，願得予文以冠其首。予素高君之行，嘉其止足而懼不能蹈也。故具道疇昔之意以授之。凡君詩、古律若干篇，分爲二十卷。"】

金

郝九齡，州人，登進士第。爲宛平令，蒞政寬和，吏民悦服。卒官，歸葬於陳。子謙，爲陳、亳、潁川管民，行軍【古代泛指用兵，指揮作戰】元帥。

史懷，字季山，郡人。少遊宕不羈，然有才思，年既壯，乃折節【此指改變平日志向和行爲】爲學，與名士李子遷、侯季書、王飛伯遊，作詩甚有力。《冬日即事》云："簷雪日高晴滴雨，爐煙風定暖生雲。"亦可喜也，又作《古劍》詩極工，陳陷死之。

元

賈吉甫，州人，仕爲兵部尚書，以功名終，歸葬於陳。

王逢吉，別號謙齋。官翰林院編修。學問老成【此謂辭章功力深厚】，健於賦詠，後進宗之。

邵敬祖，宛丘人。父喪廬墓【古人於父母或師長死後，服喪期間，在墓旁蓋小屋居住，守護墳墓】，母繼歿。河決不克葬，殯【停柩。《禮記·檀弓上》："殯於五父之衢"】於城西。敬祖露宿依其側，風雨不去。友人哀之，爲縛草舍庇之。前後居廬六年，兩髀【髀 bì，股部，大腿】俱成濕疾。至治【元英宗孛兒只斤氏碩德八剌年號】三年旌其家。《元史》。

明

古朴，字文質，州人。洪武中，以鄉薦隸五軍斷事【統管五軍刑獄的官署。五軍：中軍、右軍左軍、前軍、後軍】，司理刑奏。家貧願仕，冀得祿養母，上嘉之，除工部營繕司主事【明六部各設主事，職位次於員外郎】，迎母就養京師。居無何，母歿。官給舟歸葬。服闋【古喪禮規定，父母死後服喪三年，期滿除服】改兵部，歷武選員外郎中【南北朝簡稱員外散騎侍郎爲員外郎。隋代始於六部郎中之下設員外郎，以爲郎中之助理沿至清代不改】，遂擢兵部右侍郎【明兵部分設左右侍郎各一人，佐兵部尚書掌天下武官選授和簡練之令】。洪熙【明仁宗朱高熾年號】初改通政使【全稱通政使司，亦稱銀臺，掌奏章，隸屬門下省】尋擢戶部尚書。先是主事【漢置。明廢中書省六部各設主事，職位次於員外郎】劉良素行不檢，課滿【考核屆滿。課，考核】，朴注以下考，良叩上之左右求最考【官吏考課之高者也曰最】。朴曰：“貪佞之人，幸未覺露，不改終敗，最考不可得也。”良遂誣奏朴他事，既就逮。永樂燭【明察，洞悉】其誣，竟釋之。他日吏部奏授良誥【皇帝的命令。明清時特指皇帝賜爵或授官的詔令】昭，皇曰：“良素亡行，又嘗誣奏，若與誥郎，爲善者怠矣。”屢請不許。良後果以賕敗【賕qiú，賄賂】。朴在朝三十餘年。自郎署至列卿，兢兢畏慎，守如處子，所治職務，退未嘗語其家。宣德戊申寢疾【臥病】。陵楊文貞士奇入視，見所居蕭然無它物。几上惟自警編一帙【zhì，古代竹帛書籍的套子。一帙，一套自警書】而已。尋卒，士銘【在器物、碑碣等上面鑄刻記述事實、功德等文字】其墓。《中州人物志》稍潤。

孟鏞，字宗器，州人。洪武庚午舉於鄉，授湖廣道御史【即監察御史，分道行使糾察】，歷貴州道。彈劾不避權勢。永樂初，按【按察】雲南，出部見民舍竈突【煙囪】中，白氣如蛇影上衝者，乃駐驄，令人往視，竈伏火。他日過又如之，心竊疑焉。乃默告曰："如有冤，當夢告。"是夕，果一人跪訴："吾乃李二，大理人也。傭工於王禮家，因忤被毆死，瘞【yì，埋】竈下。歲久未白，願明府察焉。"翌日，鏞往發之，果得屍。禮伏罪。人咸畏其神明。擢知大同府，致仕，卒於家。

李珉，字伯玉，州人，幼好學，爲郡諸生。洪武中御制《大誥》三篇【大誥，《尚書》篇名。明太祖朱元璋洪武十八年頒發的刑法條例彙編，共十三篇曰《大誥》，在學館由塾師講讀】，頒行天下，令師生誦讀。歲丁丑，珉以能誦《大誥》，隨衆朝京師，賜鈔遣還。尋選補大學生。宣德初，拜交趾【古地名，在五嶺以南的地帶】道御史，按雲南及直隸，所至，鋤奸剔蠹，獎廉勸能，辨冤理枉，擢陝西僉憲，有鯁直廉明之稱。官至都察院左僉都御史。《舊志》參《列卿表》。

閻昇，州人。永樂甲午舉於鄉，授山西界休知縣。居官不取一錢，士民安之。九載滿歸，行李蕭然。邑民思之不忘，爲立生祠。祀之，且呼醴之清者曰"閻公酒"云。

馬嵩，字仲岳，警悟敏捷。中宣德壬子鄉試。明年登進士，授大理評事【官名。漢置廷尉平，掌平決刑獄。隋煬帝置評事，屬大理寺。大理寺，明清與刑部、都察院爲三司，會同處理重大的司法案件】，審獄持平，陞福建僉事。值豪猾【狡詐兇惡的豪富】狷獧事累，左遷廣東新村司倉【官名。隋唐諸州置司倉參軍，掌度量、公廨、倉庫、租賦、田園等事】，轉定陶縣幕。伸冤理枉，處決如神。隣邦有不平者，咸赴訴焉。天順改元【明英宗朱祁鎮年號。改元，漢武帝以建元爲年號。以後新君即位，例於次年改用新年號，稱改元。歷代相承。其間一帝在位，往往多次更改年號，亦稱改元】，復原職，改僉陝右，督寧夏糧儲，軍民感戴。在陝三年，死之日，長安爲之歎息。

吳增，州人。景泰癸酉舉於鄉。授福山縣知縣，有異政，嘗爲民檮【táo，喬木名。此處應作"禱"】之，罘詞【罘 fú，捕兔网。泛指狩猎用的网。《禮記·月令》："（季春之月）田獵，置、罘、羅、罔、畢、翳，餧獸之藥，毋出九門。"郑玄注："獸罟曰置、罘。"】求海魚，竟得魚以充國。禱城隍祠，驅三虎，虎以去，民害爲除。禱雨而得雨，旱不爲災。邑人以爲至誠所感，侈【顯揚，稱頌】之詩歌，比于魯恭三異【指漢中牟令魯恭行德政而出現的三種異象：蝗虫不犯境，教化及鳥獸，小兒有仁心。事見《後漢書·魯恭傳》】焉。

劉清，州人。天順【明英宗朱祁鎮年號】乙卯舉人。成化間謁選【官吏去吏部等候選派】，知平陽縣。才智警敏，勤於蒞事。邑介千户所軍校橫暴，清痛抑之。民之豪奸者遁跡，至邑人稱令之立紀綱者，自清始云。《平陽志》。

劉一清，州人。成化癸卯薦於鄉。弘治初攝山西陽城學教諭【元明清縣學教官】，正身貞教【以貞正之道教人】，能以矩籆【猶規矩，法度。籆 yuē，尺度】約束諸生。居九載，講授不倦，士民歸美焉。

李溥，字彥博，州人。沉静寡嘿【mò，同默，閉口不説話】，樂善好施，嘗結廬於鄉，聚經史百卷，躭玩至老不倦，教家以謹嚴稱。二十餘年，足跡不屐城市。州守戴昕聞其賢，數請鄉飲賓【鄉飲酒禮的賓介。周制，鄉飲酒禮舉鄉里處士之賢者爲"賓"，次爲"介"，又次爲"衆賓"。其後歷代相沿，名稱不盡相同。明清時又有"大賓"、"介賓"、"三賓"、"衆賓"等名號，統稱"鄉飲賓"。鄉飲，古代嘉禮之一。指鄉飲酒禮。亦稱"鄉飲酒"。周代鄉學三年業成大比，考其德行道藝優異者，薦於諸侯。將行之時，有鄉大夫設酒宴以禮賓相待，謂之"鄉飲禮酒"。歷朝沿用】不就，士論嘉其高尚焉。

胡驥，州人，母石氏，病藥不瘳【chōu，病癒】，忽思食鹿脯不可得。驥默禱於天，刲【kuī，割取】胸前肉代之，即時昏憒。雷雨及門，若有神救之者。及烹有異香，其母食之愈。後父敏病，醫謂當知其糞甘苦，乃可用藥。驥嘗而語醫，一劑而愈。州守戴昕親禮【拜謁】其廬，勞以羊酒。鄉人賦詠者，多有"白刃剜骨動鬼神"之句。今其後人，世多孝友，益驥之所風遠矣。

王良臣，字汝隣，州人。弘治癸丑進士。授浙江德清令，以廉稱。嘗積困賑貸，民德之。居四年，召拜南京、貴州道御史。會逆瑾【宦官劉瑾。興平人，本談氏子，依中官劉姓者以進，冒其姓。武宗即位，掌鐘鼓司，與馬永成、高風、羅祥、魏彬、丘聚、穀大用、張永以舊恩得幸，人號"八虎"，禍亂朝政，殘害忠良。《明史》有傳】煽禍，逮給事中戴銑御史、薄彥徽等下詔獄。良臣上章救之，忤旨廷杖，遂落職爲民。居家累年，讀書南郊，絶口時事，有吟詠載《藝文》。辛未，瑾既誅，起廢，擢山東按察司副使。甲戌遷浙江參政。己亥擢山東憲使，賑困窮，雪冤滯。有夜餽金者，寘於法，士論翕然悚服。正德丁丑，轉江西右布政使【明代省級行政長官。明洪武九年改行中書省爲承宣布政使司。宣德后，全國府、州、縣等分統于兩京和十三布政使司，每司設左、右布政使各一人。】，以齎【jī，送資與人】表過，病卒。良臣忠孝正直，夷險不踰，清白自持，其家今猶衡蓽也【横木編蓽以爲門户。比喻簡陋的房屋。蓽同"篳"，荆竹之類】。嘉靖己丑入鄉賢。

　　謝夢金，字子純，衛人，幼聰穎。七歲父讓授小學《近思録》【書名。宋朱熹、吕祖謙合撰。集宋代學者周敦頤、程顥、程頤和張載主要言論而成】，一誦不忘。甫十四，補郡庠試輒異等。癸卯以春秋魁兩河【於春闈和秋闈中奪魁。闈，指科舉考試。兩河，河南、河北】。明年甲辰進士，授兵部職方【明洪武六年，分兵部屬部爲三：總部、駕部、職方部】主政，累官本司郎中大司馬。常謂有謝安【(320—385)，晉陽夏人。謝尚之從弟，官居尚書僕射。簡文帝(司馬昱)死，桓温欲篡晉，以勢劫安，安不爲所動，温謀終不成。東晉孝武帝(司馬曜)太元八年苻堅攻晉，安與其侄謝玄等在淝水大破苻堅，以總統功，拜太保，卒贈太傅。《晉書》有傳】風。會分宜【明奸相嚴嵩，江西分宜人，世人多以“分宜”代稱之】爲政，官以賄遷，而公獨不爲動，故遠以備兵蘭州。至則飭守申儲，恤軍整伍，邊賴以寧。有鋤貴戚，杖妖僧，却玉餽及禱雨有應諸異蹟。比有調楚參藩之命，留貯金五千以助邊，遷山東總憲。以前河西侍御某，夙嫌所短。回籍歸，則杜門課子，無所請謁。兩臺交薦，皆不應。隆慶初，詔大臣舉所知，於是洛南陳公首以公舉，改隴右少參【明代于各布政使下置參政、參議。時稱參政爲大參，參議爲少參】，尋晉楚憲副。病痿痹辭。亡何，以仲子孝廉善教卒，一慟遂不起。公性和而介，居鄉恂恂【又作“悛悛”。謙恭謹慎】，與妻婁修賓敬。方曙出外，館飭家務，雖睦宗而不少縱，馭僕隸寬而且嚴，故子孫弟侄科貢蟬聯，人以爲善報。

　　劉淳，字自裕，少負雋才。嘉靖壬戌進士，授工部分署荆州，改吏部，累遷文選司郎中【明清吏部屬官。唐宋吏部下屬四司中有吏部一司，主銓選，其主官爲吏部郎中。明清此司改稱文選清吏司，其主官便爲文選郎中。職掌官吏班秩遷升，改調之事】。疏請廣文【即廣文館。唐天寶（唐玄宗年號）九年在國子監增設廣文館，設博士、助教等職。明清泛指儒學教官】，無官守【官吏的職責】概選本省，詔從，爲例計。吏有以玉餚投象箸人者【有個贈送給他用玉裝飾的象牙筷子的人。投，呈送，贈送，《詩·衛風·木瓜》:"投我以木瓜,報之以瓊琚。"】,却之而抑其人【抑,貶斥】。尋爲太常少卿。值姜菲【即"萋斐",花紋錯雜的樣子。語本《詩經·小雅·巷伯》:"萋兮斐兮,成是貝錦;彼譖人者,亦已大甚。"後因以"萋菲"喻讒言】,出爲陝西大參【參政的別稱】不就。疏請予告【漢時官吏退休有賜告、予告之別;有功退休的叫"予告"。後封建大官僚年老致仕回籍稱爲予告,表示優禮】,卒年四十七,繼室魯氏殉之。多有著述,孫一麟、一鳳藏焉。

　　何學禮,字從敬,衛人。嘉靖丁酉舉人。幼而聰敏,髫年即登賢書【登賢書:科舉時代稱鄉試中試爲登賢書。明袁宏道《壽李母曹太夫人八十序》:"獻夫高才,早有文譽,而其登賢書也,乃在強仕之後。"】,比會【等到會試(明清兩代科舉考試,每三年舉行考試叫鄉試,中式者叫舉人。次年,以舉人試之京城叫會試)】天下士於都門,公臯比【虎皮。《宋史·張載傳》:"嘗坐虎皮講《易》,京師聽從者甚重。"後因稱任教爲"坐擁臯皮"】而談五經,海內英雋翕從【順從。翕 xī,順】,號"登龍門"。及任直隸寧晉知縣,却暮夜馴雉【喻教化及於鳥獸而人皆有仁心,用以稱頌地方官之政迹。語出《後漢書·魯恭傳》】桑方,之楊魯媲美。且革里弊,以解倒懸,救奇荒以活萬姓。洨水【洨河,水名。源出河北獲鹿縣西南井陘山】父老,傳奉尸祝【祭祀】。公享年七十九。輿論舉祀鄉賢。今子孫輩諸生科貢相繼隆盛。

　　陳朴,字一初,衛千兵昂之季子也。生而岐嶷【語本《詩經·大雅·生民》:"克岐克嶷。"幼小時聰明懂事】,湛酌經史,善古文辭。中萬曆甲戌進士，授廷評【漢廷尉屬官，廷尉平簡稱廷評，"平"亦作"評"，掌平決詔獄】事，多平反無冤。轉農部主政，管西太三倉，盡革常例，餘米幾四千石，不取亦不報，但存以補陳困而散給之，歡聲遍於軍伍。且長於手奏【書寫奏章】，大司農凡有論列，悉屬起草，如《停陝稅議邊餉》諸疏，鑿鑿石畫【大計。石，通"碩"，大。《漢書·匈奴傳》："時奇譎之士，石畫之臣甚衆。"】。尋有徐州之命，不欲赴，告歸。杜門課子，毫不與外事。起轉員外郎中，偶感微恙，解組【辭官。組，古代佩印的綬。引申爲官印或作官的代稱】還。再起，遷楚憲副，備兵蘄黃【蘄州，漢置蘄春縣，三國吳置蘄春郡，明改爲府，屬黃州府】，值劉汝國之變，爲調兵食，設方略，平之，以功蒙欽賞銀幣。乃積苦足疾，決志掛冠。還日，有以贖金六百進者，不受。冰蘗【niè，木名，即"黃蘗"，味苦。比喻寒苦的生活或處境】之操凜如【嚴肅可敬的樣子】也。居恒築小圃，種竹數千竿。日吟詠其間，自號竹墅居士。暇則與二三知己，樽酒論文，凡過賓與宦陳者，無由一見顏色，且不營田產，不縱族僕。兩臺薦剡【指推薦人的文書。浙江省嵊縣剡溪之水制紙甚佳，故以"剡"爲紙的代稱】數上，轉光祿少卿，不起。真所謂一清澈底，今之伯夷者也。卒年七十有五。輿論舉鄉賢。

　　季道統，字亦卿，衛人，貌倜儻，具仙才，登癸未進士，試庶吉【即庶起士，明清官名。明初有六科庶起士。洪武十八年使進士觀政於諸司，練習辦事其在翰林院、承敕監等近衙門者，采《書》"庶常起士"之義，俱改爲庶起士。永樂後專屬翰林院，選進士文學優等者爲之。三年後進行考試，成績優良者分別授以編修、檢討等職】第一，入讀中秘書授檢討，大有纂修。壬辰分校禮闈【古代科舉考試之會試因其爲禮部主辦，故稱禮闈】，稱得士。晉南雍【明代稱設在南京的國子監。雍，辟雍，古代之大學】司業【學官名。隋煬帝大業三年，設國子監，置司業，爲監内副長官，協助祭酒，掌儒學訓導之政。至清末廢】，肅規端矩，不率【遵循】於教者，繩之弗少貸，士風丕變焉。甲午疏請復解額【唐制，進士舉於鄉，給解狀有一定名額，故稱解額。】得報可，故自成均舉者，皆素所甄拔【考察並選拔人才】士。尋以疾予告，卒於荆山道中，猶膺命【受命。膺，受】徙北雍，以左中允【官名，漢置，太子官屬，又稱中盾，南朝南齊稱中舍人。唐貞觀復改爲中允屬詹事府，掌侍從禮儀，駁正啟奏並監藥及通判坊局事】視事，惜夫！公善飲，每操必佐以酒。酒少酣，文辭立就。爲詩即事口占，戛戛乎盛唐之音。其著作甚富，刻者什一，有《巖棲》並《秣陵草》，膾炙人口。舉祀鄉賢。

　　張養志，字子尚，州人。幼受《春秋》於兄養廉，因授生徒多有成者。丁丑登進士第，擢令唐邑政，故爲閹寺【指宦官。《後漢書·黨錮傳序》："主荒政謬，國命委於閹寺。"】掣肘【語出《吕氏春秋·具備》："宓子賤治亶父，恐魯君之聽讒人，而令己不得行其術也。將辭而行，請近吏二人於魯君與之具，至於亶父。邑吏皆朝，宓子賤令吏二人書。吏方將書，宓子賤從旁時掣搖其肘；吏書之不善，則宓子賤爲之怒。吏甚患之，辭而請歸。……魯君太息而嘆曰：‘宓子以此諫寡人之不肖也。’”後因以“掣肘”謂從旁牽制】，公御之以禮，無敢干者。時地蕪民疲，爲課【督促完成指定的任務】農桑，完積逋【bū，拖欠】，暇則興文教，鄉始舉一士，破天荒【孫光憲《北夢瑣言·破天荒解》：“唐荆州衣冠藪澤，每歲解送舉人，多不成名，號曰‘天荒解’。劉蛻舍人以荆解及第，號爲‘破天荒’。”後用以指前所未有或第一次出現】。尋改令，曹邑豪姓刁梗【刁橫】難治。公以德化不怒而威。壬午分考東闈，稱得士。其最奇者，預識蔡弼及拔於若瀛於落卷【未被録取者的試卷】，士論服其藻鑑焉。召入侍御，有直聲，亦不毛舉人細過【言所舉之事如毫毛之輕微、細碎】，臺中以是稱長者。比督漕，便省未視事而遭外艱矣【舊時稱父喪爲外艱，母喪爲内艱】。服闋，竟陳情，請終母養，家居十有八年。以都臺【官署名，即尚書省】溫純薦，始就官。再命巡漕，歲運有加，所至風裁凜凜【風裁，風度】，官吏肅然，遂以望深貳庖卿，累遷冏卿銀臺使【冏卿，官名，即太僕寺卿，後因冏卿爲太僕的別稱。銀臺，即銀臺司，掌管天下奏狀案牘。司署設在銀臺門內，故名。省作銀臺】，卒於京，享壽七十二。贈副都御史，賜祭葬，乘傳以喪歸。公生平正大光明，上下以至誠相與。人有急，必周恤之。故其卒也，無問知與不知，皆爲哀悼，特立祠豎碑，以志永思焉，擬祀鄉賢。

宋一韓，州人。萬曆壬辰進士，任漢中推官【唐節度
使、觀察使屬僚，掌推勘刑獄訴訟。宋沿置，實爲郡佐。元明于各府各
置推官，掌理本府刑獄之事】，晉秩兵科都給事【給事中之省稱。
明制分設吏、户、禮、兵、刑、工六科，給事中掌侍從規諫，稽察六部弊
誤，有駁正制敕之權】。立朝忠直。每疏論時切中利弊，號
爲諫垣鳴鳳【諫垣：指諫官官署。鳴鳳，《詩經·大雅·卷阿》：“鳳
凰鳴矣，於彼高岡。梧桐生矣，於彼朝陽。”鄭玄箋：“鳳凰鳴於山脊之上
者，居高視下，觀可集止喻賢者待禮乃行，翔而後集。”後以“鳴鳳”喻賢
者、傑出者】。自著《掖垣封事》八册行世，以先人廬墓
假歸。

　　楊鎮原，州人，登己未進士，任陽城縣知縣。撫字
【謂對百姓的安撫體恤。頌揚官吏治理民政】循良，有父母歌謡。
尋遷户科給事，諫言每稱上意。

　　王易元，郡庠生【府、州、縣學生員的別稱】。性甘恬淡，
德秉直方，學行推重一時，咸稱爲葵室先生。值歲饑，
被隣人李悦、李樂盗竊粟米，獲之，憐其飢餓所迫，竟不
置以法，仍晉【進，奉送】數斗以濟之。家奉關夫子像，尸
祝弗懈。崇禎壬午，夢一戟士追逐，自隱避於關聖廟，
見壁書云：“月波月波，可悦可樂，三四之友，急如其
約。”覺後數日，闖賊陷城，遂潛之於東南隅月波寺，如
夢兆以求全。頃刻賊執，而欲加刃焉。時值前釋宥之
李悦在旁，代爲告免，賊方疑怒不决，李樂繼至，同聲求

免,葵室得以解脱,此供奉帝君、釋放窮黎者之報也。
後子若視副榜【明清考試取士分正、副榜。正式録取的,名列正榜,
在正榜之外,另録取若干人,名列副榜】准貢,任寧鄉縣知縣。

　　季之駿,衛人。庚辰進士,殿試二甲,順治丙戌任
戶部主事。遇聖恩蔭,子康得在監,後陞南昌府知府政
事,文章海内稱爲名流著作,家乘【家史】千萬言,士人珍
誦之。前中允【官名。太子官屬。掌管侍從禮儀,審核太子給皇帝的
奏章文書,並監管用藥等事】季道統孫。

　　劉一麟,州人,前吏部劉涥之孫。幼穎嗜書,篤志
奮帷。萬曆戊午舉鄉薦,自爲諸生以及登科。鹵田【不
生穀物的田地】不及百畝,使令止一蒼頭,出入徒步,行絶
跡,不履公堂,食不兼味,衣僅澣濯【huàn zhuó,洗滌乾净。
澣同"浣"】,每兀坐【獨自坐著】吟詠自娛,淡薄以終其身。

　　雷恒,字貞一。萬曆恩貢【明清時,凡遇皇帝登極或其他
慶典而頒佈恩詔之年,除歲貢外再加選一次,稱爲"恩貢"】,端方孝
友。初授保寧,再判辰州。能剖大獄數人。時值兵嘩,
公鎮定之,修築鎮箪【湖南辰州有箪子溪。清康熙時設鎮箪總
兵,駐鳳凰廳,在今鳳凰縣。見《湖南通志》三十《關隘》二】、王會、鳳
凰等十三營哨,邊垣三百餘,以禦苗患。永順土司遺子
女金帛,公叱却之。聲聞撫按,會疏題陞本府兵糧同
知。清慎宜民,四地尸祝,士民繪像,作有《十想美政
歌》。公居家,識【記載】祖業,養婆妹,終兄嫂之喪,代窮

之之葬，鄉黨推重，州守每式廬【登門拜謁】敬禮，數與賓飲。及寇陷城，獨無傷害，卒年八十四歲。

萬世顯，字克生。崇禎癸酉、甲戌聯捷進士。初任元城縣。丁父艱【即丁父憂，遭逢父親喪失。丁，遭逢】回籍，服闋，補山東章丘知縣。潔己愛民，峭直有聲，居官不避權貴，行政可方龔黃【漢循吏龔遂與黃霸。泛指循吏】，陞江南禮部儀制司主事。

羅迪都，號夢庵，兄弟三人，公行二，幼穎悟。十歲通沈韻【指南朝宋武康人沈約著書《四聲韻譜》】，能近體【指唐代興起的一種新詩體，即律詩、絕句】。弱冠食餼【明清時，生員試優等者，官給廩餼。餼 xì，贈送】。公天性孝友，世有莊宅二處，美田二頃。公父以公之賢也，欲孟與季專其業【孟季，子女中排行順序稱“孟、仲、叔、季”。孟爲長，孟亦稱伯，季爲小】。常語人曰：“仲他日必不事家產。”公雅【平素】有讓志而又重違父命，即將田宅盡讓兄弟種居之，或請分爲子孫計，公曰：“產吾所自有，寧必席故業乎？”卒不分。丁卯公登賢書，僻居遠村，環堵蕭然，不事請謁。辛未中副榜，遂絕意進取，依依承歡，身自浣褕【洗貼身衣服。褕 yú，一種短形的便衣】。子廣韻己卯登賢書，家稍給。辛巳歲歉，待公舉火【點火做飯】者二十餘家。二人喪，公哀毀過禮，經營葬斂，公皆獨辦，不向兄弟言。兄弟死，公皆爲之棺斂，以己所買產若干分給兄弟之子。時督學使者許舉人薦一青衿【《詩經·鄭風·子衿》：“青青子衿，悠悠我心。”漢毛亨《傳》：“青衿，青領也，學子之所服。”後稱士子爲青衿】，衆皆舉異姓，得金二百，公獨舉兄弟之子。乙酉十二月初五，大風忽吹折公住樓左獸，公疑之，謂子廣韻曰：“吾其不久於世乎？”由是抑鬱不豫，至二十八日以疾終。於家著有《柘林集》未刻行。有子二：廣韻、宜韻。

張正學，字道夫，衛人，性資醇雅，體貌魁梧。幼聞父惠泉先生庭訓，即領大義。垂髫受《易》於劉生，以文學補郡庠。尋食餼里中，從遊先後采芹【芹藻之省稱。《詩經·魯頌·泮水》：“思樂泮水，薄采其芹。……思樂泮水，薄采其藻。”《詩序》：“頌僖公能脩泮宮也。”泮宮爲教化之所。後以芹藻喻有才學之士】者幾五十人。萬曆乙卯舉於鄉。慟父早逝，不逮色養【《論語·爲政》：“子夏問孝子曰：‘色難。’”色難，謂由內至外恭敬孝養父母】，晨昏事母，唯謹。有弟及婦卒，撫其孤，無異己出，竟以成立。師劉老且貧，生，衣食之【活著的時候供給衣服穿、供給糧食吃】，死，斂葬之。仍厚恤其子不衰。晚年以足疾不欲仕，杜門課子，外無它營。有欺其稚弱，輒肆憑淩者，悉以情遣不校【計較，《論語·泰伯》：“曾子曰：‘犯而不校，昔者吾友嘗從事於斯矣。’”】，故陳人士稱長者，屈第一指云。年七十卒。三子能事其業。見《舊志》。

崔源之，字士本，號宿海。幼失怙恃【本意憑仗。《詩經·小雅·蓼莪》：“無父何怙，無母何恃。”後因取“怙恃”爲父母代

稱】，鞠【養育】於季父曲陽令崔應夏家，性嗜詩書。戊午
舉於鄉，壬戌登進士。初授工部營繕司主事，管修方澤
壇，節用六萬金。丙寅差修惠府，又買銅鑄錢，修造戰
舩【"船"的異體字】，三工完，節省數十萬，俱奏銷敘功【古時
按規定的等級次第授官職及按所謂勞績的大小給予獎勵都稱"敘"】，
上嘉賚焉。時值魏璫竊權，一時部郎趨附者，半年少
卿，一年正卿，二年即轉侍郎，亦有至尚書都御史者。
及魏璫事敗，前後四十餘人皆抵法，獲免者僅二人，皆
仕不滿月餘。惟源以六載郎屬不遷。一時公論推重
焉。庚午陞大名知府。壬申流寇逼近大名，源修城濬
池以及火藥器械，莫不預備，卒恃以無恐。甲戌二月，
陞薊州兵備道，以山西副使御管監軍糧餉、驛傳、海防
事。乙亥、丙子二次甄別，欽賞銀十二兩。丁丑以副使
考滿錫四品誥封【明清對五品以上官員及其先代和妻室以皇帝的
誥命授予封典，謂誥封】，又以屯田甄別受欽賞，二次加陞參
政，隨轉永平道，加陞廉使，督撫保留，未之任，仍管本
道事。戊寅以甄別除盜欽賞二次，加陞山西右布政。
己卯以供應授兵甄別欽賞二次。庚辰以甄別建橋梁撫
反側欽賞二次。辛巳五月，以右布政考滿誥封，二代遵
化巡撫，特疏薦曰："從來邊道未有一任八年，八年兩次
考滿者有之，自崔源之始，則內而京卿，外而節鉞【符節
和斧鉞。古代授予將帥，作爲加重權力的表示】，所當急與一席，

以酬其賢勞者也。"是日,帝御門鴻臚【官署名。《周禮》官名有大行人之職,秦及漢初稱典客,景帝六年,更名大行令,武帝太初元年,改稱大鴻臚,主掌接待賓客之事。東漢以後,大鴻臚主要職掌爲朝祭禮儀之贊導】讀疏,吏部承旨會推巡撫延綏等處,贊理軍務,都察院右副都御史,命下即行。時榆林軍餉缺至五年,源以智撫之,以恩結之。雖調發不時,而軍士卒無譁者。時事多警,西陲晏然。源之功爲多,然軍務内多掣肘,不克盡展其才略。壬午即上疏請告,奉有卿名譽素著西土,允賴不必固辭之旨。癸未復上疏懇辭,得旨予告。源聞命即行,以臘月抵里。時年六十。自此絶跡帝鄉【皇帝住的地方,就是京都】,不復有意仕途矣。公生而岐嶷,虎頭燕頷,豐軀盎背【顯露。《孟子·盡心上》:"其生色也睟然,見於面,盎於背。"焦循正義:"視其背而可知,則顯之謂也。"】,天性寬洪厚重,喜愠不形於色,居林下十餘年,敝衣蔬食,出無車馬,坦然自得。若無公卿之貴,行已【立身行事】在清濁之間,不矯激,不詭隨。坐其側者,如在春風中【春風温和,比喻温和可親的境界。宋朱熹《近思録》十四:"侯師聖(仲良)云:朱公(光庭)見明道(程顥)與汝,歸謂人曰:'光庭在春風中坐了一個月。'"】,迄今陳鹿兩地士民歌慕之不忘。

　　齊國佐,字振一,壽官淮之四子也。生而穎異,居家以孝稱,長嗜詩書。時便以天下爲己任。萬曆乙卯科登鄉薦,除授山東高密縣令。勸農課士,夙夜匪懈，信賞必罰，決斷如流。奉旨督查地畝，躬履田間，貧富差徭獲均，而利澤迄今猶存。時有白蓮盜起，乃單騎至營，多方勸喻而群盜悉解。吏畏神明民歌，召杜撫臺薦爲治行第一。及其没也，合郡士民仰慕懿行。公以鄉賢舉於崇禎十四年，蒙按院題准入鄉賢奉祀。

僑　　寓過賓附

春秋

蔡季者，蔡侯封人之弟獻舞之兄也。封人無子，季次當立。封人欲立獻舞，季知之，即奔陳以避之。及封人卒，獻舞嗣位，始歸奔喪，且爲之請謚。君子曰："若季者，知足以與權而不亂力，足以得國而不居【不佔有】，遠而不攜【背叛，分離，離間】，邇而不迫【脅迫，迫索】者也，是以春秋賢之。"《左傳》【見《左傳·莊公十五年》、《左傳·桓公十五年》】。

季友，魯桓公子而莊公季弟也。友之母出自陳。公薨，季友立子般，慶父使殺之，季友奔陳。閔公立，國人思得季子以安社稷，而爲落姑【又作"洛姑"，齊國地名，今山東平陰境内】之盟，以請於齊，齊許之，使召諸陳，公次於郎以待之【閔公住在郎地等候他。郎，魯國地名，是魯國都城曲阜近郊的邑。次，駐紮】。《左傳》【見《左傳·莊公三十二年》、《左傳·閔公元年》】。

後漢

郭泰，字林宗，太原界休【縣名。漢名"界休"，晉改爲"介休"。春秋晉人介子推隱居介山即在介休縣内】人也。從成皋屈伯彦學，博通墳籍【古代典籍。墳，"三墳"的簡稱。"三墳"謂三皇之書】，性明知人，好獎訓士類。容貌魁偉，褒衣博帶，周遊郡國。始至洛陽，與河南尹李膺相友善，名震京師。嘗於陳、梁間行遇雨，巾一角墊【巾一角，古人以巾裹頭，後即演變成冠的一種，稱作巾。"巾一角"之掌故源於此。後以"墊巾"、"墊角"謂模仿高雅】，時人乃故折巾一角，號"林宗巾"。其見慕如此。餘詳《漢書》【當爲《後漢書》】。

宋

慎知禮，衢州信安【西晉太康元年以新安縣改名，治所今浙江衢州市。隋時移至今衢州市南。唐武德四年（621）还治今衢州市。咸通中更名西安縣】人也。父溫琪，有詞學，仕錢俶終元帥府判官。知禮幼好學，年十八，獻書於俶署校書郎。歸宋授鴻臚卿【官名。武帝時稱鴻臚，掌朝賀慶吊之贊導相禮。後漢稱大鴻臚卿。北齊置鴻臚寺，有卿、少卿各一人。後因之。清末始廢】。歷知陳州興元府。知禮母年八十餘，居宛丘，懇求養，退處十年，縉紳稱其孝友。母服除，表請納禄。

至道三年，以工部侍郎致仕。知禮自幼至白首，歲讀五經，周而後止。每開卷必正衣冠危坐，未嘗少懈焉【見《宋史·慎知禮傳》】。

蔡黃裳，字叔文。其先晉江【縣名，因晉江取名，屬福建福州市。明清均爲泉州府治所縣城】人。大中祥符元年進士，知虢縣。鳳翔守有親校，虢人也。招權【猶言"攬權"。《荀子·仲尼》："招權於下，以妨害人。"後謂求權貴而依仗其勢】受金錢，黃至縣執之，乃詣守具條其奸狀，置於法，一府盡驚。已而，改知建陽，秩滿解去。邑人遮留【阻道挽留】，乞再任，朝廷從之。在建陽凡八年，後爲陳州錄事參軍。陳執中自元臺出爲郡守，見其老不任職，揮之令去。黃裳即以太子右贊善大夫致仕，卜居於陳，力教二子確、碩。苦貧困，饘粥【饘 zhān，厚粥】不繼。久之，確登第，後以太師出知陳州，碩亦第進士。詳《宋史》。

張耒，字文潛，本楚州淮陰【郡名，後魏置。北周置東平郡。隋開皇元年改郡爲淮安，後置楚州（南宋紹定元年改楚州置淮安軍）。明清爲淮安府】人。幼穎異，十三歲能爲文，十七時作《函關賦》，已傳人口。先遊學於陳，學官蘇轍愛之，因得從軾遊。軾亦深知之，稱其文"汪洋冲澹，有一唱三嘆之聲"【語出蘇軾《答張文潛縣丞書》："其爲人深不願人知之，其文如其爲人，故汪洋澹泊，有一唱三嘆之聲。"以稱讚張耒文章氣勢磅礴，豐易明快的創作風格】。弱冠第進士，范純仁以館閣【宋代把收藏圖書和編修國史的單位合稱爲"館閣"。館，稱昭文館、史館和集賢館。閣，指秘館和龍圖天章等閣。明代館閣之職併入翰林院，所以翰林院也稱館閣】薦試，歷遷史館檢討。八年，顧義自守，泊如也。紹聖【宋哲宗趙煦年號】初，以直龍圖閣知潤州，坐黨籍【因參與黨争】謫監黃州酒税。徽宗立，召爲太常少卿。甫數月，復出知潁州。末在潁，聞蘇軾訃，爲舉哀行服，言者以爲言，遂貶房州別駕，安置於黄。五年，得自便，遂居於陳，自稱宛丘居士。末儀观甚偉，有雄才，筆力絶健，於騷詞尤長。時二蘇及黄庭堅、晁補之輩相繼殁【黄庭堅（1045—1105）字魯直，號山谷道人，又號涪翁。分寧（今江西修水）人。晚年卒於宣州（今江西宜山）貶所。他是北宋著名的詩人和書法家，與蘇軾齊名，世稱"蘇黄"。書法擅長行、草，與蘇軾、米芾、蔡襄合稱"宋四家"。與秦觀、晁補之、張耒稱爲"蘇門四學士"。著作有《山谷集》。晁補之（1053—1110）字無咎，濟州巨野（今屬山東）人。爲"蘇門四學士"之一。宋神宗元豐間進士，歷任著作郎、吏部員外郎、禮部郎中等職。後受到貶謫，回家隱居，自號歸來子。散文、詩歌、詞均有成就。有《雞肋集》、《晁無咎詞》】，末獨存。士人就學者衆，分日載酒餕飲之。誨人作文以理爲主，常著論明之，學者以爲至言。作詩務平淡，效白居易體，而樂府效張籍【字文昌，祖居蘇州，後移居和州（今安徽和縣）。歷官太常寺太祝、水部員外郎、終於國子司業。唐朝新樂府的奠基者。白居易稱讚他"風雅比興外，未嘗著空文。"有《張司業集》】。久於投閑，家益貧，郡守翟又欲爲買田，公謝不取。晚監南岳廟,主管崇福宮【初名萬歲觀,創建于西漢元封元年(前110年),宋代改名崇福宮,先後在此的大臣,名儒有范仲淹、司馬光、程顥、程頤、朱熹等30多人。崇福宮不僅是名儒去集之地,也是歷代著名道教學者棲身傳教之所。】。卒年六十一。建炎【宋高宗趙構的年號】初,贈集英殿修撰。

金

劉侍御,名某,渾源【屬山西省。戰國時趙地。秦屬雁門郡,唐置渾源縣,以渾源川而名】人也。嘗仕爲陳幕,入爲御史。尋監試院王翰林從之,暨純甫爲考官,共唱和,多膾炙人口。罷居淮陽,與劉勳少宣交遊,唱和益多,餘具子祁所撰《歸潛志》【金末劉祁撰,共十四卷】。

劉勳,字少宣。雲中【郡名,即今山西大同市。戰國趙地。相傳趙武侯自五原河曲築長城,東至陰山,又與河西造一大城,其一庵崩不就,改卜陰山河曲禱,晝見群鵠遊於雲中,乃即其處築城,因名】人,初名訥,字辯老,與其兄漢者俱工詩。幼隨官居濟南十餘載,後南渡居陳,數與劉祁父侍御某唱酬,爲人俊爽滑稽,每樽俎間一談一笑可喜,赴舉連蹇【行走艱難的樣子。語出《易·蹇》:“往蹇來連。”引申爲艱難坎坷。《漢書·揚雄傳下》:“孟軻雖連蹇,猶爲萬乘師。”】,竟不第。五十餘,陳陷死。生平所作詩甚多。

劉祁,字京叔,渾源【唐末置縣,屬雲州。治所即今山西渾源縣】人。髫齓【tiáo chèn，借指兒童。髫，古代指小孩的下垂頭髮。齓，同"齔"，小孩換牙】從父祖仕宦大河之南。未魁，舉進士失意，即閉戶讀書，務窮遠大，涵蓄鍛淬，一意於古文，後復講明六經，推於踐履，以著述自力。父某罷御史，居淮陽，置田園。父歿後，祁春夏在陳視耕，秋冬入汴避亂。好締交當世名士，四方士友來者，輒與之竟夕把酒論文。在陳數年所交遊最重，嘗自言："平生有二樂：曰良友，曰異書。每遇之則欣然忘寢食。蓋良友則從講學，見過失，且笑談遊宴以忘憂；異書則資見聞，助辭藻，屬文著論以有益。彼酒色膏粱如一時浮雲，過目竟何所得哉？"又言："國之不可治猶可以治其家，人之不正猶能以正其身，使家之齊而身之修，雖隱居不仕，猶可謂得志。"皆篤論也。兵亂後還鄉里，家居樂道，築室讀書不輟，卒年四十七。所著有《歸潛志》傳於世。

　　王欝，一名青雄，字飛伯，大興府【周初薊國地，春秋燕國地。秦置薊縣，遼初稱薊北縣。金貞元二年改名大興】人。唐侍中珪十五世孫也。家素富，資累千金，遭亂蕩散，殊不爲意，發奮讀書。是時，學者惟事科舉時文，欝一掃積弊，專法古人，最爲麻九疇【字知幾，易州人。盧亞榜進士第。官奉翰林文字】知幾所賞。正大五年，年二十五遊京師，公卿倒履【古人家居，脫鞋席地而坐。客人來，急於出迎，把鞋倒穿。後用以形容熱情迎客】，將其文薦於朝事中格。明年以兩舉進士不第，西遊洛陽，放懷詩酒，盡山水之歡。劉祁時居洛陽，凡三過，留輒數月，唱酬談論相高。每別輒以所著相寄，且相商訂爲益。八年復至京師。是冬，京城被圍，復與祁相守圍城中。上書言事，不售。明年四月圍稍解，五月過【拜訪】祁。別曰：“吾踡伏【quán，同蜷伏】陷穽不自得。今將突圍遠舉，然生死未可知。”因出其所作《王子小傳》，屬祁曰：“玆不朽之托。”遂去，不知所終。

烏林答爽，字蕭孺。女真世襲謀尅【即謀克，金代軍政合一的行政單位，亦爲官名。《金史·兵志》：“謀克者，百夫長也。”】也。風神瀟灑，性聰穎，作奇語，喜從名士遊。居淮陽，日與劉祁遊，夜歸其室，抄寫諷誦終夕。雖世族，家甚貧，爲後母所制，踰冠未娶，惡衣糲食，恬如也。遇交遊會酒，縱豪可喜。壬辰陳陷赴水死，年未三十，詩多警句。詳《歸潛志》。

過　　賓附

文同，字與可【號笑笑居士，人稱石室先生。北宋著名畫家、詩人。蘇軾的表兄，以學名世】，梓州梓橦【當爲“潼”，縣名。屬四川省。以地倚梓林而枕潼水爲名】人，漢文翁之後，蜀人猶以“石室”名其家。同方口秀眉，以學名世，操韻高潔，自號笑笑先生。善詩、文、篆、隸、行、草、飛白【亦稱“飛白書”。一種特殊的書法，筆劃中露出一絲絲的白地，像用枯筆寫成的樣子】。

文彦博守成都,奇之,致書同曰:"與可襟韻灑落,如晴雲秋月,塵埃不到。"司馬光、蘇軾尤敬重之。軾,同之從表弟也,同又善畫竹。初不自貴重,四方之人持縑素【亦稱"縑帛"。古代一種質地細薄的絲織品,常在其上書寫文字或繪畫。縑jiǎn】請者,足相躡於門。同厭之,投縑於地曰:"吾將以爲韤【wà,同"襪"】。"好事者傳之以爲口實。初舉進士,稍遷太常博士、集賢校理,知陵洋湖一州。明年,至陳州宛丘驛,忽留不行,沐浴衣冠,正坐而卒。崔公度【時爲陳州教授,通經有文,周知世務】嘗與同同爲館職,見同京南,殊無言,及將別,但云:"明日復來乎? 與子話。"公度意以"話"爲"畫",明日再往,同曰:"與公話。"則左右顧,恐有聽者。公度方知同將有言,非畫也。同曰:"吾聞人不妄語者,舌可過鼻。"即吐其舌,三疊之如餅狀,引之至眉間,公度大驚。及京中傳同死,公度乃悟所見非生者。有《丹淵集》四十卷行於世。

武　　　功 節義附

春秋

賈獲爲陳哀公大夫。鄭子展、子産帥車七百乘【古時一車四馬爲一乘】伐陳。宵突【夜里突襲】陳城,遂入之。哀公扶其太子偃師奔墓,遇司馬桓子,曰:"載余。"曰:"將巡城。"遇獲,載其母妻,下之而授公車。公曰:"舍【安置，即同乘一輛車】其母。"辭曰："不祥。"公與太子得車，遂免於難。獲與其妻扶其母奔墓，亦免。《左傳》【見《左傳·襄公二十五年》】。

漢

朱鮪，淮陽人。先與新市人王匡、王鳳及諸亡命馬武等，從劉玄【更始帝】綠林【即綠林山（今湖北大洪山一帶）。西漢末年農民起義的根據地。後來用"綠林"泛指聚集山林反抗官府或搶劫財物的集團】中。地皇【王莽年號】三年，合平林兵及春陵諸部，共立玄爲天子，改元更始，拜鮪爲大司馬，使與李軼等鎮撫關東。赤眉【西漢末年樊崇等領導的農民起義軍因用赤色塗眉做記號，故稱】西入關，更始敗，鮪與河南太守武勃共守洛陽。光武將北狗【xùn，"徇"之異體字。率軍巡行各地，使之降服】燕趙，以冠恂爲河內太守，拜馮異爲孟津將軍，統二郡。軍河上，與恂合勢以拒鮪等。異乃遺李軼書勸之降語在《漢書·異傳》。乃報異書，異見其信，效具以奏聞光武，故宣露軼書，令鮪知之。鮪怒，遂使人刺殺軼。由是城中乖離，多有降者。光武即位，遣大司馬吳漢等圍洛陽，鮪堅守不下。帝以岑彭嘗爲鮪校尉，令往說之。鮪曰："大司徒被害時，鮪與其謀，又諫更始無遣蕭王北伐，自知罪深。"彭還具言於帝。帝曰："夫建大事者不忌小怨。鮪今若降，官爵可保，況誅罰乎！河水在此，吾不食言。"彭復往告鮪。乃面縛詣河陽。帝即解其縛，令彭夜送鮪歸。明旦，悉其衆出降，封扶溝侯。范書【范曄《後漢書》】等傳節文。

唐

趙犨【chōu】，其先青州【古九州之一。漢置青州。舊治在山東益都縣】人也。世爲忠武軍牙將【古代中下級軍官】，遂爲宛丘人。犨髫時與里兒戲於道左，常分布行列爲戰陣狀，而自爲董師【管理指揮軍隊的頭目】，指顧有節，郡兒無敢亂者。父叔文目而異之曰："是當大吾門。"稍長，喜書，學擊劍，善射，爲人勇果，重義氣。刺史聞其材，招置麾下【將帥的部下。麾 huī，古代指揮軍隊的旗幟】。會昌【唐武宗李炎年號】中從叔文北征，收天井關，又從征蠻，斬獲甚衆，以功累遷忠武馬步軍都虞侯。廣明【唐僖宗李儇年號】初，黃巢陷長安，人心騷動。陳州豪傑數百人，相與詣節度府，請犨爲刺史，表於朝，授之。既視事，會官屬計曰："巢若不死長安，必東出關，陳其衝也，不可不爲之備。"乃增塹溝，實倉廩【充實倉庫】，峙【高高堆起】薪芻，凡民有資糧者，悉令徙入城中。繕甲兵，招勁卒，以仲弟昶、季弟珝爲大將，長子楚爲郡守。巢敗，果出藍田關。驍將孟楷寇【攻打】蔡州，節度使秦宗權逆戰不勝，遂降賊，移兵擊陳，直抵項城。犨襲擊擒之。巢素寵楷，聞其死，驚且怒，悉衆據溵水【古水名。水源即今河南登封縣、潁水三源的中源，六經商水境内】，與宗權合兵數十萬，繚長壕五周，百道攻之，州人大恐。犨令曰："忠武素著義勇，陳州號爲勁兵，今雖衆寡不敵，男子當死地求生，徒懼無益也，且死國，不愈生爲賊乎！吾家世食陳禄，誓於此州存亡。異議者斬。"衆聽命，引銳士出戰，屢破賊。巢益怒，將必屠之。乃營於城東五里爲宫闕之制，曰"八仙營"，列百官曹署儲糧爲持久計。犨小大數百戰，勝負相當，故人心固。犨遣人間道四出求救。河東節度使李克用，遂率山西諸軍會關東諸鎮赴援，朱全忠與諸軍先壁瓦子堡【先以瓦子堡爲壁壘。壁，古時軍營的圍墙，後泛指防禦工事】。犨望其旗鼓，亟出軍，縱火夾攻賊寨，斬萬餘級，圍凡三百日而解。巢黨尚壁故陽里【今淮陽北】，官軍合勢急攻之。五月大雨，震雷，平地水深三尺，衆潰。巢尋伏誅。宗權復大出兵，寇略隣道，所至屠剪焚蕩，其殘暴又甚於巢。極目千里，無復煙火，惟陳賴犨獨完。以功累進同中書門下平章事【唐高宗以後執行宰相職務的稱爲"同中書門下平章事"三品。宋代簡稱"同平章事"】、忠武軍節度，仍治陳州，流亡踵還【流亡在外的人們接踵而還】。與弟昶至友愛，後將老，下令以軍州事付之。數月，犨卒，贈太尉。

趙昶，字大東，犨之弟，神采軒異而内沈厚，臨事有通變才。孟楷之據項城也，昶與兄犨共擊破之，生擒楷以歸。巢黨攻陳，號稱百萬，昶悉力捍禦。夜掫【zōu，巡夜打更】，師疲假寢，恍惚間如得神助，連明決戰，若有陰兵前導者，擒賊將數人，斬首千餘級，賊破圍解。朝廷疊加爵秩，以昶代犨爲忠武節度使。昶乘大寇滅後，留心政事，勸課農桑，大布恩惠。景福【唐昭宗李曄年號】初，陳、許將吏耆老録其功，詣闕以聞。昭宗嘉之，命名文臣撰德政碑，豎於通衢旌焉。乾寧二年卒，年五十三，贈太尉。

　　趙玼，字有節，犨季弟也。雄毅喜書，善騎財【應爲"射"】。犨爲陳州刺史，以玼爲親從都兵馬使。巢之難，以百萬先聲震陳，陳人大懼。玼與二兄堅心誓衆，約皆死，以先冢邇賊【以死人遺體接近黃巢軍。】，畏見殘齮【yǐ，死人之頭顱】，即夜縋死士取柩以入。庫有巨弩，機牙【弩機上的齒輪】壞，不能張，玼以意調治，激矢至五百步，人馬皆洞，賊畏不敢逼，賊破圍解。玼公幹之才，播於遠邇，民之利病無不洞知。庶事【衆多事務】簡廉，公私俱濟。全忠深加慰薦，尋爲節度使，加特進檢校司徒【加官。隋煬帝遣使巡省地方風俗詔有"明加檢校，使得有養"之語。至唐，漸以爲加官名稱，自三公至各部尚書，均有加檢校的榮譽頭銜，如檢校司徒、檢校司空等。宋沿唐制，自檢校太師至檢校各部員外郎均有檢校官。用以優待無職可升者】。陳土惡，善圮【毀，坍塌】。玼疊甓【pì，磚】表墉【yōng,城墙,高墙】,遂無患。按鄧艾故蹟決翟王渠灌稻以利農,陳人賴之。光化【唐昭宗李曄年號】二年,封天水郡公。昭還長安。詔入朝,賜號"迎鑾功臣"。以檢校太傅爲左金吾衛上將軍,從東遷。歲餘,以疾免官歸陳,卒於家,年五十五,贈侍中,陳爲罷市。

金

李夷,字子遷,後名馘【wǔ】,字季武,郡人。出於兵家,能刻苦爲學,喜讀史書,究古今成敗治亂。尤喜武事,習兵法擊劍馳射,有志於功名。累舉詞賦【詞賦科的省稱。詞賦科,科舉名目之一,主要考試詞賦】不中,後以武舉進身。夷爲人介持【"持"當作"特","介特",孤高,不隨流俗】,自守不群。貞祐【金宣宗完顔珣年號】末,渾源劉某爲陳幕,一見喜之,爲延譽諸公間,後爲麻知幾、雷希顔所重。東方後進輩,推以爲冠。無何,陳陷死,年四十二。京叔爲哀詞,道其爲人之詳。

明

房寬,州人。洪武時累官指揮僉事。革除間守大寧城,靖難師至倉卒,閉門拒守。永樂【以年號指代明成祖朱棣】引數騎繞城至西南隅,城忽崩。永樂麾【指揮。麾同"揮"】勇士先登,衆蟻附而上,遂執寬,囚歸附。是時,李景隆聞永樂克大寧，引兵來襲。永樂遣寬及張玉等逆擊之，衆大敗，景隆夜遁。踰年，師還北平，玉等進秩有差，寬亦擢北平都指揮使。永樂即位，封思恩侯，賜白金、文綺、寶鏹【qiǎng，古代稱成串的錢】並貂蟬冠服，子孫世襲指揮使。《中州人物志》。

孫紹武，陳州衛指揮使。正德庚午先守信陽，獲劇賊趙天錫、周學等有聲。辛未流賊之變，紹武奉檄守備沈丘。賊勢猖獗，以衆寡不敵，城陷戰死。其從子孫璉者，郡庠生也，度紹武勢孤，自備弓馬往助之，同死於難。事聞上，嘉紹武之忠，命子孫世襲都指揮僉事。

姜宏，陳州衛指揮同知。正德辛未，流賊攻陷郡邑。宏奉檄守禦汝寧。追賊至確山之韓莊，力戰死於陳。上嘉其忠，命子孫世襲指揮使，韓莊人立祠以祀之至今。曰：姜將軍廟云。

傅鴻勳，陳衛指揮。崇禎十二年，流賊在西華山字頭紮營，勳奉檄堵截，殺退賊衆。督撫玄旌獎。嗣闖賊圍陳，勳背城借戰，殺賊無數，時賊衆不敵，殉義殞身，用志以勸勤王事者【勉勵盡力於王事的人。勤，勉勵】。

李元春，陳衛指揮使。崇禎十三年，土賊丘二毛、鄭和軒作亂，陳、汝、光、羅受殘爲甚。春奉檄擒剿二賊授首，地方得寧。時上臺各有獎薦。二賊俱互鄉人。

生員田胂，住居田家廟。崇禎十三年流寇掠陳境，腴扶父吐華東走至郭河，寇騎逼至，持刀殺之，腴曰：
"寧刃我，無傷我父。"寇聞腴言，感服其孝，遂釋，腴父
子因得生全。腴父年將上壽終，至今閭里稱孝。腴子
多祚膴【承受幸福。祚 zuò，福】。清順治己丑明經選，亦孝
所致云。

貢生姚之斌，李方集人。妻凌氏被賊擁馬上，氏墜
馬再四，赴劍罵賊而死。

崔公諱泌之，闖賊犯陳，合郡棲棲【不安定】，計莫知
所出。公手持鐵杖，于偲【偲偲，互相勉勵】盡戟，期共殉
城。眾皆嚼指血戰。不期東南闇火藥陡炎【隱蔽的火藥突
然燃燒。闇同"暗"】，賊乘猱【náo，像猿猴一樣沿著城牆向上爬】緣
而上，公以鐵杖立斃數賊，飲刃而死。公文章名世中，
辛酉鄉薦、乙丑會試俱第四，號小定。

崇禎辛巳年，流寇突至牛家口。州庠生牛斗垣，字
奉薇，年七十餘。常病不能行，子龍韜負之而走，欲棄
其闔眷小幼，垣不肯往，與家人輩攜帶行緩，賊遂逼前，
闔家驚散，賊手將刃垣，韜曰："父辱子死，何以生爲！"
持槍力衝賊鋒。韜二子憤激，各持棒相擊，翼之而徐
退，賊畏遠，闔家免難。韜中武科，韜子長名采，州博
士，次以諭今，戊子年拔貢。

龔作梅，能語時，父尚德口授忠孝經。及讀書，有
敏晤，言多忠孝。年甫十七，賊破城火起，延及父母柩，

梅從容跪父母柩前，受燼而死。

宋朝銀，字鎮溪，孝義鄉人。銀雖白衣【古代指没有功名的人】而俠義過人，爲鄉中排難解紛，未易屈指。值歲飢，銀捐己資三百金，施粥，賴其存活者多。有李氏鬻【yù，賣】女得銀陸兩，臨別母女哭牽不能捨，銀出囊金贖回，一家團聚。其父母無以感，每銀節壽向門叩百首以去。人稱義云。

貞　　烈 淑媛附

漢

陳孝婦，淮陽人。年十六而嫁，未有子。其夫當成且行，囑婦曰："我生死未可知，母老，無他兄弟備養，我不還，汝肯養吾母乎？"婦應口："諾。"後夫果死不還。婦慈愛愈固。紡績織紝【紝同"紝"，織布帛的絲縷。】養其姑二十有八年。比姑八十餘終，盡賣其財物、田宅以葬，終奉祭祀。淮陽守以聞，使使者賜金四十斤，復【免除徭役或賦税】之。終身無所與，號曰"孝婦"。

宋

陳之胥妻，佚姓氏。建炎【南宋趙高宗年號】間，統制【官名。北宋於出師作戰時選拔一人爲都統制，總轄諸將。至南宋建炎初設置禦營司都統制，始爲職官名】王淵討陳州。賊杜用軍於鄧灣，從賊中得之，見婦美，欲與通，婦不允，淵刺以刀。暮夜又逼之。婦曰："統制軍官隨都統來破賊，本爲百姓除害，若要新婦充婢使則可，若欲見私所不願也。"淵强之，且曰："我當殺汝。"婦曰："如此統制亦賊爾！死何懼。"淵命擁出斬之。時統制官曹提、韓宏守寒門，刑者語以故，且太息曰："某屢斬無辜矣。"二將嗟嘆，通夕不能寐云。

　　明

　　盧溫柔者，州人。盧瑛女，大谷知縣恒之孫也。幼諳家教。祖母張寢疾三年，溫柔事之甚謹，且祈身代張疾，竟愈。鄉人賢之，後聘【女子出嫁】太康常友。未歸，友殀，父母往吊之，溫柔痛泣。伺間入室，自縊死。鄉人趙旻等哀其志，送友墓合葬焉。知州萬宣、戴昕相繼請表其閭。

　　趙氏，州人，王祥妻。祥病卒。趙年二十七，姑劉老，一子善生，甫六月，女團亦僅三歲。趙誓不再適。未幾，善以歿，趙號哭曰："天胡【何，爲什麼】奪吾夫，復奪吾兒，若是慘耶！"然姑老無它倚，竭力奉養不少衰，年九十終。葬如禮。知州萬宣上其事。

　　翟粉兒，州人。翟剛之次女也。年十七，許聘樊亨。未幾，亨死，父母往吊，粉兒自縊死。知州戴昕嘉其貞烈，爲營喪，具墓地共藏焉。爲上其事於朝。

孫氏，州人，孫成女。適同里蕭正。正死之次日，孫自縊於屍旁。知州戴昕爲之殮葬，以其事上聞。

張氏者，陳衛人，張嵑【kě】女。州庠生王棕妻也。嘉靖兩【應爲"丙"】辰，棕故，張自縊，以家人救，不獲死。比夫殮，頭觸棺，血從鼻口出，竟不飲食。母朱氏哭勸，乃日進一盂。越三日，形瘠目翳【眼疾引起的障膜】頹然骨立。一日忽更衣曰："吾夫來，吾當迎之。"母曰："汝夫已死，何從來乎？"張大慟，呼天僕地。母嘔抱之，氣絕矣。事聞監司並遣祭，且榜異其門。

白氏，庠生丁思弟妻。弟苦攻，嘔血死。白年二十二，自縊柩榜【通旁】。

董氏者，州人，杜維訥妻。維訥家徒四壁【家里只有四堵墙，形容十分貧窮】，夫婦處斗室，董安之。訥病，董枵腹【空腹，饑餓。枵 xiāo，中心空虛的樹根。引申爲空虛。】扶侍，乃訥竟不起。董哭之慟曰："無何以生乎？"即屍旁自縊死。州守洪蒸爲具棺給地以葬，且力請於上詔旌其門。

高氏者，州庠生胡宗夏妻。宗夏抱奇，屢試輒冠。無何，病瘵死。高泣曰："吾能强顔苟活乎？"姑諭之不聽，竟縊死。時檇李金枝謫倅於陳【檇李：古地名。又作"醉李"、"就李"在今浙江嘉興西南，後爲嘉興別稱。謫倅：貶官爲副職。倅，cuì】，爲言於當道，表閭焉。

　　王氏，庠生馬有年妻。年故，王有二女，命婢以果誘出，沐浴自縊死。

　　袁氏，徐仲儲妻。儲疾，袁祝天祈代儲，竟死。袁亦自縊。事聞蒙詔旌。

　　蔡氏，衛旗士振之女。年十八適西華王珠，三年而珠亡。父母勸之嫁，蔡誓死不從。自是不復歸寧【已嫁女子回娘家探望父母】。生遺腹子慶，撫之成立。事舅姑【指夫之父母】以孝稱。慶年二十夭，遺子一民，蔡復撫之。一民又蚤亡，蔡復撫其遺息終老焉。人咸悲其遇而高其節云。邑志。

　　魏氏三烈者，皆州人。一魏體坤女，適劉忠貞。忠貞死，無子，魏年二十二。家有庶姑袁氏，所生二歲子在，魏泣屬袁曰：「姑幸善視劉氏後，婦從夫死矣。」袁泣止之，不得會夫殮。眾方憑棺哭，魏潛自縊死。一庠生魏體泰女，適同郡庠生謝用賓。用賓妙齡嗜學，因病嘔血卒，魏隨自縊，以家人救甦，乃佯稱不死，防稍弛，竟以腰絰【dié，古代喪服上的麻布帶子】縊死，年亦二十二。一武舉魏體咸女，適朱試，不數年而試病死，魏以身殉卒，年亦二十二。三婦皆產於魏，而死之時年齒相同。故鄉人競稱魏氏三烈云。

　　蔡氏，郡吏徐實妻。夫亡，自盡，事聞旌表。

　　馬氏，郭文燦妻。燦病死，馬即自縊殉之。鄉人舉其事於州。太守羅彬表其門曰："捐軀殉夫。"

劉氏,齊繼呂妻,年十九歲。姑崔氏媚且老,劉事之甚謹。繼呂病死,家人方環泣營殮事。劉潛入其室自縊死。憲副翟師雍榜其門曰："矢志殉夫。"

彭氏,謝賜召妻,年十八。賜召病且革【通"亟",危急】,數目彭,若有所屬者。彭泣曰："而無慮妾,妾從而地下矣。"賜召但搖首而不能言,遂卒。越五日,彭乘夜自縊於柩旁。郡守丁三益扁其門曰："坤元正氣。"【與"乾元"相對。指大地資生萬物之德。《易·坤》："至哉坤元,萬物資生,乃順承天。"】

張氏,崔應晉妻,年十六。晉少一歲,偶病疫死,張勺水不入口者數日。家眾環視之,疑其自決。張陽示不死意,當母辭去,紿【欺騙,謊言】之曰："母去,母念我歸寧,當有日也。"於是防少踈,母行未二里許,張扃戶【閉戶。扃,jiōng】自縊於樓梯扶手。知州陳大期上其事,詔旌表焉。

先是有庠生崔應春死,妻丁氏殉之。

廩生崔應閏死,妻徐氏年二十二,撫孤守節四十餘年。教其子泌之登進士,官至民部,陳陷死之。

後此者,崔濬之死,妻周氏矢節撫孤。亡何,遺孤以痘殤【不到成年而死去】,氏隨孤死。

又崔氏者,庠生崔涵之女也。歸劉斗光二年,斗光

死，崔自縊殉之。翟師雍扁其門。仍上其事於兩院，將
旌表焉。

竇氏，王誥妻，州人。娶六月而夫溺水死。竇哀號
欲殉之。母吳與其諸父竇梅苦勸不從，勺水不入口者
三日矣。因紿其母曰："兒不死，願求一浴。"吳取水至，
竇扃戶自縊死。州守康應乾表其門曰："大節殉夫。"

李氏，生員李顯芳祖母也。孀居七十一年。延師
教訓孫顯芳、鉉芳補弟子員。壽享九十三歲。隆慶【明
穆宗年號】年郡守洪公題其扁曰：節壽並隆。後曾孫湛、
蕰俱入庠，食餼【指明清時經考試取得廩生資格的生員享受廩膳
補貼】，應清順治十五年歲貢。

丁氏，生員李鉉芳妻也。苦節三十餘年。慈嚴並
濟，教子湛入庠。知州林賜扁：貞節可風。

萬曆間，魯臺集單姓女三姐，年十四歲。五月父母
赴地芟麥，留三姐守家。隣有屠戶，失其姓名，賭酒惡少
也。乘隙踰墻，扯三姐求姦，三姐遶院奔避。惡少趕逐
至廚房，三姐堅意不從，兩手拽中衣不開。惡狠殺女，死
猶坐，不倒。及父母回，而女手仍持中衣。雖殞生而身
未失也。稟官驗殮已數日，而女面目猶生，且仲夏炎暑
蠅蟲絕不入戶，毫無穢氣，烈女冰霜所由然耳。州守以
事聞上司，各有扁獎。郡人崔孝廉，諱應夏，有傳傳之。

張守業妻王氏，苦節教子。常曰："夫死身存，爲教

子也。子若成名，夫雖死如生矣。"氏享年八十至清。州守高諱民望，旌之，額其門曰："節壽之門"。長子於廷，舉以明經歲薦，授嘉善縣知縣。

季氏，生員吳主敬妻。崇禎十五年，闖賊破城，賊攜夫欲殺，氏强争代刃，賊怒，夫妻並殺之。

張氏，生員宋嘉運妻，張問奇女也。賊破城，有原僕李姓，執主嘉運，杖於庭前。氏怒罵，伏夫之身，夫妻被害。

馬氏，舉人何潤妻。賊入城，老媼扶氏至城西隅，投水溺身而死。寇去，尋至屍所，顏色如生。翰林王遵訓有詩傳。

劉氏，平陽于太守妻，封恭人【古時命婦封號之一。宋徽宗政和三年定制，中散大夫至中大夫之妻封恭人亦爲元六品、明清四品官員之妻的封號。後多用作對官員妻子的尊稱】，劉邦瞻嗣。陳城之陷，罵賊不絕而死。

段氏，光禄寺【官署名。光禄，官名，秦置。漢武帝時改爲光禄勳、光禄大夫，北齊改爲光禄寺，置卿和少卿，兼管皇室膳食帳幕。唐以後成爲專管皇室祭品、膳食及招待酒宴之官】于鶴齡妻。賊破城，偕同室王氏扶姑劉氏，俱罵賊死。

武氏，生員辛佐湯妻，舉人辛永和繼母也。賊甫破城，聞夫中傷，氏遂入室，端坐焚死。

高氏，州人處士朱正身妻也。氏年二十九歲，喪夫，會氏懷妊。次年墓生子【即遺腹子】朱一祥。氏誓節育子，飲水茹蘗十數年【茹：吃，吞咽；蘗，草木萌生的新芽】。
一祥成立，節聞通國闔學，具呈舉節，奉睢陳兵憲張鵬
翀【chōng】行州，扁獎其門曰："慈節可風。"明末避難葉
寨，聞賊驚悸而死。

羅氏，生員宋琰妻，舉人羅迪都之女也。城破，琰遇
害。氏投水而死。有一子宋羅湑【xǔ】，養於舅氏羅廣韻。

張氏，係陳州大中丞張公孫，字潁州劉壯國。甫四
年，值寇變，潁州城破，罵賊投水而死。前經林科尊題
表，已載潁志。

張令極娶季門女，夫婦相敬如賓。然極病，季暗中
常泣，濕沾枕席。臨訣，夫以黃巾遺，期三日【選定或約定
的日子爲期日】等，季裂靈帳纏頸而從。至斂，玉面如生。
直指兵憲、州守皆扁旌。季父諱鐸，太史之侄，食餼，爲
人終日危坐【端坐。古人坐與跪相似，坐時臀著腳掌，而腰身端正
爲"危坐"】，不輕言矣。季以烈終，可云克女。

姜氏，新站人。夫焦嗣芳，州庠生，性嚴，雖私居，
舉息有禮，姜甚敬之。常讀書，回索女工於旁，言笑不
苟。芳二十八病篤囑云："無男不事父。"姜慰曰："但自
重。"及芳去，姜云："夫不在，我即公姑子也。"養公姑飲
食畢周，衣服咸給，出自紡縶【bì】中居多。公先逝，治葬
禮心力俱殫，家益貧，與姑共處一室，同績布，嘗勸姑勿
過勤【yì，勞苦】。亦成禮送姑地下。姜終於崇禎八年，年

六十八歲。州廣文送節婦扁。

殉難節烈姓氏崇禎十五年,闖賊陷陳時也。

進　　士

明

崔泌之鹿邑縣籍,陳州人。

舉　　人

明

土壽爵　黃欽詔　趙舒月　張　瑱　鄭廷弼　劉
相機

鄉　　官

明

吳二陽有傳。　　于鶴齡有傳。　　宋文運

國　學　生

明

張允發　張問奇　張允器　朱希雍

生　員

明

賈希呂　于可大　彭慰祖　鐘聖真　季之騏

湯三讓　吳主敬　季　鐸　季　鑛　何大道

孔德蛟　王胤魁　王易元　張遐齡　何大成

張允達　胡士弘　黃懋忠

義　士

明

于養默投河死。周卜年自焚死。何洛升罵賊死,有傳。龔作梅火焚死。李大賓攜男李必化,投河死。謝之田火焚死。張偉環　馬鴻樂火焚死。宋澄性庠生,衣巾就刃。周卜世積薪自焚。

武　官

明

孫延祚掌印指揮。傅鴻勳　薛善政　李毓秀劉　淳　楊廷恩　李恭全百户。彭希賢千户。馬君愛　陳尚嗣守備。周應襲　陳報君　王尚起道中軍守備。謝百户　胡守祚指揮。陳善祚千户。李養素指揮李元□孫。陳尚家都司憲副朴孫。

　　以上姑就所知聞略舉數人,以表其概,至於窮簷幽閨、烈女烈婦、茹苦而就義者,寔繁有人,特以姓氏不聞無憑記敍,惜哉!

淑　　媛附

周

大姬,武王元女,陳胡公夫人。無子,好巫覡【xí,男巫。《國語·楚語下》:"在男曰覡,在女曰巫。"】祈禱鬼神歌舞之樂,民俗化之。

春秋

戴媯者,厲姊也。初衛莊公娶於齊,曰莊姜。美而無子。又娶於陳,曰厲媯,生孝伯,早死。戴媯生公子完,莊姜子焉。莊公薨,完嗣立,是爲桓公,爲嬖人之子州籲所殺。戴媯於是大歸,莊姜養其子,與之相善。故遠送之於野,既訣別去,又述其送之之事,作《燕燕》之詩,以見志,陳今有二媯冢云。《左傳》參。【《左傳·隱公三年》:"衛莊公娶於齊東宮得臣之妹,曰莊姜,美而無子,衛人所爲賦《碩人》也。又娶於陳,曰厲媯,生孝伯,早死。其娣戴媯生桓公,莊姜以爲己子。公子州籲嬖人之子也,有寵而好兵。公弗禁,莊姜惡之。"】

陳辯女,陳國采桑之女也。爲歌曰:"墓門有棘"、"墓門有梅"。【《詩經·陳風·墓門》:"墓門有棘,斧以斯之。夫也不良,國人知之。知而不已,誰昔然矣。墓門有梅,有鴞萃止。夫也不良,歌以訊之。訊予不顧,顛倒思予。"】

漢

郭徵卿一作趙，淮陽人。宣帝繈褓爲皇帝曾孫時，坐戾太子事【孝宣皇帝，武帝曾孫，戾太子孫也。太子納史良娣生史皇孫。皇孫納王夫人，生宣帝，號曰皇曾孫。生數月，遭巫蠱，史稱"巫蠱之禍"。漢武帝時因巫蠱而引起的一場統治者內部的鬥爭。武帝晚年多病，疑乃左右人巫蠱所致。征和二年，江充因與太子有隙，借機誣告太子宮中埋有木人，太子懼，殺充及胡巫，武帝發兵追捕，太子兵拒五日，戰敗自殺。掘蠱之事上牽丞相下連庶民，前後被殺者數萬人。詳見《漢書·武帝紀》《江充傳》。曾孫雖在繈褓，猶坐收繫郡邸獄。而邴吉爲廷尉監，治巫蠱於郡邸，憐曾孫之亡辜，使女徒復作淮陽趙徵卿、渭城胡組更乳養，私給衣食，視遇甚有恩。見《漢書·宣帝紀》】繫獄。徵卿爲女徒使者，丙吉明與渭城胡組更互乳養之有功。帝即位，徵卿已死。賞子孫官禄。田宅、財物焉。

唐

溫氏，李邕妻。邕爲陳刺史，被誣當死。溫疏請戍邊，自贖略云。邕少習文章，聞惡如讎，不容於衆。邪佞切齒，頻謫遠郡。屬國家有事太山，邕獻牛酒。曲垂恩私，妄聞正人用，則佞人憂。邕之禍端固自此始，惟陛下明察，邕初蒙訊責，更係牢户，事生吏口，追邕手書，代人竄種，以爲枉法，市羅貢奉，指爲姦贓，號天訴地，誰肯爲聞，願使邕得充一卒，傾力王事，成邕夙心。【《文苑英華·李邕妻溫氏〈爲夫謝罪表〉》】

劉玄佐，母至賢。佐貴，母常月織一絁【shī，一種粗綢】，示不忘本。數教佐盡臣節。見縣令走廷白【稟告，陳說】事，退戒曰：“長吏恐懼，卑甚。思而父吏縣亦當爾，而據按當之可乎？”佐感悟，待下加禮焉。

周

宣懿皇后，符氏，其祖先秦王存審，父魏王彥卿。后世王家，出於將相之貴，爲人明果，有大志。初適李守貞子崇訓。守貞事漢爲河中節度使，已挾異志。有術者善聽人聲以知吉凶。守貞出其家人使聽之，術者聞后聲，驚曰：“此天下之母也。”守貞益自負。曰：“吾婦猶爲天下母，吾取天下復何疑疑【衍文】哉。”於是決意反。漢遣周太祖【郭威】討之，攻破其城。崇訓知不免，手殺其家人，次以及后，后走匿，求不得，遂自殺。漢兵入其家，后儼然坐堂上，顧軍士曰：“郭公與吾王父有舊，汝輩無犯我。”軍士不敢迫。周祖聞之，謂一女子能使亂兵不敢犯，奇之，爲加慰勉，以歸彥卿。后感周祖不殺，拜爲父。其母以后夫家滅亡，而獨脫死兵刃之間，以爲天幸，欲使爲尼，后曰：“死生有命，天也。何必妄毀形髮爲！”周祖於后有恩，而世宗性特英銳，聞后如此，益奇之。及劉夫人卒，遂納以爲繼室。即位，册爲皇后。世宗卞急【急躁。《左傳·定公三年》：“莊公卞急而好潔。”

杜預注："卞，躁疾也。"】，每怒左右，后必伺顔色，慚爲解説，世宗意亦隨解，由是益重之。世宗征淮親行，后諫止之不聽。師久無功，遭大暑雨，后以憂成疾而崩。葬於新鄭，曰"懿陵"。後立皇后符氏，后妹也，入宋遷西宮，號周太后【《續通志·后妃》】。又彦卿第六女。周顯德【後周世宗柴榮年號】中歸太宗。建隆初封汝南郡夫人，封楚國夫人。太宗封晉王，改越國。開寶【宋太祖趙匡胤年號】八年薨。太宗即位，追册爲皇后。

宋

婁鵠妻，佚其姓氏。家貧，有故人至，鵠使妻借米於隣人，隣人不與妻，解衣易米歸。後鵠爲刑部，隣人犯法，欲重其罪，妻諫而止。舊纂佚出處，以關風化，存之。

明

陽夏王妃劉氏，州人順之女。始生時異香襲院。年十二晨起頮面【洗面。頮，huì】，見二金鯉魚於盆中，掬之遂隱。明年，嘉靖壬寅，奉詔選爲陽夏【地名。秦爲陽夏鄉，漢置縣，隋改爲太康縣】王載垔妃，時祖母李以艾灼其面，竟無傷。以嘉靖辛亥册封，性孝謹，宗藩内外稱賢妃云。

王氏，州人，喬志京妻。姑病，屢醫不效。王割股肉爲餺飥【bó tuō，一種煮熟的麵食】，以進食之，尋愈，州獎之。

蔡氏,王節妻。節母病,適遠出,蔡晨昏侍湯藥。母忽思肉,猝不及辦,乃割股作羹進食,愈。州榜其門曰:孝婦維風。

張孝婦劉氏,庠生張銷母也。姑蔣氏,年衰久病。氏恒煮糜粥,哺銷乳姑不怠。州守沈公諱萬春,聞而嘉之,表其閭,以乳姑可風。城陷時,罵賊殉身,烈烈就義。銷垂髫【古時童子未冠者頭髮下垂,"垂髫",指童年或兒童】補弟子員,每言之,輒流涕。孝念烈操均不可民【應爲"泯"】。因採誌之。

鹿邑崔孝廉女,適陳齊自新。新年二十三,第秋闈【明清科舉制度,每三年的秋季,由朝廷派出正副主考官,在各省省城舉行一次鄉試。錄取的稱爲舉人】。明年死焉。崔年甫十八,無所出,七縊不獲死。父母苦勸之,始安。終年啼泣其夫不已。州守旌其門曰:節比燕門。當修誌之年,已六十八矣。其清風苦節,遐邇聞之悲涕。

仙　　釋

鬱華子,宓犧時,降於田野,授天皇內文;又降河圖八卦之文,教人以順性之道,一號宛華,稱田野子,作《元陽經》三十四卷。

宛丘先生,史佚其名,居宛丘,故號宛丘先生。服制命丸得道，至殷湯之末已千餘歲。以其方傳弟子姜若春，服之，亦三百餘歲。視之，如嬰兒狀，彭祖【傳説中的人物。因封於彭，故稱。傳説他善養生，有導引之術活到八百歲。見漢劉向《列仙傳·彭祖》】師之，受其方三百。

女几者，陳市上沽酒婦人也。作酒常美，仙人過其家飲酒，即以素書五卷質酒錢。几開視之，乃仙方養性長生之術也。几私寫其要訣，依而修之三年，顏色更少，如二十許人。居數歲，質酒仙人來，笑謂之曰：“盜道無師，有翅不飛。”女几遂隨仙人去。居山歷年，人常見之，其後不知所適，今所居即女几山也。女几一作女丸。【《列仙傳·女丸》】

陳州一道人，題扇上曰：“今日不知明日事，一身剛作百身愁。”惜失其姓名。

石鏡和尚，州人。僧某問：“石鏡未磨，還鑒照否？”師曰：“前生是因，今生是果。”五燈會元。

陳州柳林集玄都觀壁間，有諸生陳簡所作鐘馗像，甚雄武。一壁寫竹數竿，亦有致。嘉靖間一道士題其鐘馗曰：“無中慧劍斬群魔，魔盡方知與道合。道未成時魔未盡，須知真有是超脱。”簡疑爲録舊，乃自題其畫竹一絶，令賡【繼續，連續。古人嘗以“賡和”、“賡詠”、“賡酬”諸形式相繼和詩贈答】之焉。曰：“枝生碧玉太虛心，萬物叢中出世塵。養就龍根盤節後，自然瀟灑萬年春。”道士即援筆次韻曰："節操中虛君子心,尾搖鸞鳳異凡塵。莫言老幹無生意,更發籜【tuò,俗稱"竹殼"。竹類主幹所生的葉】龍幾代春。"簡大異之,求其姓氏,止書吉水道人題。又續有作,以歲久壁泥脱落,止存末句云:"二十年來行不行。"【據民國二十二年《淮陽縣誌》載其詩爲:"西溪前來訪堯翁,來訪堯翁不見形。試看堯翁數載後,二十年來行不行。"】簡後二十年而卒,始悟道人爲羅洪先也。諸生陳善蘊言其事,甚悉。

方　　伎【亦作"方技"。原指醫藥及養生的技術。《漢書·藝文志》稱醫經、經方、房中、神仙四種爲"方技"。《後漢書》創《方術傳》,傳主多通醫術及天文、占卜、相命、遁甲、堪輿等術。《新唐書》、《宋史》相沿有《方技傳》,明史有《方伎傳》,遂以"方伎"泛指醫、卜、星、相等術】

漢

郤【xì】巡,字仲信,郡人。和帝【東漢帝王劉肇】時,南陽樊英習《京氏易》【西漢京房創立的今文《易》學。京房曾學易於孟喜的門人焦延壽,以通變説《易》,好講災異。今存《京氏易傳》三卷。詳見《漢書·儒林傳·京房》】,兼明五經,善風角【古時占卜吉凶之術】,《算》、《河》、《洛》、《七緯》【算、河、洛:《星算》、《河圖》、《洛書》之簡稱,占卜之書。《七緯》:《易緯》、《書緯》、《詩緯》、《禮緯》、《樂緯》、《春秋緯》、《孝經緯》。詳見《後漢書·方術傳上·樊英》。緯:緯書之省稱。緯書,漢代依託儒家經義宣揚符籙瑞應占驗之書。

相對於經書,故稱。緯書內容附會人事吉凶,預言治亂興廢,頗多怪誕之談。但對於古代天文、曆法、地理等知識及神話傳說之類,均有所記載和保存】,推步【推算天文曆法之學。《後漢書・馮緄傳》李賢注:"謂究日月五星之度昏旦節氣之差。"】災異。隱於壺山【壺(kǔn)山,山名,在今河南魯山縣南】之陽,受業者踵至。巡傳其業,仕爲郡博士。會魏朗之亡命也,從徒受《春秋圖緯》焉,後官至侍郎。

南北朝

袁蒨【《南史》作"殷蒨"】,郡人。師於陸倩,畫人面如真。宋鄱陽王妃劉,與王伉儷甚篤。王爲齊明帝【南朝齊高宗蕭鸞】所誅。妃追傷過切,成痼病,醫不能療。蒨乃畫王形像,並圖王平生所寵姬共照鏡,狀如偶寢【同睡。宋孔平仲《續世說・巧藝》:"齊劉瑱妹爲鄱陽王妃,伉儷甚篤。王爲明帝所誅,妃追傷,遂成痼疾。有陳郡殷蒨善畫。瑱令畫王像,並圖王所寵姬共照鏡,狀如欲偶寢,以示妃。唾之,因罵云:'宜早死。'由此病癒。"】,密令娼妳【奶母】示妃。妃見乃唾之,因罵曰:"斫【zhuó,本義爲大鋤,引申爲砍、斬】老奴晚。"於是悲情遂歇,病亦痊。子質亦善畫,筆勢勁健,繼父之美。

石晉王仁壽,宛丘人。業儒,性通敏,頗涉文史,亦潛心繪畫。初學吳生,長於佛像、鬼神及馬等。常於京師大相國寺淨土院大殿前畫八菩薩,今見存焉。

宋

王士元,仁壽子。好讀書,爲儒者,言有局量【猶器量,氣度】,鄉人器之。與國子博士郭忠恕爲畫友。嘗爲孫四皓客,甚見推待。善畫樹、石、雲、水,頗師關同【五代後梁山水畫家】,更加景趣。尤善畫天廐馬,雖駑駘【tái,能力低下的馬】疲劣亦能爲之。骨氣高卑,皮毛上下,隨筆所定,較無差處。至銜【同"衘"】勒之餙【裝飾】,飼秣之所,皆可觀焉。尤工畫屋木、臺殿,而軒敞宏壯,信爲神妙。嘗畫古時宮殿及綠珠【晉石崇之歌妓,善吹笛】墜樓圖二軸,其通博該備,時人稱絶。又能赤白及作松紋錦柱,愈見壯麗之勢。凡命意造景如忠恕,但士元多關同樹石,此所爲異也。先是唐有名畫斷第其一百三人姓名。太宗名能留神庶藝,訪其後來,復得一百三人,編次有倫,亦曰名畫斷。孫氏謂士元曰:"上爲畫斷以續唐本,子其謂何?"士元乃沉思默慮,採唐來諸家之長,爲武王誓師,獨夫崇飲圖。見者嘆曰:"王君之意與六經合,觀其事不覺千古之遠,非精慮入神,何以至此。"孫不敢私,以進於上下。圖畫院品第之時,高文進與士元有隙,定爲下品,止以三十縑【jiān,供書畫用的細絹】爲賜。識者忿之。張文懿士遜惜其精筆,奏攝南陽從事,後仕至推官。

閻士安,宛丘人,疎蕩嗜酒。善爲墨竹及草樹、荆

棘、土石、蟆蠏、鷿子等，皆不用彩繪，爲時輩所推。故
冀公德用好蓄花竹之畫，士安盡其思慮，獻墨竹一圖，
甚見稱賞。由是奏爲試四門助教【學官名。北魏太和（孝文
帝元宏年號）二十年，因劉芳表請，始立四門博士；隋代隸屬於國子監；
唐合於太學，置博士六人，助教六人，直講四人。元以後不設】。士
安之竹，千怪萬狀，有帶風煙之勢者，尤盡其景。見諸史
《方伎》及《畫苑》。

　　李成，字咸熙，係出長安，唐之後裔。弱而聰敏，長
而高邁，性嗜酒，好爲詩歌，善琴奕【通"弈"】，好畫山水。
至得意處，殆非筆墨所成。人欲求者，先爲置酒，酒酣
落筆，煙雲萬狀，世傳以爲寶。瑣屑細務未嘗經意。因
放誕酣飲，慷慨悲歌，遨遊縉紳間。乾德【宋太祖趙匡胤年
號】初，太府卿衛融守淮陽，遣幣延請爲上客，因家於
陳，日肆觴詠，病酒而卒。

　　劉几，字伯壽，洛陽人。自言唐文靜之後。登進士
高科。後換武官，數守邊，號知兵，且善養生之術。年
七十餘，精神不衰，體幹輕健，無日不劇飲。每一飲酒
輒一漱口，謂由此可以無齒疾。嘗與太史張文潛飲，後
數年几至陳，又與張末文潛遇而病矣。未幾而卒。有
子婿陳令者，佳士也。頗知婦翁之術日暖外腎而已。
其法以兩手掬而暖之默坐調息至千息，兩腎融液如泥
瀹【yuè，疏通】入腰間，此術至妙。几有第忱所言亦如此。

楊山人，未詳何許人。蔡新州確黃大夫好謙，爲陳諸生聞其善相，過使相之。曰："蔡君宰相也，似丁晉公，然丁還而君死。黃君一散郡爾，然家口四十，則蔡貶矣。"元豐【宋神宗趙頊年號】末，蔡爲相，黃由尚書郎出爲蔡州，過蔡而別，問其家，曰："四十口矣。"蔡大駭曰："楊生之言驗矣。"其後有新州之禍。

懷居士，名敏，字仲訥，宛丘人也。少喜醫方，自《神農木書》、《黃帝内外經》、《扁鵲倉公傳》，無所不觀，遂以其方名爲醫博士。爲人治疾，數有功。居數年，厭之，以其方授子孫，並致家政，築室獨居，聚浮屠【亦作"浮圖"，和尚】書，闔門讀之，雖不多爲人道，而江湖淮浙之濱，浮屠氏之達者，無不來款，王公大人多與之遊。居士雍容，上下使人不可親疏而未見其有求也。既七十歲舉累世不葬，通別籍之喪二十餘，身辦其事曰："是責在我，不當以累子孫。"子和、孫遷皆守其方。古者貴三世醫，於懷氏益信已。

張從正，字子和，戴【春秋時國名。故址在今河南兰考一帶。《金史·張從正傳》："睢州考城人。"】人。爲人放誕無威儀，頗讀書，嗜酒而精於醫，貫穿《素》、《難》之學【中醫醫書《難經》和《素問》的並稱。詳見《歸潛志》卷六】。其法宗劉守真，用藥多寒涼，然起疾救危輒取效。古書有《汗下吐法》，世傳皇【應爲"黃"】帝、岐伯【黃帝時的名醫。張君房《雲笈七籤·

軒轅本紀》："時有仙伯,出於岐山下,號岐伯,善説草木之藥性味,爲大醫。"今所傳《黃帝內經》,即戰國秦漢時醫家託名黃帝、岐伯論醫之作】所爲書也,從正用之最精。久居陳,與諸名士遊。後召入太醫院,旋告去隱。然名重東洲,麻知幾九疇尤相善,使子和論説其術。其術因爲文之有"六門"、"三法"之目,曰《儒門事親》行於世,迄今其書存焉。《金史》本傳及《歸潛志》。

明

鞏庸,字友常,陳州衛旗士。性坦和,好古奇玩。早從張世禄學丹青,寫人物、山水、彩鸞【即鴛鳥,傳説中的神鳥】,隨筆有意。永樂間,應召至京師,與一時名畫角藝,遂知名於時,臺閣名公名禮焉。舊志。

劉冕,字秉彝,本淮陰人。洪武初,徙家陳,邃參同契,問疾施劑,立取效。任州典科【掌管科舉考試之事。典,主持,任職】。子謙、孫介咸嗣之。

姜疇,衛人。嘉靖中,以善禱雨名。歲大旱,郡守使召,疇辭甚倨。疇書一字於來使掌中,囑令還報時始開,比行途中,有雲一片,隨其身,大雨淋漓,至見郡守,晴日當空,方訝【yà,差異,驚訝】其衣之濕也。一起手,霹靂從廳事中起,陰雲密布,大雨沾足。因請見,叩其術所從得。言妻某幼曾婢於張真人府中,頗習之。疇以軍貲赴江西原籍,因娶得歸,傳其術云。後周藩王聞而召之,求請關聖至,講《左氏春秋》,甚詳。又求遣真龍觀之,龍降當以黑大【應爲"犬"】皮厭送,王戲用黑羊皮,龍怒立誅疇。汪揮使延齡,嘗佟談其事。

趙時獻,陳諸生,善書畫,於字書、聲音、點畫無不精。考其作畫人物宗張路,山水宗戴文進,翎毛花卉宗呂紀,其最佳者,雞也。遠邇人遘【購】一幅以爲家珍。獻由此有自得趣,而無意於進取焉。號練亭居士,年八十四卒。

龔尚德,字景純,號春陽,貫徽州府歙縣。以歙之俊秀入南雍【亦作"南廱"。明代稱設在南京的國子監。雍,辟雍,古之大學】。古文草書,傳妙蘇、米【北宋書法家蘇軾和米芾並稱】。酒酣作山水,點墨落紙,有神工天巧。人問其故,自謂不知。司業季公諱道統,以大雅【大雅,稱德高而有大才之人】推之,尤精奇門太乙【奇門,即"奇門遁甲"之省稱,術數的一種。以十干中的"乙、丙、丁"爲"三奇",以八卦的變相"休、生、傷、杜、景、死、驚、開"爲"八門",故名"奇門";十干中"甲"最尊貴而不顯露,"六甲"常隱藏於"戊、己、庚、辛、壬、癸"所謂"六儀"之内,三奇、六儀分布九宫,而"甲"不獨佔一宫,故名"遁甲"。迷信者認爲根據奇門遁甲,可推算吉凶禍福。太乙,亦作"太一"。古指宇宙萬物的本原、本體】,明《九邊》形勢,通諸方語譯。天啟【明熹宗朱由校年號】丙寅歲,潁川大司馬張公諱鶴鳴,奉命視師【督率軍旅】,幣聘從事,題授山海關守備。視事周歲,路境咸寧,辭歸寓陳,號柳莊居士。日惟琴棋詩酒、栽花種魚以自適。年六十四,卒於崇禎辛巳春。

張儒,衛人,善繪事,畫魚龍,臻其妙。儒口吃吃而詼諧有中,故縉紳先生樂與之遊,不知所之。

陳州志第八卷

選 舉 志

薦辟　進士　舉人　貢生恩選附　武進士　武舉　援
例吏材附　封贈　式穀　耆德　旌義貲勞附

　　從聞開天景運，名世雲蒸【雲氣升騰，喻盛多】，故古薦
辟貢舉【薦辟，推薦和徵召。貢舉，古時地方向朝廷薦舉人】，每每
班槐棘而勒鼎彝矣【班槐棘，周代朝廷中三槐、九棘，公卿大夫分
坐其下，以定三公九卿之位。後因以“槐棘”喻三公九卿之位。勒鼎
彝，在古代祭器上刻文字以表彰有功人物。宋王安石《韓忠獻挽辭》：
“英姿爽氣歸圖畫，茂德元勳在鼎彝。”】。第掌故弗存，鑴題多
闕，至有宦蹟彰灼它郡國，而故里名字寝湮者，則無能
爲邦獻闡媺揚芳【傳播芳香，比喻傳播美名】，已至於胄監納
貲【胄監，即國子監。納，明清時代富家子弟納貲爲監生，曰“納監”。
貲，即資，以家富資財而被朝廷任爲郎官，稱“貲郎”】，或見爲庬【通

"龙",páng,雜亂】襐，然成均【古之大學。《周禮·春官·大司樂》："大司樂掌成均之法，以治建國之學政，而合國之子弟焉。"】一體淘治【當作"冶"】，要不得夷等【儕輩，等輩。夷，輩，類】它流也。若親以子貴，爰有貤封【舊時官員以自身所受的封爵名號呈請朝廷移授給親族尊長。明張居正《壽漢涯李翁七十序》："故有賜沐之恩，有貤封之典，以體其私。"貤 yì，《説文·貝部》："貤，重次第物也。"王筠句讀："謂物之重疊者，其次第謂之貤。"引申爲重復】兼列武科，用儲閫【儲，副，輔佐。閫，門也，借指將帥或大臣】將諸以德義並沐恩榮，皆朝廷風勵人群之微意也，例得附書。作選舉志。

薦　辟

　　盧　勳洪武初，以通經術舉任本州儒學訓導【學官名。明清府州縣儒學的輔助教職】。

　　賈明允洪武丁卯，以賢良舉任山東都司經歷【都司，明設都指揮使司，簡稱都司，掌一方庫政。經歷，官名。明清都察院、通政使司、布政使司等亦置經歷，職掌出納文書】。

　　孫友錫洪武丁卯，以人材舉任福建鹽運使【"都轉運使司鹽運使"之簡稱。爲主要産鹽區主管鹽務之官】。

　　澤　義洪武壬寅，以人材舉袁州府同【官名，府同知，稱副職】。

　　吳奉先洪武丙子，以人材舉任鴻臚寺左丞【鴻臚寺，官署名。《隋書·百官志中》："鴻臚寺，掌蕃客朝會，吉凶弔祭，統典客、典寺、司儀等署令、丞"】。

進　士

明

　　馬　嵩字仲岳，宣德癸丑，仕至陝西僉憲【僉都御史之美稱。古時稱御史爲憲臺。明代，都察院設有左右僉都御史，所以稱爲"僉憲"】，有傳。

　　王良臣汝隣，弘治癸丑，仕至江西右布政【布政，布政使之簡稱。洪武九年改行中書省爲承宣布政使司。宣德後，全國府州縣等分統於兩京和十三布政使司，爲一省最高行政長官，每司設左右布政使各一人】，有傳。

　　曾大吉元慶，嘉靖壬辰，仕終户部主事【户部，六部之一，淵起於周，歷代名稱不同。爲朝廷掌管户口、財富的官署，長官爲户部尚書。主事，官名。明代於各部司置主事，官階從七品上升爲六品，職位次於員外郎】，有傳。

　　沈弘彝君敘，嘉靖壬辰，仕終户部員外郎【員外郎，南北朝簡稱員外散騎侍郎爲員外郎。隋始於六部郎中之下設員外郎，以爲郎中之助理，沿至清代不改】。

　　彭大有子謙，嘉靖乙未，仕終陝西參政【宋參知政事也稱參政，爲宰相之副職。明於布政使下置左右參政】。

　　謝孟金子純，嘉靖甲辰，山東按察司【唐始置十道按察使，分察各地。明建提刑按察使司，以按察使爲一省司法之長官】，有傳。

　　張　淵惟本，嘉靖丁未，廣東右布政使。

　　劉　悖自裕，嘉靖壬戌，吏部文選郎中【吏部，掌管全國官吏的任免、考課、升降、調動等事務。文選與武選相對。掌官吏班秩、升遷、改調】山西按察司副使，有傳。

陳　朴一初，萬曆甲戌，湖廣按察司副使，有傳。

張養志子尚，萬曆丁丑，通政司通政使【通政司，宋遼置。全稱通政使司，亦稱銀臺。掌奏章，隸屬門下省，明清沿置】，贈都察院副都御史【明置。改御史臺爲都察院。以都御史爲長官，其次有副都御史、僉都御史、監察御史等】，有傳。

季道統亦卿，萬曆癸未，翰林院右庶子、右中允【翰林院，官署名。唐初置，本爲各種文藝技術内廷供奉之處。宋代以翰林院總領天文、書藝、圖畫、醫官四局。明將著作、修史、圖書等事務並歸翰林院，成爲外朝官署。庶子，周代司馬的屬官。掌管諸侯、卿大夫之庶子的教養等事務。秦因之，置中庶子、庶子員。唐以後改爲左右庶子。中允，官名。漢置，太子官屬，又稱中盾(yǔn)，屬詹事府，掌侍從禮儀，駁正啟奏，並監藥及通判坊局事】，有傳。

王修行子恪，萬曆己丑，户部郎中【官名。始於戰國，秦漢沿置，隋唐迄清，各部皆設郎中，分掌各司事務爲尚書、侍郎之下的高級官員】，以京察左遷【左遷：降官，貶職】永平府通判【官名。宋初始於諸州府設置，即共同處理政務之意。地位略次於州府長官。明清設於各府，分掌糧運及農田水利等事務】。

宋一韓聞遠，萬曆壬辰，兵科都給事中，有傳。

于之大萬曆庚戌，山西平陽知府【宋代命朝臣出守列郡爲府的長官，稱爲權知某府事，簡稱知府。明代始正式定爲知府，管轄數州縣爲府一級長官】。

徐　貞拙翁，萬曆丙辰，山西陽城知縣。

楊鎮原_{中岳}，萬屬乙未，山西河東副使【指節度使或三司使等的副職】，有傳。

祁嘉棟_{丹甫}，崇禎戊辰，未殿試【亦名廷試。皇帝對會試録取的貢士在朝廷上親自策問的考試】。

萬世顯_{克生}，崇禎甲戌，禮部主事【禮部，六部之一，掌管禮樂、祭祀、宴樂及學校貢舉的政令】，有傳。

季之駿_{千里}，崇禎庚辰，江西南召府知府，前膺覃恩蔭【膺，猶受，接受，承受。覃恩，廣施恩澤。舊時多用於帝王對臣民的封賞、赦免等。蔭，子弟承蔭。《明史·選舉志一》："蔭子入監，明初因前代任子之制，文官一品至七品，皆得蔭一子以世其禄。蔭，封建時代，因祖先有勳勞或官職高而循例受封、得官。"】，子康德入監【舊時稱進國子監讀書爲入監】，有傳。

舉　　人

明

劉　英_{洪武庚午經魁}【明清科舉考試分五經取士，每科鄉試及會試的前五名即分別於五經中各取其第一名，稱爲經魁】，陝西鞏昌府教授【學官之名。州縣學府設置教授。用經義教導諸生，並掌管學校課事等事，位居提督學事官之下】。

孟　鏞_{洪武庚午}，大同知府。

王　儀_{洪武癸酉}，直隸昌平縣知縣。

閻　昇_{永樂甲午}，陝西介休知縣。

張　英_{永樂甲午}，廣東南雄府知府。

于　奎永樂丁酉,陝西副史。

顏　豫永樂丁酉,戶部郎中。

朱　濂永樂癸卯,四川涪州訓導。

盧　恒永樂癸卯,山西太谷縣知縣,勳次子。

呂　璘永樂癸卯,陝西僉事【官名。金置按察司僉事。元時諸衛、諸親軍及廉訪、安撫諸司,皆置僉事。明因之】。

馬　嵩宣德壬子,亞魁【古代泛指科舉考試第二名】,見進士。

劉　鑑正統甲子,陝西安定縣知縣。

李　岷景泰癸酉,直隸曲川縣知縣。

吳　增景泰癸酉,福山縣知縣。

劉　瑛景泰丙子,湖廣岳州府通判。

劉　青天順己卯,平陽縣知縣。

胡　驥崇德,成化戊子。

馬　昂成化甲午,高邑縣知縣。

李　倫成化庚子,水平府通判。

王良臣成化丁酉,見進士。

劉時禎成化癸卯,山東臨朐縣知縣。

劉一清成化癸卯,黎城縣知縣。

嚴　玘成化丙午,陸渾源州知州【宋代始置,爲州之長官。明清時期知州爲知府下屬】。

徐　汪弘治己酉,鳳陽府同。

張　維弘治壬子,北京武學【古代培養軍事人才的學校】教授。

彭　岱正德庚午。

王舜民正德癸酉,商南知縣。

李尚年正德丙子。

曾大吉正德丙子,見進士。

朱　鳳正德己卯。

沈弘彝嘉靖乙酉,見進士。

司繼祖正德乙酉,蘭州知州。

彭大有嘉靖辛卯,見進士。

何學禮從教,嘉靖丁酉,直隸寧晉縣知縣。

韓尚義崇方,嘉靖丁酉。

謝孟金嘉靖癸卯,經魁,見進士。

劉芳聞汝仁,嘉靖癸卯。

吳思義子仁,嘉靖癸卯,直隸全椒知縣。

盧尚志子高,嘉靖癸卯,滄州知州。

張廷槐孟卿,嘉靖丙午,直隸雞澤知縣。

張　淵嘉靖丁酉,見進士。

白　梅嘉靖丙午,陝西商南縣知縣。

劉　浡嘉靖辛酉,見進士。

紀朝宗嘉靖壬子,解元【唐制,舉進士者皆由地方解送入試,故相沿稱鄉試第一名爲解元】。

陳　朴嘉靖甲子,見進士。

曾一侗隆慶庚午,商河知縣。

胡　萃_{萬曆癸酉,山東嶧縣知縣。}

魏體乾_{萬曆癸酉,臨淄縣知縣。}

張養志_{萬曆癸酉,見進士。}

謝善教_{萬曆丙子,孟金子。}

崔應夏_{萬曆丙子,以鹿邑貫,中式【科舉考試合格《明史·選舉志三》:“三年大比,以諸生試之直省曰鄉試,中式者爲舉人。”】,曲陽知縣。}

張正學_{萬曆己卯。}

季道統_{萬曆壬午,見進士。}

宋一韓_{萬曆乙酉,見進士。}

王修行_{萬曆戊子,見進士。}

崔應期_{季哲,萬曆甲午。}

趙時雍_{子明,萬曆甲午。}

董　都_{萬曆丁酉,鳳陽通判。}

劉思温_{萬曆庚子,見進士。}

俞致中_{萬曆庚子。}

吴一陽_{生輝,萬曆丙午。}

朱之禎_{萬曆丙午,西華貫。}

齊自新_{萬曆己酉。}

于之大_{萬曆己酉,見進士。}

謝用光_{萬曆壬子。}

楊鎮原_{定之,萬曆乙卯,經魁。}

吴道泰_{徵君}，萬曆乙卯，性善子。

齊國佐_{萬曆乙卯}。

胡　定_{萬曆戊午}。

劉一麟_{萬曆戊午，有傳}。

季之駿_{萬曆戊午，見進士，有傳}。

王壽爵_{萬曆戊午，庚辰副榜【科舉時代會試或鄉試取士，除正}
榜外另取若干名，列爲副榜】。

黃欽詔_{萬曆辛酉}。

張體仁_{甲子}。

趙舒日_{甲子}。

祁嘉棟_{甲子，見進士}。

羅迪都_{丁卯}。

萬世顯_{癸酉，見進士，有傳}。

張　填_{癸酉}。

鄭廷弼_{丙子}。

劉相機_{己卯}。

許爾玄_{己卯}。

羅廣韻_{己卯}。

清

劉　灝_{順治戊子，字太素}。

何　潤_{爾澍，順治甲午，學禮曾孫}。

辛永和_{順治丁酉。}

李　皓_{伍四,順治庚子。}

貢　生【科舉制度中,凡考選入京師國子監讀書的稱爲貢生。意爲以人才貢獻給皇帝。貢生名目有:歲貢,明清兩代,一般每年或三年從府、州、縣學中選送廩生升入國子監讀書,稱爲歲貢;拔貢,清代初,每六年(到乾隆七年改爲十二年)由學政於府、州、縣學廩生中選拔文行優秀者,與督撫匯考核定,貢入京師,稱爲拔貢生;選貢、恩貢,明清貢入國子監肄業的生員之一種。凡遇皇帝登基或其他慶典頒詔之年除歲貢外加選一次稱爲恩貢。清代特許先賢後代入國子監的,也稱恩貢和納貢;清有恩貢、拔貢、副貢,清制,在鄉試錄取名額之外列入備取的,可直接入國子監肄業稱爲副貢】恩選附

明

洪武中十二人

王　沂_{吏科給事中。}蘇　忠　辛　庸_{壽光知縣。}

李　弼　王　憷　古　朴_{户部尚書,有傳。}

宗　鎮　王　懋　趙　麟　晉　孚_{仙居知縣。}

田　木_{監察御史。}　周　寅

永樂中二十一人

王　璉　高　昇　張　諤_{工部主事。}

張　棋　徐　達　傅　霖　楊　澄

李　讓　毛　質_{定襄知縣。}　孫　政

曹　敬_{黄州府推官。}馬　程　龐　通

郭　迪　毛　忠　張　恒　李　珉

袁　悸　李　斌　齊　安　王　浩

宣德中八人

姬　信　宋　葵　張　儼　程　鵬

胡　寧　蔡　宣　張　楨　馮　靖_{雲南曲靖衛經歷。}

正統中六人

王　琮　陳　讓　王　瑛　閻　訓

吳　鏞_{吏目。}　　　宋　增

景泰中八人

王　愉　宗　麟　王　謙　魏　哲

劉　迪　劉　振　王　庸　胡　素

天順中十人

梁　清　盧　瓚　李　達_{祁州判。}

張　助　楊　聰　曹　豫　秦　瑀　張　鰲

張　紹　張　懋_{寧陽縣主簿。}

成化中十七人

張　銘　王　璣　張　雄　王　貴

宗　璽　張弘化　張　煦　傅　泰

王　瓚　王　聰　劉　煒　于　諒

焦　瀛　聶　升　姬　瓚　張　浩

李　昂

弘治中十七人

王　珣　宋　録　胡　璉　梁　貴

宋　鑾　張　義　史　鉞　呂　義

何　　勛仕直隸雄縣教諭學政【教諭，學官名，明清時縣均設置教諭掌文妙計思教育所屬生員。學政，學官名，清設提督學政，由朝廷派往各省按期至所屬府、廳主持考試童生或生員】，修《明志》，行高絜，士林賢之於學禮，見選舉。

晁　旻　王　鶴　左　鐺　胡　鉉

李時昶　張　岩　陳　楫　宋儒臣

正德中十五人

孫　源　鄭　録　閻　瑛　石　崧

劉　錫　張汝霖　高　源　馬　潊

段　漕　胡思輔　鄭宗仁　彭商賢

沈　銘　劉志道　張應魁

嘉靖中三十八人

張　玄　鄒宗魯　張應禎　陳　鎧

宋　御　張應祥　朱　璣　王　盧

馬化麟　魯大用定州知州。　丁　寅章丘縣丞。

白　梅　朱應瑞　馬　驥　陳繼武

李　梁　夏　潤　胡思臣　胡　綬

聶　緯　董　瑚　馬　琳　房　修

曾大金　婁　成　胡　綱　張鳳翱

岳景文　沈弘化　張鳳霄　王養正

徐仲易　張時和　姜　綬　苑尚儒

李　林　李舜卿　朱嘉臣藁城縣知縣。

隆慶中七人

陳　耀　朱　綸　衛重輝　陳文燧

王省括恩貢,直隸廣德州同知,終湖廣留守司經歷。致仕,性坦易,生平無疾言厲色。至老,手不釋卷,屢賓鄉飲【古代嘉禮之一】。

沈　枚德州訓導。　齊　騰

萬曆中三十六人

王養心　盧尚忠　張　楠　李　珍

羅　綱　王世和　楊　檢　常時際

劉　景　王秉彞磁州訓導。　馮　楫

黃　介　徐季職　徐仲式　李之用黃崗教諭。

雷　恒　朱　昌　張汝梁　高　淳

王化成　郭永安新蔡訓導。　湯執中

許　試　胡自靖　張大聘　孟崇文

劉三才　魏　標　陳九敘　吳性善

楊　名　王可行　劉道遠　謝善銓

劉芳遠　宋國賓

吳二陽邇庖,歲貢,山東青城縣知縣,有傳。

雷　　恒貞一,選貢,湖廣辰州府府判,有傳。

張其抱歲貢,修武訓導。

陳睿謨歲貢,修武訓導。　季　鑛歲貢。

清

徐鐘奇　焦茂林歲貢,磁州學正終。

韓際亨歲貢,歸德府學。

吳竟成歲貢,永城訓導,復可。　姚之斌歲貢。

王若視其嚴,副榜貢【明清考試取士分正副、榜,正式録取的,名列正榜,在正榜之外,另取若干人,名列副榜。清代,每正榜五名取中一名,名爲副貢】湖廣寧鄉縣知縣。

楊柞楫若濟,歲貢,山東福山縣知縣。

李脱凡聖域,拔貢,江南婺源縣知縣。

田多祚拔貢。　　　　牛以諭恩貢。

劉　稈歲貢。　　　　顧　臨孟宛。

李行五歲貢。　　　　李　皓五四,歲貢。

晁迪將拔貢,由之。　　萬　巍嵩若,歲貢。

張士標歲貢。　　　　李　蒞歲貢,莊一。

苑　造歲貢。　　　　梁光前世衡,監貢。

王多士監貢。　　　　黨　奇監貢。

季康德無太,恩陰官生。

武　進　士

明

李　在舍餘,萬曆癸未,南陽守備。

房宜潤民生,隆慶己丑,靈丘守備。

何邦震衛人,萬曆壬辰,本衛鎮撫。

清

錢騰雲映斗,州人,順治己丑,任湖廣掌印都司。

錢萬選𨽻州人,順治乙未,任潁川衛守備。

武　　舉

明

聶　楷正德己卯。　　劉時寅嘉靖丁酉。

陳國清　秦光顯　趙有節　萬同力

晃　洗　楊君命　孫　剪　張守愚

李秉彝　楊尚賢　張惟燁　王道行

趙時彦　朱　緒　黃國寵　段重國

史　文　何兆行　房宜潤　黎民安

達于海　陳光祖　王可畏　鄭應賓萬曆癸卯。

王　顯　唐　明　許承業萬曆乙卯。

苑尚賓天啟甲子。

清

楊于陛順治戊子。　　　　于　璜順治甲午。

錢騰雲順治辛卯,見進士。　　林之棟順治甲午。

于登岸順治甲午。　　　　錢萬選順治,見進士。

錢騰鳳_{順治丁酉。}　　　　　許　慎_{順治丁酉。}

楊光任_{順治丁酉。}　　　　　楊一柱_{順治丁酉。}

邢　鉞_{順治丁酉。}

援　　例【引用成例】吏材附

監生【在國子監肄業者統稱監生。初由學政考取，或由皇帝特許，後亦可由捐納取得其名】

明

周　適賈　升_{雲夢知縣。}　　張　繪

朱　瓛鄭　永_{澤州州判。}　　孫　成

鞏　固馬　昭李　纓楊　聰

曹　豫秦　瑀張　鰲_{歙縣主簿【主掌冊簿】。}

宋　瑛_{昌平知縣}　李　暘陳　健

顔　海馬　榮鄭　鍔李　沂

察　童范　崙李　楫_{西河州判。}

胡思孝　俞　霈　王　岫　劉　平

李世仁　常尚仁　沈弘恩　朱國義

郭　淳　王　杜　沈一皋　黃　芹

朱國忠　衛養性　秦光顯　段養廉

張應隆　張應祥　楊光遠　黃　峨_{附例。}

黃正色　徐季啟　朱忠臣　陳天增

朱純臣　劉方升　季芳統　呂　和

張國光

李　鏡_{中允公子}，_{太守封翁}。　宋文運_{諫議公子}。

劉湛然　王修齊　張嘉棟

張鳳翎_{臨清吏目}【古官名。元於儒學提舉司及各州設吏目爲
參佐官】。

張鳳翔　張允發　張允器　張遵矩

張遵矱　王體仁　張問奇_{通政公子}。

張信民　宋一統　王忠臣　宋希雍

朱元瑛　段可學_{開州吏目}。

吏　　材_附

明

顔　定　陳　紀_{聞喜典史，有廉名，數被獎薦}。

黃嘉緒　劉　沛　張　金　段朝宗

陳　恩_{省祭}。　　齊　漢　朱　琚

賀約禮　田時茂　王志誠_{永平，漢光莊大史}。

張尚仁　薛廷萱　都應擧_{北京馬湖倉大史}。

梅　佃　賀廷臣　葛大化_{京倉大史}。

夏尚忠　張其才　馮繼英_{良海口巡檢}。

劉泰禎　康崇尤　屈大用_{遼東，苑馬寺圉長}。

杜守業　李孟銀　劉　粹　張四邑

張五禮　杜弘猷_{省祭}。　　　陳　愛

孔一商　任志强

清

苑如誥_{典吏}。　　杜自岩　陳堯典_{典吏}。

封　　贈

明

古義甫_{以孫朴貴，贈户部尚書，妻王氏，贈太夫人。}

古安道_{以子朴貴，贈户部尚書，妻程氏，贈太夫人。}

張伯仁_{以子諤貴，贈工部主事，妻李氏贈安人【封建時代命婦的一種封號。宋代自朝奉郎以上，其妻封安人。明清時，六品之妻封安人。如繫封與其母或祖母，則稱太安人】；諤妻劉氏，封安人。}

于景文_{以子奎貴，封監察御史，妻丁氏，封太孺人【古代稱大夫的妻子，唐代稱王的妾，宋代用爲通直郎等官的母親或妻子的封號，明清則爲七品官的母親或妻子的封號。《禮記·曲禮下》："天子之妃曰后，諸侯曰夫人，大夫曰孺人，士曰婦人，庶人曰妻。"】；奎妻張氏，封孺人。}

吕克孝_{以子璘貴，贈大理寺評，妻周氏、冀氏，贈太孺人；妻張氏，封孺人。}

李　福_{以子珉貴，贈監察御史，妻丁氏，封太孺人；珉妻田氏，封孺人。}

馬　嵩_{原任陝西僉事，以子昭任東城兵馬加贈奉；以人夫修正庶尹，贈田氏爲宜人【封建時代婦女因丈夫或子孫而得的一種封號。}

宋代政和年間始有此制。文官自朝奉大夫以上至朝議大夫，其母或妻封宜人，武官官階相當者同。元代七品官妻、母封宜人，明清五品官妻、母封宜人】；封妻張氏爲孺人。

王　璋以子良臣貴，累封南京貴州道御史，妻高氏，贈孺人；良臣妻盧氏，封孺人。

聶　俊以子升貴，贈武城中衛經歷，妻張氏，贈太孺人；升妻房氏，封孺人。

曾　福以子大吉貴，封户部主事，妻盧氏，封安人；吉妻張氏，封安人。

彭　言以子貴，封户部主事，妻劉氏，封太安人；有妻張氏，封安人。

謝　讓以子孟金貴，贈兵部職方司主事，妻喬氏封太安人；贈金妻齊氏爲安人，封婁氏爲安人。

劉維岳以子浡貴，封吏部考功司主事，妻吳氏，封太安人；浡妻王氏，封安人。

陳　昂以子朴貴，進陞武毅將軍，妻安氏加太宜人，王氏封太安人；朴妻周氏，封安人。

張繼孟以子養志貴，贈山東道監察御史，妻鐘氏，封太孺人；志妻吳氏，封孺人。

季　瓚以子道統貴，贈翰林院檢討，妻阮氏封太孺人；統妻孔氏封孺人。

王汝松以子修行貴，贈行人司行人【官名。明代設行人司，復有行人之官，掌傳旨、册封、撫諭等事】。

宋　桂 以子一韓貴，累封刑利右給事中，妻關氏，封太孺人；贈韓妻鞏氏、徐氏、陳氏爲孺人。

沈　浩 以子銘貴，贈經歷，妻孫氏，贈孺人；銘妻米氏，封孺人。

朱　虎 以子國義貴，贈經歷，妻張氏，贈孺人；義妻張氏，封孺人。

劉　順 以女爲陽夏王妃，封兵馬指揮，妻董氏，封孺人。

朱　樞 以子琚貴，贈鎮南衛經歷；妻石氏，贈孺人；琚妻高氏，封孺人。

式　穀【謂賜以福禄。《詩·小雅·小明》：“靖共爾位，正直是與。神之聽之，式穀以女。”宋朱熹集傳：“穀，禄也。以，猶與也。……以穀禄與女也。”一説任用善人。漢鄭玄箋：“式，用；穀，善也……其用善人則必用女。”】

明

嚴　安 子玘，成化丙午舉人。

徐　琰 子注，弘治己酉舉人。

何　勗 教諭，子學禮，嘉靖丁酉舉人。

吳學禮 壽官，子思誠，嘉靖癸卯舉人。

司　璟 子繼祖，正德乙酉舉人。

盧　田 子尚志，嘉靖癸卯舉人。

張鳳階 子廷槐，嘉靖丙午舉人。

白　平 百户，子梅，嘉靖丙午舉人。

紀文綱子朝宗,嘉靖壬子解元。

曾大全知縣,子一侗,隆慶庚午舉人。

胡　經子萃,萬曆癸卯舉人。

魏　桂庠生【府、州、縣學生員的別稱】,子體乾,萬曆癸酉舉人。

張　瀛屢與賓飲,子弘道,萬曆丙子舉人。

張　洧庠生,子正學,萬曆甲午舉人。

崔得義子應夏、應期,萬曆丙子、甲午舉人。

趙　迪子時雍,萬曆甲午舉人。

董熙宇庠生,子都,萬曆丁酉舉人。

劉　輝庠生,子思温,萬曆庚子舉人,丙辰進士。

俞思明衛鎮撫,子致中,萬曆庚子舉人。

吳尚賢庠生,子一陽,萬曆丙午舉人。

朱文光庠生,子之禎,萬曆丙午舉人。

齊國俊庠生,子自新,萬曆己酉舉人。

于　情子之大,萬曆己酉舉人,庚戌進士。

謝善銓歲貢,子用光,萬曆壬子舉人。

楊學詩子鎮原,萬曆乙卯經魁,己未進士。

吳性善歲貢,子道泰,萬曆乙卯舉人。

齊　淮子國佐,萬曆乙卯舉人。

季　鏡國學生,子之駿,萬曆戊午舉人,崇禎庚辰進士。

王省嵩庠生,子壽爵,萬曆戊午舉人。

張養性子體仁,天啟甲子舉人。

趙乾元子舒日,天啟甲子舉人。

羅　口子迪都,天啟丁卯舉人。孫廣韻,崇禎己卯舉人。

萬民樂庠生,子世顯,崇禎癸酉舉人,甲戌進士。

鄭應賓子鼎鉉,崇禎丙子舉人。

清

劉承旺子灝,順治戊子舉人。

何洛昇壽官,子潤,順治甲午舉人。

辛佐湯庠生,子永和,順治丁酉舉人。

李養素子皓,順治庚子舉人。

耆　　德

明

鄭　復曜子,壽官,與鄉飲【古代嘉禮之一。指鄉飲酒禮(亦稱"鄉飲酒")。周代鄉學三年業成大比,考其德行道藝優異者,薦於諸侯。將行之時,由鄉大夫設酒宴以賓禮相待,謂之"鄉飲酒禮"。歷朝沿用。漢鄭玄:"諸侯之鄉大夫三年大比,獻賢者能於其君,以賓禮待之,與之飲酒。於五禮屬嘉禮。"】。

郭　真壽官,年九十。

吳　湘德壽。

鄭　亮壽官,曜孫。

鄒　蘭_{德壽。}

陳　裕_{年九十三。}

何學恕_{德重，鄉評三與賓飲，子孫多賢。}

彭萬鐘_{庠生。}

謝孟臣_{孟金弟。}

謝　鏞

高　濟

張養廉_{庠生，養志兄。}

吳志儒_{子尚質。}

吳思議

謝　陞_{德學俱優，尤善草書。}

胡懋忠

王尚賢

李　銀

張廷樟

韓應軾_{庠生。}

吳　慮_{庠生，子性善，孫道泰。}

胡世禄

房集賢

段重邦

王　嵐

張　相

吴　相_{庠生}，有厚德，年九十三。

劉　源_{庠生}，悖兄。

金　錠

劉　枝

龐一龍_{壽德}。

陳　橄_{壽官，樂施，子造橋梁，與鄉飲}。

何獻策_{庠生}，三與飲賓，且子姓蕃衍，壽九十四終。子大本、大壯、大德、大成俱_{庠生}。

孔　矖_{與鄉飲}。

周紹湯_{儒官}。

宋　樞_{光禄署丞}。

王承裕_{儒官}。

何獻表_{壽官}，兩與飲賓，壽八十七終。二孫洞然淙俱列_{庠生}。

徐體仁_{進士劉思温生父}。

清

董　壘_{庠生}，與飲賓。

馬禦風_{庠生}，與飲賓。

陳睿謨_貢，與飲賓。

姚之斌_貢，與飲賓。

王敏行_{庠生}，與飲賓。

辛佐湯_{庠生},文行俱優,孝廉【明清俗稱舉人爲孝廉】永和父。

劉第胤_{庠生},與飲賓。

旌　　義_{貲勞附}

明

田　貴衛人,施米濟荒。

張　能千户,景泰初,輸米麥千餘石備賑,詔旌。

趙　旻《舊志》稱其"博涉經史,務義力行,新祠廟,表冢墓"。

李　敬《舊志》稱其"勇於爲義,嘗率里人共賻喪,陳無不舉喪之家"。

許　俊百户,成化間,輸粟千石備賑,詔旌。

趙　益輸穀千石濟飢,詔旌。

葛　永輸粟千石濟飢,詔旌。

馬思禹_{修學},修河,給冠帶,兩給扁獎。

沈可行_{庠生},兩臺獎善。

衛養智_{廬墓}。

黄　欽施學田,兩臺旌義。

陳　第剖水得魚,養父疾愈,膺獎【承受獎勵。膺,《文選・班固〈東都賦〉》:"是日也天子受四海之圖籍,膺萬國之貢珍。"李善注"膺,猶受也。"】。

劉仲式_{廬墓三年},膺獎。

胡貢之_{庠生},兩臺旌孝。

魏體恒施學田。

朱純臣序班【官名，屬鴻臚寺。明始置，清因之。《清史稿·職官二》："序班掌百官班次。"】，輸銀穀賑荒，兩臺旌義。

吳志士壽官，勒汲公碑，疏城垣水，郡旌義。

朱忠臣輸穀前後約六百石，膺獎。

朱　纘引禮輸穀賑荒，兩臺膺獎。

張四正吏典，輸豆賑荒，膺獎。

田文高屢膺獎善。

張孟冬輸穀賑荒膺獎。

王衍祚庠生，割股養母，膺獎。

彭脩内庠生，割股養母，膺獎。

沈九成督學嘉其孝義，給冠帶。

陳化鸞輸穀賑荒，捐銀修鐘樓，給冠帶。

張　羅太康人，輸銀濟州民飢，兩臺膺獎。

張　煦施百金修鐘樓、南城門樓，以粟濟貧，義人也。

王　綱長垣人。輸豆賑荒，捐銀修畫卦臺、岳忠武祠、社學。施地四畝，爲漏澤園瘞道葬，州道屢獎其義。

龔　栢徽州府歙縣人，時客於陳。創建三元廟、貞子閣，培陳文峰，結文社，置義田瘞暴露，施義冢，樂施予，濟貧乏，無所不周，上下悉以義稱。

欒國瑞樂施濟貧，兩臺俱獎。

梁世銀捐債千金不取，州道俱獎。

馬伯福<small>鹿邑人。輸銀濟州人饑，兩臺俱獎給冠帶。</small>

馬向高<small>庠生，輸豆賑荒，膺獎。</small>

王汝進<small>割股奉母，膺獎。</small>

宋　崙<small>修學有勞，給冠帶。</small>

沈可繼<small>以勸農，給冠帶。</small>

赫庭魁<small>以勸農，給冠帶。</small>

馬守仁<small>以修太昊陵，給冠帶。</small>

年克愚<small>以勸農，給冠帶。</small>

張九棘<small>以勸農修河有勞，扁獎給冠帶。</small>

薛廷菊<small>以修河有勞，給冠帶。</small>

石自南<small>以修河堤，膺獎。</small>

朱國祚<small>以修河堤，膺獎。</small>

朱希禹<small>輸穀八十石賑貧，膺本道獎。</small>

徐季楫<small>同母陶氏輸穀百石，膺本道扁獎。</small>

清

武澄清<small>州鄉約闖賊去後，城內全無人居。清等進城，糾鄉人修補城垛，聚歸者多。日至十字街，宣講聖諭，以各安生理，毋作非爲，爲先緊要。寥寥窮衆，悉安其業，蒙獎。</small>

白如玉<small>州鄉約闖賊去後，衙舍盡毀，玉等糾衆修蓋，州道扁獎。</small>

胡守謙<small>州鄉約闖賊去後，城中全無貿易。謙等會四鄉往來糴</small>

賣，城中各得致生，州道扁獎。

葛守職州鄉約闖賊去後，州漸有人居，尚有恃强欺弱者。職等思非憲法臨蒞不可，職等連名具狀，哀請本道移節【符節，國之符信。古代使臣所持以作憑藉】駐陳州，道扁獎。

婁體德州鄉約闖賊去後，本道衙門概成爐墟，德等糾衆修蓋，勉力成功，州道扁獎。

張體乾　馬　印　周進孝　魏道遠督修城隍廟並四門，勤勞有功，蒙州獎賞。

李進國　張世魁　李進曉　武國賢督工修太昊陵墻垣，工成獎賞。

凌鳳鳴　許自貴　張養謙　張問行督修關聖廟大殿、兩廊，扁獎。

郭尚默　孟守栢　鄧　清　王邦彦　劉之漠　陳廪兵火後，收埋四路暴露骸骨，州給扁獎。

連功進西人貨欽【與“廞”通，陳列。《爾雅·釋詁》云：“興也。”廞，xīn】於陳，霪雨連月，水障數尺，南門橋梁湮毀，功進捐資三十金修築，行人得便，賞。

孫可玉順治五年，堤決水溢。玉禱願蓋龍王廟宇及水落，捐金；自蓋廟一座；施銀三十兩，修戴家集大橋三空【當作孔】；修補行路十里許。本州獎。

臧應魁大水没路，糾衆募貲修橋、補路。拾銀給主，州衛給獎。

辛佐湯生員，修瓦關寺、關帝【此似脱文“廟”字】，俱各一新，人稱好義樂施云。

　　楊　　慶州人,好義樂施。捐銀五十兩,修南門橋;又捐銀修路。州守王公扁獎其義。

陳州志第九卷

兵衛【明代軍隊編制名。清初沿用。於要害地區設衛，大致以五千六百人爲一衛由都司率領，隸屬於五軍都督府，一般駐地在某地即稱某衛】志

武職　賢能陞遷　閫署　衛衙　旗纛廟　軍器局　鼓樓　演武場

武　職

陳州衛指揮使司，前代莫稽蓋即兀萬户府之舊也。明洪武改指揮使司，領五千户所【元明清時駐軍和屯田軍的一種建制。《明史・兵志二》：“天下既定，度要害地，繫一郡者設所，連郡者設衛。大率五千六百人爲衛，千一百二十人爲千户所，百十有二人爲百户所。”】，指揮使者四，指揮同知者八，指揮僉事十有二，衛鎮撫司二五。千户所，正千户者九，署千户者二，副千户者二十有三，所鎮撫者四，爲百户者五十有

二。指揮使正三品。指揮同知從三品。指揮僉事正四品。衛鎮撫從五品。正千户正五品。副千户從五品。所鎮撫從六品。百户正六品。部選經歷司經歷一人，經歷從七品。每五年一軍政考選，擇指揮中賢能者，首管印務，次管局，次管巡捕，次管操務，次管春秋班。考選千户賢能者五人，管理左、右、中、前、後五所印務，百户賢能者各管本伍印務，地方遇有寇警，管兵官率領操兵班軍追剿之，其屯地錢糧，印屯官徵收。至大亂後，兵丁無存，衛地尚在。清朝定鼎，革除舊職，止用部選守備一員，管理陳州衛印務，徵收錢糧，仍設五所，千總【明始置。明初京軍三大營置把總，嘉靖中增置千總，都由功臣擔任。以後職權日輕。至清成爲武職中的下級，位次於守備】五員，經歷一員，共襄其事。

順治五年，部選守備劉天福號文宇，原京衛世襲指揮。以武舉授職，歷六年，升江西恊鎮中軍都司。

順治十二年，部選守備魏澤字廣生，壬辰武進士，大明府魏縣人，十六年裁赴部考選。

左所千總張國安號定宇，原金吾右衛指揮，陞甘州大靖宮中軍守備。

右所千總耿權字是經，定縣人，武舉。

中所千總張爾才武舉。

前所千總朱昱浙江人，武舉。

後所千總韓光裕_{武舉}。

經歷劉澤霖_{字甘露，貢監}。

順治十三年裁去千總四員，經歷等亦裁去。十六年奉旨，陳州衛裁併歸州。其起解存留，各項錢糧，人戶丁口，並附州賦役後，現今止存睢陳道。

欽依中軍守備一員，管理標下馬步兵丁一百名，以爲防護。

順治四年，部選中軍守備李世培_{號如初，原本衛世襲指揮，陞定海遊擊}。

順治十二年部選中軍守備石之璉_{字含璞，原京衛世襲指揮，庚辰武進士，陞江西提督後營遊擊}。

順治十六年部選中軍守備陳太賢_{號聖宇，鑾儀衛，籍浙江紹興府上虞縣人}。

其守禦四門，明用陳州衛五所官，分任防守。今雖除衛本州揀選賢能者八人以爲門官。每門二人，領民壯五人，晨昏以司啟閉，其八人任勞而無公費。

東門_{余養忠、何澄清}。

西門_{胡冰秀、鄭志功}。

南門_{周爾夔、李雲蛟}。

北門_{孫效成、萬純}。

賢能陞遷

明

青雲,陳州衛指揮僉事,善騎射,征操有功,陞河南都指揮僉事。五世孫若水襲指揮同知,中萬曆癸酉、丙子、己卯武舉,考選掌印十年餘,以大同軍鼓噪【喧擾,起哄】,能安撫之,陞嵩縣守備,擢本省都司僉書,領衛輝等處。薊鎮秋班【清黃宗羲《明夷待訪録・兵志一》:"中都、大寧、山東、河南附近衛所,輪班上操,春班以三月至八月還,秋班以九月至二月還。"】。

李常,以武功於洪武二年授臨洮衛百户,迨十七年,征壘州陣亡。子茂以父功,欽准陳州衛後所【《明史・兵志一》:"衛設左、右、中、前、後五所。"】,世襲副千户,及敏承襲,重義氣,邃【深遠,引申爲精深。明歸有光《送吳純甫先生會試序》:"先生靖於學,邃於文,熟於事。"】書好禮,恤士,勇於濟人。軍士事有不平者,片言折之,退無嗟怨。其子峴於景泰二年,以屢戰擒獲,陞本所正千户。成化七年,升本衛,世襲指揮僉事。成化十七年,有名瀛者,以功陞本衛,世襲指揮同知。正德九年,有名書者,以征劉賊有功,陞本衛,世襲指揮使。

劉慶,陳州衛指揮僉事。幼卓犖【luò,特出。《三國志・魏志・陳矯傳》:"博聞強記,奇異卓犖。"】,長隸州庠暨進士王良臣同授餼【給予廩給,俸禄】,習業稱同志。亡何,襲兄寧職，甘貧厲志，當道賢之。篆【篆務，即政務】、捕、操、屯、局諸務，悉屬管理。慶晨興【早起。陶淵明《歸田園居》詩之三："晨興理荒穢，帶月荷鋤歸。"】理篆務，即往閱操，而清屯【清理倉庫屯糧】、詰奸【究辦奸詐之事件】、飭械【整頓兵器】，一一以時躬親，且毫無染指【《左傳·宣公四年》："楚人獻黿於鄭靈公。公子宋與子家將見，子公之食指動，以示子家，曰：'他日我如此，必嘗異味。'……及食大夫黿，召子公而弗與也。子公怒，染指於鼎，嘗之而出。"後以"染指"比喻沾取非所應得的利益】，鄉人以清水劉呼焉。子芳聲亦砥節【砥礪節氣。《晉書·阮種傳》："賢臣之於主，進則忠國愛人，退則砥節潔志。"】剔歷，自少至老如一日，洎【jì，及，到】疾革【疾通"亟"，危急。革，告誡】語。弟孝廉芳聞曰："吾生平無過人者，唯先人清白之風無敢遏佚。庶不媿相見地下爾。"芳聲子時寅，亦以庠生嗣父職，尋舉癸卯武試第一。歷官都指揮，體統行事領班之大同，戍卒循例以金三百進寅，屬色曰："爾欲餌我【以我爲誘餌。餌，在此用作動詞】耶！此皆爾脂膏，上人奚忍侵漁焉。亟出，唱名給還，應貰【shì，通"赦"，赦免。《漢書·張敞傳》："因貰其罪。"】爾罪。少緩，即正以刑矣。"衆竦然，出分金。清水聲益著於震川，襲亦有祖父風。累官署指揮僉事。

陳厚，指揮使，嘉靖中陞南陽守備。

孫勇，父紹武，死王事，越三月始生。及承襲加授都指揮僉事。本衛帶俸，尋轉花馬池守備，擢本省都司巡捕僉書,統領官軍民兵磁州防禦,陞葛峪口參將,陞宣府副總兵。庚戌援京有功,蒙欽賞銀三十兩、紵絲三表裏,陞伍軍營提督,後陞保定總兵,官調延綏,佩鎮西將軍印。

張峀,陳州衛前所千户。讀書樂義,守法奉公。居家孝友,庭無間言。巡撫户部侍郎,原賚【賚 lài,賞賜】綵,幣羊酒,獎勸之。

張惟燁,中所署正千户。弱冠補郡庠,增廣生。嘉靖丙午,以父桐久病替職,旋至會城【京城會試。會,即會試。明清兩代各省舉人參加的科舉考試,每三年在京城舉行一次】,遇武試中式。復中壬子及乙卯科武舉第一。兩院會薦賢能,陞南直隸掘港守備。回衛管事,屢擒巨寇,上官嘉獎,凡三十餘次。

聶楷,陳州衛中所百户。聰敏勤學,補陳庠廩生。善屬文,能詩,及承襲,練習弓馬,尤長染翰【以筆蘸墨。指書法繪畫。翰,筆。晉潘岳《〈秋興賦〉序》:"於是染翰操紙,慨然而賦。"】。年五十,始誕子,因揭一聯於庭云:"一園果木今有主,五車詩書不與人。"故時人以文武全材稱之。

王道行,左所百户。少年補郡庠,增廣生。後以納級指揮視衛篆。萬曆丁丑,會武舉,欽依湖廣新店備禦把總【明清各地總兵屬下以及明駐守京師三大營、清京師巡捕五營皆設把總,爲低級武官】,以都指揮體統行事。

萬民英，前所百戶。膂力過人，尤閑【通"嫻"，熟悉。
《戰國策·燕策二》："閑於戰功，習於兵法。"】騎射，三暑州捕，得
民心。中萬曆己卯甲午武舉，贊畫【明代職官名。《明史·孫
承宗傳》："廢將李秉誠練火器，贊畫善繼，則古治軍儲。"】軍門加指揮
銜。乙未春，南陽饑民爲亂，英從撫院張公往招撫之。遍
歷窮谷，隨在安輯【安定和睦】，陞義院口守備，調嵩縣。時長
垣李開府以楊應隆寇播州，取英征之。因破關有功，補汝
寧守備，陞山東都指揮，領昌平春班，尋以病歸卒。

俞相，陳州衛百戶。精騎射，通奇門。嘉靖十年，
陞右所副千戶。教子姓【謂子輩，子女】業儒，子思明，會癸
未武舉，陞千戶，次孫致中庚子賢書【語本《周禮·地官·鄉
大夫》："鄉老及鄉大夫群吏獻賢能之書於王。"賢能之書，謂舉薦賢能
的名錄，後因以"賢書"指考試中式的名榜】。

賈廷詔，陳州衛指揮。博學詩書，以子衿承襲祖
職，管理印務，士卒多稱戴之。教子希呂、希益成名，且
子姓多列庠序【古代的地方學校。後亦泛指學校。《孟子·梁惠王
上》："謹庠序之教，申之以孝悌之義。"】，今其孫壯亦入膠庠【周
代學校名。周時膠爲大學，庠爲小學。後世稱學校爲"膠庠"。語本
《禮記·王制》："周人養國老於東膠，養庶老於虞庠。"】，有聲。

閫　　　署

在衛衙東。明萬曆庚子，分閫苗延齡建，題大堂曰

“嚴翼堂”，大門曰“閫司分署”，今廢。

衛　衙

大堂東爲經歷司，西爲鎮撫司，架閣庫吏户禮兵刑工六房五千户所，廳在儀門外，東二西三五所百户，廳在各所廳之前，獄在大門外路南，今俱廢。

旗　纛　廟

在衛衙後，見《禮制志》。

軍　器　局

在衛衙東南，今廢。

鼓　樓

在城大市之中。明洪武辛亥，指揮陳亨鼎建，中所守之。凡一切集公役守者，鳴號即至。

演　武　場

在城北三里許，舊有中堂、後堂，將臺東西廂、中軍廳、鼓棚、轅門，今俱廢。

陳州志第十卷

禮　制　志

祀典^{廟寺附}

荀子曰：“禮豈不至矣。立隆以爲極，而天下莫之能損益也。至文【謂禮制的規定極其完備】有以辨，至察有以説【通“悦”，意爲“足以悦人心”】，故禮者，人道之極也。”【詳見《荀子·禮論》】陳自伏羲命芒主九庖修祀事而和神明。神農氏教民“燔黍捭豚，污尊抔飲，蕢桴土鼓”【語出《禮記·禮運》：“夫禮之初，始諸飲食，其燔黍捭豚，污尊而抔飲，蕢桴而土鼓。”燔黍，將黍米用水淘洗，放在燒石上燒熟。捭豚，撕裂豚肉放在燒石上烤熟。“污罇而抔飲”，掘地爲坑當酒尊，以手捧酒爲飲。污尊，亦作“污罇”，古代掘地爲坑當酒尊。抔，用手掬。蕢，土塊。桴 fú，通“枹”，鼓槌。《韓非子·功名》：“至治之國，君若枹，臣若鼓。”《關尹子·八籌》：“鼓不枹（擊打）則不鳴。”土鼓，亦作“土鼓”，古樂器名，鼓的一種】。以致敬於鬼神，萬載典禮之制，實托始焉。則陳豈非彬彬禮教之區哉，乃世異風移，不無稍陵夷【由盛到衰。衰頹，衰落】也。淫祠【不合禮儀而設置的祠廟，淫祠。《宋書·武帝紀下》：“淫祠惑民費財前典所絕。”滛，《五經文字·水部》曰“淫”之訛字】之崇，非其質矣。其所沿襲而莫悟者，固可更也。是用載之，以俟維風者觀焉。作禮制志。

祀　　典_{廟寺附}

　　文廟，春秋二丁之祭【丁，天干的第四位，用以紀日。舊時於每年陰曆二月、八月第一個丁日祭祀孔子，稱丁祭，隋唐日制不一。明陶宗儀《南村輟耕錄·丁祭》：“（王文康）既達北庭，值秋丁，公奏行釋奠禮。”】，正官獻於先師，學正獻於啟聖，餘官分獻於十哲【指孔子十個弟子：顏淵、閔子騫、冉伯牛、仲弓、宰我、子貢、冉有、季路、子遊、子夏】及各從祀。其儀節具會典，不贅，各官易常服祭於名宦、鄉賢二祠。明萬曆二十五年，陳州同知王堯封訂定名宦祠，除司城貞子係鄉賢內改入外，共七十四人，內仍舊三十一人：漢丞相前淮陽太守申屠嘉、漢淮陽太守灌夫、漢淮陽太守汲黯、漢關內侯前淮陽太守田廣明、漢左馮翊前淮陽太守韓延壽、漢大司農前淮陽太守蕭咸、漢淮陽郡尉岑彭、漢淮陽相安鄉侯張歆、北魏淮陽太守李祥、唐陳州刺史李邕、唐檢校左僕射陳許節度使曲環、唐忠武軍節度使贈太尉趙犨、晉贈太尉

前陳州防禦使劉審交、宋贈吏部郎中前陳州録事參軍
段子昂、宋左衛大將軍知陳州李士衡、宋禮部尚書知陳
州張詠、宋中書門下平章事判陳州吕夷簡、宋贈太師兼
侍中以尚書左丞知陳州陳執中、宋同中書門下平章事
判陳州狄青、宋贈司空兼侍中前知陳州晏殊、宋參知政
事通判陳州范仲淹、宋檢校太尉前通判陳州韓絳、宋侍
講學士前通判陳州鄭懈、宋樞密直學士知陳州何中立、
宋中書侍郎前知陳州傅堯俞、宋資政殿大學士前通判
陳州吳奎、宋尚書右丞門下侍郎前陳州教授蘇轍、宋提
舉副天監判尚書省省前知陳州陳襄、宋龍圖閣學士知
陳州曾肇、宋贈通議大夫知淮寧府向子韶、明學正馮莊
甫、明知州事白思義。

　　增祀四十三人：漢尚書令前淮陽太守鄭弘、漢陳
國相朱頡、漢陳縣令常義、漢槐里侯前討黃巾左中郎將
皇甫嵩、漢陳國相駱俊、唐贈工部尚書前陳州刺史薛
珏、唐檢校右僕射前陳州刺史李芃、唐檢校尚書右僕射
前宣武左廂兵馬使劉昌、唐檢校左僕射前陳州刺史劉
昌裔、唐贈揚州大都督前陳州刺史孟元陽、唐贈司空前
忠武節度使陳州刺史高瑀、唐太子太傅前忠武節度使
崔安潛、唐檢校司徒忠武節度使贈太尉趙昶、唐檢校太
保忠武節度使贈侍中趙翊、梁同中書門下平章事前陳
州刺史袁象元、後唐陳州刺史陸思鐸、晉陳州判官王

明、周開府儀同三司前陳州刺史李穀、宋諫議大夫知陳州田錫、宋贈太子太保前通判陳州韓億、宋樞密副史前天章閣侍制知諫院包拯、宋吏部侍郎前知陳州錢象先、宋兵部侍郎前知陳州胡則、宋中散大夫光禄卿前宛丘主簿楊仲元、宋銀青光禄大夫前知陳州范鎮、宋衛尉卿前通判陳州魏琰、宋贈侍中前知陳州向經、宋太子太保贈司空前知陳州張方平、宋天章閣侍制前宛丘縣令孫思恭、宋贈朝議大夫前陳州司理參軍徐象賢、宋觀文殿大學士知陳州范純仁、宋吏部尚書資政殿學士知陳州胡宗愈、宋鎮安軍節度推官陳竑、宋通議大夫前知陳州霍端友、宋徽猷閣直學士知淮寧府趙子崧、宋贈拱衛大夫明州觀察使陳淬、宋鄂國忠武王岳飛、明知州事劉恭獻、明知州事李子儀、明知州事張志道、明知州事萬宣、明知州事戴昕、明知州事洪蒸。增祀一人：清河南分巡睢陳道按察司僉事加二級蔡含靈。

改顓祀【專門祭祀。"顓"通"專"】一人陳胡公，別祠一人司城貞子。鄉賢祠除司城貞子已開名宦外，共三十三人，内仍舊十一人：陳大夫逢滑、陳大夫泄冶、漢大司農鄭當時、宋太師魏王符彥卿、宋龍圖閣學士知涇州段少連、宋贈龍圖直學士黄寔、元兵部尚書賈吉甫、元翰林編修王逢吉、明思恩侯房寬、明布政使王良臣、明户部主事曾大吉。增祀二十五人：陳大夫賈獲、陳先儒

世碩、漢魯國相汝鬱、漢處士張季禮、漢處士魏昭、晉平
陵鄉侯王隱、晉清州刺史少府卿周翼、唐酸棗尉袁楚
容、宋閣門使符惟忠、宋太常少卿李宗易、宋贈集英殿
修撰張耒、宋顯謨閣直學士常同、宋贈容州觀察使陳亨
祖、明戶部尚書古朴、明訓導盧勳、明大同府知府前監
御史孟鏞、明左僉都御史李珉、明按察司副使于奎、明
福山縣知縣吳增、明介休縣知縣關昇、明按察司副使陳
朴、明贈都察院右副都御使張養志、明寧晉縣知縣何學
禮、明翰林院左中允前司業季道統、明大理寺評事于
之大。

上戊日【農曆每月上旬之戊日】祭社稷，設木主【木制的神
位。又稱神主，俗稱牌位】二：左社右稷，俱北向壇在城西門外
百步許。明初原定行禮以守禦武臣為初獻，文臣為亞
獻、終獻。洪武十四年欽定，以文職長官具祭服行禮，
武官不與焉。是日祭風雲、雷雨、山川，壇設木主三：
中風雲，左山川，右城隍，俱南向，各官具祭服分祭壇在
城南二里許，時壇遺舊貌俱圮，宜加修葺。

八蜡廟，祭有羊豕而無帛，儀頗略。是日管馬官祭
於馬神廟，儀與八蜡同。

厲壇【祭無祀鬼神的壇】，每歲春清明日、秋七月望【農
曆十五日】、冬十月朔【農曆初一日】祭之。前三日，正官率
屬詣城隍廟發牒文。至日，設城隍位於壇上，設無祀鬼

神牌於壇下，左右各官常服告祭_{壇在城北二里許，今移洪福寺東}。

　　鄉社壇，舊例每里一所。凡遇春秋二社日【古代春秋兩次祭祀土神的日子，一般在立春、立秋後第五個戊日。稱春社、秋社】，里正【古代鄉官】率里人祈豐報，祀五土【指山林、川澤、丘陵、水邊平地、低窪地等五種土地。《孔子家語·相魯》："乃別五土之性，而物各得其所生之宜，咸得厥所。"】、五穀之神。祭畢，會飲讀誓詞云："凡我同里之人，各遵守禮法，無恃强淩弱，務在恭敬神明，和睦鄉里，以厚風俗。"今此祭久廢，惟土人於各鄉村，自立土地廟，於農工畢日，多聚娼優【從事歌舞的藝人】，扮演雜劇，甚非美俗，宜復前制。

　　太昊陵，明洪武四年駕幸本州，御制祝文致祭_{見藝文}。八年，遣官行視陵寢。九年，置守陵戶二人，定制三年一傳制。遣道士奉香帛、祝文詣陵，命有司祭以太牢【古代帝王、諸侯祭祀社稷時，牛、羊、豕三牲全備爲"太牢"】。國有喜慶事，特遣重臣告祭。其儀節與文廟同。但讀祝者不跪，不飲，福受胙【zuò，祭祀用的肉】，祭畢，鐫所降祝文於石_{見藝文}。每歲春秋二仲月，本州祭。各官具祭服，禮與文廟同。

　　絃歌臺，原無祭。嘉靖甲子兵憲林公大春，欲求夫子受厄之日舉祭，不得，乃以生、卒二日各祭，用常服行禮，逐位分獻於十哲，其儀亦與文廟同_{祝文見藝文}。

太尉趙公祠，在北門內，宋知州張方平建。

孝肅包公祠，在永積倉內，成化年知州戴昕建。

武穆岳鄂王祠，太昊陵內。

三祠亦原無祭。明萬曆戊戌知州楊堪以三公有功於陳，當血食【謂享受祭品。古代殺牲取血以祭，故稱】茲土，議以春秋仲月戊日各月少牢【古代祭祀用的豕、羊】致祭。各官常服，行四拜禮，跪獻讀祝再拜。祝文俱見藝文。

四賢祠，副使翟師雍以漢汲公、宋范文正公、包孝肅公、岳武穆王皆有功於陳，乃卜【用占卜之方式選擇祠址】地州治之西建之，命有司春秋祭焉祝文見藝文。

旗纛【dào】廟，每歲霜降先一日，衛官戎服自教軍場，率屬丁，揚旌旗，盛鼓吹迎於廟。厥明，祭如文廟儀，文官不與焉。闖賊陷城盡毀。清興，陳州衛守備劉天福營修基圮，方成，任滿陞去。守備魏澤仍舊建廟三楹，在舊衛衙後。

城隍廟，在州治西南。正殿五楹，東西廊各五楹，中門三楹，前門三楹，東西二角門，御製碑亭一座洪武四年劉恭獻，宣德元年知州李遂重修，成化七年知州戴昕復修。後殿五楹弘治六年知州倪誥建。土地祠、鐘鼓樓坊表屏墻千戶楊奉糾會眾建。道院三所一所在正殿東，一所正殿西，一所在後殿西。寢閣三楹，玉涵廟三楹，圍殿行神知州楊堪建。

三皇廟在宴公南西。明萬曆丁未知州康應乾建，今馬神廟是。

關帝廟一在州府門南,記見舊文;一在糧城門上,指揮徐玉彥建;一在東甕城内,指揮賈廷詔建。其在州治前者。清興,兵憲徐公諱惠宗擴修殿宇,東西内廊,前門戲樓。殿後白衣大士閣與僧院羣房,朱施彩礎,輝煌可觀。重修碑記見藝文。順治十七年三月,州守王奉行揀選僧官如焕,住廟焚修。

梓潼廟在衛東小巷後。萬曆丙午,知州康應乾重修。今廢,居民侵佔。

晏公廟在鼓樓西。宋晏殊三知陳州,民感德立祠於此,後人改河神晏公謬矣。

火神廟一在州治中,關帝廟後;一在梓潼廟;一在城南門外;一在南關。

馬神廟在南門内,陳光祀重建。

五顯靈官廟在南甕城内,今廢。

玄帝廟一在北甕城上,一在東甕城上。

三元廟在北甕城内。

江東神廟在南甕城門上。

陰間天子廟在西甕城内。

其在城外者曰:

東嶽廟在州城東關。

三義廟在大北關。

三元廟後有司城貞子閣。明新安龔栢創建,爲陳郡文筆峰與絃歌臺,東西相對。取貞子與先聖東主西賓之義。栢子文照與子尚德重修之。東置義田,西置義塚,其地背築枕鑒,槐花梧井咿喔相答,誠佳境也。兵憲徐公諱即登於此立新安社，以課士會文。州守徐公諱宗孺又新之，才名科第叠出，其中經壬午變亂，僅存大殿閣基前門二門。清興，兵憲孫公諱建宗營修未果，創建太史季公有記，重修都諫宋公有記，營修有太守季公募疏，俱見藝文。

玉皇廟在順城關西。

張真人廟在北大關，三義廟左。記見藝文。

元君廟在順城關内，即碧霞宮。

三將軍廟在城東十里趙犨兄弟破賊處。

玄帝廟在城西蔡河滸，即狄青梳洗臺基也。一在城北沙窩，一在城西北柳林，一在十二里王家店。

洪山廟一在柳湖南滸，一在城東南四十里。

黃仁廟在城東二十里。

太子廟在城東北二十五里。

關聖廟在城東北火燒寨，郡人趙時雍創建。

蝗蟲廟在城東三十里。

玄都觀在柳林集内。

白衣大士閣一在北關東堤上，陶道士募建；一在南關南十步許，陳橄建。

觀音堂在南關内，梁世銀建。

秋胡廟在城東南六十里魯臺集，未詳所建之由。俗傳秋胡仕陳，歸戲桑婦於此，謬甚。

洪福寺在城北門外一里許。宋仁宗幸此祭告。明洪武置僧會司，朝賀、習儀於此。

其在城內古剎者曰：

法華寺在城內東南。明洪武初，百户党信指揮陳萬重修。

月波寺在城內東南隅，四面皆水，寺居波心。每夜月光倒影，清澈可挹【yì，以瓢舀水】。憑欄一望，塵想盡空，更宜高築浮圖，尤稱勝境。一經兵火，成一片丘圮，真可惜也。

銅佛寺在城內東北隅。明成化初，指揮姜漢施地造像募修。

其在城外古剎者，曰華臺在城北二里許，明正統年建，曰于丘，曰壽聖，曰沙岡，曰興教，曰慶會，曰藥聖，曰觀音，曰瓦關，曰朱丘，曰上元，曰福嚴，曰蘆泉，曰慈恩，曰臺頭，曰大悟，曰諸仙，曰聖福，曰天王，曰天寧，曰黃德，曰樊聖，曰彌陀，曰朱里，曰慈善，曰崇寧，曰離慶，曰胡馬，曰平丘，曰大悲，曰石佛。其以去思建者，曰朱公祠知州朱祥建，在里營南，今民私改爲玄帝廟，洪公祠爲知州洪蒸建，舊址在州西，後遷於城北一里許，記見藝文，楊公祠爲知州楊堪建，與洪公祠隣，康公祠爲知州康應乾建，在社學北，張公祠郡人爲鄉官張養志建，在城北順城關。

陳州志第十一卷

事 紀 志

兵變災祥　勼異　惡鑒　外傳

古者，國有兵凶、水旱之事，必書於册，紀異也。紀之者何？欲後人知此中夙爲戎馬之場，當圖防禦之計，尤爲陰沴【沴，災害，災氣】之鄉，當修賑濟之術，畏天災，恤民隱也。陳自春秋以來，代有兵事，而河伯爲患，無歲無之，爲之民者亦苦矣。觀風者得無意乎。乃若事之異者，出於耳目見聞之外，似屬不經【不合常理，近乎荒誕】，然亦偶一有之，非誣也。故不以爲常事而亦書，至人有不善，善人之師也。穢跡彰彰，覆轍可鑒，不得概從，隱惡之誼，法宜附書，作事紀志。

兵 變 災 祥

周桓王【姬林】三年夏五月，鄭伯【古代分爵位爲五等：公、侯、伯、子、男，伯爲第三等】侵陳，大獲。十有三年春正月，陳公子佗殺其世子免。二十年，蔡人殺陳佗【陳文公之子，陳桓公之弟，陳國執政大臣，又名陳公子佗、陳佗、文公子佗、陳五父、五父佗】。

惠王【姬閬】五年春，陳人殺其世子【陳宣公之子】禦寇。二十一年夏，齊【周分封的諸侯國，戰國時七雄之一】人【此指齊桓公】執陳轅濤塗【陳國大夫。《史記·陳杞世家》："齊桓公伐蔡，蔡敗，南侵楚，至召陵，還過陳。陳大夫轅濤塗惡其過陳，詐齊令出東道。東道惡，桓公怒，執陳轅濤塗。"】。秋，魯【周代諸侯國名。故地當在今山東兗州東南至江蘇沛縣、安徽泗縣一帶】人、江【周代國名。嬴姓。在今河南省正陽縣西南】人、黃【周代國名。《左傳桓公八年》："楚子會諸侯於沈鹿，黃隨不會。"古城當在今河南省潢川縣西四十里】人伐陳。冬十有二月，魯公孫玆帥師會齊人、宋【周代諸侯國名。子姓。周武王滅商後，封紂子武庚商舊都，即今河南商丘。成王時，武庚叛亂被殺。又以其地封與紂的庶兄微子啟，號宋公，爲宋國人】人、衛【古國名。周公封周武王弟康叔於衛。先後建都於朝歌、河南淇縣、楚丘、滑縣、帝丘、濮陽和野王等地】人、鄭【春秋國名。姬姓。本周西都畿內地，周宣王封弟友於此。平王東遷鄭徙於溱洧之上，是爲新鄭，即今河南新鄭】人、曹【西周諸侯國。周武王封弟振鐸於曹，稱曹叔振鐸。建都定陶。故地在今山東省菏澤、定陶、曹縣一帶】人侵陳。

　　襄王【姬鄭】十五年秋，楚人【成得臣帥師伐陳】伐陳，取焦夷、城頓【國名，姬姓，在今河南項城縣南頓故城】而還。十七年秋，楚人圍陳，納頓子於頓。

　　頃王【姬姓，名壬臣】元年夏，楚侵陳，克壺丘【陳邑名。在今河南省新蔡縣東南一帶】。秋，楚公子朱自東來伐陳，陳人敗之，獲公子茂。

　　匡王【姬班】五年秋，楚子、鄭人侵陳，遂侵宋，晉趙盾帥師救陳。

　　定王【姬瑜】四年春，晉趙盾、衛孫免侵陳。六月，楚師伐陳。七年，晉荀林父帥師伐陳。冬，陳殺其大夫洩冶。八年，陳夏徵舒丁亥楚子入陳。十年冬十二月，宋師伐陳，衛人救陳。

　　簡王【姬夷】四年秋，楚子重侵陳。十一年秋，晉荀罃【yīng】以諸侯之師侵陳。十四年夏，晉韓厥以東諸侯之師侵楚焦、夷及陳。

　　靈王【姬泄心】二年秋，楚公子何忌侵陳。三年夏，楚侵陳。四年，楚公子貞帥師伐陳，諸侯救陳。六年冬十月，楚公子貞帥師圍陳。十六年春，宋人伐陳。二十二年夏，陳殺其大夫慶虎、慶寅【《左傳·襄公二十三年》：“陳侯如楚。公子黃愬二慶於楚，楚人召之。使慶樂往。殺之。慶氏以陳叛。夏，屈建從陳侯圍陳。陳人城，板隊而殺人。役人相命，各殺其長。遂殺慶虎、慶寅。楚人納公子黃。君子謂：慶氏不義，不可肆也。故《書》曰：‘惟命不於常。’”】。二十四年六月壬子，鄭公孫舍之帥師入陳。冬十月，鄭公孫夏帥師伐陳。

景王【姬貴】十一年春，陳侯之弟招殺陳世子偃師【《左傳·昭公八年》："陳哀公元妃鄭姬，生悼太子偃師，二妃生公子留，下妃生公子勝。二妃嬖，留有寵，屬諸司徒招與公子過。哀公有廢疾。三月甲申，公子招、公子過殺悼太子偃師，而立公子留。夏四月辛亥，哀公縊。幹徵師赴於楚，且告有立君，公子勝愬之於楚，楚人執而殺之。公子留奔鄭。"】。夏四月，楚人執陳行人於徵師殺之。八月殺其大夫公子過【《左傳·昭公八年》："書曰：‘陳侯之弟招殺陳世子偃師，罪在招也，楚人執陳行人幹徵師殺之。罪不在行人也。’""陳公子招歸罪於公子過而殺之。九月，楚公子棄疾帥師奉孫吳圍陳，宋戴惡會之。冬十一月壬午滅陳。"】。冬十月，楚師滅陳，執陳公子招，放之於越，殺陳孔奐。

敬王【姬匄】元年秋七月，吳敗陳師於雞父【古地名。亦稱雞備亭。在今河南固始縣東南】，獲陳夏齧。二十四年，吳伐陳。二十六年秋，吳侵陳。三十一年春，吳伐陳，楚昭王救之，師於城父【春秋時陳邑，又名夷地，在安徽亳縣。《左傳·哀公六年》："吳伐陳，復修舊怨。楚子曰：‘吾先君與陳有盟，不可以不救。’乃救陳，師於城父。"】。三十四年夏，楚人伐陳。三十五年冬，楚公子結帥師伐陳。冬十月，盜殺陳夏區夫。三十九年，陳宗豎出奔楚。冬，陳宗豎自楚復入於陳，陳人殺之。四十二年秋七月己卯，楚師滅陳，殺陳澦公。

秦始皇二十二年【前224】，王翦取陳《史記·秦始皇本紀》："二十三年，秦王復召王翦，强起之，使將擊荆（楚國別稱。因其建國於荆山，故稱），取陳以南至平輿，虜荆王。秦王遊至郢陳。"】

二世【胡亥】元年【前202】，楚人陳勝、吳廣起兵於蘄，入據陳。陳勝自立爲楚王，以廣爲假王《史記·陳涉世家》："陳勝自立爲將軍，吳廣爲都尉。攻大澤鄉，收而攻蘄……行收兵，比至陳，車六七百乘，騎千餘，卒數萬人，攻陳，陳守令皆不在，獨守丞與戰譙門中。弗勝，守丞死，乃入據陳。數日，號令召三老、豪傑與皆來會計事。三老、豪傑皆曰：'將軍身披堅執銳，伐無道，誅暴秦，復立楚國之社稷，功宜爲王。'陳涉乃立爲王，號爲'張楚'。'"當此之時，諸郡縣苦秦吏者，皆刑其長吏，殺之以應陳涉。乃以吳叔爲假王（陳勝給吳廣的封號，是暫時授予的代行王權的職位。假，代行、代理的意思）。"】。二年，楚田臧殺其王吳廣《史記·陳涉世家》："將軍田臧等相與謀曰：'周章軍已破矣，秦兵旦暮至，我圍滎陽城弗能下，秦軍至，必大敗。不如少遣兵，足以守滎陽，悉精兵迎秦軍，今假王驕，不知兵權，不可與計，非誅之，事恐敗。'因相與矯王令以誅吳叔。"】。臘月楚莊賈殺其君勝，降秦《史記·陳涉世家》："臘月，陳王之汝陰，還至下城父（古地名。在今安徽渦陽縣東南的下城父聚。）其御莊賈殺以降秦。陳勝葬碭（古邑名、縣名，在今安徽碭山縣南），謚曰隱王。"】。呂臣討賈，殺之。復以陳爲楚《史記·陳涉世家》："陳王故涓人將軍呂臣爲倉頭軍，起新陽，攻陳，下之，殺莊賈，復以陳爲楚。"】。春正月，秦攻陳，下之。呂臣走，得英布軍，還復取陳《史記·陳涉世家》："秦左右校復攻陳，下之。呂將軍走，收兵復聚。鄱盜當陽君黥布之兵相收，復擊秦左右校，破之青波，復以陳爲楚。"】。

新莽地皇【王莽年號】二年春三月，赤眉兵起淮陽，朱鮪【wěi，其事蹟見本志卷七《武功》。故從略。詳見《漢書·王莽傳》、《後漢書·岑彭傳》】稱新市兵。

廢帝更始【更始帝劉玄年號】二年【24】冬，梁王劉永據國起兵，略地至陳。漢光武建武【光武帝劉秀年號】元年【32】夏，朱鮪殺李軼。二年，蘇茂反，殺淮陽太守潘蹇【《後漢書·劉永傳》："劉永者，梁郡睢陽人，梁孝王八世孫也。……更始即位，永先詣洛陽，紹封爲梁王，都睢陽。永聞更始政亂，遂據國起兵，以弟防爲輔國大將軍，防弟少公御史大夫，封魯王。遂招諸豪傑沛人周建等，並署爲將帥，攻下濟陰、山陽、沛、楚、淮陽、汝南，凡得二十八城。有遣使拜西防賊帥山陽佼強爲橫行將軍……建武二年夏，光武帝遣虎牙大將軍蓋延等伐永。初，陳留人蘇茂爲更始討難將軍，與朱鮪等守洛陽。鮪即降漢，茂亦歸命，光武因使茂與蓋延俱攻永。軍中不相能，茂遂反，殺淮陽太守，掠得數縣，據廣樂而臣於永。永以茂爲大司馬、淮陽王。"】。

獻帝興平二年【195】冬十二月，曹操自兗州略陳地【《三國志·魏志·武帝紀》："（興平二年）冬十月，天子拜太祖兗州牧。……十二月……兗州平。遂東略陳地。"】。

建安【漢獻帝劉協年號】二年【197】秋九月，袁術侵陳，殺陳王寵及國相駱俊。曹操征之，術棄軍走【《後漢書·袁術傳》："術率兵擊陳國，誘殺其王寵及相駱俊，……曹操乃自征之。

術聞大駭，即走度淮，留張勳、橋蕤於蘄陽，以拒操。"】

　晉懷帝永嘉四年【310】，漢河内王粲掠陳【《晉書·劉聰載記》："封其子粲爲河内王……遣粲及其征東王彌、龍驤劉曜等率眾四萬，長驅入洛川，遂出輾轅，周旋梁、陳、汝、潁之間，陷壘壁百餘。"】。

　穆帝永和八年【354】秋，秦丞相雄遷陳及潁許洛之民五萬户於關中。

　興寧【東晉哀帝司馬丕年號】二年【364】，陳郡太守朱輔禦燕太傅慕容、許龍驤將軍、李洪於懸瓠【古城名。以城北汝水屈曲如瓠故名。隋唐爲蔡州治所】兵敗，退保彭城。燕人遂拔陳郡，徙萬餘户於幽冀【《晉書·哀帝紀》："二年春二月……慕容暐將慕容評侵襲許昌，潁川太守李福死之。評遂侵汝南，太守朱斌遁於壽陽。又進圍陳郡。太守朱輔嬰城（環繞城池）固守……夏四月甲申慕容暐遣其將李洪侵許昌，王師敗績於懸瓠(hù)，朱斌奔於淮南，朱輔退保彭城……五月，遷陳人於陸以避之。"《晉書·慕容暐載記》："興寧初，暐復使慕容評寇許昌、懸瓠、陳城，並陷之，遂略汝南諸郡，徙萬餘户於幽冀。"】。

　簡文帝咸安元年【365】春正月，桓温擒陳郡太守朱輔並宗族，送建康斬之。

　孝武帝太元十二年【387】春正月戊午，翟遼遣子釗寇陳，朱序遣將軍秦膺擊走之。十四年某月，翟遼侵掠陳地【《晉書·孝武帝紀》："十二年春正月……翟遼遣子釗寇陳、潁，朱序擊走之。"《晉書·朱序傳》："後丁零翟遼反，序遣將軍秦膺、董斌與淮泗諸郡共討之。……翟遼又使其子釗寇陳、潁，序還遣秦膺討釗，走之,拜征虜將軍。"】。

魏孝昌【北朝北魏孝明帝拓跋詡(xǔ)年號】三年【527】秋七月,郡民劉獲、鄭辦【當爲"辯"】反,尋討平【《魏書·肅宗紀》:"秋七月,陳郡民劉獲、鄭辯反於西華,號年天授,州軍討平之。"】。

四年夏四月,梁豫州刺史夏侯亶【dǎn】攻陳,魏行臺子恭拒之【《魏書·源賀傳》附"源子恭傳":"蕭衍豫州刺史夏侯亶復遣四將,率衆三萬,入圍南頓,北攻陳項。子恭遣軍禦之,賊復奔退。"】。

隋煬帝大業十一年【615】冬十月,賊帥盧明月聚衆十餘萬寇陳、汝間【《隋書·煬帝紀》:"十一年冬十月壬申,賊帥盧明月聚衆十餘萬寇陳、汝間。"】。十三年春,淮陽魏六兒、李德謙起兵應李密。太守趙佗舉郡降密【《隋書·煬帝紀》:"十三年夏四月,光禄大夫裴仁基、淮陽太守趙佗等並以衆叛歸李密。"】。周文舉起兵,據淮陽,號柳葉軍。

唐德宗興元元年【784】冬閏十月,李希烈使翟崇暉率衆圍陳州,久之不克。宋亳節度劉洽遣劉昌、曲環等,將兵三萬來救,擒崇暉,斬首三萬五千級【《新唐書·德宗紀》:"十一月癸卯,劉洽邠隴行營節度使曲環及李希烈戰於陳州,敗之。"《新唐書·曲環傳》:"李希烈陷汴州,環守寧陵,戰陳州,斬賊三萬五千級,擒其將翟崇暉,進檢校工部尚書兼陳州刺史。希烈平改陳許節度,賜封三百户。二州比爲寇衝,民苦剽鹵,客他縣。環勤身節用,寬賦斂,簡條教。不三歲,歸者繈係。訓農治兵,穀食豐衍。"《新唐書·劉昌傳》:"(李希烈)攻陳州,昌從玄佐以浙西兵三萬救之。西去陳五十里，昌薄其軍，大戰破之，擒賊將翟暉，希烈奔還蔡州。"】。

懿宗咸通十年冬十二月，蠻兵殺忠武都將顏慶，餘眾皆潰。

僖宗乾符二年冬十一月，郡盜侵淫。詔忠武節度使監軍討捕，及招懷。六年夏四月，募陳等州壯士得三千人，號黃頭軍。中和三年夏六月，黃巢與秦宗權合兵圍陳州，刺史趙犨數敗之【《新唐書·趙犨傳》："黃巢入長安，所在盜興。陳人詣節度府，請犨爲刺史，表於朝，授之。既視事，會官屬計曰：'巢若不死長安，必東出關，陳其衝也。乃培城疏塹，實倉庫，峙藥薪，爲守計。民有貲者悉內之。繕甲兵，募悍勇，悉補子弟領兵。'巢敗，果東奔，賊將孟楷以萬人寇項，犨擊禽之……巢聞楷死，驚且怒，悉軍據溵水，與秦宗權合兵數十萬，繚長壕五周，百道攻之。州人大恐。犨令曰：'士貴建功立名節。今雖眾寡不敵，男子當死地求生，徒懼無益也！且死國不愈生爲賊乎？吾家食陳禄，誓破賊以保城，異議者斬。'眾聽命，引銳士出戰，屢破賊。巢益怒，將必屠之，乃起八仙營於州左，借象宮闕，列百官曹署，儲糧爲持久計。宗權輸鎧仗軍須，賊益張。犨小大數百戰，勝負相當，故人心固，乃間道乞師於朱全忠。未幾，軍至壁西北，陳人思奮，犨引兵急擊賊，破之。圍凡三百日而解……巢雖敗，宗權始熾，略地數千里，屠二十餘州，惟陳賴犨獨完。"】。巢營於州東，爲久許。十二月，犨求救於隣道，周岌、時溥、朱全忠皆來救【《新五代史·梁本紀》："中和三年(883)三月，拜全忠汴州刺史、宣武軍節度使。四月，諸鎮兵破巢，復京師，巢走藍田。七月丁卯，全忠歸於宣武。是歲，黃巢出藍田關，陷蔡州。節度使秦宗權叛附於巢，遂圍陳州。徐州時溥爲東南面行營兵馬都統,會東諸鎮兵以救陳。陳州刺史趙犨亦乞兵於全忠,溥雖爲都統而不親兵。四年(884)全忠自將救犨,率諸鎮兵擊敗巢將黄鄴、尚讓等,犨以全忠爲德,始附屬焉。"】。四年春二月,巢圍陳,州兵尚疆,救兵不支,再求救於河東節度使李克用。克用以河陽節度使諸葛爽屯兵萬善以拒之。三月,克用會許、汴等軍於陳州,連破賊黨,黄巢懼,退軍故陽里【胡三省《資治通鑑》注:"故陽里,在陳州城北。"】,圍陳三百日始解去。

光啟【僖宗年號】三年【887】冬十二月,蔡將石璠二萬人寇陳州,朱全孝【當爲"忠"】遣將擒之。【《通鑑綱目》:"蔡將石璠寇陳亳,朱全忠遣朱珍葛從周將兵擊擒之,詔以全忠爲都統。戴時溥諸鎮兵皆受節制。"】

梁乾化【後梁末帝朱温年號】六年秋七月,陳州妖民毋乙自稱天子。尋伏誅【《五代史·梁本紀》:"冬十月,毋乙伏誅。"】。七年夏四月,陳州刺史惠王友能反,尋敗降。【《五代史·梁本紀》:"末帝龍德(朱瑱年號)元年春三月,陳州刺史王友能反,夏五月,友能降。"】

宋真宗天禧元年某月,陳、亳間,民訛言兵起,老幼皆奔。

高宗建炎元年【1127】秋七月,淮寧賊杜用作亂,詔都統制王淵討用,殺之。【《通鑑綱目》:"自宣和末(1125),群盜蜂起,淮寧之杜用、山東之李煜、河北之丁順皆擁兵數萬。李綱乃白遣淵等分討之。淵殺杜用。"】

明洪武元年【1368】三月,大將軍徐達取陳州,守將左君弼以城歸附【《明史·徐達傳》：“洪武元年，太祖即帝位，以達爲右丞相，……略定嵩、陝、陳、汝諸州。”】。

正德六年，流賊劉六、劉七等作亂，劫掠中原，本州戒嚴。是時指揮孫紹武、姪庠生孫璉俱戰死於沈丘。指揮姜宏戰死於碻山之韓莊。

嘉靖元年【1521】秋，山東流賊王堂反，調衛官軍隨王副使都指揮張承恩往睢州等處截殺。冬十二月，流賊剽掠河南州縣，州申警備。明年正月，官軍遇賊於亳州楊家集，衛千户陳相斬獲有功。三年冬十二月己酉，流賊王堂焚掠州境至柘城，官軍迎敵。三十年，山東强賊李邦楨作亂，前哨馬兵四十餘入河南境内，無敢禦之者。是年調衛官軍往討之，竟逸去。三十二年秋七月，歸德盜師尚詔反，州縣戒嚴，調本衛兵討之，賊潰師還【《明史·世宗本紀》：“（三十二年秋七月）庚午，河南賊師尚詔陷歸德及柘城、鹿邑。……八月……丙申，師尚詔攻太康，官軍與戰於鄢陵，敗績。……冬十月……庚子，師尚詔伏誅。”】。三十五年春正月，調睢、陳官兵禦倭。

萬曆十五年夏六月，民謠有兵至相驚而走，次日乃定。二十年【1592】春二月，大同班軍鼓譟【“噪”異體字】，索糧，指揮青若水撫諭之，始解去。尋奉旨梟首【封建時代的一種酷刑，梟 xiāo，懸頭示衆】惡於景樓四人。二十六年秋八月，柘城習無爲教育，夜掛黃旗於陳州演武場。

　　明崇禎八年【1635】冬十二月，流賊自馬蹄嶺渡黃河劫掠，至正月二十九日掠陳。兵道張鵬翀領兵官指揮劉淳、李元春堵殺，生擒數賊。九年三月十九日，流賊掠陳。十年四月，二十流賊掠陳。十一年，開州賊袁時中領萬眾擁陳，兵道關領官兵堵剿退去。十二年，土賊袁老山統百萬眾劫掠陳境，焚毀民房，殘暴之甚。十三年，袁賊又來掠陳境，兵道關領衛兵合各寨鄉勇追走。

　　崇禎十五年【1642】壬午三月十二，闖賊李自成統領曹賊一百餘萬攻陷陳城，屠殺殆盡，房屋焚毀百不存一。秋十月，袁時中賊復來，擁劫陳民，止存孑遺數十人。

　　癸未夏五月，闖賊擅送偽官洪姓、初姓二人管理州務。次年甲申，西華縣土寇金高、李省率眾賊，指稱擒偽進城，將所餘房屋盡行燒毀，數十孑遺剝衣搜財，男女俱束草爲衣，串紙遮體，鵠面鳩形【鵠、鳩同義，即鵠嘲、鵠鵃，今之斑鳩。形容身體瘦弱，面容憔悴。亦寫作“鳩形鵠面”】，見者心傷。

　　按：陳郡比年，饑饉旱蝗相繼，民人殘食，河竭水涸，袁賊時中日肆焚掠，民廢耕種，兼以流賊一斗谷格子，眼過天星【方言，秤星】。八大王【明末農民起義領袖張獻忠自稱。《明史·張獻忠傳》：“獻忠以米脂四十八寨應之，自稱‘八大王’。”】等往來作亂，鄉村房舍盡爲灰燼，莊農人户避入城居。崇禎十五年二月，闖賊李自成破西華，三月初九，賊以數十萬衆圍城，堅守五晝夜，至十二日而城陷矣。殺人屠城，淮陽亙古之慘。至大清埽蕩流氛，中原始定。陳郡地方十有七年以來，輻輳【聚集，集中】歸業，闢草任貢【開闢荒地承擔交納貢稅的義務】，地方稍有起色，但瘡痍【同"創痍"。創傷，比喻戰爭後民生凋敝】積深，療瘳【chōu，病癒，恢復元氣】之方日，有望於良牧焉。

勾 異【聚集怪異的人和事。勾，聚集】

孔子如陳，南渡潁水，遇蘖【通"孽"，妖孽，惡】蛟，驚風，波濤驟作，澹臺滅明【孔子弟子。魯人。澹臺，復姓】，拔劍斬之，得渡。因築臺於其處，名曰"澹臺"，在潁水之上。

孔子厄於陳蔡，絃歌于舘。中夜，有人長九尺餘，皁衣高冠，大吒，聲動左右。子貢進問："何人耶?"便提子貢而挾之。子路引出與戰于庭。有頃，未勝。孔子察之，見其甲中【《搜神記》作"車"】間，時時開如掌。孔子曰："何不探其脅而奮之。"子路如之。没手伏于地，乃是大鯷【tí，魚名。即鯷，亦稱"黑背鰮"。體延長，側扁。銀灰色，體側有一顯明的銀色縱帶】魚也，長九尺餘。孔子嘆曰："此物也，何爲來哉? 吾聞物老，則群精依之，因衰而至此。此來豈以吾遇厄、絕糧、從者病乎? 夫六畜之物及龜、蛇、魚、鱉、草木之屬，久者，神皆依憑，能爲妖怪，故謂之五酉【見晉干寶《搜神記》】。五酉，五行【指金、木、水、火、土。我國古代稱構成各種物質的五種元素。古代常以此説明宇宙萬物的起源與變化。《孔子家語·五帝》："天有五行，水、火、金、木、土，分時化育，以成萬物。"】之方，皆有其物。酉者，老也。故物老則爲怪矣。殺之則已，夫何患焉？或者天之未喪斯文【指禮樂教化、典章制度。《論語·子罕》："天之將喪斯文，後死者不得與於斯文也。"】以是係予之命乎？不然，何爲至于斯也。"絃歌不輟。子路烹之，其味滋，病者興。明日遂行。《搜神記》。

　　將作大匠【掌管工事修建之官】，陳國公孫志節，有蒼頭【此指奴僕】地餘，年十七，情性聰敏，儀狀端正，工書疏。志節爲户曹【掌管民户、祠祀、農桑的官署】史，令地餘歸取資用，因持車馬亡去。到丹陽，自云姓王，名斌，字文高，遂留爲諸曹史。志節拜【授予官職】揚州刺史，郡選曹，衣冠【在此代稱縉紳、士大夫】子弟皆出斌下，乃用之。斌乞屏左右，叩頭涕淚曰："斌即明使君，地餘也。"斌後爲蒼梧太守。《風俗通》【漢應劭撰。劭自序稱："謂之言通於流俗之過謬，而事該之於義理也。"《後漢書》本傳省作《風俗通》】。

　　石壇老父者，佚其名。郡人袁孝叔少孤，事母以孝聞。母常得疾，逾日不痊。孝叔忽夢一老父，謂曰："子母疾可治。"孝叔問其名居，不告，曰："明旦迎吾於石壇之上，當有藥授子。"及覺，乃周覽四境，所居之東十里有廢觀古石壇，而老父在焉。孝叔喜拜，迎至於家。即于囊中取九靈丹一丸，以新汲水服之，即日而瘳【chōu，病癒】。孝叔德之，欲有所答，皆不受。或累月一來，然不詳其所止。孝叔意其能曆筭【陰陽家推側臆算人生之吉凶、季節之順逆、朝代之興衰等】爵祿，常欲發問而未敢言。後一旦來，來謂孝叔曰："吾將有他適，當與子別。"于懷中出一編書，以遺之曰："君之壽與位盡具于此。事已前定，非智所及也。今之躁求者，適足徒勞耳。君藏此書，慎勿預視【事先觀看】，但受一命即開一幅【每受一次官就打開一幅。一命，周時官階從一命到九命】，不爾當有所損。"孝叔跪受而別。後孝叔寢疾，殆將不救。其家或問後事，孝叔曰："吾爲神人授書一編，未曾開卷，何遽以後事問乎？"旬餘，其疾果愈。後孝叔以門蔭【憑藉祖先的功勳循例做官】，調授密州諸城縣尉，五轉蒲州臨普縣令。每之任，輒視神人之書，時日無差。後秩滿，歸閿鄉【地名，漢湖縣，屬京兆尹。北周置閿鄉郡，隋改爲閿鄉縣，宋以後屬陝州】別墅。因晨起欲就巾櫛【巾和梳篦，泛指盥洗用具】，忽有物墜于鏡中，類蛇，有四足，孝叔驚仆于地，因不語，數日而卒。後逾月，其妻因閱其笥【sì，方形的盛飯食或衣物的竹器】，得老父所留之書，獨餘半軸，因嘆曰："神人之言亦有誣矣。"書尚未盡而人已亡。乃開視之，其後唯有空帋【"紙"的異體字】數幅盡，一蛇盤鏡中。《前定祿》【作者鐘輅，唐文宗大和（827—835）中，官至崇文館校書郎。是書凡二十三則，繫其閒暇之時集錄編次而成，事涉前定，不免於附會，但含有勸誡之意，其自序中即謂："庶達識之士，知其不誣，而奔竟之徒，亦足以自警。"】。

　　唐元載、張謂，微時【卑賤而未顯達的時候】旅行陳、蔡間。日暮止宿道傍古廟。夜半有盜數十持挺執炬而入。二人惶懼逃避無所，忽聞神大喝曰："元相國、張侍郎在此，不得無禮。"盜大駭奔去。二人相謂曰："吾輩平生貧苦，果如言，當新【在此作動詞，重新整飾】廟宇。"後二人竟貴顯，俱如神言云。

　　唐【脫文"孫"，姓氏】季貞，陳州人。少好捕網飛走，尤愛啗【"啖"的異體字】雞卵。每欲食，輒焚而熟之，卒且二年矣。隣有張生者病卒三日，忽便起坐，既行，乃徑往孫氏家，稱季貞云。其言實季貞，其形故張生也。張氏之族，即詣官以訴。孫云："先是吾不當死，以生平多害物命，故為冤債，所訴以食雞卵過甚，被驅入于空城中，比入則戶闔【門户關閉。晉潘岳《哀永逝文》："戶闔兮燈滅，夜何時兮復曉。"】矣。第見滿城火灰，既為燒爍，不知所為，四顧奔從，其苦楚備嘗之矣。一旦，主謂季貞曰：'爾壽未盡，然死已三年矣，何以復還？'主者曰：'鄰有張某，死纔三日，可借此以托其魂。'主然之。今我實季貞也。"官不能斷，郡牧劉賡【yì】親呼問之曰："宜以生平一事，人無知者以為驗【"驗"之異體字】。"季貞曰："某未死前，嘗【藏】佛經兩卷於屋瓦，人實無知者。"命探之存焉，斷歸孫氏。出《玉泉子》【此書僅一卷，記中晚唐政治傳聞和人物佚事，多可與史傳相參證】。

　　鄭郊，河北人，遊陳、蔡間。過一古塚，上有竹二竿，青翠可愛，因駐馬吟曰：“塚上二竿竹，風吹常裊裊。”久不能續，忽聞塚中言曰：“下有百年人，長眠不知曉。”郊驚問，不復言矣。《萬花谷》。

　　丘瑄，十歲謁陳州太守曰：“前日寺中開射，因成詩云：‘殿宇時聞燕雀鳴，虛庭晝日少人行。孤窗獨坐情何限，時喜風傳中鵠聲。’”守喜，令對：“弱柳絲絲搓綠線。”曰：“春雲片片揭新綿。”

　　五代白頸鴉，郡之婦人也。形質粗短，髮黃體黑。□□□□之初，郡盜蜂聚，婦起爲賊帥，號曰“白頸鴉”。詣寇王，稱姓名，衣冠拜跪，皆如男子。寇王以爲懷化將軍，委之緝山東治盜。其屬千男子咸隨服役。爲其夫者數十人，少不如意皆手刃之。嘗謂僞燕王趙延壽曰：“吾能左右馳射，被雙鞬【jiān，馬上盛弓之器】，日可行三百里，盤矛【盤旋槍矛】、擊劍皆所善也。”卒爲兗州節度使，爲符彥卿所戮。見《舊志》，黑下四字闕。

　　宋張詠，太宗時知陳州。初與青州傅霖少同，霖隱不仕。詠既顯，求霖三十餘年不可得。至是，求謁閽吏【看門之小吏】曰：“傅霖來見。”詠責之曰：“傅先生天下賢士，吾尚不得爲友，汝何人，敢名之？”霖笑曰：“別子一世尚爾耶？是豈知世間有傅霖者乎？”詠問：“昔何隱，今何見?"霖曰:"子將去矣,來報子爾。"詠曰:"亦自知之。"霖曰:"知復何言。"既別去。一月而詠卒。見《通志》【宋鄭樵撰。二百卷,體例仿《通史》】。

　　范仲淹,倅【cuì,副,輔助】陳時,郡守田母病,召道士林靈素奏章。靈素秉簡伏壇,終夜不動,試捫其軀則僵矣。五更手足微動,良久,謂守曰:"夫人壽有六年,所苦勿慮。"守問:"今夕奏章何其久也?"曰:"方出天門,遇放明年進士春傍【同"榜"】,觀者駢道,以故稽留。"仲淹問:"狀元何姓?"曰:"姓王,二名拱,下一字墨塗,旁注一字,遠不可辯。"既而,郡守母病果愈。明年春,狀元乃王拱壽,御筆改爲拱辰。始嘆道士之通神。

　　蔡確,少年日夢爲執政。仍有人告之曰:"候汝父作狀元時,斯其證也。"覺而笑謂人曰:"鬼物乃相戲乎。吾父老矣,方致仕,自佚,豈復有作狀元之理?"確以元豐二年五月,自御史中丞拜參知政事,時其父久已没。五年三月,確侍殿上,聽唱進士名,南劍州黃裳居首選。確不覺大驚,蓋父名黃裳也。黃裳本泉人,徙居于陳。《天中記》【明朝陳耀文撰。六十卷。因所居近天中山,故名】。

　　軍校徐信妻者,佚其姓氏。建炎【宋高宗趙構年號】三年,駐蹕建康。信與妻夜出市,少憩茶肆傍,一人窺睨其妻,目不暫釋,若向有所囑者。信怪之,乃捨去。其人踵相躡及門,依依不忍去。信問其故,拱手巽謝曰:"心有實情將吐露于君,君不怒乃敢言。願略移步至前坊靜處,庶可傾竭。"信從之。始言曰:"君妻非某州某縣某氏耶?"信愕然曰:"是也。"其人掩泣曰:"此吾妻也。吾家鄭州,方娶二年,輒遭寇亂,流離奔竄,遂成乖張【背離,分離】,豈意今在君室。"信亦爲之感愴曰:"信,州人也。遭亂失妻,正與君等偶遇于淮陽村野,逢一婦人,敝衣蓬首,露坐地上,自言爲潰兵所掠到此,不能行。吾解衣饋食,一二日乃與之俱。初不知爲君婦,今將奈何?"其人曰:"吾今已別娶,藉其貫以自給,勢無由復尋舊盟,倘使暫會一面,敍述悲苦,然後訣別,雖死不恨。"信固慷慨義士,即許之。約明日爲期,令偕新妻同庶于鄰里無嫌,其人歡拜而去。明日,夫婦登信門,信出迎,望見長慟,則客所携乃信妻也。四人相對驚惋,拊心號咷。是日,各復其故,通家往來如婚姻云。

　　紹興初,河南之地陷,賊以封劉豫,州郡猶爲朝廷固守。會稽馮長寧知陳州,豫攻之不能下,遣招山東劇賊王爪角,起宿、亳之民併力進攻。逾年,城中糧盡而降,爪角建三幟于通逵【四通八達的大路】,下令二州之民從軍者,立赤幟,欲爲官立黃幟,欲還鄉者立黑幟。民

畏死，盡趁赤幟下，獨亳人王、魏兩翁自顧年老不能官，
從軍必死而立黑幟。則拂其意均之一死，乃相與請黑
幟下，眾皆愕然。爪角重失信，謝遣之，于是得歸。王
翁入陳城，取瘞埋物不復來，聲跡亦絶。魏以十年後營
產成大家，素畜二雞。一日，邑尉過其里，捕雌者烹食
之。他日，尉還又欲殺其雄。雄覺竄伏黍，擲之以竿，
始就獲。雞忽作人言，仰首太息曰："噫！何毒害至此。
略無故舊情邪。"魏駭曰："爾為誰？"曰："我，王翁也。
豈不記宛丘從軍時事乎？"魏曰："爾前舍我竟何之，且
死于何所？"曰："我向者結伴，實利君財【確實欲貪圖你的財
產】，私別貯蓄，以待事平。後來入城索得之，負以兩布
囊。是夜宿穴野店，燈下開囊計數，不料為主人所窺，
飲我以酒，醉遭殺焉。掩有裝金。孤魂無依，念鄉親不
一存，獨君在耳，故決意相從。及到君家，適隣人賈四
娘子亦來，值君家雞乳【雞正在孵化卵。乳，鳥獸等產卵、產子。
《禮記·月令》："(季冬之月)雁北鄉，鵲始巢，雉雊雞乳。"】，共投胎
為雞。前日所戕雌則賈娘子也，茲復害我忍心如是？"
尉悉聆其說，立釋之，歸白郡守。守呼魏翁與雞俱至，
民從如市，雞對守誦言如初。已而曰："我禽畜，輒泄陰
事當死。"引頸插翅下而斃。守嗟異，移時使葬於老子
廟後。揭【標識，標幟，揭示】之曰"人雞之墓"。原王之在
生設謀，本極不善，倘見魏必起不肖之心，死而作雞于

其家，冥報昭矣，可不畏哉！

　　劉旦，字德遠，新城人。紹興十四年鄉貢。得一夢，不以語人，至三十年登科，踰二紀【十二年爲一紀】始改京官，才至奉議郎，不考課。或勸之，曰：若執志如此，安得延賞及後人乎？于是勉自陳，遂轉承議【即承議郎。唐宋文官之制，正六品下曰承議郎】。俄遇光堯慶壽，例賜磨勘【考核復定。唐宋官員考績升遷的制度】，謂從此爲員郎。只旬月，事殊過望慰喜。未幾，自通判陳州代歸，卒于九江舟中。方無恙時，取所被勑告緘封之，而書其上曰："俟吾瞑目後可開。"及歿，家人啟視之，蓋述昔夢。言見一異人，戒我曰："君仕宦至承議郎即止。"殆是神告，故向來深不願遷此秩。然賦分既定，非人力所能轉移，子孫宜用爲鑒。聞者以劉爲知命，惜其不踐初心云。

　　張成憲，不詳何許人，年次未的。監陳州糧料院時，宛丘尉謁告暫攝其事，捕獲强盜兩種，合有五人，送于縣。其獄未上，尉即出參告白郡，求合兩盜爲一，冀人數隔品【"隔品致敬"之省寫。唐玄宗尊崇張説，命僕射視事、御史中丞、左右丞、吏部侍郎四品官列拜階下，後稱"隔品致敬"】，可優得京官。郡守素與尉善，許諾以諭成憲。曰："君欲賞無不可，若令竄【竄改】公牘，合二者爲一，付有司鍛鍊【比喻酷吏枉法陷人於罪】遷就，則成憲不敢爲。"郡守不能奪，尉殊忿恨，殆成讐怨。後十二年，爲江淮發運司【唐末始置，掌管轉運一路之財賦，置於江南、淮南、兩浙等路】從事【官名。漢以後三公及州郡長官自辟僚屬】，設醮【jiào，古代一種禱神的祭禮】茅山，夜宿玉宸觀，夢其叔告陳州事，可保無虞，但不可轉正郎。已而，殿上王者問曰："此中文籍甚明，無用證。"既出，見二直符使各抱一錦綳【嬰兒的包被】，與之曰："以此相報。"張素無子，是歲生男女各一人。又七年，轉大夫，官得直秘閣【古代爲禁中藏書之所。有直秘閣、秘閣校理等官】而終老焉。《册府元龜》【宋真宗景德二年命王欽若、楊儀等編纂的類書。集歷代君臣事迹，按人事人物分門編纂，共一千卷】）。

李君武者，宛丘人，宗易子也。少才勇，以武舉中第。常押兵之夔州，行峽路，暮投一山驛。驛吏【此處脱文"曰"字】："從前此驛不宿客，相傳中有怪物。"君武氣豪健，不顧，遂宿堂中。夜半忽有物自天窗中下，類大飛鳥，左右擊搏。君武捫常所弄鐵鞭揮擊之，遂堕地，乃取盆覆之。天明發視之，乃大水鳥，如雛鶴，有四目，因斃死之。自後驛無怪。《明道襍志》【北宋張耒撰，宋代歷史瑣聞類筆記。該書一卷，或分爲正續二卷，八十餘則。內容多記當時雜事，亦頗有記詩、論詩之語。又作者曾多次至黄州，故書中記黄州之風物民俗者亦不少】。

陳州以六月不雨，徧禱莫應。父老詣郡守言，非路通判不能致雨。守素目路為妄人，殊不信，勉從之。路乃命施青布帘幕，中置巨盆，汲水半之，焚香步印，叱吒良久，語守曰："已請到龍矣。"守同僚佐往視盆中，隱隱見一物如羊豕而小，蟠伏不動，腥氣遠聞，凜然有寒色，始加異焉。嚴奉三日。又語守曰："今日龍行，雨勢必小異，幸勿驚懼。"日亭午，白氣如紛絲，自盆中出于幕外。俄頃，陰晦，飛電雷霆，穿揭屋脊，大雨迨暮，甘霆盈尺許，遠近沾足，遂成豐年。

張子和，見鐵釜下有一泡，鑿破之。出紅蟲，疾走如飛，其喙甚硬，蓋金鐵亦生蟲也草木子。子和在陳負醫名，有老狐變人形求診，和曰："此獸脈也。"狐跪告曰："我狐精，因病來就君醫耳。"投劑輒愈。狐酬以金帛，曰："此盜得之物。"不受，狐自稱無報，告以城將陷，宜遷江西以避之。和如其言，得免于難。《儒門事親》【金張從政（字子和，號戴人。金朝睢州考城，今河南蘭考縣人）論述，麻知幾記。十五卷，成書於 1228 年。書名取"儒者能明其理，而事親者當知醫"之義】。

孔大婦，郡人，善知未來事。每昏夜常于鼗【同"鼓"字。《正字通·皮部》："鼗，俗鼓字。"】腔中與人語。時晏元獻

【宋晏殊謚號。詳見本志十二卷《藝文庭莎記》作者簡介】守陳，製小詞一闋，修改未定，而大婦已能歌之。稱女妖云。

廖尉失其名。元豐【宋神宗趙頊年號】中，陳州有蔡仙姑，能化現丈六金身，男女晝夜聚觀，填塞閭里。王公貴人無不尊奉，珍貨山積，門外常設兩瓶靜水，欲觀者令先洗凡眼，然後得入。廖心疑之，率其部曲入觀。約洗一目，以洗目觀之。七寶蓮座上金佛巍然，以不洗之目觀之，竹籃中一老嫗，叱左右縛之。姦弊【邪惡詐偽】盡敗，得贓私鉅萬，當時稱為神明。《日記故事》【宋楊儀《家訓》謂童稚日記故事】。

明劉瑛，為諸生時，宅後雇役築垣，劚【zhǔ，掘】地得金一鋜【古代成串的錢】。字曰："岳州府通判。"役與隣人匿分之。亡何，皆病疫，盡以其金易米于瑛。景泰【明朱祁鈺年號】丙子，瑛舉于鄉，仕為岳州府通判。

郡諸生陳籌長于染翰。除日書城隍神牌，將奉之，偶為其戚王鳳鳴持去。越歲且焚之矣。一日籌忽仆地，息未絕，家衆環視者三日而甦。言有青衣者引至城隍廟，見神偉貌，危坐殿上。青衣入稟命，見如常儀。神曰："見爾所書神牌，字甚楷，某司缺判官，命爾掌之。"籌以母老無子，哀懇不聽。適後官神妃過，籌跪泣請得爲轉致，許之。神曰："爾陽箅已盡，因爾孝代奏上帝增爾壽紀，子女各一人，以某年月日取爾來服官，使送歸。"後其母喪，葬畢，舉男女各一人。至日治具，別戚友，衣服冠而卒。

惡　　鑒

春秋轅頗，濤塗【見本志本卷《外傳・轅濤塗》】四世孫也，爲陳司徒。賦封田【在封邑内的土田徵收賦稅】以嫁公【陳哀公】女。有餘，以爲己大器【把剩餘的賦稅自己製造大鼎。以爲，即"以之爲"。大器，鐘鼎類器物】，國人逐之，遂出奔鄭。道渴，族轅咺進稻醴【用稻米釀造的甜酒】粱糗【小米乾飯】股脯【股制的乾肉】焉。喜曰："何其給也？"對曰："器成而具。"曰："何不吾諫？"對曰："懼先行【先逐我走】。"《左傳》【《左傳・哀公十一年》】。

陳靈公與孔寧、儀行父飲酒于夏氏【夏姬，鄭穆公女，陳大夫御叔的妻子，陳大夫徵舒的母親】。公謂行父曰："徵舒似女【汝】。"對曰："亦似君。"徵舒病【恨】之。公出，自其廏【jiù，馬房】射而殺之，二子奔楚。【事見《左傳・宣公十年》】。《詩經・陳風・株林》："胡爲乎株林，從夏南。匪適株林，從夏南。駕我乘馬，說於株野。乘我乘駒，朝食於株。"《毛序》曰："刺靈公也。淫乎夏姬，驅馳而往，朝夕不休息焉。"《史記・陳杞世家》："十四年，靈公與其大夫孔寧、儀行父皆通於夏姬，衷其衣以戲於朝，泄冶諫曰：'君臣淫亂,民何效焉?'靈公以告二子,二子請殺泄冶,公弗禁,遂殺泄冶。
十五年,靈公與二子飲於夏氏。公戲二子曰:'徵舒似汝。'二子曰:'亦
似公。'徵舒怒。靈公罷酒出,征舒伏弩廄門射殺靈公。孔寧、儀行父
皆奔楚,靈公子午奔晉。徵舒自立爲陳侯。"】

敦洽讎糜者,陳之惡人【惡,醜】。雄顙廣額,色如浹
赭【深赤色。一本作"漆赭"。《初學記》作"色如漆",無"赭"】,垂眼
【《呂氏春秋》作"髮"】臨鼻,長肘而盩【lì,古"戾"字。屈曲,扭曲】。
陳侯見而甚説【通"悦"】之。外使治其國,內使制其身。
楚合諸侯,病不能往,使敦洽讎糜往謝焉。楚王怪其名
而先見之。客言有惡狀。楚王怒,合大夫而告之曰:
"陳侯不知其不可使,是不智也;知而使之,是侮也;侮
且不智,不可不攻也。"遂興師伐陳,以至于亡【三月後而
喪。《呂氏春秋·遇合》記完此事之後議論道:"惡足以駭人,言足以喪
國,而友之足於陳侯而無上也,至於亡而友不衰。夫不宜遇而遇則必
廢,宜遇而不遇者,此國之所以亂,世之所以衰也。天下之民,其苦愁
勞務從此生。凡舉人之本,太上以志,其次以事,其次以功。三者弗
能,國必殘亡,群孽大至,身必死殃,年得至七十、九十猶尚幸。賢聖之
後,反而孽民,是以賊其身,豈能獨哉?"】。

梁【五代後梁】趙巖,大尉犨之次子,尚【匹配。後專指娶
皇家的公主爲妻】梁太祖【朱温】長樂公主。末帝【朱瑱】立,巖
聞唐駙馬杜悰位至將相,自奉甚豐,恥其不及。乃占天
下良田大宅,哀刻【苛斂民財。《宋書·晉平刺王休祐傳》:"在荆
州,哀刻所在,多營財貨。"】商旅,其門如市,租庸之物,半入

其私，一飲食必費萬錢。眩惑末帝竟致亡國，詳見《梁史》【《舊五代史·梁書》】後爲溫韜所殺【《舊五代史》本傳載："及唐莊宗滅梁室，巖踰垣而逃。素與徐州溫韜相善，巖往依之。既至，韜斬巖首送京師。"又《舊五代史·梁書·溫韜傳》："韜素善趙巖，每依附之。莊宗入汴，巖恃韜與己素厚，遂奔許州，韜延之於第，斬首傳送闕下。"】。所善段凝又請于唐莊宗，族其家【唐明宗即位，溫韜與段凝同制賜死。族，刑及父母妻子曰族】。

五代梁毋【wú，姓】乙，陳州人也。貞明【後梁末帝朱瑱年號】初，末帝從兄惠王友能爲陳州刺史。所至不法，姦人多依倚之。而陳俗好淫祠【不符合禮制的祠廟】左道，其學佛者，自立一法，號曰"上乘"。晝伏夜聚，男女襍亂。貞明四年七月，乙遂與妖黨董乙聚衆稱天子，建置官屬。友能初縱之，乙等攻劫州縣，末帝發兵擊之，十月乙伏誅【《舊五代史·梁書·末帝紀下》："時，刺史惠王友能恃戚藩之寵，動多不法，故奸慝之徒，望風影附。毋乙數董，漸及千人，攻掠鄉社，長吏不能詰。是歲秋，其衆益盛，南通淮夷，朝廷累發州兵討捕，反爲賊所敗，陳、蔡、潁三州大被其毒。群賊乃立毋乙爲天子，其餘豪首，各有樹置。至是發禁軍及數郡兵合勢追擊，賊潰，生擒毋乙等首領八十餘人，械送闕下，並斬於都市。"】。

朱友能，廣王全昱次子也，封惠王。貞明二年，歷陳州刺史，居官不法，養成妖人毋乙之亂，語詳《乙傳》。

末帝以康王友孜【後梁太祖朱温第八子。《通鑒》、《五代會要》俱作友敬。《資治通鑒・後梁紀四・均王上下》云：“友敬目重瞳子，自謂當作天子，遂謀作亂……使心腹數人匿於寝殿，帝覺之，跣足逾垣而出，召宿衛兵索殿中，得而手刃之。壬子，捕友敬誅之。”】誅，故疎斥宗室。六年三月，友能遂以陳州兵反，犯汴至陳留，爲張漢傑所敗，還走陳。後數月降，赦之，降房陵侯。唐兵入汴死。本傳節文【《資治通鑒・後梁紀六・均王龍德元年》云：“夏四月……陳州刺史惠王友能反，舉兵趣大梁，詔陝州留後霍彦威、宣義節度使王彦章、控鶴指揮使張漢傑將兵討之。友能至陳留，兵敗，走還陳州，諸軍圍之……秋，七月，惠王友能降；庚子，詔赦其死，降封房陵侯。”】

　　後唐萇從簡，宛丘人，世屠羊事。晉爲軍校，力敵數人，善用槊。莊宗【李存勖，武皇帝之長子】愛其勇，以功累遷步軍都指揮使【五代統兵將領之稱】，然爲人剛暴難制，好食人肉，所至多潛捕民間小兒以食。許州富民有玉帶，欲之而不可得。遣二卒夜入其家殺而取之。卒夜踰垣，隱木間，見其夫婦相待如賓，二卒嘆曰：“吾公欲奪其寶，而害斯人，吾必不免。”因躍出而告，使其速衣帶獻，遂踰垣而去，不知所之。

　　周【五代後周】韓倫，磁州武安人。侍衛馬軍都指揮使，令坤父也。少以勇敢隸成德軍，累遷徐州下邳鎮將兼守禦指揮使。世宗以令坤貴,擢倫陳州行軍司馬【魏晉置,始稱行軍司馬之號。唐開元中各節度使均置此官,掌軍政】及令坤領陳州,徙倫許州。罷職復居宛丘,多以不法干郡政,又自干衙署。開壚以鬻酒,掊【póu,聚斂,搜刮】斂之暴,公私患之。顯德【柴榮年號】四年,項城民武郁等詣闕【古代皇宮大門兩邊供瞭望的樓,泛指京城或皇帝的宮殿】訴其事,法當棄市。令坤數于帝前泣請父命,故止追奪倫在身官爵,配沙門島。《宋史》。

宋符昭壽,魏王彦卿子也。初補供奉官,累遷鳳州團練使【官名。大者可領十州】、益州鈐轄【宋代武官名。鈐,qián】。昭壽以貴家子日事遊宴,簡倨自恣【猶高傲。放縱自己,不受約束】,常紗帽素氅衣,偃息後圃,不理政務,有所裁決,即令家人傳道。多集錦工就廨舍,織纖麗綺帛,每有所須,取給于市,餘半歲方給其直,又令部曲私邀取之。廣裣黍稻,未及成熟者亦取之,悉貯寺觀中。久之損敗,即勒道釋償之。縱其下淩忽軍校。神衛卒趙延順等八人謀,欲害昭壽,未敢發。三年正旦,中使【帝王宮中派出的使者,多由宦官充任】自峨眉山還京,昭壽戒馭吏具鞍馬將送之,延順等悉解廄中馬韁,奔逸庭下,陽【通“佯”】逐諠呼,登廳執昭壽殺之《宋史》節文【《宋史·符彦卿傳》附“符昭壽傳”:“並殺二僕,據甲仗庫,取兵器。都監王澤聞

之,急召本軍都虞侯王均率兵擒捕。延順左執昭壽首,右操劍,彷徨無
所適,卒見均至,即與衆推均爲帥,合驍猛、威武兵爲亂。……是秋,官
兵討平之。"】。

　　石守信,開封浚儀人。周廣順【後周太祖郭威年號】初,
累遷親衛都虞侯【禁衛之官】。宋太祖即位,遷侍衛馬步
軍副指揮使,累官檢校太師【官名。東晉有檢校御史,唐有檢
校禮部尚書,宋有檢校太師】,進封衛國公。七年,徙鎮陳州,
復守中書令。守信累任節鎮,專務聚斂,積財鉅萬。尤
信奉釋氏,在西京建崇德寺,募民萃【聚集,彙集】瓦木,驅
迫甚急,而傭直不給,人多苦之。子保吉尚太祖第二女
【即延慶公主】,累官鎮安軍節度。在州盛餙廨舍以迓【迎
接】貴主。又完葺城壘,疏牖【設格子稀疏的窗户】于上,以
瞰衢路,如箭窗【即箭眼。謂城上爲射箭而設的窗眼】狀。未嘗
上聞,賓佐諫之,不聽,頗涉衆議,賴劉美檢察得解。

　　楊崇勳,字寶臣,薊州人。仁宗【宋仁宗趙禎】初,以
彰德軍節度觀察留後知陳州,後以同平章事,河陽三城
節度使判許州,復改陳州。景佑【宋仁宗年號】初,罷同平
章事知壽州,徙亳州,復知陳州。崇勳性貪鄙,久任軍
職。當真宗【宋真宗趙恒】時,每對【此指帝王的召見。《魏書·
世祖紀下》:"行幸洛陽,所過郡國,皆親對高年,存恤孤寡。"】輒肆言
中外事,喜中傷人,人以是畏之。在藩鎮,日嘗役兵工

作木偶戲人，塗以丹白，舟載鬻于京師。

　　蔡確，字持正，黃裳子。有智數，尚氣，不謹細行。第進士，調頔州司理參軍【宋太祖開寶六年置司理參軍，後改爲司理參軍，簡稱司理，主管獄訟】，以賄聞。元豐【宋神宗趙頊年號】五年，拜尚書右僕射【唐宋時尚書省與中書、門下二省合稱三省，長官稱尚書令，負責宰相職務，其副職爲左右僕射，下統六部，分管國政】兼中書侍郎【晉魏黃初初年設中書監、令、通事理，黃門郎，後改通事郎爲中書侍郎。掌管機要檔】。時富弼在西京，上言蔡確小人不宜大用。確既相，屢興羅織之獄，縉紳士大夫重足而立。元祐【宋哲宗趙煦年號】元年閏二月，始罷爲觀文學士，知陳州。明年，坐弟碩事奪職，徙安州。確在安陸，嘗游車蓋亭，賦詩千【《宋史》本傳爲“十”】章，知漢陽軍吳處厚上之，以爲皆涉譏訕東朝【太子所居之所，即東宮，亦借指太子】，語尤切害。于是諫議大夫【官名。掌管諫諍。宋專設左右諫議大夫，下隸司諫、正言】張濤、范祖禹，司諫吳安詩、王嚴叟，正言【《宋史》本傳作“右正言”】劉安世連上章乞正確罪。謫英州別駕【通判之別稱】，新州安置。卒于貶所。

　　呂惠卿，字吉甫，晉江人。進士，爲真州推官【掌管一府的刑獄】。秩滿入都，見王安石，論經義，意合，遂定交。安石爲改設制，置三司條例司，以惠卿檢詳文字，事無大小，必謀之。凡所建請章奏皆其筆，擢太子中允【官名。漢置，太子官屬，又稱中盾。掌侍從禮儀，駁正啟奏，並監藥及通判坊局事】。司馬光論其憸巧【諂媚巧言。憸，xiān，邪佞】非佳士【《宋史·呂惠卿傳》："（司馬光）諫帝曰：'惠卿憸巧非佳士，使安石負謗於中外者，皆其所爲。安石賢而愎，不閑世務，惠卿爲之謀主，而安石力行之，故天下並爲姦邪。'"】。又貽書安石【《宋史·呂惠卿傳》："光又貽書安石曰：'諂諛之士，于公今日誠有順適之快，一旦失勢，將必賣公自售矣。'"】，言其反復狀，安石不悅，力薦惠卿參知政事，引弟升卿爲侍講【爲皇帝或太子講學】，和卿計，制五等丁產【人口與田產，亦指財產】簿。蔡承禧論其惡，鄧綰又言其兄弟借富人錢買田，出知陳州。惠卿見正人彙進，知不容于時，懇求散地。于是蘇轍【時任右司諫】奏其姦，劉摯【中丞】數其五罪，以爲大惡。乃貶爲光祿卿，分司南京。再謫建寧軍節度副使，建州安置。蘇軾【時任中書舍人】嘗草制，備載其罪于訓詞，天下傳稱快焉。【按《宋史·呂惠卿傳》載："鄭俠疏惠卿，朋姦壅蔽，惠卿怒，又惡馮京異己，而安石弟安國惡惠卿姦諂，面辱之。於是乘勢並陷三人，皆獲罪。安石以安國之故，始有隙。惠卿既叛安石，凡可以害王氏者無不爲……始，惠卿逢合安石，驟致執政，安石去位，遂極力排之，至發其私書於上。安石退處金陵，往往寫'福建子'三字，蓋深悔爲惠卿所誤也。"】

蔡居厚，字寬夫，撫之，臨川人。第進士，累官戶部員外郎。大觀【宋徽宗年號】初拜正言【官名。唐有左右拾遺，宋改爲左右正言】力贊紹述【繼承。特指宋哲宗時繼承神宗所實行的新法】，遷起居郎，進右諫議大夫改戶部侍郎。言者論其在諫省時，爲宋喬年父子【《宋史·宋喬年傳》：“宋喬年，字仙民，宰相庠之孫也。……喬年用父蔭監市易，坐與倡女私及私役吏失官，落拓二十年。女嫁蔡京子攸。京當國，始復起用。……賜進士第，加集賢殿修撰、京畿轉運副使，進顯謨閣待制。”……（子）昇，字景裕，父子依憑蔡氏，陵轢士大夫，陰交諫官蔡居厚，使爲鷹犬，以徽猷閣待制知陳州】用以集賢殿【唐宮殿名。開元中置。於殿內設書院置學士、直學士，以宰相爲知院事，有修撰、校理等官。掌刑輯經籍，收求軼事】修撰，知秦州，坐事罷【因事定罪而罷官】。蔡京再相，起知滄、陳、齊三州，加徽猷閣侍【應爲“待”】制【待制，官名。唐置，宋因其制。於殿、閣均設待制之官，典守文物，位在學士、直學士之下】，爲應天河南戶，徙汝州。

夾允，不詳何許人。性敏而貧，仕陳州司獄。有富商得死罪，繫獄聽決。其僕謀于允曰：“主有餘財，若相活可盡酬。”允許之，得財鉅萬，乃假成文卷爲輕罪。紿【dài，欺詆。《史記·項羽本紀》：“項王至陰陵，迷失道，問一田父，田父紿曰‘左’。左，乃陷大澤中。”】曰：“發落。”及夜較獄曰：“商得死罪，使飲食足，錄【lù，省察，甄別。】囚必責。”乃減食加刑，數日而死。召其僕曰：“文卷已成，印判發落，夜暴死。"僕曰："非不盡心，無命也。"乞屍化歸。允謂名利俱得，遂免官歸。無子，乃娶一妾，一歲生才子。年九歲，歷覽諸書。十六舉狀元，授台州路學錄【國子監所屬學官，掌執行學規、協助博士教學】，衣馬酒色恣其欲，家財殆盡，十七病死于家。父母哭之垂死，踰月而葬。父母固欲開棺視之，鄰里以爲屍腐，抱扶開棺遠視，屍變爲四五十歲有髯者，乃富商貌也。允止哭曰："天示人，我敢隱?"具述前事，乃傳播廣聞焉。《姓源珠璣》。

陳州人蔡乙者，家素貧，受雇于獄級陳三之門，遂習其業。稟性凶忍，久爲惡徒所推。凡囚入其手，雖負罪至微亦遭毒虐。容貌絶可憎，郡中目爲取命鬼。年四十餘，一夕守囚于獄，夜過半，衆聞若有呼蔡乙者，聲甚震怒。起視之，已倒掛于壁間。儔【chóu，侶，同伴】侶疾其爲人，方快之。陽睡不問。明旦則見四體九竅浥浥【yì，水往下流的樣子】流血，始掖以歸。是夜復然，呻暴悲哀，如受鞭笞，或闊步掌掛，全類繃縛，祈死不能，痛笞經歲。臨終作牛鳴，嘔血數斗，然後大叫而絶。

焦務本，陳州人，名田，足穀【善於經營和積蓄】而好放博，取利積之，滋多漁奪【侵奪，掠取。《漢書·景帝紀》："漁奪百姓，侵牟萬民。"】。人子女或遭苦脅至死，皆怨之刻骨。乾道【南宋孝宗趙昚年號】初，帥僕隸貨金帛於潁昌，道由萬壽。日將暮，止新旅舍，問其人曰："我屢過未有此店，今是誰產？"曰："潁昌趙參政所建，方月餘耳。"主人置酒饌，爲禮勤篤至【殷勤誠懇非常周到。至，極】。秉燭出，男女婢僕數人，焦視之，皆相識。俄，合詞諜罵曰："汝尋常在鄉里賒貸，以米、粟、麻、麥重紐價錢，用勢淩偪【"逼"的古字】，使我輩擠陷死地，冤痛莫伸，投詞冥司，聚此伺汝。緣汝壽限尚有一年，今日聊紓憤懷。"於是群行毆擊，手足傷拆，諸僕亦遭箠楚【亦作"捶楚"。箠，木棍，楚，荊杖。泛指棍杖之類，古時用以刑杖，拷打】，所載之物，蕩無孑遺。向之屋室不見，但墟丘莽莽而已。呻吟徹曉，路人爲雇牛車載歸，明歲果卒。

外　　傳

孔子去衛適陳，塗中見二女採桑。子曰："南枝窈窕北枝長。"答曰："夫子遊陳必絕糧，九曲明珠穿不得，着來問我采桑孃【"娘"的異體字】。"夫子至陳，大夫發兵圍之，令穿九曲珠，乃釋其厄。夫子不能，使回、賜【顏回，字子淵；端木賜，字，子貢】返問之。其家謬言女出外，以一瓜獻二子。子貢曰："瓜子在內也。"女乃出語曰："用蜜塗珠，絲將繫蟻，蟻將繫絲不肯過，用煙熏之。"依其言，乃能穿之。於是絕糧七日。《天中記》。

周陳玄，字子雲，陳侯世子【太子，帝王和諸侯的嫡長子】。七歲喪母，父更娶周氏。有子曰昭："周氏讒玄，侯將殺玄。"昭欲先死，玄不聽。引白羊誓曰："孝者，羊血逆上一丈三尺。"一如誓言。周後又讒之，侯怒，令玄自殺。玄投遼水，有大魚負之。玄曰："我罪人也。"魚乃去。昭從後來，以問漁者，云："投水死矣。"昭氣絕良久，曰："吾兄也。"又投水而死。蕭廣濟《孝子傳》。按：此事未詳世代，然它時無陳侯太子稱也。遼水遠投，又似無涉，以足關風觀，特列卷端。

　　鄭伯侵陳，大獲。往歲，鄭請成于陳，不許。五父【陳國執政大臣，又名陳公子佗、陳佗、陳五父】諫曰："親仁善鄰，國之寶也。君其許鄭。"公曰："宋、衛實難，鄭何能爲？"遂不許。君子曰："善不可失，惡不可長，其陳桓公之謂乎！長惡不悛【quān，改過、改悔】，從自及也。雖欲救之，其將能乎？《商書》曰：'惡之易【蔓延】也，如火之燎于原，不可嚮邇【靠近】，其猶可撲滅？'周任【古代著名史官】有言曰：'爲國家者，見惡如農夫之去草焉，芟刈【shān yì，剷除】蘊崇【積聚，堆積。《左傳·隱公六年》："芟夷蘊崇之。"杜預注："蘊，積也；崇，聚也"】之，絕其本根，勿使能殖，則善者伸矣。'"【《左傳·隱公六年》】
　　陳人殺其太子禦寇，公子完【陳厲公之子，太子禦寇的同黨】與顓孫【太子禦寇的同黨】奔齊。顓孫自齊奔魯。齊侯使敬仲【即陳公子完】爲卿。辭曰："羈旅之臣，幸若獲宥，及于寬政，赦其不閑【同“嫻”，熟習】于教訓，而免于罪戾，馳于負擔，君之惠也，所獲多矣。敢辱高位，以速官謗。請以死告。”使爲工正【官名。掌管百工之官】。飲桓公酒，公曰：“以火【燭火】繼之。”曰：“臣卜其畫，未卜其夜，不敢。”君子曰：“酒以成禮，不繼以淫【過度】，義也。以君成禮，弗納于淫，仁也。”初，懿氏【陳大夫】卜妻敬仲【以女爲敬仲妻】。其妻占之，曰：“吉。是謂‘鳳凰于飛，和鳴鏘鏘’。有嬀【陳國爲舜之後，姓嬀。有，詞頭無義】之後，將言于姜。五世其昌，並于正卿。八世之後，莫之與京【没有誰跟它一樣强大。京，大】。”陳厲公，蔡出也。故蔡人殺五父而立之，生敬仲。其少也，周史【官名】有以《周易》見陳侯，使筮【shì，用蓍草占卦】之，遇《觀》【卦名】☷之【到】《否》【卦名】☷。曰：“是謂‘觀國之光，利用賓于王’，此其代陳有國乎？不在此，其在異國。非此其身，在其子孫。光，遠而自他有耀者也；《坤》，土也；《巽》，風也；《乾》，天也；風爲天，於土上，山也。有山之材，而照之以天光，於是乎居土上，故曰‘觀國之光’。庭實旅【擺在庭内的禮物。旅，陳列】百，奉之以玉帛，天地之美具焉，故曰‘利用賓于王’【利于做君王的貴賓】。猶有觀焉，故曰‘其在後乎！’風行而著于土，故曰‘其在異國乎’！【觀卦上巽下坤，則是風行於土上，風會流動，故稱在異國】若在異國，必姜姓。”《左傳・莊公二十二年》

辕濤塗【陳大夫】，字宣仲，陳宣公大夫。惠王二十一年，齊桓公既爲召陵之盟，將還師。濤塗謂鄭申侯【鄭大夫】曰："師出于陳、鄭之間，國必甚病【齊侯伐楚往返都經由陳鄭，兩國必受煩擾】。若出于東郊，觀兵于東方，循海而歸，可也。"申侯曰："善。"濤塗以告齊侯，許之。申侯見曰："師老【軍隊在外滯留時間太久】矣，若出于東方而遇敵，懼不可用也。若于陳、鄭之間，共【通"供"】其資糧屝屨【jù，草鞋】，其可也。"齊侯説，與之虎牢【鄭地，即今河南鞏縣東虎牢關】，執濤塗。秋，齊侯伐陳，冬復侵陳。陳成【陳國請求講和】，歸濤塗。《左傳》節文【《左傳·僖公四年》："陳辕濤塗謂鄭申侯曰：'師出於陳、鄭之間，國必甚病。若出於東方，觀兵於東夷，循海而歸，其可也。'申侯曰：'善。'濤塗以告齊侯，許之。申侯見曰：'師老矣，若出於東方而遇敵，懼不可用也。若出於陳、鄭之間，共其資糧屝屨，其可也。'齊侯説，與之虎牢。執辕濤塗。秋，伐陳，討不忠也。……冬，叔孫戴伯帥師會諸侯之師侵陳。陳成，歸辕濤塗。"】。

陳靈公行僻【亦作"行辟"。行爲邪僻。《荀子·宥坐》："人有惡者五，而盜竊不與焉……二曰行辟而堅。"《晏子春秋·諫上十四》："今政亂而行僻。而求五帝之明德也。"】而言失。泄冶曰："陳其亡矣。吾驟諫君，君不吾聽，而愈失威儀。夫上之化下，猶風靡草。東風則草靡而西，西風則草靡而東。在風所由而草爲之靡，是則人君之動，不可不慎也。夫則曲木者惡得直，景人君不直其行，不敬其言者，未有能保帝王之號,垂顯令之名者也。《易》曰:'夫君子居其室,出其言,善則千里之外應之,況其邇者乎? 出言于身,加于民,行發于邇,見乎遠。言行,君子之樞機。樞機之發,榮辱之主。君子所以動天地也,可不慎乎?'【詳見《易·繫辭下》】天地動而萬物變化。詩曰:'慎爾出話,敬爾威儀,無不柔嘉,【見《詩經·大雅·抑》】,此之謂也。今君不是之慎而縱恣焉,不亡必殺。"靈公聞之,以泄冶爲妖言而殺之,後果殺于徵舒。

　　楚莊王欲伐陳。陳使人視之。使者曰:"陳不可伐也。"莊王曰:"何故?"對曰:"其城郭高,溝壑深,蓄積多,其國寧也。"王曰:"陳可伐也。夫陳,小國也,而蓄積多。蓄積多則賦斂重,則民怨上矣。城郭高,則民罷矣。"興兵伐之,遂取陳。

　　楚子爲陳夏氏之亂故,伐陳。謂陳人無動【不要驚恐】,將討于少西氏【指夏徵舒,徵舒之祖字子夏,名少西,故以爲稱】,遂入陳,殺夏徵舒,轘諸栗門【轘:車裂之刑。栗門:陳國都城城門】,因縣陳【以陳爲縣】。陳侯【陳靈公太子午,陳成公】在晉。申叔時【楚大夫】使于齊,反,復命而退。王使讓【責備】之曰:"夏徵舒爲不道,弒【古時稱臣殺君,子殺父母曰"弒"。《易·坤·文言》:"臣弒其君,子弒其父,非一朝一夕之故其所由來者漸矣。"】其君,寡人以諸侯討而戮之,諸侯縣公皆慶寡人，女獨不慶寡人，何故？"對曰："猶可辭乎？"王曰："可哉！""夏徵舒弒其君，其罪大矣，討而戮之，君之義也。抑人亦有言曰：'牽牛以蹊【xī，小徑。此作動詞。踩上小徑】人之田而奪之牛。'牽牛以蹊者，信有罪矣，而奪之牛，罰已重矣，諸侯之從也，曰討有罪也。今縣陳，貪其富也，以討召諸侯，而以貪歸之，無乃不可乎？"王曰："善哉！吾未之聞也。反【返】之，可乎？"對曰："可哉！ 吾儕【chái，類，輩。《左傳·昭公二十四年》："吾儕何知焉？ 吾子其早圖之。"】小人所謂取諸其懷而與之也。"乃復封陳，鄉取一人焉，以歸，謂之夏州【每鄉挑選一人，把他們聚集到楚國的一個地區。這個地區就稱爲夏州。見《左傳·宣公十一年》】。

　　楚滅陳，太子之子吳奔晉。晉平公問太史趙曰："陳遂亡乎？"對曰："未也。"公曰："何故？"對曰："陳，顓頊之族【上古帝王名。"五帝"之一，號高陽氏。相傳黃帝之孫，昌意之子】也。歲在鶉火【古代紀年法之一。歲，歲星，即木星。鶉火，星次名。南方有井、鬼、柳、星張、翼軫七宿。首位者稱鶉首，中部者（柳星張）稱鶉火（也叫鶉心），末位者稱鶉尾】，是以卒滅，陳將如之。今在析木之津【現在歲星在析木的銀河中間。析木：十二星次之一。與十二辰相配爲寅，與二十八宿相配爲尾、箕兩宿。津：天漢，即銀河】，猶將復由。且陳氏得政于齊，而後陳卒亡。自幕【舜的祖先】于瞽瞍【舜的父親】，無違命。舜重之以明德，眞德于遂【周代諸侯國名。姓嬀，舜的後裔。春秋時爲齊所滅】，遂世守之。及胡公不淫【即胡公滿，字不淫。陳國始祖】，故周賜之姓，使祀虞帝。臣聞盛聽必百世祀，虞之世數未【未及一百】也，繼守將在齊，其兆由存矣【陳氏在齊興旺之徵兆已經有了】。"【《左傳·昭公八年》】

吴侵陳，斬祀【祀，祭祀之所。砍伐神祀近旁的樹。《禮記·檀弓下》鄭注："祀，神位有屋樹者。"】殺厲【殺戮有疫病的百姓】，師還出境。陳太宰嚭【太宰，官名。嚭，人名】使于師。夫差【春秋吴國國君，吴王闔閭的兒子】謂行人儀【行人，官名，掌聘問等外交事宜。儀，人名】曰："是夫也多言，盍嘗問焉：師必有名，人之稱斯師也者，則謂之何？"太宰嚭曰："古之侵伐者，不斬祀，不殺厲，不獲二毛【頭髮斑白的老人。《左傳·僖公二十二年》："君子不重傷，不擒二毛。"】。今斯師也，殺厲與？其不謂之殺厲之師與？"曰："反爾地，歸爾子，則謂之何？"曰："君王討敝邑之罪，又矜【憐憫】而赦之，師與，有無名乎？"【語見《禮記·檀弓下》】

鄭子産【春秋時鄭國大夫，鄭穆公之孫，亦稱公孫僑，字子産。一字子美。鄭簡公十二年爲卿，二十三年起執政，治鄭多年，有政績。《論語·公冶長》："子謂子産，有君子之道四焉，其行己也恭，其事上也敬，其養民也惠，其使民也義。"】，如陳涖盟【參加同盟】，歸復命。告大夫曰："陳，亡國也，不可與也。聚禾粟，繕城郭，恃此二者而不撫其民。其君弱植【根基不鞏固】，公子侈，太子卑,大夫敖【驕橫】,政多門,以介于大國,能無亡乎?
不過十年矣。"【《左傳·襄公三十年》】

　　陳災,鄭裨竈曰:"五年,陳將復封。封五十二年而
遂亡。"子産問其故。對曰:"陳,水屬也。水,火妃【火的
配偶,即水火相輔相成。《左傳·昭公九年》:"火,水妃也。"】也,而
楚所相【爲楚所主治。楚祖先祝融,爲高辛氏火正,主治火事】也。
今火出而火陳【火星出現而陳有火災】,逐楚而建陳也。妃
以五成,故曰'五年'。歲五及鶉火【星座名。歲星五年到達
鶉火】,而後陳卒亡,楚克有之,天之道也。故曰:'五十
二年。'"

　　陳子說梁王,梁王説【通"悦"】而疑之曰:"子何爲去
陳侯之國,而教小國之孤于此乎?"陳子曰:"夫善亦有
道,而遇亦有時。昔傳説衣褐帶劍而築于秕【bǐ】傅之
城,武丁夕夢旦得之時,王也【《史記·殷本紀》:"帝武丁即位,
思復興殷,而未得其佐。……武丁夜夢得聖人,名曰説。以夢所見視
群臣百吏,皆非也。於是迺使百工營求之野,得説於傅險中。是時,説
爲胥靡(服勞役之人),築於傅險。見於武丁,武丁曰:'是也。'得而與
之語,果聖人。舉以爲相,殷國大治。故遂以傅險姓之,號曰傅説。"】;
甯戚飯牛【喂牛,比喻賢才屈身於卑賤之事】康衢,擊車輻而歌
《顧見》,桓公得之時,霸也【語出《説苑·善説篇》:"寧戚飯牛康

衢，擊車輻而歌《顧見》，桓公得之霸也。"梁仲子云："以上下文義求之《顧見》當是《碩鼠》之訛。"《吕氏春秋·舉難》："寧戚欲干齊桓公，窮困無以自進，於是爲商旅將任車以至齊，暮宿於郭門之外。桓公郊迎客，夜開門，辟任車，爝火甚盛，從者甚衆。寧戚飯牛居車下，望桓公而悲擊牛角疾歌。桓公聞之，撫其僕之手曰：'異哉！之歌者非常人也。'命後車載之。桓公反，至，從者以請。桓公賜之衣冠，將見之，寧戚見，説桓公以治境内。明日復見，説桓公以爲天下。桓公大悦，將任。"】；百里奚自賣五羊之皮【奚，亦作"傒"。春秋時秦穆公之賢相。原爲虞大夫。晉獻公滅虞，虜奚，以爲秦穆公夫人陪嫁之臣。奚以爲恥，逃至宛，被楚人所執。秦穆公聞其賢，用五張羊皮贖之，後委以國政，助秦穆公建成霸業。百里奚趣稱五羖(gǔ，黑色的公羊)大夫】，爲秦人掠，穆公得之時，强也。論若三子之行，未得爲孔子駿【通"俊"，才智傑出】徒也。今孔子經營天下，南有陳厄，而北干【冒犯，冲犯】景公【指齊景公。詳見《史記·孔子世家》】，三坐而五立，未嘗離也。孔子之時不行而景公之時，怠【輕慢，懈惰】也。以孔子之聖，不能以時行説之怠，亦獨能如之何乎？"【見《説苑》】

　　秦武臣，郡人，故與陳涉善。涉之王陳也，陳餘説涉收河北，因請兵略趙地。於是涉以臣爲將軍，予卒三千人，北略趙地。臣等從白馬【黄河渡口名。舊址在河南省滑縣東北】渡河，至諸縣，説其豪傑曰："秦爲亂政，外内騷動，財匱力盡，重以苛法，使天下父子不相聊【相互依賴】。

今陳王奮臂爲天下倡，始使吳廣、周文將卒百萬西擊秦。于此時而不成封侯之業者，非人豪也。夫因天下之力而攻無道之君，報父兄之怨，成割地之業，此一時也。"豪傑皆然其言，乃行收兵【行軍作戰，收編隊伍】，得數萬人，號爲武信君，下趙十城。

秦加【張楚政權建立後，秦加將兵起於剡，成爲義軍的首領，後爲項梁軍擊敗，戰死】，陳人。起兵于郯【今山東郯縣】，聞陳王兵敗，乃立景駒【楚國貴族，後爲項梁擊敗，身死】爲楚王。

周文，陳人。賢而習兵。陳王聞其名，使之將兵西擊秦。【又名周章，爲章邯擊敗，自剄】
【秦武臣、秦嘉、周文三人均選於《史記·陳涉世家》】

漢張耳、陳餘皆大梁人。兩人少相與爲刎頸交。秦滅魏，聞兩人名，購求。有得張耳千金，陳餘五百金。兩人乃變名姓，俱之陳，爲里監門者【守門小吏】以自食。里吏嘗以過笞餘，餘欲起，耳躡之，使受笞。吏去，耳乃引餘之桑下，而數之曰："始吾與公言何如？今見小辱而欲死【爲……死】一吏乎？"餘謝罪。陳涉起蘄至陳，兵數萬。耳、餘上謁涉。涉生平數聞耳、餘賢，見即大喜。陳中豪傑父老説涉，願立爲楚王。陳涉問此兩人，兩人對曰:"夫秦爲無道,破人國家,滅人社稷,將軍瞋目張膽,出萬死不顧一生之計,爲天下除殘也。今始至陳而王之,示天下私【在天下人面前顯出自己的私心】,願將軍毋王,急引兵而西。遣人立六國後【後代】,自爲樹黨,爲秦益敵也。敵多則力分,與衆則兵彊,如此,誅暴秦,據咸陽以令諸侯,則帝業成矣。今獨王陳,恐天下解【謂離散其心】也。"涉不聽,遂立爲王。餘乃復説陳王曰:"大王舉【興起】梁【陳勝建都陳,陳在戰國時是魏地,而魏國別稱爲梁,故稱梁】、楚而西,務在入關,未及收河北也。臣嘗遊趙,知其豪傑及地形,願請奇兵北略之。"于是陳王以耳、餘爲左右校尉【秦武官名,次於將軍】,從武臣北略趙。既定趙地,遂説臣自立爲趙王。耳、餘爲將相。餘詳漢史本傳。

韓信,淮陰人。高帝時封爲楚王。初之國,行【巡視】縣邑,陳兵出入。人有告信反者。帝問陳平,平曰:"古者,天子巡狩【古時皇帝五年一巡守,視察諸侯所守之地】會諸侯,陛下第【副詞,但,只是】出,僞遊雲夢【古澤名。一般認爲,漢代的雲夢澤,即今湖北江陵至蘄春間的大湖區域】,會諸侯于陳。信聞天子出遊,其勢必郊迎謁,而陛下因擒之。此特一力士之事耳。"帝以爲然。乃會諸侯于陳。信謁上,上令武士縛信,載後車以歸。【節選《史記·淮陰侯列傳》】

樊噲，沛人。高祖爲漢王時，賜噲爵爲列侯，號臨武侯，爲郎中。從入漢中，定三秦【秦亡以後，項羽三分關中，封秦降將章邯爲雍王，司馬欣爲塞王，董翳爲翟王，合稱三秦。見《史記·秦始皇本紀》。後指陝西一帶】，還至滎陽。項引東，從高祖擊項籍，下陽夏【今河南省太康縣】，掠楚周將卒四千人。圍項籍于陳，大破之，屠橫陵【《史記·樊酈滕灌列傳》、《漢書·樊酈滕灌傅靳周傳》均記作"胡陵"】，項籍死。高以噲有功，益【增加】食八百户。【詳見《史記》或《漢書》】

楚春申君【與齊國孟嘗君、趙國平原君、魏國信陵君史稱四君子。"皆明智而忠信"。相楚二十五年，有食客三千人。考烈王死，爲李園所殺】者，名歇，姓黃氏。游學博聞，事楚頃襄王【熊横】。頃襄王以歇爲辯【擅長辯論】使于秦。嘗上書説秦昭王【即秦昭襄王嬴稷】，昭王稱善。乃發使賂楚，約爲與國【盟國。事在頃襄王二十七年】。楚使歇與太子完【即熊完，頃襄王死後立完爲考烈王】入質於秦【到達秦國作了人質】，留數年不得歸。歇乃説應侯【范雎。見《史記·范雎蔡澤列傳》】，誑秦王潛歸太子。楚頃襄王卒，太子立，是爲考烈王。元年以黃歇爲相，封春申君，賜淮北十二縣。【春申君之事蹟詳見《史記·春申君列傳》】

師遷，不知何許人。靈帝【東漢漢靈帝劉宏】時爲陳愍王寵【孝王之子。"寵善弩射，十發十中，中皆同處。中平中，黃巾賊起,郡縣皆棄城走,寵右强弩數千張,出軍都亭。國人素聞王善射,不敢反叛,故陳獨完。"詳見《後漢書・孝明八王列傳》】國相。熹平【東漢靈帝劉宏的年號】二年,遷奏前相衛【當作"魏"】愔【魏愔】與王共祭天神,希幸非冀【希望僥倖實現非分的願望】,罪至不道。有司奏遣使者案驗【查詢實證】,詔檻車【用柵欄封閉的囚車】傳送愔詣北寺詔獄【關押欽犯的牢獄】。中常侍【官名。秦設置漢沿用,出入宮廷,侍從皇帝,常有列侯至郎中等官兼任。東漢由宦官專任,傳達詔令和掌管文書】王酺與尚書令、侍御史雜【都,共同】考,愔辭與王共祭黃老君,求長生福而已,無它冀幸。酺等奏愔職在規正,而所為不端,遷誣告其王,罔以不道,皆死。有詔赦寵不案【不再考問追究】。【師遷事蹟參看《東觀記》】

三國魏鄧艾,字士載,義陽棘陽人也。為典農綱紀【即掌管農業生產、民政和田賦主簿。綱紀:古代公府及州郡的主簿】,上計吏【向朝廷呈送計簿的官吏】,因使【因出使朝廷】見太尉司馬宣王【即司馬懿。太尉:官名。秦至西漢置,與丞相、御史大夫並稱三公。漢武帝改為大司馬東漢時與司徒、司空並稱三公。宣王,司馬炎稱帝後追諡為宣帝,此稱宣王】,宣王奇之,辟之為掾【古代官屬的通稱】,遷尚書郎。時欲廣田畜穀【廣墾田地,積儲糧食】,為滅賊資,使艾行陳、項,已東至壽春【戰國時楚邑。楚考烈王遷都於此,命名為郢。今安徽壽縣地】。艾以為田良水少,不足以盡【地利,宜開河渠,可以引水灌溉,大積軍糧,又憑漕運之道，乃著《濟河論》，以諭其指。宣王善之，事皆施行。正始二年，乃開廣漕渠。（據《三國志》本傳補上文）】。

【此處舊版脱漏一頁】一字王佛，云是。孔子像舊榜文宣王【唐玄宗開元二十七年封孔子爲文宣王】，因風雨洗剥，但存一"王"字，而釋之附會爲"一字王佛"也。其侍者冠服，猶是顔淵之狀，如杜甫之作"十姨"。天下如是者，不可勝數。《雞肋篇》。

陳州志第十二卷

藝　文　志

御札　祭文　古文　碑紀　傳　詩

　　夫結繩之必易爲書契【指文字。《易·繫辭下》："上古結繩而治，後世聖人易之以書契。"《書序》："古者伏羲氏之王天下也，始畫八卦，造書契，以代結繩之政，由是文籍生焉。"陸德明釋文："書者，文字；契者，刻木而書契側。"】也，其猶璞之必琢爲玉乎？蓋"言以足志，文以足言。不言，誰知其志？言之無文，行之不遠"【語見《左傳·襄公二十五年》。足志，謂使意圖圓滿地表達出來。足言，謂用完美的文采誇飾言語。足，完備、完美】。自天子不能舍文告以行之郡下，而況其凡乎？故或通上下之情，或結遐邇之好，或單詞【謂極簡短的言辭。宋洪邁《容齋隨筆·四筆·賢者一言解疑譖》："賢者以單詞片言，爲人釋謗解患。"】而釋嫌怨，或片語而格【感通，感動。《書·説命下》："佑我烈祖，格於皇天。"】神明。他如騷人之諷詠【諷誦吟詠。晉張華《博物志·雜說下》："席不正不坐，割不正不食，聽誦詩書諷誦之音，不聽淫聲。"】抒懷，才士之憤發【發奮，清方苞《書楊維斗先生傳》："故不得已而呼號憤發，置身於死地，以冀君之一寤。"】見【xiàn 同"現"，顯現】志，雖體緣【體物緣情——狀物和抒情。《文選·陸機〈文賦〉》："詩緣情而綺靡，賦體物而瀏亮。"】事異，要之，非文不行。若夫妍媸【通"妍蚩"，美好和丑惡。媸 chī，相貌丑陋】不齊，高下異致。譬之玉有瑕瑜，琢有工拙，才情所向，安能強同，大都貴雅馴，不貴浮靡。故孔子曰："辭，達而已矣。"【見《論語·衛靈公》第十五】。陳於州爲中，羲皇始都，爰畫八卦，寔【通"實"】萬世文字肇興【初起，始興。漢牟融《理惑論》："太素未起，太始未生，乾坤肇興，其微不可握。"】之區。至仲尼刪詩，《宛丘》、《東門》諸什【《詩經》選陳風十首：《宛丘》、《東門之枌》、《衡門》、《東門之池》、《東門之楊》、《墓門》、《防有鵲巢》、《月出》、《株林》、《澤陂》。什，《詩經》中《雅》、《頌》部分多以十篇爲一組，稱之爲"什"。後泛指詩篇、文卷，猶言篇什】並列國風，歷代相沿，不乏作者。

　　清興，醞釀道化【闡明事物的變化。《史記·太史公自序》："是故，《禮》以節人，《樂》以發和，《書》以道事，《詩》以達意，《易》以道化，《春秋》以道義。"】，破觚【gū。古代用來書寫的木簡】斲雕【"斲雕爲樸"之省寫。謂去掉雕飾，崇尚質樸。《史記·酷吏列傳》："漢興，破觚而爲圓，斲雕而爲樸。"】，翰藻斌斌【文質兼備貌。《史記·儒林列傳序》："自此以來，則公卿大夫士吏，斌斌多文學之士矣。"】於都哉，稱極盛矣。余不忍令其湮滅闕略，致識者遺憾，用是搜羅典故，稍加删定，上自帝王詔令，下至近體律絶，自唐以來凡有關於陳者，作藝文志。浮雅之辨，以俟來喆【同"哲"】。

御札【皇帝的書信】

唐德宗賑恤陳州等處水災詔【詔書，皇帝的命令或文告】

朕【代詞，我。《楚辭·離騷》："帝高陽之苗裔兮，朕皇考曰伯庸。"秦始皇二十六年起定爲帝王自稱之詞，一直沿用至清】以薄德托于人上，勵精庶政【各種政務。庶，衆多。《易·賁 bì》："君子以明庶政。"】，思致雍熙【和樂升平。張衡《東京賦》："百姓同於饒衍，上下共其雍熙。"】，而誠不動天政【謂自然的制約猶如政令、律令。也指天的職能。《荀子·天論》："順其類者謂之福，逆其類者謂之禍，夫是之謂天政。"】，或多悖陰氣【寒氣，肅殺之氣】作沴【lì，天地四時不和而生的災害】，暴雨荐臻【屢次降臨。《詩經·大雅·雲漢》："天降喪亂，饑饉荐臻。"荐，頻，一再】，自江淮而及于荆襄，歷陳宋而施於河朔【泛指黄河以北地區。朔，北方】。其間郡邑連有水災，城郭多傷，公私爲害，損壞廬舍，浸敗田田【"田"衍文】苗，或親戚漂淪，或資産沉溺。爲民父母所不忍聞，興言【語助詞。《隋書·高祖帝紀下》："但四海百姓，衣食不豐，教化政刑，猶未盡善，興言念此，唯以留恨。"】疚懷，良深惻憫，夙夜畏懼，悼于厥心。是用寢不獲安，食而忘味。時宜賑恤，庶洽幽明【使幽明和諧融洽。幽明，即陰陽】。今令中書舍人【官名，是中書省的屬官。西晉初設置。歷代名稱和職務不盡相同。中書舍人原在中書省管文書，職位低於中書侍郎。南朝後許可權很大，從起草詔令，參與機密，決斷政務，往往代行宰相的職務。明有中書科舍人二十人，屬內閣中書科，負責繕寫文告、命令等事務】奚陟往襄、陵、郢、隨、鄂、申、光、蔡等州，左庶子【官名，《周禮》稱"諸子"，掌管諸侯、卿大夫之庶子的教養訓誡等事。秦漢置中庶子、庶子員。晉以後遂爲太子官屬。隋改爲左右庶子。唐時分掌左右春坊事，歷代相沿，清末廢】姚齊梧往陳、許、宋、亳、徐、泗等州，秘書少監【官名，東漢桓帝置，典司圖籍。自隋至宋置秘書省，以監爲長官，少監次之】審咸往鎮、冀、德、棣、深、趙等州，京兆少尹【官名。唐時諸郡皆設司馬，開元元年改爲少尹，是府州的副職，亦稱少詹事（唐建詹事府，設太子詹事一人，少詹事一人，總管東宮內外庶務）】韋武往揚、楚、廬、壽、徐、潤、蘇、常、湖等州，宣撫一應諸州。百姓因水不能自存者，委宣撫使【官名。唐德宗後，派朝臣巡視災區撫問百姓，稱宣撫安慰使】賑給，死者各加賜物，所在官爲收殮埋瘞，其田苗所損，宣撫使與所在長吏具奏。於戲【亦作"於戲"猶"於乎"，感嘆詞。戲 hū。《禮記·大學》："《詩》云：於戲！前王不忘。君子賢其賢而親其親，小人樂其樂而利其利。"】！一夫不獲，一物失所，刑罰不中，賦斂不均，皆可以失陰陽之和，致水旱之沴。其繫囚及獄訟久未決者，委所在長吏即與疏辦，務從寬簡【寬大，不苛求。《新唐書·朱敬則傳》："天下已平，故可易之以寬簡。"】，俾伸冤滯【滯留未申的冤案】，貪官暴吏，倚法害公，特加懲肅，用明典憲【以彰法典。用，以，用來】。災傷之後，切在撫綏。咨爾【《論語·堯曰》："堯曰：'咨，爾舜！天之歷數在爾躬。'邢昺疏：'咨，咨嗟；爾，女也……故先咨嗟，嘆而命之。'"後常以"咨爾"表示感嘆或祈使】方鎮之臣【指掌握兵權，鎮守一方的軍事長官】，洎于【猶洎乎，待及，等到】官宰，咸宜悉乃心力，以恤凶災。宣布朕懷，使各知悉。

【唐德宗李適（742—805）是唐朝第十代皇帝。在位 26 年。德宗繼位之初，頗思勵精圖國，減樂工，損服玩，禁止宦官受賄，罷諸處歲貢，政局爲之一新。他是中國歷史上唯一向天下頒《罪己大赦詔》的皇帝。這則《賑恤陳州等處水災詔》御劄《罪己大赦詔》，其辭痛切深沉，其情真摯動人，足以使後來之君鑒戒。】

宋太祖修陵奉祀詔

歷代帝王，或功濟生民【濟，救助。《易·繫辭上》："知周乎萬物，而道濟天下。"生民，人民。《書·畢命》；"道洽政治，澤潤生民。"】，或道光史載，垂於祀典【流傳於祭祀盛典。垂，流傳】，厥惟【表存在的動詞，有。厥，助詞，無義。韓愈《贈張童子序》："能在是選者，厥惟艱哉。"】舊章。兵興以來，日不暇給，有司廢職【怠忽職守。《禮記·明堂位》："百官廢職服大刑，而天下大服。"】，因循曠墜【廢墜，喪失】。或廟貌攸【語助詞，相當於"所"】設，牲牷【古代祭祀用的純色全牲。《書·微子》：“今殷民乃攘竊神祇之犧牷牲。”孔傳：“色純曰犧，體完曰牷，牛、羊、豕曰牲。”】罔薦【罔，沒有。薦，獻。《論語·鄉黨》：“君賜腥，必熟而薦之。”】；或陵寢雖存，樵蘇【《史記》裴駰集解引《漢書音義》：“樵，取薪也。蘇，取草也。”】靡禁。仄席【不正坐。表示不安寧，不安穩】興念，茲用惕然【這是因爲時刻需要警戒。惕，戒懼，警惕。《左傳·襄公二十二年》，“無日不惕，豈敢忘職。”】。其太昊【亦作“太皞”，即伏羲氏。太昊，太，極大，至高；昊，大，昊天。《書·堯典》：“乃命羲和，欽若昊天，曆象日夜星辰，敬授人時。”】葬宛丘【地名，春秋時陳國都，即今河南淮陽縣。相傳縣東南有宛丘，四周高中央低平的圓形高地。《詩·陳風·宛丘》：“子之蕩兮，宛丘之上兮。”】，在陳州；高宗武丁【武丁，商代國君，後被稱爲高宗。盤庚弟小乙之子，在位五十九年】葬陳州西華縣北，各給守陵五戶，蠲其【蠲 juān，通“捐”，除去，減免。《後漢書·魯直傳》：“宣弘大務，蠲略細微。”】地役，長吏春秋奉祀。他處有祠廟者，亦如配享。

【宋太祖趙匡胤，涿州人。陳橋兵變被擁立爲帝，定都開封，改國號爲宋，結束了五代十國分裂的局面。宋太祖爲了安定政治局面，穩定民心，親巡各地，幸於陳州，目睹太昊陵的衰頹，發此詔書。用是，太昊陵方得修茸，伏羲氏永享祭祀。此詔書爲太昊陵保存下來的唯一的御札。】

明太祖高皇帝諭陳州守將左君弼【左君弼，原爲元末紅巾軍首領之一，曾附張士誠，又降元，最後被朱元璋招降】書

曩者兵連禍結，非一人之失。予勞師暑月【夏月，約相當於農曆六月前後，小暑、大暑之時】，與足下【古代下稱上或同輩相稱的敬辭。唐韓愈《與孟東野書》："與足下別久矣，以吾心之思足下，知足下懸懸於吾也。"】從事。足下乃舍其親而奔他國，是皆輕信群下之言，以至於此，雖侮【應爲"悔"】何及。今足下奉君國之命，禦彼邊疆，與予接壤，若欲獻計，興師復境，其中輕重自可量也。且予之國，乃足下父母之國；合肥之城，乃足下丘隴之鄉【丘隴（田地、山野），借指家鄉】，寧不思乎？天下兵興，豪傑并起，豈惟乘時以就功名，亦欲保全父母妻子於亂世。足下以身爲質【以財物抵押或留人質擔保。《左傳·隱公三年》："王貳於虢，鄭伯怨王。王曰：'無之。'故周、鄭交質。王子狐爲質於鄭，鄭公子忽爲質於周。"】而求安於人，既已失策，復使垂白之母，糟糠之妻獨守寡居，各天一方，朝思暮望，以日爲歲，足下縱不以妻子爲念，何忍忘情於老親哉。功名富貴可以再圖，生身之親不可再得。足下能留意於是，幡然【劇變貌。《荀子·大略》："君子之學如倒蛻，幡然遷之。"】而來，予當棄前非，仍復待以故舊，則足下於天理人心舉無不順矣。

【明太祖朱元璋（1328—1398），字國瑞。先世家沛，徙句容，再徙泗州。登基於公元1368年正月，建都南京，國號大明，建元洪武。朱元璋從小家貧，爲人放過牛，幫過工，當過和尚，要過飯，在流離顛簸中過着饑寒交迫的生活，從軍16年。"太祖以聰明神武之姿，包濟世安民之志，乘時應運，豪傑景從，戡亂摧強，十五載而

成帝業。"】

明景皇帝遣官招撫河南流民勑【chì，"敕"，"勑"之異體字。自上命下之詞，特指皇帝的詔書】。

今聞河南開封府、陳州等處，多有各處逃來趂食【謀飯吃，"趂"同"趁"。明何良俊《四友齋叢説·史三》："昔日原無遊手之人，今去農而遊手趁食者又十之二三矣。"】流民，或與本處居民相聚一處，誠恐其中有等小人，久則至於誘惑爲非，難以處置。今特簡命爾往彼處，會同左副都御史王耒，及彼處三司【明代各省設都指揮司、布政司、按察司，分主軍事、民政、司法，合稱三司】堂上官，并原專一撫治流民官員，及巡按御史及本府州縣堂上能幹官，平日爲民所信服者，分投設法，小心招撫，令各自散處耕種。生理【生計，杜甫《春日江村》："艱難昧生理，飄泊到如今。"】有缺食者，量給米糧賑濟。無田種者，量與田耕種，務令得所。宣諭朝廷恩重，使之警悟，不許急逼，致有激變，又爲患害，其中果有能體朝廷恩恤各散復業者，量與免其糧差三年，庶俾有所慕恋。仍提督所在衛所官軍操練軍馬，固守城池。如有寇盜生發，即令相機勦【"剿"之異體字】捕，毋致滋蔓。爾爲近臣，受朝廷委命，必須夙夜盡心，以畢万事。不可因循怠忽，有悞【"誤"的異體字】事機。如違，罪有所歸，事定民安之時，具奏，俟命然後回京。

【景皇帝代宗朱祁鈺，明宣宗朱瞻基之次子，生於宣德三年（1428）。正統十四年（1449）秋八月，土木堡慘敗，其兄英宗朱祁鎮被瓦剌擄去，大明朝面臨生死存亡之際，被太后、于謙扶上皇帝寶座，成了明朝第七位皇帝，在位八年。景泰八年春正月壬午，英宗復辟，被廢絀爲郕王，遷西內。病氣交加，薨於西宮，年三十。謚曰戾，以親王禮葬於西山。】

祭　　文

明洪武四年遣會同館副使路景賢祭伏羲陵文

朕生後世，爲民于草野之間，當前人【元人，元朝】失馭【同"失御"，借指喪失統治能力】，天下紛紜，乃乘群雄大亂之秋，集衆用武。荷【用於書信中表示感謝的自謙語，同"承蒙"】皇天后土【指天地。古人認爲天地能主持公道，主宰萬物。晉李密《陳情表》："臣之辛苦，非獨蜀之人士及二州牧伯所見明知，皇天后土，實所共鑒。"】眷佑，遂平暴亂，以有天下，主宰庶民，今已三年矣。君生上古，繼天立極【繼承延續天神的權威主宰天下，樹立最高準則】，作烝民，主神功聖德，垂裕【爲後人留下功業或名聲】至今。朕典百神之祀，考君陵墓在此，然相去年歲極遠。朕觀經典所載，雖切慕于衷，奈稟性之愚，時有今古，民俗亦異，惟仰神君，萬世所法。特遣官奠祀于陵，聖靈不昧【不忘】，尚其納【尚且期望你接納我的奠祀。】焉！【此祭文繫朱元璋親撰，是太昊陵現存最早的御祭文，並鐫刻於碑。此碑今已立於太昊陵御碑亭。】

洪武十三年遣知州張密祭伏羲陵文

惟神功施于時，德裕後世。仰瞻陵寢，必當慎禮。朕有天下，首勑所司【首先命令掌管（祭祀）的官員。司，職掌，主管】，凡有古先帝王陵寢，常加修理，以附近人看守，常年祭祀，已有成式。尚慮追崇【追加崇敬之意】，禮有未至，故于三年秋祭，特致其嚴【尊敬之情，《詩經·商頌·殷武》：“天命降監，下民有嚴。”毛傳：“嚴，敬也。”】，神其鑒知。

洪武二年御製【帝王所作，亦指帝王所作之詩文書畫樂曲等】城隍廟文

帝王受天明命【聖明的命令。《禮記·大學》：“《太甲》：‘顧諟天之明命。’”《明史·景帝子·懷獻太子見濟傳》：“陛下膺天明命，中興邦家，統緒之傳，宜歸聖子。”】，行政教於天下，必有生聖之瑞。受命之符，此天示不言之妙，而人見聞所及者也。神司淑慝【猶善惡。《書·畢命》：“旌別淑慝，表厥宅里。”】，爲天降祥，亦必受天下之命。所謂明有禮樂，幽有鬼神，天理人心，其致一也。朕君四方【朕統治天下。君，主宰，統治。《書·説命上》：“天子惟君萬邦，百官承式。”】，雖明智弗類，代天理物之道，實切于衷，思應天命，此神所鑒而簡【辨別。《論語·堯曰》：“帝臣不蔽，簡在帝心。”】在于帝心者。君道之大，惟典神天【善待聖神與上天。《書·多方》：“克堪用德，惟典神天。”孔傳：“言周武能堪用德，惟可以主神天之祀，任天主。”】，有其

舉之承事。惟謹陳州城隍，聰明正直，聖不可知，固有超于高城深池之表者，世之崇于神者，則然神受于天者，蓋不可知也。茲以臨御【君臨天下，治理國政。《晉書·後妃傳下·康獻褚皇后》："當陽親覽，臨御萬國。"】之初典，天下更始，凡城隍之神，皆新其命。睠【同"眷"，顧念】茲州城靈祇【天地之神，亦泛指神明。《文選·張衡〈南都賦〉》："聖皇之所逍遥，靈祇之所保綏。"】攸主【長久居住。主，居住】，宜封曰：鑒察司民城隍靈佑侯。靈則隨感而通，祐則揚善以福。此固神之德，亦天之命也，司于我民。鑒于州政，享茲典祀，悠久無疆，主者施行。

明永樂元年遣官祭太昊陵文

自古有天下功德及民者，當享百世之祀。國家崇祀古者帝王，厥有常典【厥，乃。厥有，乃有】。今朕遵奉祖訓，奉天征討。即位之初，永惟【思念】聖帝明王【對伏羲皇的讚美之詞】陵寢所在，不可不敬。是用奉香、帛、牲、醴以祭。惟皇【君主，古代有三皇，秦漢以後稱皇帝。此指太昊羲皇】有治世之功在，安民之德，歷代雖遠，神靈不亡【神靈（羲皇的英靈）没有被遺忘。亡，通"忘"，遺忘】，其尚默賛玄化【聖德教化。《古今樂録》："玄化者，言上修文訓武，則天而行，仁澤流洽，天下喜樂樂也。"】。孚佑【信任保佑。《書·湯誥》"上天孚佑下民，罪人黜伏。"孚，信任】邦家，永臻太平之福。朕其敬祀，萬世無斁【yì,懈怠。《詩經·周南·葛覃》:“爲絺爲綌,服之無斁。”】。

【明成祖朱棣(1360—1424),朱元璋的第四子,在位23年。1402年推翻明惠帝自立,改元“永樂”。永樂元年,遣官往陳州代祀羲皇,以表尊崇之意。】

明弘治元年五月丁丑遣興安伯徐盛祭太昊陵文

於惟聖神【敬稱羲皇爲聖神,諱直呼羲皇之名】,挺生【挺拔生長,亦謂傑出。《後漢書·西域傳》:“靈聖之所降集,賢懿之所挺生。”】邃古【遠古】,繼天立極【樹立最高準則。明唐順之《廷試策》:“陛下敬一以昭事,中立而立極。”】,開物成務【指通曉萬物的道理並按照這一道理行事而得到成功。《易·繫辭上》:“夫《易》,開物成務,冒天下之道,如斯而已者也。”孔穎達疏:“言《易》能開通萬物之志,成就天下之務。”】,功化之隆,惠利萬世。兹予祇承【猶祇奉,敬奉。《書·大禹謨》:“文命敷於四海,祇承於帝。”】天序【帝王的世繫。漢武帝《元狩六年封齊王策》:“朕承天序,惟稽古建爾國家,封於東土世爲漢蕃輔。”】,式修明祀【遵循祭祀之式祭祀神明。式,程式、規格。修,遵循】,用祈鑒佑,永祚我邦家。尚饗【亦作“尚享”。舊時祭文的結語表示死者來享用祭品之義】!

【明孝宗朱祐樘弘治元年(1488)登基,當年五月就欽命興安伯徐盛到陳州代爲祭祀羲皇,敬祈羲皇保佑家邦】

弘治十四年遣知州白思義祭太昊陵文

昔者奉天明命,相繼爲君,代天理物,撫育黔黎【即黔首和黎民的合稱。黔首，謂萬民，古代稱平民百姓，與黎民、庶民義同】。**彝倫攸序**【彝倫，天地人之常道。攸序，即攸敘，長遠地傳敘。《書·洪範》："我不知其彝倫攸敘。"】，**井井繩繩**【有條理，連續不斷。井井，亦作井井有序。繩繩，綿綿不絕，《詩經·周南·螽（zhōng，音中）斯》："宜爾子孫，繩繩兮。"】，**至今承之，生民多福。思不忘報，兹特遣使，齎**【jī，遣送，呈上。《周禮·春官·小祝》："及葬，設道齎之奠，分禱五祀。"】**捧香帛，祗命有司，詣陵致祭。惟帝英靈，來歆**【xīn，饗（通"享"），義同"來享"。《左傳·僖公三十一年》："鬼神非其族類，不歆其祀。"杜注："歆，猶饗也。"】**來格**【來臨，降臨。格，至。《禮記·月令·孟夏之月》："行春令，則蝗蟲爲災，暴風來格，秀草不實。"劉洪《福會全書·蒞任·到衙門》："神其聽之，來格來歆。"】。

嘉靖三十五年八月丁亥遣河南撫按潘恩孫昭祭太昊陵文

惟神奉天撫世，奠境【奠定疆域，建立王朝】保民，聖德神功，萬世攸賴。兹者，適因地震，致將河南懷慶等二府衛，陝州、靈寶等五縣，城垣壞損，官民房舍倒塌，壓死人口不計其數。守臣具實上聞，朕不勝惶惻。兹遣大臣，敬齎香帛，往詣祭告。伏冀聖靈鑒佑，默相化機【默默察看，轉化時機】，轉災爲祥，地方其永依庇焉。謹告。

明萬曆三十一年歲次癸卯八月甲申朔越祭日戊戌遣開封府陳州知州羅林祭太昊陵文

追繼明德，奉天撫民，盛治弘勳【昌明的政治，宏偉的功勳】，萬世永賴。陵寢所在，英爽如存。兹特遣使，齎奉香帛，祗命有司致祭，惟神鑒歆，尚饗。

清順治八年歲次辛卯四月丁未朔越七日癸丑皇帝遣太常寺卿【專爲司祭禮樂之官】段國章致祭于太昊伏羲氏曰：自古帝王受天明命，繼道統【儒家學術思想的繫統。《宋史·道學傳三·朱熹》：“嘗謂聖賢道統之傳散在方册，聖經之旨不明，而道統之傳始晦。”元謝端《加封孔子父母制》：“原道統則堯授舜，傳之周文王。”】而新治統。聖賢代起，先後一揆【同一道理。揆 kuí，準則，道理。《孟子·離婁下》：“地之相去也，千有餘里，世之相後也，千有餘歲，得志行乎中國，若合符節。先聖後聖，其揆一也。”】。功德載籍，炳如日星。朕誕膺天眷，紹纘丕基【繼承極大的基業。紹纘 zuǎn，二字同義，亦作“纘紹”，繼續，承襲。丕，大】。景慕前徽【前人的美德】，圖追芳躅【希圖追隨前代聖哲的行跡】。明禋【明敬。指明潔誠敬的獻享。《書·洛誥》：“伻來毖殷，乃命寧予以秬鬯二卣。曰明禋，拜手稽首休享。”蔡沈《書集傳》：“明，潔；禋，敬也，以事神之禮事公也。”禋，yīn】大典，亟宜肇慶【肇開隆重的典禮儀式】。敬遣耑【zhuān，同“專”】官，代將牲帛，爰修殷薦【用殷盛之樂祭祀上帝（太昊伏羲氏）】之誠，用展儀型【亦作“儀刑”，做楷范,做典范。《元典章·禮部·三祭祀》:"以上自古繫忠義直烈,儀刑後世,讚揚風化者,故歷代載於祀典。"】之志。伏惟格歆,尚其鑒享。

【愛新覺羅福臨(公元 1638—1661),年號順治,爲清世祖。六歲即位。順治八年(公元 1651 年)四月,欽命官員到太昊陵代祭羲皇。】

祭唐贈太尉趙公文

維熙寧【宋神宗年號】七年九月丙申朔二十八日癸亥,具官【唐宋以後,在公文函牘或其他應酬文字上,常把應寫明的官爵品級簡寫爲"具官"】某謹以清酌【古代稱祭祀用的酒。《禮記·曲禮》下:"凡祭宗廟之禮……酒曰清酌。"孔穎達疏:"酌,斟酌也。言此酒甚清澈,可斟酌。"】庶羞【多種美味佳餚。《儀禮·公食大夫禮》:"上大夫庶羞二十,加于下大夫以雉兔鶉鴽。"胡培翬《正義》引郝敬云:"肴美曰羞,品多曰庶。"】之奠,敢昭告于唐贈太尉趙公【即趙犫,詳看本志《人物志》卷】。有唐之季【季,指一個時期的末了】,大盜【指黃巢、王仙芝起義】移國【篡奪國家政權。《後漢書·光武帝紀贊》:"炎正中微,大盜移國。"】,封豕長蛇【封豕,大豬。指大豬貪饞,長蛇凶毒。比喻貪婪兇狠的人。亦作"封豨修蛇"。《左傳·定公四年》:"吳爲封豕長蛇,以薦食上國。"漢劉安《淮南子·修務訓》:"吳爲封豨修蛇,蠶食上國。"】,殘暴茲土,生民塗炭,城邑丘墟。公于爾時【猶言其時或彼時】,獨保孤壘,攻圍幾年,浴血百戰,陳之遺黎,竟脫賊口。兄弟三人【趙犫、昶、珝】繼登將相,並有功德著于此邦,而其像貌晦于闇壁,邦人不知，久不克享。某祗膺【敬受。唐劉禹錫《賀皇太子受册箋》："祗膺詔册，光啟儲闈。"】朝命，再來領藩。惟公忠烈，能捍大患，寫之繪素【在白紙上繪畫，引申爲圖畫】，神氣凜然。乃建祠堂，式薦時事【按照典式獻上祭品。時事，原指諸侯、大夫對天子的四時貢職。後泛指貢品】。夫封爲上公，祝爲貴神。春秋之義，禮典攸著，奉之廟食，永世無斁。尚享。

祭絃歌臺文　吳　悌御史

嗚呼！夫子之聖，天不可階【攀登，升登。典出自《論語·子張》："陳子禽謂子貢曰：'子爲恭也，仲尼豈賢於子乎？'子貢曰：'君子一言以爲知，一言以爲不知，言不可不慎也。夫子之不可及也，猶天之不可階而升也。'"】，夫子之厄，日月之霾，則陳蔡之事【見下文《祭弦歌臺文》注】又何足損夫子之聖哉！昔舜入山澤，雷雨弗迷。夫子在陳，絃歌書詩，譬之天地晦冥【昏暗，陰沉。《史記·高祖本紀》："是時雷電晦冥，太公往視，則見蛟龍於其上。"】萬變，太虛【謂空寂玄奥之境，亦指宇宙，天空。南朝梁沈約《均聖論》："我之所久，莫過皇羲，而天地之在彼太虛，猶軒羲之在彼天地。"】湛然，起滅如幻，世之一切事變，豈能爲孔虞患乎？嗚呼！厄臺有隣太昊之宅，二聖相望，百王所則【百王所仰慕的楷模】。悌等式陳時奠，有馨惟德，精爽【魂魄。清王式丹《於忠肅公墓》："相望鄂王精爽在，靈旗蕭颯暮山空。"】在天，陟降【升降，上下。《詩經·大雅·文王》："文王陟降，在帝左右。"朱熹

注:"蓋以文王之神在天,一升一降,無時不在帝之左右,是以子孫蒙其福澤,而君有天下也。"】有赫,尚饗。

祭絃歌臺文　潮陽林大春僉事

惟師志在東周,轍環天下【喻周遊天下。唐韓愈《進學解》:"昔者孟軻好辯,孔道以明,轍環天下,卒老於行。"】,道大莫容,絃誦于野【《史記·孔子世家》:"孔子遷於蔡三歲,吳伐陳。楚救陳,軍於陳父。聞孔子在陳、蔡之間。楚使人聘孔子。孔子將往拜禮,陳、蔡大夫謀曰:'孔子賢者,所刺譏皆中諸侯之疾。今者久留陳蔡之間,諸大夫所設行皆非仲尼之意。今楚,大國也,來聘孔子。孔子用於楚,則陳、蔡用事大夫危矣。'於是,乃相與發徒役圍孔子於野。不得行,絕糧。從者病,莫能興,孔子講誦弦歌不衰。子路愠色見曰:'君子亦有窮乎?'孔子曰:'君子固窮,小人窮斯濫矣。'子貢色作。孔子曰:'賜,爾以予爲多學而識之者與?'曰:'然。非與?'孔子曰:'非也。予一以貫之。'孔子知弟子有愠心,乃召子路而問曰:《詩》云:'匪兕匪虎,率彼曠野。'吾道非邪? 我何爲於此? 子路曰:'意者吾未仁邪? 人之不我信也。意者吾未知邪? 人之不我行也。'孔子曰:'有是乎! 由,譬使仁者而必信,安有伯夷、叔齊? 使知者而必行,安有王子比干?'子路出,子貢入見。孔子曰:'賜,《詩》云:匪兕匪虎,奉彼曠野。吾道非邪? 吾何爲於此? 子貢曰:'夫子之道至大也,故天下莫能容夫子。夫子蓋少貶焉?'孔子曰:'賜,良農能稼而不能穡,良工能巧而不能順。君子能修其道,綱而紀之,統而理之,而不能容。今爾不修爾道而求爲容。賜,而志不遠矣。'子貢出,顏回入見。孔子曰:'回,《詩》云:匪兕匪虎,率彼曠野。吾道非邪? 吾何爲於此?'顏回曰:'夫子之道至大,故天下莫能容。雖然，夫子推而行之；不容何病，不容然後見君子！夫道之不修也，是吾醜也。夫道既已大修而不用，是有國者之醜也。不容何病，不容然後見君子！'孔子欣然而笑曰：'有是哉，顏氏之子！使爾多財，吾爲而宰。'"】，遺跡千古，懷古感時，瞻仰無窮，謹以牲、帛、醴、齊粢盛【也作"齊盛"，祭品，指盛在祭器内之黍稷（穀物）。《左傳·桓公六年》："粢盛豐備"。粢 zī，黍稷的別名】庶品，式伸明薦【進獻盛大的禮樂。《易·豫》："先王以作樂崇德，殷薦之上帝，以配祖考。"王弼注："用此殷盛之樂薦祭上帝也。"殷，盛大；薦，獻】。尚享。卒日，"明"字易"殷"字。

祭宋包孝肅公文　王堯封

惟神忠孝植【培植，樹立，建立】倫，嚴明蒞治，正色【端莊嚴肅】朝端，河清比瑞，所至興鋤，閻羅並毖【謹慎，告誡】。監糅此邦，廟廊實翯，傳單未詳，歷有載志。今兹仲秋，特陳醴饎，英爽如存，牖【通"誘"。孔穎達疏："牖與'誘'占字通用，故以爲導也。"開導，誘導。清魏源《客懷》詩之四："幸遇廣成子，牖我先天方。"】我弘庇。尚饗。

祭宋岳武穆文　前人

惟神兩間【謂天地之間。指人間。韓愈《原人》："形於上者謂之天，形於下者謂之地，命於其兩間者謂之人。"】正氣，一代精忠。宋室南渡，中原亂叢。此邦不禄，盜賊遞【dì，交替，輪流。

梁啟超《論變法必自平滿漢之界始》："自大地初有生物，相爭相奪，相搏相噬，遞爲强弱遞爲起滅。"】攻。經營克復，寔繁公功。權奸搆陷，公且殞躬。懷德景行，追悼無窮。仲秋薦享，憲、雲【岳飛愛將張憲和長子岳云】並從。既恊【通"協"】崇報，亦寫怨恫。英靈如在，庶我監薦。尚享。

祭四賢祠文　　河東翟師雍憲副

余聞之《禮·祭法》曰："能捍大患【抵禦重大的禍患、災難】則祀之。"以余所稽四公【明劉思溫《四賢祠碑》："漢之汲長孺，宋之范文正公，包孝肅公，而岳忠武王也。何以祀，曰是皆有功於陳者也。"詳見本志《藝文·四賢祠記》】于陳，非所謂能捍大患者耶？或以文飭治，著循良【義同"循吏"，謂奉公守法之官吏】之蹟；或以武戡亂，成蕩平之功；或以法繩奸宄【guǐ，作亂或盜竊的壞人。《書·舜典》："蠻夷猾夏，寇賊奸宄。"《國語·晉語六》："亂在内爲宄，在外爲奸。"】豪右之黨，千載而下，遺澤洋洋，猶可令人傾仰。而顧特祀未修，豈利之而不庸耶！抑惑于非鬼而未之思耶？舍此不祀，乃于一切不正之神，是崇是奉，則于神爲不祥，于是爲非禮，于德爲慂義【違反道義。慂，違背。《詩經·大雅·假樂》："不慂不忘，率由舊章。"】，余心甚鄙之。今者，剏【"創"的古字】建四公祠于此，命有司春秋舉祀，著爲令典，匪直明祭法，且示宦斯土者，知景行也。嗚呼！四公異世而同神。余也曠世而相感,嘉忠心之耿耿,貫金石以不磨,羨正氣之堂堂,塞天地而不渙,生既爲正人,殁當爲大神,其保國佑民,定非鮮尠【xiǎn,同"鮮",少。二字迭用,表示很少之意】,而豈與世之妄徼【yāo,求取】非福者,可同日語哉? 瞻廟貌之鼎新,知英爽之既妥【安坐。周代祭祀祖先的禮制。《儀禮·士相見禮》:"妥而後傳言。"鄭注:"妥,安座也。"《詩經·小雅·楚茨》:"以妥以侑,以介景福。"】,敬陳詞而列牢【陳列祭祀品。牢,古代祭祀用的牛、羊、豕三牲。牢有"太牢"(牛羊豕具備三牲者)、"少牢"(只用羊豕二牲者)之分】,冀陟降于几筵【猶"几席"。《周禮·春官》:"有司几筵。"專掌五几五席的名稱種類,辦其用處與陳設的位置。几席乃祭祀的席位,後亦因以稱靈座】。尚享。

清祭睢陳道蔡公文　　大興方于光陳太守

嗚! 維我公視履【觀察其行爲。《易·履》:"上九,視履考祥。"孔穎達疏:"視其所履之行善惡得失,考其禍福之徵祥。"】夙稱強幹,意量極爲弘遠,未竟之事業莫殫之,道力正殷遥未艾【修養的功力正盛,遠沒有終止。殷,盛,大。艾,止,盡】,何遽【亦作"何渠"、"何詎"。如何,怎麼】梁木【棟梁。比喻能負重任的人才】哲人抱痛耶! 豈全道而歸,正性而返,生死齊若一致耶。嗚呼! 豈信然也,益可痛也。公生而穎異,文章之譽噪于一時,聯翩【喻科舉順利】而捷。公不以科名重,而科名直得公以爲重,筮仕【古人將出外做官,先占卜問吉凶。

筮，shì，用蓍草占卜】天台【謂尚書臺，亦指對太守、縣令等地方長官的尊稱】，方值江東蠢蠢多故，大非尋常循途守轍【亦作"循塗守轍"。遵守規矩。宋朱熹《答方賓王書》："循途守轍，猶言循規蹈矩云爾。"】之吏所能勝任，愉快而公幹略優長【治事的才能與謀略優異，傑出】，計擒山澤之渠魁【亦寫作"魁渠"，古代稱敵對方的首領】，削平海隅之禍亂，爾乃殖田疇，誨子弟，課農桑，厚衣食，掃除夙弊，蕩滌繁苛，拯濟流離，勤恤荒政。七年善政，再造台邑。天子嘉其能，擢爲起部【官署名。晉武帝置起部郎。南北朝時，宋、齊、梁、陳有起部尚書，掌管宗廟宮室的建築事宜，工程完成后即行撤銷。隋以後改稱工部，後以代稱工部】尚書郎。初典大工材用而夙夜祇畏，丹艧備舉，再視通惠【即通惠河，在元都水監郭永敬規劃開鑿】漕渠【漕運的管道】，而拮据【本指鳥築巢，口足勞苦。《詩經‧幽風‧鴟鴞》："予手拮据。"後以喻艱難困頓或境況窘迫】爲勞，安瀾【波浪平靜。比喻時世安定】底績，三椎龍江緡【mín，穿錢的繩索，借指成串的銅錢，亦泛指錢。】筭【古代計算的工具，即"算籌"（計算的籌碼）多次商榷龍江的錢財數目】而蒿目【舉目遠望。《莊子‧駢拇》："今世之仁人，蒿目而憂世之患。"】持籌，商旅蒙休，國計不匱。且歲在己亥，海氛【海上雲氣。喻海盜猖獗的氣氛】直逼石城，公以權政之餘，能佐制府軍機，裕士馬糧糗【炒成的穀麥等穀物】，俾大江以南危而復安，恢恢【廣闊】經濟，特其一班也。迨觀察睢陳，生平願力遂以大展。蓋所主者，聖賢愛民之學所誓者，屋漏不欺之心，事無巨細，必躬必親，午夜勤劬【qú，勞苦】，不遑【閑暇。《詩經·小雅·四牡》：“王事靡盬，不遑啓處。”毛傳：“遑，暇。”】寧處，接物以和，守己以介清畏人。知晝之所爲，夜可以告于天，甚惡夫稂莠【稂、莠都是形似禾苗的害草，常比喻壞人】之壞，我嘉禾也。誅鋤之念者折不回，甚慮夫疾痛之壅于上聞也。一切愚夫愚婦隱微難白之情，皆得造膝而語。居之一年，頌聲作，二年政教成，三年淪肌浹髓【淪，深入。浹，浸潤，和協。《漢書·鄒陽傳》：“上有全亡功，下有安百姓之名，德淪於骨髓恩加於無窮。”】，吏肅民熙，梁宋之間治號近古。而公欣然一念，唯守之以精純，出之以敦謹。自甲辰冬至乙巳夏攝行憲長事，更剔歷糾虔，誠亮罔懈。所全活者數千人，所昭白者數千人，持平聽政，迄無冤獄，然志訣身殲不自知其勞且瘁矣。一旦疾作，七日而徑不起，平昔强固精明，屹然如山岳，豈七日所能磨滅哉。嗚呼！自强不息者，志幽獨傷人者，神也。獨異易簀【zé，床席。源於《禮記·檀弓上》，稱人病重爲“易簀”】之際，囊無餘資，衣棺不必備，乃遺囑絶不及家事，每時時以憂民愛國之志多有未就爲恨，神全色定絶而復甦者三，而神氣之清發，言之侃侃如一也。嗚呼！非學有定力、見道之真、知命之素，烏能絶遠于文章，功名之士以霄壤耶。嗚呼！公之治行德業經濟人品如此，哲胤【聰明的後輩。胤，後代】抱姿英偉相枝相繼，森發皆足以昌熾【昌盛，繁榮】來葉，光大前徽【前賢美好品德】。又如此直可謂之全而歸，而睢陳二十餘城，聞公之歿如喪考妣，家爲之位，相向而哭者累日，天道可知，而不可知民情難得而不難得也。光誼明寮寀【官舍，引申爲官的代稱】之末，心儀長者之行，沐浴于和平之中，而涕零于屬纊【kuàng，《禮記·喪大記》：“屬纊以俟絶氣。”謂用新綿置於臨死者鼻前，察其是否斷氣。亦指臨終】之際，悼天意之不愁遺【願意留下，遺留。愁 yìn，寧願，何不。《詩經·小雅·十月之交》：“不愁遺一老，俾守我王。”後以“天不愁遺”作爲哀悼老臣之辭】痛大，還之無其術，抆淚陳詞，神具來格。夫公之精神流于天壤，足以不朽，雖死之日猶生之年，其亦可以無憾也哉！

古　文

唐太尉趙公祠堂記　張平方【應爲“張方平”】

唐有天下三百年，其間大盜三發：明皇天寶【唐玄宗李隆基年號】末，安禄山反范陽【安禄山（公元？—757 年）。唐營州柳城奚族人。本姓康，初名軋犖山。母嫁突厥人安延偃，更姓名爲安禄山。通曉諸族語言。李隆基時，官平盧、范陽、河東三鎮節度使。天寶十四年冬在范陽起兵叛亂，先後攻陷洛陽、長安，稱雄武皇帝，國號燕，建元聖武。至德二年春，爲其子慶緒所殺。新、舊《唐書》有傳】，長驅陷兩都【西都長安，東都洛陽】，河北河南關輔【京畿（國都所在地及其官府所管轄的地區）爲輔，亦稱京輔】罹其禍。德宗建

中【唐德宗李適(kùo)年號】末，朱泚【cǐ】乘涇師倉卒之變【朱泚
(公元742—784年)，唐幽州昌平人，任盧龍節度使。建中三年其弟朱
滔叛唐，泚被免職，赴長安，以太尉銜留長安嘩變。次年，涇原節度使
姚令言軍在長安嘩變，德宗奔奉天。姚軍擁泚爲帝，國號大秦，年號應
天。不久改爲漢，改元天皇，與朱滔相應。興元元年，唐將李晟收復長
安，泚出逃爲部將所殺。詳見《新唐書·朱泚傳》】以肆凶，逆兵不
出畿甸【京城地區】，尋敗亡。僖宗乾符【唐僖宗李儇年號】初，
草寇王仙芝、黄巢【唐山東曹州寃句人。乾符二年，聚衆回應王仙
芝起義。仙芝死時，巢收集其衆，被推爲首，號衝天均平大將軍。五年
率兵南下，所戰皆捷，衆至數十萬人，次年攻破廣州。復北上，七月渡
江，破東都洛入長安，建立大齊政權，年號金統。後因内部分裂，又屢
爲沙陀族李克用軍所戰敗。中和四年，退至山東泰安狼虎谷，被圍自
殺。新、舊《唐書》皆有傳】、秦宗權【《新唐書·秦宗權傳》："秦宗權，
蔡州上蔡人，爲許牙將(軍中的中下級軍官。《舊唐書·秦宗權傳》：
"秦宗權者，許州人，爲郡牙將。")。巢涉淮，節度使薛能遣宗權蒐兵淮
西，而許軍亂，殺能。宗權外示赴難，因逐刺史，據蔡以叛。……後巢
死，秦宗權始張，株亂遍天下。"秦宗權在中和三年叛，居六年而與其妻
趙俱誅於汴】相踵作亂，流毒乃遍天下。起曹濮【山東曹州、
河南濮陽】，襲荆漢，破江淮，殘閩嶺【福建】，東極海岱【東海
泰山一帶】，北越河遂【黄河】，蕩覆京邑，剽掠歧隴【甘肅】，
所至無噍類【活着的人。噍jiào，嚼。《漢書·高帝紀上》："項羽爲
人慓悍禍賊，嘗攻襄城，襄城無噍類，所過無不殘滅。"顔師古注引如淳
曰"類無複有活而噍食者也。青州俗呼無子遺爲無噍類"】，城府爲

丘墟，榛莽千里，煙火斷絕，糧食既盡，啗【dàn，吃。"啖"的異體字】人以飽。列巨碓【大的舂米用具】數百，納人臼中，糜腐而食，名爲舂【chōng，搗除穀類外殼】磨。砦【zhài，安營扎寨。《舊唐書·黃巢傳》："時京畿百姓皆砦於山谷，累年廢耕耘。"】軍【砦軍，駐紮的軍隊】行，則監屍以從，指鄉聚【鄉村】曰："尚有人焉，吾衆何患飢也。"惴惴遺黎，靡所寄命。于時惟朱全忠據汴，趙犨【詳見本志卷七《人物·武功·趙犨傳》】兄弟保陳，門之外即爲賊境。汴去賊差遠，全忠兵力足以自固。陳被攻圍，勢孤衆寡，爲犨難矣。初，巢入長安，朝廷除【拜官】犨陳州刺史。始領事，策巢出關必犯陳，即繕完以待。既而巢果東奔趨項，犨擊擒其愛將孟楷，賊盛怒，志必屠陳以逞。合兵數十萬圍其城，疏塹【疏鑿護城河】五周，百道攻迫，犨以飢疲之衆，無日不戰，曆三百日，竟全危城。巢以此師老不振，卒潰滅。論者紀忠烈之士，名多重于死事，功每減於生全。夫忠臣烈士志義所有，豈無意于死生之際也。幸不幸從焉爾！肅宗乾元中，陳州刺史尚死于史思明【公元? —761 年。突厥族，唐寧州人。原名窣（sū）干，唐玄宗賜名爲思明。與安禄山同里，相善，天寶十四年安禄山反唐，史思明率部前驅，攻入長安。後安禄山爲其子慶緒所殺，史思明殺慶緒，自稱燕帝。肅宗上元二年被其子朝義所殺。新、舊《唐書》有傳】之難。後蒙褒贈，至今廟食于陳。趙公全城保民，享受寵命，顧其功名反出于死事者下，兄弟

三節度【指趙犨、趙昶、趙珝。"一家三節度,相繼二十餘年,陳人宜
之。"(《新唐書‧高趙田朱列傳》)】皆著勳于王室,並終于僖昭
【唐僖宗李儇、唐昭宗李曄】之世,而唐史不書。德朱全忠之
救以解其圍,故事之謹然未嘗北面于梁,而《梁史》書
之,史官無法,筆削兩失。明朝【盛明之朝。古詩文中常稱本
朝爲明朝】重修《唐書》,方爲立傳,昶【本志《人物‧武功》云:
"唐趙昶,字大東,犨之弟也。"】、珝【本志《人物‧武功》:"唐趙珝,字
有節,犨季弟也。"】附焉。《梁書》謂珝爲弟,《新書》【《新唐
書》】以珝爲子。犨自有二子:麓、巖。意者,珝其弟也。
熙寧三年,余守淮陽,州學教授蘇轍爲余言,趙太尉有
畫像在開元寺東廡僧院以聞之,不早尋,被代不及見。
七年,復被命領州,往瞻其像,在殿之隅闇壁閣下,晝日
不以燭不見也。公歿于龍紀【唐昭宗李曄年號】中,距今百
九十年,陳人莫知遺像之存于此。適隣有空院,一堂巋
然,嚮明高爽,因命工葺飾,表爲祠堂,繪素鼎新,神氣
如在。《禮‧祭法》曰:"能捍大患則祀之。"若太尉者,
可謂能捍大患,宜列于法祀者矣。故封爲上公,祀爲大
神。聖人立教,著在禮典【禮法。《周禮‧天官‧大宰》:"三曰
禮典,以和邦國,以統百官,以諧萬民。"】。祠堂既立,爲率僚屬
陳饋奠,乃告所司,春秋薦【祭祀時獻牲。亦指祭品。魯迅《自
題小像》:"寄意寒星荃不察,我以我血薦軒轅。"】時,事比羣祀,以
其二弟從。又爲鑱【chán,刻】《新書》本傳于石,立于堂之

東楹【廳堂東側的柱子】，使陳人知遺育之至于今，公之力也。時，大宋熙寧【宋神宗年號】七年，歲在甲寅九月十三日記。

庭莎記　晏　殊

介清思堂中，讌亭之間隙地，其縱，十八步；其横，南八步，北十步。以人跡之罕踐，有莎【草名，即莎草。多年生草本植物。多生於潮濕地區或河邊沙地。夏季開穗狀小花，赤褐色。地下有細長的匍匐莖，並有褐色膨大的塊莖，稱"香附子"，可供藥用】生焉。守護之卒皆疲癃【謂衰老龍鐘或有殘疾的人。癃 lóng】者，芟薙【shān tì，割草，薙，同"剃"】之役勞于夏畦。蓋是草耐水旱，樂延蔓，雖拔心隕葉【抽出其心，毀壞其葉】，弗之絶也。予既悦草之蕃蕪【滋長茂盛。鄭觀應《盛世危言治河》："蓋沙漠之地，半皆死水，未及耕耘，即有草木蕃蕪，不足供芻牧。"】，而又憫卒之勤瘁，思唐人賦詠間，多有種莎之説，且兹地宛在崇堞【高高的城墙上。堞，城上如齒狀的矮墙】，車馬不至，弦匏【琴瑟、笙竽之類。借指樂器。匏 páo，八音（金、石、土、木、竹、絲、匏、革）之一】不設，柔木皆【應爲"嘉"】卉【張衡《思玄賦》："桑末寄夫根生兮，卉既凋而已育。"】，難于豐茂，非是草也，無所宜焉。于是，傍西墉【yōng，高墙】，畫修徑，布武【足跡分散不重迭。武，足迹】之外，悉爲莎場。分命騶人【開道引馬的騎卒。騶 zōu，主駕車馬的小吏或給貴族掌管車馬的人】，散取增殖，凡三日乃備。援之以丹楯【紅色欄杆。楯 shǔn，欄杆】，澆之以甘井，光風【雨過天晴時的明鏡景象。唐權德輿《古樂府》："光風澹蕩百花吐，樓上朝朝學歌舞。"】西泛，纖塵不驚。嗟夫！萬彙之多，萬情之廣，大含元氣【指天地未分前的混沌之氣，亦泛指宇宙自然之氣。唐陳子昂《諫政理書》："元氣者，天地之始，萬物之祖。"】，細入無間，罔不稟和，罔不期適，因乘而晦用。其次區別而顯仁，措置有規，生成有術，失之則斁【dù，敗壞】，獲之則康，茲一物也，從可知矣。乃今遂二性之域，去兩傷之患。偃藉吟諷【仰臥吟誦】，無施不諧然，而人所好尚，世多同異。平津客館，尋爲馬廄；東漢學舍，間【瞬間】充園蔬，彼經濟所先而污隆【地形之高下。晉潘岳《西征賦》："憑高望之陽隈，體川陸之污隆。"】匪一。矧【shěn，況且，何況】茲近玩，庸【庸下，自謙之辭】冀永年。是用刊【雕刻】辭，琬珉【琬 wǎn，美玉；珉 mín，似玉之石。《荀子·法行》："故雖有珉之彫彫，不若玉之章章。"】庶通。賢君子知所留意，儻【同"倘"，如果，倘若】與我同好，庶幾不剪也。

【晏殊（991—1055）字同叔，撫州臨川（今江西撫州）人。宋真宗景德年間，十三歲時，即以神童召試，賜同進士出身。《庭莎記》是他在知陳時寫的一篇散文】

作文論　張　耒

　自《六經》以下，至于諸子百代騷人辯士論述，大抵皆將以爲寓理之具也。故學文之端，急于明理。如知文而不務理，求文之士，世未嘗有也。夫決水【疏通水道】于江河淮海也，順道而行，滔滔汩汩【gǔ gǔ，形容水流動的聲音】，日夜不止，衝砥柱【黃河激流中的砥柱山，借指山陵】，絕呂梁，放于江湖而納之海，其舒爲淪漣【微波】，鼓爲波濤，激之爲風飆，怒之爲雷霆，蛟龍魚鱉，噴薄出没，是水之奇變也。水之初豈若是哉！順道而決之，因其所遇而變生焉。溝瀆【小河溝】東決而西竭，下滿而上虛，日夜激之，欲見其奇。彼其所至者，蛙蛭之玩耳【是青蛙、螞蝗遊戲之處罷了。蛭，水蛭，俗稱螞蝗，居池沼或水田中】。江河淮海之水，理達之文也，不求奇而奇矣。夫激溝瀆而求水之奇，此無見于理，而欲以言語句讀爲奇，反覆咀嚼，卒以無有文之陋也。【《作文論》節選於《答李推官書》。他認爲文章應是"寓理"的工具，是人們内心感受的反映。他强調"文章之於人，有滿心而發，肆口而成，不待思慮而工，不待雕琢而麗者，皆天理之自然而情性之道也。"文章以"決水之奇變"和"激溝瀆而求水之奇"作比照，反映了作者的自然天成的創作主張和厚積薄發的學習途徑】

治水策問【以經文或政事等設問以試士】　陳　寔

陳之爲州，舊矣。而近歲以來，以水爲憂。秋夏之間，四顧百里，不見涯涘【水邊，邊際。《莊子·秋水》："今耳出於涯涘，觀於大海。"】。議者有謂：浚八丈之渠，達之可紓

【shū，解除，排除】今日之憂，而潁人【潁川人。潁，古地名位於河南登封縣東，潁水以北。本爲春秋周邑，後屬鄭，秦時屬潁川郡，晉時屬許昌】不善也。議者又謂：潁不與陳同利共患，過爲異論，豈其然哉。願聞潁之所以不利，以告有司而定其論。

妙德先生傳　袁粲

有妙德先生，陳國人也。氣志淵虛【沉静而無欲】，姿神清映【清秀明潔。映，同“暎”。明陳繼儒《李公子傳》：“公子方十九，眉目清暎，紫衣白馬，宛如神仙。”】，性孝履順，栖冲業簡【亦作“棲冲業簡”。見《宋書·袁粲傳》。謂安於淡泊簡樸的生活】，有舜之遺風。先生幼夙多疾，性疎懶，無所營向【“向”當作“尚”。《宋書·卷八十九列傳》：“妙德先生，……無所營尚。”】，然九流【先秦的九個學術流派：儒、道、陰、陽、法、名、縱橫、雜、農，凡九家】百氏【猶言諸子百家。《漢書·敘傳》：“凡《漢書》，敘帝皇，……緯六經，綴道綱，總百氏，贊篇章。”】之言，雕龍談天【雕龍，雕刻龍紋。比喻善於修飾文辭或刻意雕琢文字。談天，戰國齊陰陽家鄒衍其語宏大迂怪，故稱“談天”。漢劉向《別録》：“騶衍之所言，五德始終，天地廣大，書言天事，故曰‘談天’。”後專指以天人感應解釋自然與人事的關係。語出《史記·孟子荀卿列傳》：“騶衍之術迂大而閎辯；奭也文具難施；淳于髡久與處，時有得善言。故齊人頌曰：‘談天衍，雕龍奭，炙轂過髡。’”】之藝，皆泛識其大歸【大要，大旨】，而不以成名。

家貧嘗仕，非其好也。混其聲跡，晦其心用，故深交或迕【wǔ，違背，抵觸】俗，察罔識所處，席門【以席爲門】常掩，三徑【西漢末，王莽專權，兗州刺史蔣詡告病辭官，隱居鄉里，於院中辟三徑，唯與求仲、羊仲來往。後常用"三徑"指家園。晉陶潛《歸去來兮辭》："三徑就荒，松菊猶存。"】裁通。雖揚子寂漠【揚雄，字子雲，西漢蜀郡成都人。"家貧，素耆酒，人希至其門"（《漢書·揚雄傳》）。故而晉左思在《詠史》詩之四寫道："寂寂楊子宅，門無卿相輿。寥寥空宇中，所講在玄虛。言論準宣尼，辭賦擬相如。悠悠百世後，英名擅八區。"】，嚴叟沉冥【嚴光，字子陵。早年與光武帝劉秀同遊學。劉秀奪得政權後，建立東漢王朝，他改名隱居。劉秀將他召到京城，任爲諫議大夫，他推辭不受，歸隱富春江。事見《後漢書·嚴光傳》。范仲淹任杭州知州時，在嚴光隱居處修建祠堂紀念他，祠成，范仲淹作《嚴先生祠堂記》一文，讚美他"雲山蒼蒼，江水泱泱，先生之風，山高水長"】，不是過也。修道遂志，終無得而稱焉。又嘗謂周旋人曰："昔有一國，國中一水，號曰狂泉，國人飲此水無不狂。唯國君穿井而汲，獨得無恙。國人既並狂，及謂國主之不狂爲狂。于是聚謀，共執國主，療其狂疾，火艾針藥，莫不備具。國主不任其苦，于是到泉所，酌水飲之，飲畢便狂。君臣大小，其狂若一，衆乃歡然。我既不狂，難以獨立，比亦欲試飲此水。"

李簡夫少卿詩集引　蘇　轍

熙寧【宋神宗年號】初，予從張公安道以弦誦教陳之士大夫【蘇轍因指斥王安石新法弊端而與執政者不和，不爲所用。熙寧三年，他的恩師張方平知於陳州，於是上書薦轍爲陳州教授】。方是時，朝廷以縣【通"徭"】役溝洫【xù，古井田制，城和城之間的水道。《周禮·考工記·匠人》："方十里爲成，成間廣八尺，深八尺，謂之洫。"後泛稱田間的水道爲"溝洫"】事，責成郡邑。陳雖號少事，而官吏奔走以不及爲憂。予獨以詩書諷議，竊祿其間【自謙之詞，爲祿位於官吏之間。祿，官位俸祿】，雖幸得脱于簡書【用於告誡、策命、盟誓、徵召等事的文書。亦泛指文牘】而出無所與遊，蓋亦無以爲樂也。時太常少卿【官名。秦置奉常，漢景帝六年改爲太常，爲九卿之一，掌管禮樂宗廟社稷事宜。至北齊，設太常寺，有卿、少卿各一人。後歷代因之】李君簡夫【見本志《人物》卷】，歸老於家，出入于鄉黨者，十有五年矣。間而往從之。其居處被服約而不陋，豐而不餘。聽其言，未嘗及世俗。徐誦其所爲詩，曠然【豁達。三國魏嵇康《養生論》："曠然無憂患，寂然無思慮。"】閑放【悠閒放任】，往往脱略繩墨【規矩，準則。漢張衡《思玄賦》："竦餘身而順止兮，遵繩墨而不跌。"】，有遺我忘物之思。問其所與遊，多慶曆【宋仁宗趙禎年號】名卿，而元獻晏公深知之。求其平生之志，則曰："樂天【白居易（772—846），字樂天，晚年號香山居士。他與元稹一起提倡新樂府運動，主張繼承《詩經》的"美刺"精神，所作《秦中吟》、《新樂府》等，同情人民疾苦，豐富了現實主義的内容。其平易通俗的詩歌風格以及他的"文章和爲時而著，詩歌合爲事而作"的創作主張，對後世的文學創作影響極爲深廣】吾師也。"吾慕其爲人而學其詩,患莫能及耳。予退而質其里人,曰:"君少好學,詳于吏道,蓋嘗使諸部矣。"未老而得疾,不至于廢而棄其官。其家蕭然,饘粥【《左傳·昭公七年》:"饘於是,鬻於是,以餬餘口。"饘 zhān,厚粥】之不給,而君居之泰然。其子君武,始棄官以謀養,浮沉里間【鄉里,民間】,不避榮辱。未幾,而家以足聞。陳人喜種花,比于洛陽,每歲春夏遊者,相屬彌月。君攜壺命侶,無一日不在其間,口未嘗問家事。晚歲其詩尤高,信乎其似樂天也。予時方以遊宦【謂離家在外做官。唐杜牧《柳長句》:"灞上漢南千萬樹,幾人遊宦別離中。"】爲累,以謂士雖不遇,如樂天,入爲從官,以諫爭顯,出爲牧守,以循良稱,歸老泉石,憂患不及其身,而文詞足以名後世,可以老死無憾矣。君仕雖不逮樂天,而始終類焉。夫又將何求?蓋予未去陳而君亡。其後十有七年,元祐【宋哲宗趙煦之年號】辛未,予以幸遇,與聞【謂參與其事且得知內情。《漢書·武帝紀》:"與聞國政而無益於民者斥,在上位而不能進賢者退。"】國政,禄浮于昔人【浮,與"沉"相對,飄在上層】,而令名不聞,老將至矣。而國恩未報,未敢言去,蓋嘗恐茲心之不從也。君之孫宣德郎公輔以君詩集來告,願得予文以冠其首。予素高君之行,嘉其止足【謂凡事知止知足,不貪得無厭。語出《老子》:"知足不辱,知止不殆,可以長久。"】而懼不能蹈【履行,遵循】也。故具道疇昔之意以授之。凡君詩、古律若干篇，分爲二十卷。

　　請免陳州添折見錢疏　　包　拯

　　臣聞知陳州任師中【陳州太守】昨奏，爲本州管下五縣，自去冬遇大雨雪，凍折桑棗等。并今年養蠶只及三五分，二麥不熟，全有損失。去處除擘畫【籌謀，處理】不放省稅外，只乞與免支移【宋納賦稅有固定處所，而以有餘補不足，而移此輸彼，移近輸遠，謂之"支移"。《宋史·食貨志上二》："賦稅之物其類有四：曰穀，曰帛，曰金、鐵，曰物產是也……其輸有常處，而以有餘補不足，則移此輸彼，移近輸遠，謂之'支移'。"】折變【宋代謂所征實物以等價改征他物。其入有常物，而一時所須，則變而取之，使其直輕重相當，謂之"折變"】。已奉聖旨，令京西轉運司【掌管糧食、財賦、軍需、食鹽轉運事務的官署名】相度聞奏。竊知本路【宋元時期行政區名稱。宋代的路猶明、清的省，元代的路猶明清的府】轉運司牒【發文，行文】陳州，令將今夏稅大小麥與免支移，只令就本州送納見錢【現錢。見，讀作"xiàn"】，却令將小麥每斗折見錢一百文，腳錢二十文，諸般頭子倉耗【舊時官府徵收錢糧時，以損耗爲名，在正額外例有附加部分，稱"耗"】，又納二十文，是每斗麥納錢一百四十文。況見今市上小麥每斗實價五十文，乃是于災傷年分，三倍誅剥貧民也。民間錢貨從何出辦，兼將客户等蠶鹽一斤一例，折作見錢一百文，又將此一百文，紐做小麥二斗五升，每斗亦令納見錢一百四十文，計每斤土鹽却納三百五十文。況一郡五縣，數十萬口，非常暴斂，小民重困，體實非便。乞特降指揮，令本州疾速依見今在市二麥實價，估定錢數，令民取便，送納見錢，或納本色【自唐末至明清，繳納的災物田賦，皆稱本色】。庶使京輔【即京畿。京都所在地及其行政官署所管轄的地區】近地有濟【得到救濟的】人戶稍獲蘇息，兼慮本路應繫災傷軍民，或有似此重行折變之處，亦乞特行勘會【同"勘當。"唐宋在公文中的用詞。含有議定、審核之義】。速賜指揮，若稍稽延，恐無所及。

舉陳州崔度助教疏　　張方平

伏【敬辭，古時臣對君奏言多用之。此處指以下對上的敬辭】見陳州州學教授【學官名。宋代除宗學、律學、醫學、武學等設置教授傳授學業外，各路的州、縣學均設教授，掌管學校課試等事，位居提督學事司之下】，試國子四門【封建社會時的教育管理機構。隋代改爲"國子監"，設國子、太學、四門、書學、算學等門。】助教【古代學官名。晉置，協助國子祭酒、博士教授生徒。其後國學中都設經學助教，稱國子助教、太學助教、四門助教、廣文助教】崔度，通經有文，周知世務，早因胡宿等舉應制科，召試秘閣【古代朝府王宮中藏書的處所】，不中選。韓琦【宋安陽人，天聖五年進士，官至樞密副使、副宰相】舉薦，盛稱其才。後緣張昇再奏，方得此助教名目。兩省近臣，多有稱薦者。度之術業，頗涉從

【通"縱"】橫,亦跅【tuò】弛【放逸不羈】之士也。切見每次科場,諸以舉數推恩者【施恩惠於他人】,亦便注官示不終棄。至如度者,賜之一官,不爲忝【自謙詞】冒【同"冒"】,伏望聖恩,特與採擢【提拔】,優加一命,以收遺逸【遺文散籍】。

又奏賦率數疏

臣昨自二月二十二日,赴任陳州。本州自今春以來少雨。近日,甚有人户披訴【陳訴。宋蘇軾《乞減價糶常平米賑濟狀》:"秋稅内定州只放二分,自臣到任後,累有人户披訴乞倚閣。"】旱災。今勘會本州四縣,合行【合在一塊】催納夏稅苗子七萬七千五百碩【通"石"dàn,容量單位,容十斗】有零,鹽錢一萬五千八百貫【舊時用繩穿錢,每一千文爲一貫】有零,正稅、屋稅、預買和買紬【同"綢"】絹三萬二百匹有零,絲綿四萬九千有零兩,又合行催納今年夏料青苗錢三萬一千七百貫有零,又合催納今年夏料免役錢二萬三千五百貫有零,又合催納去年倚閣【擱置,暫停】青苗錢三萬六千一百貫有零,又合催納去年秋料青苗斛斗【古量器名。斛hú,用於量糧食,古代一斛爲十斗。斗,用於量糧食,容十升】三萬九百碩有零,將來秋料諸色【種類,類别】合納錢、斛不在此數者。切以本州四縣共計二萬九千七百有餘户。今來只據夏料半年合納錢、斛、綢、絹共計二十四萬五千七百貫,疋【通"匹"】、碩,絲綿在外。自去年秋已係災傷,今春久旱，二麥所收分數甚少。除夏税苗子，見係人户披拆，已蒙特旨體量除放。聖恩寬大，民心感悦。自餘紬絹絲綿久例常賦，據數當行催納外，其免役錢准新法諸災傷地分第四等以下人户，應納役錢者，如饑貧無以送納，委本州縣保，明申提舉【官名。宋時樞密院編修敕令所有提舉，宰相兼。又有提舉茶鹽、提舉水利等官】司。本司體量，請實于役錢數内，量分數或全與免放。今雖第三等以上人户，猶多不濟之家，第四等以下户，豈復更堪賦率。伏望聖慈，第四等以下人户免役錢，别降恩旨，特與放免。又去年秋及今年夏兩料青苗錢斛數目不少。若令納錢，民間錢實難得，若令輸納斛斗，今又斛斗價高，上件兩料青苗錢斛，伏乞並且倚閣。候將來秋熟，别定分數，相兼催納。所冀寬恤民力，各得存濟。

碑　　記

太昊陵廟重建記　商　輅翰林學士

太昊伏羲氏陵，在陳州城蔡河之滸。明洪武車駕幸汴過陳，親爲文致奠。已而，命有司春秋致祭，著以爲令典【記載爲垂范後世的典籍或典禮、儀式】，列聖相承，尊崇益至。然廟貌【寺廟内供奉的神象或廟宇】未立，議者以爲有司闕典。正統【明英宗朱祁鎮年號】丙辰，知州毗【同"毗"】陵張志道，具以疏請，詔許可。遂率吏民，募緣【募捐，請人布施財物】鳩工【鳩，聚集】，創建祠宇。逾年，殿堂門廡，以次落成。像設巍然，籩豆【古代禮器。籩 biān，用竹制，盛果脯等。豆，用木制，也有用銅和陶制的，盛醬等】整飭，衛以垣墉，樹以名木，其制略備。景泰【明代宗朱祁鈺年號】丙子，同知秦川【古地區名，泛指秦嶺以北平原地帶】李鼒【zī】，增建御碑【皇帝所寫的文字鐫刻成的石碑】亭、鐘鼓樓，又別建三清觀【道教的廟宇】，命羽士【道士的別稱】主之，司其香火，其制寖廣【逐漸擴大。寖 jìn，逐漸】。然陳地卑濕，歲月滋久，棟宇頹圮，鐘鼓朽敗，器物殘缺。嗣而葺之，實有賴於良有司焉。成化【明憲宗朱見深年號】乙酉，臨漳令雲間【上海松江縣，古稱“古華亭”】戴昕，以政績超異，膺旌擢之【受命提拔。膺，承受，接受】典，來知州事。三載通政人和，乃謀諸僚佐，謂：“伏羲氏爲三皇之首【說法不一。（1）伏羲、神農、女媧。（見《呂氏春秋‧用衆》高誘注）（2）伏羲、炎帝、黃帝（見《周禮‧春官‧外史》）。（3）伏羲、神農、燧人（見漢班固《白虎通‧號》）等，但伏羲均居首位】，而陵廟居群祠之先，況朝廷之崇重若是，前人之建立若是，而可使之日就於圮乎？”衆曰：“諾，惟命是從。”於是各捐俸爲倡。士之尚義者，競以貲來助。斧斤版築【兩邊用木板夾土夯打築墙】，以次興舉。工喜吏勤，民用歡趨。未幾，百度維新，廟貌改觀，過者稱嘆，瞻者起敬，僉【qiān，全，都】謂：“是役也，人不見勞，功倍前規，守之設施，過人遠矣！”州民趙旻【mín】等狀其事，來求爲記。謹按伏羲都陳以木德王【以木德王，木德，秦漢方士有五行之説，以金、木、水、火、土相生相剋，爲帝王受命之符。木爲東，伏羲以木勝，即以東方聖德而稱王】，則河圖【儒家關於《周易》卦形來源的傳説。《書·顧命》："大玉、夷玉、天球、《河圖》，在東序。"孔傳："伏羲氏王天下，龍馬出河，遂則其文以畫八卦，謂之'《河圖》'。"】出而八【似脱一"卦"字】畫，造書契【指文字。《書序》："古者伏羲氏之王天下也，始畫八卦，造書契，以代結繩之政，由是文籍生焉。"】而文籍生，制嫁娶之禮，教佃漁之利，九州【我國上古時的行政區劃爲九個州。説法不一。《書·夏書·禹貢》作冀、兗、青、徐、揚、荊、豫、梁、雍；《爾雅·釋地》有幽州、營州而無青州、梁州；《周禮·夏官·職方》有幽州、並州而無徐、梁州】由是而別，區域由是而定，所謂功揆天地【度量功勞之大可與天地相比。揆 kuí，度量。《漢書·董仲舒傳》："孔子作《春秋》，上揆之天道，下質諸人情。"】，道合乾坤【準則合乎天地陰陽的法則】，不言而化，無爲而成，浩浩乎無得而名焉者也。且先王之制祭祀也，法施于民，則祀之。矧繼天立極、開物成務之聖人乎？矧陳爲太昊之墟，陵寢之所在乎？是宜賢有司汲汲【心情急切貌】於廟貌之崇，祀事之嚴，以祇承【恭敬地接受。祇 zhī，恭敬】朝命而圖報本始【事物的本源】也。或言戴君先在臨漳，嘗毀蒼龍神廟矣，而於此乃崇敬之若是，何也？蓋彼淫祀【不合禮制規定的祭祀。《禮記·曲禮下》："非其所祭而祭之，名曰淫祀。"】也，弗毀無以正人心；此正祀也，弗崇無以合人心。要知事神治民，其道無他，在合乎義而已。若戴君者，其知所重哉。嗟呼！聖神之靈，與造化相爲始終【神靈與天地互爲始終】，則陵之傳與宇宙相爲悠久。後之爲州者，其尚留于斯，是爲記。

【商輅（公元 1414—1486 年），浙江淳安人，字弘載，號素庵，正統進士，曾任兵部、吏部尚書、謹身殿大學士。正統十四年（公元 1449年）土木之變後，反對南遷，主張抵抗瓦剌。英宗復辟後革職。憲宗時又被起用，在內閣十年。宦官汪直專權，辭官居家十年而死。著有《商文毅疏稿略》、《商文毅公集》等】

太昊陵記　章世仁僉事

陳爲太昊伏羲氏故墟【故城，遺址。《後漢書·馮衍傳下》："忠臣過故墟而歔欷，孝子入舊室而哀嘆。"】，而陵在于城北蔡河之滸。明洪武車駕幸陳，親爲文致奠，繼乃命有司春秋致祭，著爲令典【著，明確，鮮明】。廟宇之建，祀事之崇，其來蓋已舊矣。顧歲月相沿【但歲月遞相沿襲。顧，但】，有司或不能加意修葺，以致寖就圮敝。嘉靖庚申夏五月巡臺月巖孫公，觀風涖陳，首謁陵，竟愀然【悽愴貌。《荀子·脩身》："見不善，愀然必以自省也。"】嘆曰："古帝王陵祠損壞，即行修理，此憲綱【法紀，法度】所列，有司責也。矧放繼天立極、萬世斯文【禮樂教化典章制度。《論語·子罕》："天之將喪斯文也，後死者不得與於斯文也。"】之祖，尤廑【jǐn，蒙受，接受】

我聖祖欽崇之典，而馳其宮寢若異乎？"維時知州伍應召栗然【恐懼瑟縮貌】承命。遂集材鳩工，殫心而力圖之。經始于庚申之秋九月，報成于辛酉之春二月。圮者以興，敝者以完，屹然而視，昔殆夐然異焉【與往日圮敝景象迥然不同。夐 xiòng，與"迥"義同】。於乎【同"嗚呼"，感嘆詞。《詩經・大雅・雲漢》："王曰於乎，何辜今之人！天降喪亂，饑饉薦臻。"】！孫公誠爲急先務，而伍守亦庶乎能任職矣！仁適以備兵之役來駐于陳，樂觀其成，而又知其所由成也。因感夫事惟不爲，爲則必底【窮盡，竭盡全力】于成。伍守之成，厥爲固孫公一言啟之。繼自今守是邦者，其及時自爲乎？其猶有待於啟乎？夫圮敝，必以漸漸修葺之，則力省而功易，而可泄泄然【弛緩，懈怠。《詩經・大雅・板》："天之方蹶，無然泄泄。"】待其日甚乎？故曰：智者無不知也，當務之爲急，君子當思，其所以爲智者。

重修太昊陵記　　李維藩僉事

嘉靖【明世宗朱厚熜年號】乙丑歲夏五月，御史疎山吳公，奉天子命代狩【通"守"】河南省，至陳，謁太昊伏羲氏靈于蔡河之滸。見其廟貌傾頹，陵冢坦夷，狐狸穴穿其中，慨然嘆曰："大聖人之陵寢顧【顧，乃，竟然】如斯乎？河南古中州地，多古先帝王賢哲遺冢。每見屹然嵸崚【高聳險峻。嵸崚 zōng lóng，亦作"巃嵸"，形容山勢高峻】，蒼陰滿覆【青松翠柏樹蔭遮覆整個陵園】，令人起敬。而太昊陵顧如此荒廢，豈其功德之神，人莫知所自【由來，來源。所，表示處所，出自何處】，而尊崇之衷或未之啟邪？抑數千年來聖人繼出，鴻濛【亦作“鴻蒙”。宇宙形成前的迷離、迷茫的狀態。《秦並六國平話》：“鴻蒙肇判，風氣始開。”】大開，製作炳炳【製造光彩照耀】，而無文之化且入于微邪？是皆未之思也。庖羲氏之王天下【稱王於天下】也，史記其制書契，詠網罟【捕魚和鳥獸的工具。罟 gǔ，捕魚的網】，定昏【古“婚”字】配，經世之法【治理世事的法規】制略而未備，而八卦之圖畫精微奧蘊，有開聖人制作之先。是故窮天地之終始【尋究天地首尾經過的根源。窮，尋根究源】者，取諸數【規律，道理】；察陰陽之消長【古以陰陽二氣兩大對立面解釋萬物化生，凡天地、日月、寒暑、春夏和秋冬、晝夜，男女、律呂、動静以至腑髒，血氣皆分屬陰陽。消長，增減，盛衰】者，審其機【審視事物變化的原因或先兆。機，機兆，事物變化的徵兆】；探人物性命之微【微，精微，深奧】者，會其理；爲天下備物制器者，尚夫【尚，崇尚。夫，語氣詞】象。而神農，而黃帝，而堯、舜、禹、湯、文、武，而周公、孔子，凡所以君天下【君臨天下】、師天下之大經大法【效法天下的常規和基本規范。師，學習，效法。大經大法，常規，基本規范】，蓋有不能外焉者。其功德之神，豈以世遠而微耶【《易·繫辭傳》：“古者包羲氏之王天下也，仰則觀象於天，俯則觀法於地，觀鳥獸之文與地之宜，近取諸身，遠取諸物，於是作八卦，以通神明之德，以類萬物之情。"】? 昔人謂孔子爲太極【指陰陽未分，天地混沌的時期。
《易‧繫辭上》："易有太極，是生兩儀，兩儀生四象，四象生八卦。"太即
大，極指極至。認爲太極是天地萬物的本原，由太極產生陰陽，陰陽分
離，形成天地，稱作"兩儀"，由兩儀產生四象（即"四時"），由四象生出
象徵天、地、水、火、風、雷、山、澤的"八卦"。《史記‧孔子世家》："孔子
晚而喜《易》，序《彖》、《繫》、《象》、《説卦》、《文言》。"】，蓋言其爲聖
道之統會【統一會合，即統一大家的共識】也；謂伏羲氏爲斯文
鼻祖，蓋言其爲聖道之肇始也。曰肇始云者，先天【先於
天時而行事，有先見之明。《易‧傳文‧乾文言》："夫'大人'者，與天
地合其德，與日月合其明，與四時合其序，與鬼神合其吉凶。先天而天
弗違，後天而奉天時。"此指伏羲所作之《易》。宋羅泌《路史‧發揮‧
論三易》："伏羲氏之先天，神農易之爲中天；神農之中天，黃帝易之爲
後天。"明楊慎《丹鉛續錄‧三易》："《周禮‧太卜》'掌三《易》之法'。
干令升注云：……伏羲之《易》小成，爲先天；神農之《易》中成，爲中
天；黃帝之《易》大成，爲後天。"】太極也；曰統會云者，後天太
極也。陳州故宛丘郡，北有太昊氏陵，南有弦歌臺，覢
風思化可義起【義，善，善事。起，興辦】矣。尊孔子而弗尊
伏羲氏，不猶覢東海之汪洋，知百川之會，而于百川之
原尚未之窮耶。明洪武平定天下之明年，車駕幸陳，親
灑宸翰【親自揮灑筆墨。宸翰，帝王的墨蹟】，爲文以奠。仍命
有司歲爲常祭，列聖相承【明太祖、惠帝、成祖、仁宗、宣宗、英
宗、代宗、憲宗、孝宗、武宗、世宗十位皇帝】，遣使代祀不絕。其
所以示天下尊崇之義，不但如歷代帝王已也，而可如此

荒廢耶？"廼【古"乃"字】顧謂參政金公清、僉事翟公鎬暨
維藩曰："斯實吾輩責也。且御製碑亭規模卑隘【低下狹
隘】，逼近陵冢，非所以崇敬也。"於是相地宜【選擇適宜的
位址】，定規制，鳩工授日【召聚勞工，限定時間。授，交付】，度
【打算，計畫】於有司，命通判范汝敬等董【監督管理】其役，
憑基畚築冢，圓而高，象天也。周砌以甎【"磚"的異體字，
簡化爲"磚"】臺，方而厚，象地也【古人認爲"天圓地方"】。冢前
遠數丈，築以高臺券門【拱券，門上築以弧形】，建碑亭于上，
聖祖崇重之意又加隆矣。費用取諸帑金，民不告勞，而
功是用。成時以事請於巡撫都御史，三谷雒公曰："事
有所由興，道有所由明。世遠風微【風化衰微】，囿化【受到
習俗的局限。囿 yòu，拘泥，局限】而不知者，常人之情也；游神
邃古【神遊於遠古。邃 suì，(時間、空間)深遠】，感物興懷者，賢
人之心也。疎山兹舉，其所以啟賢人之衷至矣。後有
繼者，觀風以思化，溯原【逆流而上，尋求水源】以思道，以所
尊孔子者尊之，未必不自今日始。"因命勒石以記。

又記　郭春震 參議

陳州蔡河之澨，故有太昊伏羲氏之陵云。史所謂
都宛丘，即其地也。崩【古代稱帝王、皇后之死曰崩。《禮記·曲
禮下》："天子死曰崩。"】葬于此，歷世因之。明高皇帝平定
天下之明年，車駕幸陳，親爲文奠謁。遂訂定禴祀儀

【享受祭祀的典禮儀式。嚮，通"享"】，命有司以春秋時舉行，歲爲常。正統【明英宗朱祁鎮年號】丙辰，禮官用守臣議，請始增廟貌、殿堂、門廡如制【如同皇帝的陵園規格】。今間歲遣太常【官名。秦置奉常，漢景帝六年更名太常，掌宗廟禮儀，兼掌選試博士。歷代因之，則爲專掌祭祀禮樂之官】官祀之，蓋以聖神功德益加隆異云。歲久，有司不加修葺，陵漸平坦，狐穴其中【狐狸在陵墓中打洞作窩。穴，在此作動詞，打穴洞】，而廟制亦多頹敗。乙巳四月，御史踈山吳公以得代按陳，肅謁畢，慨然嘆曰："嗟乎！斯豈所以妥聖靈哉？"【這裏難道是用來妥善安葬聖靈的陵寢嗎？ 斯，指代上文"陵漸平坦，狐穴其中，而廟制矣多頹敗"】。廼謀諸巡按都御史三谷雒公，公樂成，左參政金公、僉事翟公、李公咸協議贊決。飭材【謂整治建築材料（石、玉、木等），使成器具。元黃溍《大成殿修造祝文》："禮殿有嚴，妥靈茲久，旅楹故敝，惟新是圖，飭材庀工，諏辰興作。"】度工，於是新而絵堊【è，用白色塗料粉刷】，而級【臺階】、而隅【角落】、而序【工序】備矣。陵寢封以高厚，周遭蔽以垣，示勿敢踐也。前後殿若干楹【量詞。計算房屋的單位，一間爲一楹】，翼以兩廊咸增，餘有亭三楹，在寢殿後，築臺門徙置其上，中藏御製碑，廟旁有隙地若干畝，覈入其租【核算收入隙地的地租。覈，今作"核"】，以供歲時灑掃。工不逾月告成。通判范汝敬與勞茲役。春震辱命，識歲月刻之石後，詳碑不載。

修太昊羲皇陵廟記　　河南布政使司左參政吳國倫武昌

犧皇氏之王天下也,蓋都陳稱太昊云。太昊陵在今陳州之西北三里,東去其畫卦臺二里,高可十尋【古時八尺爲一尋】,望之崒嵂若圜丘【崒嵂,聳立,高臺聳立。圜丘,古時祭天神的圓形高壇。"圜","圓"之異體字,簡化爲"圓"】。蔡水經其前,東匯爲池,即"白龜獻瑞"【白龜,稀有的白色烏龜,傳說很有靈驗,能獻吉祥瑞氣。羲皇在蔡水得白龜而觀其身文乃悟出畫八卦的原理。白龜池在淮陽畫卦臺前,白龜靈池成爲淮陽八景之一】處。陵左右至于今生蓍【蓍草,稀有植物,多年生直立草木,一本多莖。古代常用占卜。蓍草和龜,皆爲古時卜筮用具,筮用蓍草,卜用龜甲。太昊伏羲陵後有蓍草園,長盛不衰】,蓋地靈也。而羲皇實幽贊【暗中贊助】之,神乎難言矣。陵園寢深廣三百畝有奇。未詳所自置,乃享祀之典,則由上世以來不廢。我高皇帝定天下之四年,詔治太昊陵寢,親爲文,遣禮官牢祀之,敕守臣歲祀如令甲【第一道詔令;法令的第一篇。《漢書·宣帝紀》:"令甲,死者不可生,刑者不可息。"顏師古注:"文穎曰:'……天子詔所增損,不在律上者爲令。令甲者,前帝第一令也。'如淳曰:'令有先後,故有令甲、令乙、令丙。'如說是也。甲、乙者,若今之第一、第二篇耳。"】。逮純皇帝即位七年,詔大治寢殿,殿後爲平臺重屋,貯御碑【貯藏鐫刻皇帝所寫文字的石碑。此處指明太祖的御祭碑】。其上前爲神御【供神所用之物。特指帝王的遺像】,爲露臺,以受朝享。又前爲輦道【帝王乘坐的車所經過的道路。因明太祖車輦至，過太昊陵，因而有輦道，也稱輦路】、爲寢門【指太昊陵前的陵垣門。寢，帝王的墳墓】、爲棘門【今太極門。棘，通戟，插放兵器之門】、爲應門【古代王宮的正門。此指午朝門】。各三扃【指三道門。扃 jiōng，門戶】，閎麗泱鬱【宏偉壯麗，氣勢宏盛。閎 hóng，宏大，寬廣。"泱鬱"即"泱鬱"，盛貌】過於孔廟，蓋隆之也。百餘年來，頗爲霖潦【連綿大雨，地面積水。霖，久雨。《左傳·隱公九年》："凡雨，自三日以往爲霖。"】，所囓蠹喙【蟲蛀鳥啄。囓 niè，同"齧"，咬。喙 huì，鳥獸的嘴】乘而腐之，土木頹阤【zhì，塌下，崩頹】，丹艧【油漆用的紅色顏料。艧 huò，】剥蝕，而先朝之所隆，幾且蕩然，豈獨其守臣責邪？今皇上即位之二年，都御史臣道、直御史臣鐵，以督學副使臣貞吉言具疏，請得留輸帑【繳納給國庫的錢財】三千金，大治之如憲廟【皇家祖廟】。時不治且亟壞，而費益不訾【錢財更加不足支付。訾通"貲"，錢財】。制【帝王詔令。《史記·秦始皇本紀》："臣等昧死上尊號，王爲'泰皇'。命爲'制'，令爲'詔'。"】下大司空尚書議，議治陵如兩臣言，第不得留帑金以薄邊實【但不能留用庫金修葺陵墓而減少調撥給戍邊的錢款】，爲主計者憂，其便宜圖之。未幾，都御史召入爲少司馬【兵部尚書的別稱，侍郎則稱少司馬】，御史得代行。明年夏四月，御史臣堯卿，按部【巡視部署。《新唐書·令狐峘傳》："齊映爲江西觀察使，按部及州。"】陳州，齋沐而謁陵廟，則參政臣國倫、按察僉事臣汝翼、臣坤亨從之。御史頳仰徘徊【俯仰上下，來回走動仔細觀察。頫，"俯"字的古字】，蹵然【憂愁不悅貌。《莊子·外物》："仲尼揖而退，蹵然改容而問曰：'業可得進乎？'"蹵 cù，愁苦】顧謂三臣曰："岌岌【汲汲可危】矣！古之式閭【車過里門，人立車中，俯憑車軾，以示敬意。《書·周書·武成》："釋箕子囚，封比干墓，式商容閭。"後以"式閭"爲敬賢之詞。式通"軾"，車前的橫木。閭，鄉里之門】表墓【刻石於墓前來表彰長眠於墓者的功德】爲其賢，且藉以風世【教化世人】也。聖如羲皇非所謂啟斯文閟【bì，幽深】而爲萬世帝者師乎？即奈何惜三千金，使祖宗之制蕩然，又安在其表中土而稱今皇帝德意？"乃謀諸都御史臣，重奉詔共圖之。以經費屬布政臣承蔭，以營度屬臣坤亨，以興事考工【興辦工程，核查工程進度和品質】屬知州臣烝，而以其尉若幕副。材石既盈，工吏既肅【嚴整以待。肅，齊，整】，拓其舊而一新之。凡因之工三，拓之工七【總共沿襲舊制的有十分之三，新開拓修建的有十分之七】，建兩樓神御前。左衡鼓【衡，橫而平的木柄，用來放置鼓】，右懸鐘，相望若井幹。應門之外，營綽楔【綽楔 xiè，亦作"綽屑"。古時立於正門兩旁，用以表彰孝義的木柱。此指今道儀門。《新五代史·李自倫傳》："其量地之宜，高其外門，門安綽楔，左右建臺，高一丈二尺，廣狹方正稱也，圬以白而赤其四角，使不孝不義者見之，可以悛心而易行焉。"】三：其一廣徑門，象太乙【太乙，古代形成天地萬物的元氣。也爲神名，作"泰一"，又作星名，在紫微。太乙同太一。即今道儀門。廣，大徑，直徑。象，象徵】；其二橫道東西鄉，象六閾【古代宮廟及暮門立雙柱者謂之閾，其上有飛簷罘罳（古代的一種屏風，設在門外）者謂之連闕，即今先天門】，御史題其中曰："先天門"，東曰："繼天立極"，西曰："開物成務"，森若鼎峙，且樹屏其南以辟車騎爾。乃繞以重垣，坦【當作"垣"】皆朱堊，翼以丙舍【翼，左右兩側。丙舍，後漢宮中正堂兩旁的房屋，以次於甲乙，故爲丙舍。泛指正室旁的別屋】，舍皆玄圬【玄，黑色。圬，同"杇"，指塗飾、粉刷】，別爲左右夾道，以通齋祓庖湢【齋，祭祀前沐浴静心以表恭敬嚴肅的房舍。祓 fú，古代用齋戒沐浴等方法除災求福。庖湢 bì，厨房、浴室】之所。爾乃前後植栢數千株，蔚然成青林矣。是役也，因財於公羡【公款的盈餘】，因役於刑徒，不薄邊實，亦不侵民力。經始於七月，而以十二月告成。御史即以成之月，自大梁馳至陳，諏日【選擇吉日。諏 zōu，擇吉日。舊時因稱擇日爲"諏吉"】舉祀事。國倫等從之如初。御史曰："美哉！巖巖乎【高峻】！翼翼乎【莊嚴雄偉。《詩經·大雅·綿》："縮板以載，作廟翼翼。"】！稱帝陵矣。藉不得奉明詔【如果不能遵奉聖明皇上的指令。藉，如果】，從便宜，臣力豈至此哉？"屬臣國倫記其事而碑之。國倫曰："羲皇之功德大矣！紀傳所載：象圖畫卦，應龍紀宮【以龍命官。應龍，神名】，造書契之文，制嫁娶之禮，教畋漁，養犧牲。蓋其彰彰著者，萬世之下，仰而師之，其功德大而難名【描述，表述】，故其澤綿綿而不斬【斷絕。《孟子·離婁下》："君子之澤，五世而斬。"】。嘗考棺槨【棺材和套在棺外的外棺曰"槨"】，制自黃帝【其制度從黃帝開始】。黃帝有冢在橋山【山名，在陝西省黃陵縣西北，有沮水穿山而過，山呈橋形，因以得名，也稱子午山，相傳上有黃帝墓】，猶曰葬其衣冠【衣冠冢】。今按世紀【記錄帝王世繫的書。按，考核】，由女皇至無懷氏【女皇，指女媧氏。無懷氏，傳說古帝名。晉陶潛《陶淵明集·五柳先生傳》：“銜觴賦詩，以樂其志，無懷氏之民歟？葛天氏之民歟？”】，凡千五世，皆襲庖犧之號。而後炎帝神農作，由炎帝主榆罔【古代皇帝名，一說黃帝榆罔時期】，凡八世，而後黃帝作，然則太昊氏遐矣。未有棺槨，疑無冢，即陵廟非古也。豈後世帝王將修其功德，爲是望而禋【古代祭天的一種祭祀禮儀。將祭品放置柴上，燃燒煙氣升天以告上天，謂之煙祭。《周禮·春官·大宗伯》：“以禋祀祀昊天上帝，以實柴祀日、月、星、辰。”亦泛指祭祀。《左傳·桓公六年》：“故務其三時，修其五教，親其九族，以致其禋祀。”】之，猶所謂葬其衣冠意乎？乃兹十尋之丘，非有屬禁，歷千萬世，樵牧【打柴、放牧】不及，惟著生之。而人無古今賢不肖，未有毀其一抔土者，其不斬之澤，然乎？不者，何虎丘之錮【山名，在江蘇蘇州市西北閶門外，一名海湧山。相傳春秋時吳王闔閭葬於此，三日有虎踞其上，故名。錮，熔化金屬灌塞空隙，使之牢固】，驪山【山名，在陝西臨潼縣東南，周幽王爲博愛妃褒姒一笑，曾在此“烽火戲諸侯”。後犬戎攻入，無人救之，幽王被殺，褒姒被擄，西周滅亡】之穿【破敗】，曾不得比于裸葬而以牢祀終。天地乃在，其棺槨未制，衣冠未藏者乎？嗟乎！異矣，異矣！我國家凡三詔治陵而陵寢盛。諸臣或倡其議，或肩其勞,皆有所以默翼之【暗中輔助】。今皇帝法古圖治,兹甚盛舉矣!"孔子曰:"德合天地者稱帝。"太昊氏又帝之始【帝王之肇始(三帝之首)】也。國倫雖欲譽天地之大,其將奚從?

萬曆四年二月望日陳州知州嘉禾洪淼立石。【吳國倫,武昌人,字明卿。嘉靖庚戌進士,擢兵科給事中。楊繼盛死,介衆賻送,忤嚴嵩。嚴嵩被罰,累遷河南左參政。大計罷歸。國倫才氣橫放,好客輕財,工於詩,與李攀龍、王世貞、宗臣等號稱"後七子"。有《甔甀詩稿》】

重修太昊陵記　　鄭　蕭教諭

太昊伏羲氏陵,在陳州北,古有廟焉。明高帝定鼎之初,特遣官典祀,列聖繼統【指明代英宗之前的五位皇帝:惠帝、成祖、仁宗、宣宗、代宗。繼統,繼承祭典傳統】,禮亦如之。而有司袛率常典【只是遵循一般例行的祭祀典禮。袛通"只"。率,遵行】,享祀以時。歷歲兹久,殿宇弛圮,莫能興之者。知州萬公宣、同知【知州的佐官,分掌督糧、捕盜、海防、江防、水利等。清代設州同】李公鼒【zī】來蒞州事,政通人和,乃相與謀,曰:"古先帝王陵廟衰敝如是,不圖葺之,非所以崇明祀【對神明的祭祀】也。"而判官【明代設於州的屬官,多用於掌文書事務】江公宗海、顏公永、吏目【明代在京、州各置吏目,掌出納文書或分領州事】李公棨(qǐ)聞而是之,議以克合。於是徵宿逋【積久未繳的賦稅。逋bū,拖欠,《漢書·昭帝紀》:"三年以前逋更賦未入者，皆勿收。"】，縮浮費【縮，壓縮，減少。浮費，不必要的開支】，鳩工市材而經營之【集勞工，購買建材，規劃營治。市，購買。經營，籌畫營造】。朽腐者易而新之，黝闇【黑暗。黝yǒu，淡黑】者塗而瑩【明亮】之。於廟之後，撤故碑亭，作堂三間，以宏其規。若廡【古代殿堂下兩邊的房舍】，若門，若墙之屬，皆治其壞，而補其未具。先是有神廚【製作祭祀供品的廚房】翼于東【在東側】，太清廟【也稱太清觀】翼于西，領祠事則有道士奚福仁。經始【開始修葺】于天順【明英宗朱祁鎮年號】六年冬，明年秋告成。僉謂【認爲】不可無述以書，來俾蕭【作者自稱其名，自謙語。俾，使】記諸石【記之於碑】。謹按伏羲風姓，生于成紀，以木德王，而都于陳。開物成務，制器致用，爲五帝首【上古傳中的五帝説法不一，伏羲爲五帝首者，見《禮記·月令》：太皞、炎帝、黃帝、少皞、顓頊。《易·繫辭下》：伏羲、神農、黃帝、唐堯、虞舜】，載諸經典可考也。論其功德，所建若天覆地載【上天覆蓋（蔭庇），大地裝載（培育）】，孰得名言【誰能夠翔實而全面的説出他的功德呢？名，説出】之哉？自没迄今，天地間海桑陵谷【滄海成爲桑田，山陵變爲深谷】，變故非一，而宛丘之陵巋然獨存，則可見先聖之流風遺澤，烜赫【聲威盛大】宇宙，千古猶一日也。今是州長貳【指官的正副職。《明史·顏伯瑋傳》："燕兵至州，長貳盡棄城走。"】又能祇承上人崇重之德意，聿新【聿 yù，助詞，用於句首或句中。新，煥然一新】陵廟，丹碧煥然【紅緑相映，鮮明光亮】，照耀于林野之間，使過者竦然加敬，宛若聖靈在上，徘徊瞻眺不能去，非知爲政之緩急者能如是乎？夫聖德之盛，雖不可名言，乃若賢侯敬其秩祀【常年祭祀。秩，常】，道宣【宣，稱説，宣揚。明宋濂《送許時用還越中序》：“夫道宣上德以昭布於四方者，使臣之事，因不辭而爲之書。”】靈休【神靈的福佑。晉陸雲《答兄平原》詩：“哀矣我世，匪蒙靈休。”】，則不宜無以告來者，庸是不辭而爲之記。

陳州譙樓記　戴　昕 知州

譙樓【城門上的望樓，俗稱鼓樓】之設，上懸鐘鼓，而貯水於銅壺【即“銅漏”，古代計時的刻漏】爲滴漏【即“漏壺”，也稱“漏刻”。漏壺中插一根標杆，稱爲“箭”。箭下用一隻箭舟托著，浮在水面上。水流出或流入壺中時箭下沉或上升，藉以指示時刻。前者叫沉箭漏，後者叫浮箭漏。中國用得最多、流傳最廣的是浮箭漏】，以陰陽者司之【讓知曉天地間化生萬物的陰陽二氣的人掌管它】，何哉？蓋以歲有四時，時有月日，日有旦暮。民之東作【《書·堯典》：“平秩東作。”孔傳：“歲起於東而始就耕，謂之東作。”東，借指春天。作，始】、南訛【《書·堯典》：“平秩南訛。”平秩，辨別測定。訛，化，掌夏之官，平秩南方化育之事。《史記·堯本紀》作“便程南訛。”訛é，化】、西化【《書·堯典》爲“西成”：“寅餞納日，平秩西成。”】、朔易【《書·堯典》：“平在朔易。”朔，北方，易，改易，指太陽運行】，藉此以審早晚而寢興焉。凡勤民事者，胥【都，全】于此乎？重而必麗其規制,嚴其禁令,使司更漏者必分明其鐘鼓,以爲斯民寢興作息【勞作休息。《樂府詩集·擊壤歌》:"日出而作,日入而息。"】之候也,豈徒觀美而已哉?陳爲中州要衝,當許、鄭、汝、潁之交,而居民最爲稠密。洪武三年,指揮陳亨慮民事作息早晚無所審定,率衆鳩工建譙樓於通衢南,久而頽廢。正統【明英宗朱祁鎮年號】初,指揮陳紀葺之,積歲月,風雨漫漶【huàn,模糊不可辨別】,傾圮復如故。成化【明憲宗年號】辛卯秋,僉指揮事李峴山甫,西征歸,顧曰:"兹樓爲吾陳之壯觀,而益于民事者不少,圮壞若是,職斯土者,烏【表反詰語氣,怎麼,哪裏】可如醉尉而莫究心耶?"慨然捐俸爲倡首,而且質之。予偕同知王舉薦賢,州判沙徵文瓛,管用廷器,衛揮使徐洪九疇,陳輔良佐其屬僚張岫等,率以俸贊之。凡軍旗民士聞慕義者,皆有菽、粟、錢、帛之助,乃命工庀【pǐ,備辦】財,經始于癸巳之春三月,越七弦晦【月亮下半弦的晦日(農曆每月最後一天)。七弦晦,即七個月】而告成。其爲樓凡若干間,間凡若干楹,而其基又廣若干尺,高若干丈也。黝堊丹漆俱以法【法式,程式】。所謂美哉,僉焉;美哉,奂焉者也【《禮記·檀弓下》:"晉獻文子成室,晉大夫發焉。張老曰:'美哉輪焉,美哉奂焉。'"輪,輪囷,古代圓形穀倉,形容高大。奂,盛大鮮明。形容敞亮。後縮成成語"美輪美奂"。多用以形容房屋宏偉壯麗】。致仕揮使徐瑛廷玉與山甫輩,邀予及僚佐燕【通"宴",設宴招待】

而落之。但見夫銘山來青,柳湖呈碧,黃河襟【像衣襟一樣繞著】其南,蔡河環其北,麥隴桑村,盤紆起伏,雲林煙樹,聯屬千里,舉一州之勝,頃集于眺望間,茲樓豈不爲陳之壯麗哉! 廷玉輩咸曰:"樓之成惟艱,功之就不易。"此吾山甫之偉績,太守公知陳,夙夜寢興以勤民事,亦不爲無補,願有言記之! 予惟譙樓之設,天下皆然,而惟勤事者注意焉。陳之譙樓建于洪武初,廢興無常【廢棄修葺變化不定】,則有關于蒞官者之勤與否。爾今海宇又寧,豐穰【ráng,莊稼豐收】屢紹。陳之衛士韜戈戢干【弓或劍的套子,謂之韜,引申爲收藏,隱藏。戢,戈,幹,皆兵器,引申指息兵。唐司空圖《復安南碑》:"韜戈制勝,舞舜戚於兩階……"】,無戍役之煩。陳之民庶贏衣【破舊的衣服。贏 léi,毀壞】枵【xiāo,中心空虛的樹根。引申爲空虛,饑餓】食,無飢寒之困。而陳之譙樓,適蠹【遭逢蛀蟲侵蝕】極當治之時。山甫值此時,倡衆而爲之,總其事而督成之,宜乎? 人皆趨事,莫或告勞;武夫征徒,奮襏【bó,指農夫穿的衣服或粗陋結實的衣服】而舞,咸樂斯樓于成也。樓之制,美不華,樸不陋,堅完固密,而鐘鼓壺漏各處其所,審早晚而作息者,于是乎定其候而不差【確定其時刻而無差錯】矣。山甫驍勇,涉書史,生平以忠義誓心,且勤民事無敢怠。嘗從撫寧伯征荊襄及榆林堡,每單騎入賊營。又嘗起【興】店集,穿【鑿】義井,開義學,其嘉惠于陳者多矣。茲樓尤其久且大者，故特書記焉。助成者名氏，別勒于碑陰【鐫刻於碑的背面】。

修學記　鉛山費　宏大學士

陳之學創于宋熙寧【神宗趙延頊年號】州守陳襄。明洪武三年，詔天下設學養士【詔告天下設立學校教化養育學讀書人。養，教化養育。《孟子·離婁下》：“中也養不中，才也不養才，故人樂有賢父兄也。”朱熹《集注》：“養謂涵育熏陶，俟其自化也。”】。當是時，劉恭獻守陳，乃即故址而修舉其廢墜【亦作“廢隊”。義同“廢墮”。宋范仲淹《奏乞兩府兼判》：“至歲終，具禮樂有所損益，或廢墜有所修舉。”】焉。嗣是屢壞屢葺，而殿堂齋廡【齋，祭祀或舉行典禮前沐浴潔身靜心的房屋。廡 wǔ，殿堂周圍的廊房、廂房】，以次告成。葺之者，在永樂中，守爲曹鐸；在景泰中，守爲唐銓、爲萬宣；在成化中，守爲戴昕；在弘治中，守爲倪誥、爲白思義；迨今逾二十年【迨 dài，到】。向之所葺，復日【過幾天】就于頹壞矣。嘉靖二年，桐廬【縣名，屬浙江杭州市。漢屬富春縣之桐溪鄉，三國吳分設桐廬縣】葉侯淳奉命來領州事。謁廟之始，周回瞻顧，仰而嘆曰：“政莫先于興學，兹可緩乎？”于是，庀工從事【召集工匠，開始修建學舍】。先禮殿【祭祀舉行典禮的大殿（當時又稱享殿大殿，黌序中稱大成殿）】、講堂，各因其故而新之。次兩廡、三齋；次內外諸門；次神庫【貯放祭品的倉庫】、神庖【廚房】；次習射之圃

【本義爲種植蔬菜、花果、苗木的園地。比喻事物萃聚之處。此指演武射箭的地方】；次學官【教授、學正】之廨【xiè，官署】；次諸生會食之所、藏修之舍；次名宦鄉賢之祠，皆更新而撤其故。故尊經無閣，乃復創而爲之。視其基則隘者【審視其基址狹窄的】，拓而弘矣；視其位則卑者，增而崇【增其土石使之升高】矣；視其材則腐者，易而固矣；視其規制則昔焉未備者，而今蓋罔缺矣。其費多出經畫【經營籌畫】，而取諸淫祠之毀者什一；其力率以錢募而【且、又】借于農隙者，不能【不及，不到】十二三；其月日則始于是年季夏之初，而成于季秋之終也。予弟寧司訓于陳，以書述侯意，欲求予記。既而掌教郭君綱復具事之始末而來速焉。陳，庖犧氏故都也。其則【以……爲則】圖畫卦以爲萬世斯文之鼻祖，實于是乎在閣之所尊惟《易》，乃六經之源，非學者所當先治【攻讀】乎？葉侯于是學飭壞【整頓治理壞風氣】取諸《蠱》【《易·蠱卦》】，去故取《諸革》，圖新取諸《鼎》【《易·雜卦》：“革，去故也。鼎，取新也。”】，易橈爲隆【隆，高，突起。易橈，改變大梁彎曲的現狀。橈，彎曲】，取諸大過【《易》卦名。巽下兌上。大過卦，象徵因時利宜】可謂善于體易【體察改革現狀】者矣。雖然亦豈徒餙【同“飾”】美观，以逭【huàn，逃避】吏責而已邪。蓋其教于是者，必如《蒙》之養正【涵養正道。《易·蒙》：“蒙以養正，聖功也。”孔穎達疏：“能以蒙昧隱默自養正道，乃成至聖之功。”】以收作聖之功。學於是者，必如《兌之》講習

【《易·兌》："兌，說（通'悅'）也。"】，以求麗澤【《易·兌·象》曰："麗澤，兌；君子以朋友講習。"孔穎達疏："麗，猶連也。兩澤相連，潤說之盛，故曰'麗澤，兌'也。'君子以朋友講習'者，同門曰朋，同志曰友，朋友聚居，講習道義，相說之盛，莫過於此也。故君子象之以朋友講習也。"】之益。由是出而用世者，必如《泰》【《易·泰·象》："天地交，泰。"《易·序卦》："履而泰，然後安。"《易·雜卦》："《否》《泰》，反其類也。"】之拔茅茹以彙【《易·泰》："初九，拔茅茹以其匯，征吉。"茹，根相牽連。彙，同類。要拔除茅草，必須將根部牽連在一起的同類全部拔起。以此象徵同志間的團結】而皆爲君子之朋，傾否【《易·否》："上九：傾否，先否後喜。《象》曰：'否'終則'傾'，何可長也。'"（"否"到了終極，必然傾覆，又怎能長久呢）】亨屯【解救困厄。亨，通達順利。《易·坤》："坤厚載物，德合無疆。含弘光大，品物咸'亨'。"孔穎達疏："咸亨者，包含以厚，光著盛大，故品類之物，皆得亨通。"屯，卦名，《易·序卦傳》："屯者，盈也。屯者，物之始生也。"象徵生的開始充滿困厄艱難】觀【"觀"的異體字】人文【指禮教文化】，以《賁》【bēn，《易·賁》："彖曰：'觀乎天文，以察時變；觀乎人文，以化成天下。'"】餙天下，乃侯所以興學待士之本意也。吾儒修己治人之道具在六經，爲士者探討服行【施行，實行】皆當，于是乎致力。予特以陳爲古聖人作《易》之地，故因學之成而輒及之。陳士勖【xù，同"勗"，勖勉，勉勵】哉！

　　　　儒學【各府、州、縣設立的供生員修業的學校】科舉題名記
劉定之翰林學士

　　聖人以中道【中正之道，即中庸之道。《孟子·盡心下》："孔子豈不欲中道哉？"儒家的政治、哲學思想主張，待人處事不偏不倚，無過無不及】教人，其爲言曰："君子疾没世而名不稱焉。"【語見《論語·衛靈公》疾，患，憂慮。没世，死後】夫有其實，斯有其名【作者闡述"名與實"的關係——名稱與實際要相符。《管子·九守》："修名而督實。按實而定名。名實相生，反相爲情。"】，聖人之心豈不曰："吾修其實而已，非有意於慕夫名也。"然而，非名則無以驗夫實之果，然不無也。故疾夫名之不稱者，誠疾夫實之未嘗有也，而名豈可不屑顧哉？彼愚不肖之不及者，雖爾汝而呼之，嗟來而食之【典出《禮記·檀弓下》。此處反其意而用"嗟來之食"。《後漢書·列女傳·樂羊子妻》："志士不飲盗泉之水，廉者不受嗟來之食。"】，固甘于無名焉。而賢知之過者，又自以不近名爲高致【极致。《漢書·蕭望之傳》："至乎耳順之年，履折衝之位，號至將軍，誠士之高致也。"】。果若是，則世所謂公卿大夫士之位，號周俊造士【學而有成之士。《禮記·王制》："升於司徒者不征於鄉，升於學者不征於司徒，曰造士。"】，漢以來孝廉【孝，指孝悌者；廉，指清廉之士。始於漢代，是選拔各級官吏的科目之一。《舊唐書·楊綰傳》："望請依古制，縣令察孝廉，審知其鄉閭有孝友信義廉恥之行，加以經業，才堪策試者，以孝廉爲名，薦之於州。"】賢良方正【古代制科之一。《史記·孝文本紀》："上曰：'朕聞之，天生蒸民，爲之置君以養治之……天下治亂，在朕一人，唯二三執政猶吾股肱也……及舉賢良方正能直言極諫者，以匡朕之不逮。'始於漢文帝時詔郡國舉賢良方正，舉賢良重在文學知識。至唐宋成爲制科之一】，唐以來至于今，明經【封建科舉制度中的考試科目之一。隋代初設，唐代最盛。與進士科並列，是當時取士的途徑之一。明經科，包括帖經、墨義等。帖，是從經書中提出一句，命考生把上下文默寫出來；墨義，是把經文的某一句或幾句連注疏的内容一一寫出來。宋神宗時，經王安石建議，此舉廢除】進士之科貢【科舉制度中府州縣舉薦人才進入國子監習業，謂之“科貢”，後泛指科舉】，人主所設置，以收召當時人才而用之者，其爲名皆不足恃，以爲治斯世之資【認爲治理當世工作的條件】，而人亦不實之修，以待此矣。斯豈所謂聖人之中道哉？陳爲州，昔日舜之子孫，周武王以女妻之者，國焉。孔子之歷聘諸國也，屢至于是而居之【孔子居陳前後共三年，曾居住司城貞子家。詳見《史記·陳杞世家》】亦稍久。其高第弟子與于德行、言語、政事、文學之科者，又莫不從來而群處焉。陳，固禮教之地也。州志所載，歷代以詩書爲業，策名【科試及第】登仕者不乏。洎【jì，至，及】至于明，百年之間，貢于河南鄉闈【科舉時代士人應鄉試的地方，以代指鄉試】，進于春官【古官名。顓頊氏時五官之一，爲木正。又爲《周禮》六官之一，掌禮法、祭祀。唐、宋、明、清司天官屬有春官正、夏官正等五官。唐光宅（武后武曌年號）年間曾改禮部爲春官。後“春官”遂爲禮部的别稱】，對于大庭【亦作“大廷”，外朝之廷。後指朝廷】而膺【接受。唐杜甫《送魏二十四司直充嶺南掌選崔郎中判官兼寄韋韶州》：“才美膺推薦，君行佐紀綱。”】中外任使者，蟬聯相繼。州太守當塗萬君邦達爲之題名，刻石于州學，以著既往之美，而勸方來之思。繼因其友翰林孔目【舊時官府衙門裏的高級吏人。掌獄訟、賬目、遣發等事務。始于唐代。《资治通鉴·唐玄宗天寶十載》："【安禄山】有輕中國之心。孔目官嚴莊、掌書記高尚因爲之解圖讖，勸之作亂。"胡三省注："孔目官，衙前吏職也。唐世始有此名，言凡使司之事，一孔一目，皆須經由其手也。"】馮君鉉，謁予文。夫州學之有名也，將使人至于州學而見之，乃知其名乎？不但若此也，將使内焉朝廷，外焉海宇，燁然【鮮明光亮貌】聞其名，而曰："此陳州之士，又將使勒于鼎彝【古代祭器，上面多刻著表彰有功人物的文字。宋王安石《韓忠獻挽辭》："英姿爽氣歸圖畫，茂德元勳在鼎彝。"】，載于方册【簡牘，典籍】而垂諸來者。"以永聞之曰："此陳州之士，昔在聖朝者也。"此則太守題名之志也，亦豈非陳士之志哉？予故推本【探究根源。《史記·曆書》："推本天元，順承厥意。"】名實之意以記之。陳土【當作士】如志乎？其名必先勉乎其實，實先而名隨，若有千石之鐘，萬石之簴【jù，懸掛鐘、磬的木架】焉，何患乎不聳兆民【衆黎民百姓。兆，一百萬，古代指一萬億，極言其多】之聽哉？太守亦發身于鄉科【鄉試】，爲政有方，而且文云。

厄臺【孔子行經陳蔡絶糧處。本名弩臺，唐開元九年移孔子廟於其上，命名爲"厄臺"。事見宋莊綽《雞肋篇》卷上】文並銘【文體的

一種。古代常刻於碑版或器物，或稱頌功德，或用以自警】 宋 王
禹偁譔學士

天地厄於晦冥【昏暗。"於"在此表被動，作"被"】，日月厄
于薄蝕【《吕氏春秋·明理》："其日有薄蝕。"高誘注："薄，迫也，日月
激會相掩，名爲薄蝕。"《史記·天官書論》："逆行所守，及他星逆行，日
月薄蝕，皆以爲占。"】，山川厄於崩竭【山崩川竭。語本《國語·周
語上》："三川竭，岐山崩。"】。聖人生而肖天地之貌，稟日月
之靈，鐘山川之粹【鐘，集中，聚集】，得無厄乎？所以，帝舜
厄於歷山【山名。《書·大禹謨》："帝初於歷山，往于田。"《史記·五
帝紀》："舜，冀州之人也。舜耕歷山，漁雷澤，陶河濱，作什器於壽丘，
就時於負夏。……舜耕歷山，歷山之人皆讓畔。"】，大禹厄於洪水
【《史記·夏本紀》："禹傷先人父鯀功之不成受誅，乃勞身焦思，居外十
三年，過家門不敢入。薄衣食，致孝于鬼神，卑宫室，致費於溝淢。陸
行乘車，水行乘船，泥行乘橇，山行乘檋（jú）。左準繩，右規矩，載四時，
以開九州，通九道，陂九澤，度九山。"】，成湯厄于夏臺【夏代監獄
名。在今河南禹縣南。《史記·夏本紀》："帝桀之時，自孔甲以來而諸
侯多畔夏，桀不務德而武傷百姓，百姓弗堪。迺召湯而囚之夏臺，已而
釋之。湯修德，諸侯皆歸湯，湯遂率兵以伐夏桀。桀走鳴條，遂放而
死。桀謂人曰：'吾悔不遂殺湯於夏臺，使至此。'"】，文王厄于羑
里【羑 yǒu，一作"牖里"。故址在河南湯陰縣。《史記·殷本紀》："百
姓怨望而諸侯有畔者，於是紂乃重刑辟，有炮格之法。以西伯昌、九
侯、鄂侯爲三公。九侯有好女，入之紂。九侯女不憙淫，紂怒，殺之，而
醢九侯。鄂侯争之强，辨之疾，并脯鄂侯。西伯昌聞之，竊嘆。崇侯虎

知之，以告紂，紂囚西伯羑里。"《淮南子·泛論》："紂居於宣室而不反其過，而悔不誅文王於羑里。"】，我先聖厄于陳蔡，其道一也。于時周室卵危【猶危如累卵】，魯道【指儒道。因孔子是魯國人，是儒道的開山祖師，故名】迷潰【迷惑，散亂】，仁義路塞，奢侈源開，列國用權，蝟芒而起【漢賈誼《新書·益壤》："高皇帝瓜分天下，以王功臣，反者如蝟毛而起。"後以"蝟起"比喻紛紛而起。芒，芒刺，毛尖】。壞禮樂爲糠秕，視詩書如蕘蒭【yáo chú，柴草】孩提，王室翼【遮蔽】壞儒風，俎豆【古代祭祀宴饗時盛食物的兩種禮器。俎，放置肉的几。豆，盛乾肉的一種食物的器皿。常借此指代祭祀。《論語·公冶長》："俎豆之事則嘗聞之矣，軍旅之事未之學也。"】不修，軍旅用事，苟有衣縫掖【亦作"縫腋"，大袖單衣，古儒者所服，借代儒者。衣，動詞，穿】而冠章甫【殷商時冠名。《禮記·儒行》："丘少居魯，衣縫腋之衣，長居宋，冠章甫之冠。"】者，鮮不拔戟而叱之，三綱五常【我國封建社會所提倡的主要道德規範。三綱，指君爲臣綱，父爲子綱，夫爲妻綱。五常，舊時五種倫常道德。《尚書·泰誓下》："今商王受，狎侮五常。"孔穎達疏"五常即五典，謂父義、母慈、兄友、弟恭、子孝，五者，人之常行也。"】蓋掃地矣。吾夫子抱帝王之道，處衰亂之世，痛五教【即五常之教】之大壞，嫉四維【指禮、義、廉、恥】之不張。刳道德爲舟楫，將欲濟天下之墊溺【《易·繫辭下》："刳木爲舟，剡木爲楫，舟楫之利，以濟不通，致遠以利天下。"刳 kū，剖開，挖空。墊溺，淹沒】，斫【zhuó，斧刃，砍或削，引申爲摧殘、傷害】禮法爲耒耜【lěi sì，古代耕地的農具】，將欲芟【shān，除去】天下之荒穢。故不程【衡量】其力，不顧其勢，聚三千之徒，聘十八之國，應機設教，與世垂範。然佩蘭【佩繫蘭草。以蘭草爲裝飾，表示志趣高雅。語出《楚辭·離騷》：“扈江離與辟芷兮，紉秋蘭以爲佩。”唐孟郊、韓愈《遣興聯句》：“殷鑒諒不遠，佩蘭永芬芳。”（孟郊）】于鮑肆【即“鮑魚之肆”，魚常腐臭，因以喻惡人之所或小人聚集之地。《大戴禮記·曾子疾病》：“與君子遊，苾乎如入蘭芷之室，久而不聞，則與之化矣；與小人遊，貸乎如入鮑魚之次，久而不聞，則與之化矣。”】，孰聞其香？施法于亂主，孰致其政？所謂天柱將傾折，建一枝而扶之，厥惟難哉！故教不用于哀定，位不崇於季孟【春秋時魯國貴族季孫氏和孟孫氏。季氏爲上卿，最貴，孟氏爲下卿，不用事。後用以借指上下之間。語見《論語·微子》】，辭遜於陽貨【《史記》作陽虎。春秋魯國人，季氏家臣】，見忌于子西【楚令尹公子申，楚昭王兄。《史記·孔子世家》：“昭王將以書社地七百里封孔子。楚令尹子西曰：‘王之使使諸侯有如子貢者乎？’曰：‘無有。’‘王之輔相有如顏回者乎？’曰：‘無有。’‘王之將率有如子路者乎？’曰：‘無有。’‘王之官尹有如宰予者乎？’曰：‘無有。’‘且楚之祖封於周，號爲子男五十里。今孔丘述三五之法，明周、召之業，……百里之君卒王天下。今孔丘得據土壤，賢弟子爲佐，非楚之福也。’昭王乃止。”】。況文、行、忠、信【文雅、實踐、忠實、信用。《史記·孔子世家》：“孔子以四教：文、行、忠、信。”】，果得用于世耶？卒致天厭聖道，絕糧於于陳，顏、冉【顏淵和冉有】之徒餒目【饑餓的目光】相視。我先聖則坦爾【心地平靜】無悶，慘然自居，腹空腸乾，未嘗太息【亦作"大息"，大聲長嘆。《楚辭·離騷》："長太息以掩涕兮，哀民生之多艱。"】。蓋聖人爲人也，不爲己也；憂道也，不憂貧也。但欲綴皇綱【三皇五帝的綱紀】之絶緒【謂史事端緒中斷，無人繼續撰述】，闢帝王之坦途，酌三代之禮文，垂萬世之典則，彼王澤浸于生民，苟道至于是，雖不食而死，復何憾哉？吁！奸喉佞舌者，圖一日之飫【yù，飽食】；道醉德飽者，謀萬世之利。故教不用於當時而用于今世，位不顯于生前而顯於没後，何則？祖述【效法，仿效】憲章之義，雷行【雷聲滾動。《易·無妄》："象曰：'天下雷行，物與《無妄》。'"喻風行，盛行】上下之間，俾夫爲君臣父子者不可斯須離也，得非用于今世耶！名載典籍，身享廟食【人死後立廟，受人奉祀，享受祭饗】，得非顯于没後耶？與夫圖一日之飫者，又何遼絶【相去甚遠，懸殊】哉？余客在宛丘，得覿斯臺之地，披蓁訪古，馳筆而銘曰：僭禄【俸禄超越自己的功勞。僭 jiàn，超越本分或規定的范圍】尸位【如尸之居位，只享受祭祀不作事。言其占其位而無所作爲】，殃則絶祀。所謂伊人【此人，這個人。指意中所指的人】，若敖之鬼【同"若敖鬼餒"。若敖氏之後代楚國令尹子文，擔心其侄兒越椒將使若敖氏滅宗，臨死時聚其族人，泣曰："鬼猶求食，若敖氏之鬼不其餒而？"後若敖氏終因椒的叛楚而滅絶，事見《左傳·宣公四年》。後因以"若敖鬼"喻絶嗣】，夫子恥之，不其餒而飽德醉義，歿則垂世；所謂伊人，箕山之士【即隱居的人士。事見《呂氏春秋·求人》："昔者堯朝許由於沛澤之中,曰:'……請屬天下於夫子。'許由辭曰:'爲天下之不治與?而既已治矣。自爲與?喞噍(zhāo jiào,同"喞啾",擬聲詞,形容鳥的叫聲)巢於林,不過一枝;偃鼠飲於河,不過滿腹。歸已,君乎!惡用天下?'遂之箕山之下,潁水之陽,耕而食,終身無經天下之色。"後因"箕山之節"、"箕山之操"、"箕山之志"、"箕山掛瓢"、"箕潁"、"箕瓢"等謂隱居不仕之典】,夫子求之,可謂仁乎?巍巍聖人,生而道迍【zhūn,困頓,災難】,歷聘求合,絕糧于陳,箕山之士,可齊其名。若敖之鬼,決非其倫【類】。廟食其匱【竭,窮盡】,祀典惟新。我來舊國,荒臺磷磷【形容水、石等明净。五代齊己《道林寺居寄岳麓禪師》詩之二:"兩處煙霞門寂寂,一般苔蘚石磷磷。"】。拂石勒銘,德音益振【美好的名聲更加顯揚。振,揚起】。

思魯書院引【文體名。唐以後始有此體,大略如序,而稍爲簡短。唐王勃《滕王閣序》:"敢竭鄙誠,恭疏短引。"】　豐城徐即登撰

昔孔子思魯之狂士也,曰:"斐然成章,不知所裁。"【語出《論語·公冶長》:"子在陳曰:'歸與!歸與!吾黨小子狂簡(志大而略於事也),斐然(有文采)成章(言其文理成就,有可觀者),不知所以裁(割正也)之。"】他日,萬章【孟子的弟子,戰國時人。《孟子》有《萬章篇》。分上下篇,各九章。記錄了二人的對話】以所爲狂者問孟子,而告之以嘐嘐【xiāo,志大言誇】然,曰:"古之人!古之人!夷考其行而不掩【同"掩",考察其行,而不掩覆其言。夷考,考察】,蓋言其志也。"【見《孟子·盡心下》。萬章問曰:"孔

子在陳曰：'盍歸乎來！吾黨之士狂簡，進取，不忘其初。'孔子在陳，何思魯之狂士？"孟子曰："孔子不得中道而與之，必也狂狷乎！狂者進取，狷者有所不爲也。孔子豈欲中道哉？不可必得，故思其次也。""敢問何如斯可謂狂矣？"曰："如琴張、曾晳、牧皮者，孔子之所謂狂矣。""何以謂之狂也？"曰："其志嘐嘐然，曰：'古之人，古之人'。夷考其行而不掩焉者也。狂者又不可得，欲得不屑不潔之士而與之，是狷也，是又其次也。"】夫聖人大道爲公，初何擇于吾黨而狂者，志在進取，乃可與于中行，故孔子專屬望【期盼，注視】焉。孔子之嘆，非思魯也，蓋望陳也。李師云"學者未入門看發心，既入門看開眼【開闊之眼界，擴大之視野】"。夫亦以爲聖賢之心，非狂者不發；見性命之眼，非狂者不開，與不觀曾點【曾參之父】之言志乎？春風沂水，浩然造化【創造化育】，與遊童冠詠歸曠焉【典見《論語·先進》："子路、曾晳、冉有、公西華侍坐。……[孔子問曾晳曰]'點，爾何如？'鼓瑟希，鏗爾，舍瑟而作……曰：'暮春者，春服既成，冠者五六人，童子六七人，浴乎沂，風乎舞雩，詠而歸。'夫子喟然嘆曰：'吾與點也！'"】。萬物一體，是其見超于廣土衆民之外，而我獨得吾所以不加損之。真此，果何等眼孔，而謂二三子【指諸位，子，敬稱】概有之乎？既無此眼，安得有此學？既無此學，安得不有此思？故曰："夫子非思魯也，蓋望陳也。"後世學者知尊孔子，今之陳非昔之陳，而所求乎？狂簡【此作"志大而於事疏略"解】之士，動稱古人，如所謂"斐然成章"者至今不少，概見乃諸生尚論孔門，高弟弟子輒推顏、曾【指顏淵、曾參】而不及點，而志顧肯出其下，何哉？予以爲顔、曾中行【行爲符合中庸之道的人。亦泛指中庸之道】也，點狂者也。有狂者之志，而後可以明中行之學。然則孔子之思至今不容已矣。或問學之有取于成章，奈何？曰："志道必成章，而達孟子言之矣。"夫作聖自有恆【恒心。《論語·子路》："子曰：南人有言曰：'人而無恒，不可以作巫醫。'"漢崔瑗《座右銘》："行之苟有恆，久久自芬芳。"】而始孔子思之矣，何者？不恒，有不成其爲有；不恒，盈不成其爲盈【滿，充滿】；不恒，泰不成其爲泰【通達，通暢】，而何斐然之有【有什麼文采呢】？故學之貴成章，貴其恆也，貴其達道而入聖也。諸生第【假設連詞，如果】患志不進取，功不有恆，毋謂無所爲裁之者。聖經【儒家經典】固在，昭然日星，盍取衷焉。予同群諸生于書院中而講求之。

重建包孝肅公廟記　賈　恪山東參議

成化【明憲宗朱見深年號】改元之二年，上海戴昕奉天子之命來作守于陳。禁暴審刑【嚴禁暴虐，詳細審察案件】，罔敢怠弛。既又懼民之不見德【受到恩德。《左傳·僖公二十三年》："民不見德而唯戮是聞，其何後之有？"】也，以禮款【拜謁，奉祀。《宋史·禮志三》："以夏至日備禮躬款北郊，以存事地之義。"】郡中先聖先賢廟祀，如太昊陵、孔子厄臺、蘇子由讀書亭、包孝肅公祠。顧瞻徘徊，屋老臺荒，喟然嘆曰："前賢功德名節,百世之下所當報祠【報答恩惠,拜謁祭祀】也。吏奉弗虔【官吏供奉不虔誠。虔,恭敬而有誠意】,何以存古? 至於佛寺道觀,反爲金碧交輝,土妖水魅【荒野妖魔,水中鬼魅】簉【zào,雜厠,附著】以淫厲【邪惡的禍害。《左傳·昭公七年》:"匹夫匹婦强死,其魂魄猶能憑依於人,以爲淫厲。"】,污以佞【用花言巧語諂媚人。《論語·公冶長》:"雍也,仁而不佞。"】慝【tè,奸邪,邪惡,災害】。編氓【在編的普通庶民。氓 méng,古時稱百姓爲氓】苟【苟且,草率】禍福乞靈者,比比皆是。俗之不美,刑之不清,歲之不登【豐登,豐收】,良有以【有因,有道理。良,的確,實在】夫。"退而惕然弗寧【憂慮不安】,亟戒其僚佐同知王公舉、判官沙公徵、管公用等,曰:"崇明祀,禮【尊崇祭祀禮儀。崇明,尊崇。《後漢書·樊準傳》:"故雖大舜聖德,孳孳爲善;成王賢主,崇明師傅。"】也;黜【chù,貶斥,革除】非鬼,義也。"某日度材,某日鳩工,某日撤祠之非類者【撤除祭祀中不同類的】,廼攻【營建。《詩經·大雅·靈臺》:"經始靈臺,經之營之。庶民攻之,不日成之。"】廼葺,不二三年間,焕然一新。惟包公祠在永積倉中,乃像公于正位【於是塑包公像於祠殿正位中。像,作動詞,塑像】。訖【qì,完結】工之日,率僚吏三獻【古代祭祀時獻酒三次,初獻爵、亞獻爵、終獻爵,合稱"三獻"。宋王禹偁《南郊大禮》詩之三:"三獻欲終侵曙色,百神齊下散天香。"】禮畢,侯命倉副使袁憶走書【去信,來信。明高啟《送劉侯序》:"其同列走書來徵文,以道其美。"】求記于予。考之本傳,包公名拯,字希仁,廬州合肥人，天聖【宋仁宗趙禎年號】五年進士。天性峻嚴，不苟合【附和，迎合。《晏子春秋内篇·問下》："不苟合以隱忠，可謂不失忠；不持利以傷廉，可謂不失行。"】，未嘗僞爲【虛僞，虛假。《易·繫辭下》："情僞相感而利害生。"孔穎達疏："情謂實情，僞謂虛僞。"】辭色【言辭和神色。《晉書·祖逖傳》："（逖）中流擊楫而誓曰：'祖逖不能清中原而復濟者，有如大江！'辭色壯烈，衆皆慨嘆。"】，人謂其笑比黃河清【謂黃河難得一清，以喻包公難得一笑】，無私書以干請【向人請求】，故人親黨【老友宗親朋黨。】一皆絶之。雖薦歷華要【指被舉薦歷任顯貴清要的職位。華要，顯貴】，用度檢約如初宦時。其平生易險一節可見。至于進益廷静【在朝廷向皇帝諷諫】之語，任綱肆直【依據法度正直處事。任，憑依】，雖鼎鑕【古代刑具。鑕 zhì，古代腰斬人的砧板】在前，植若自守【自堅其節操。明方孝孺《送吏部員外郎龔彦佐序》："視其德如鄉閭時，不翕翕以趨勢，不瑣瑣以狗利，淡乎自守而不阿。"】。聞者爲其悚然，京師爲之語曰："關節不到，有閻羅包老。"而仁廟【指宋仁宗。宋陳鵠《耆舊續聞》卷三："仁廟將欲封皇女，下崇文院檢尋典故。"】樂聞直諫，容納是，且無一毫芥蓫【chài，同"蠆"，猶芥蒂。芥蓫，亦作"蓫芥"，梗塞的東西，積在心中的小小不快。宋王禹偁《寄獻鄜州行軍司馬宋侍郎》："今兹當委順，自昔無芥蓫。"】，始卒聽用【始終被任用。卒，終】。明良【謂賢明的君主和忠良的臣子。語本《書·益稷》："元首明哉，股肱良哉，庶事康哉！"】相逢，以成一時治化。三代【指宋太祖、宋太宗、宋真宗】而下，一人而已。迨今四百餘年，所在士民聞其風，猶知敬畏。陳州公監糶之處，除奸革弊，民受其惠【民間戲劇《下陳州》包拯曾到陳州放糧賑災，鍘貪官四國舅，爲民除害】，故其祠立于倉中，禮所宜也。公之忠孝節概，備載國史，奏議公之文章，自有家集。千載而下，有不可掩其淫祀，非鬼之屏不屏【前一"屏"爲名詞，屏條，長幅字畫；後一"屏"字爲動詞，懸掛字畫】，祠堂之修不修，于公乎何損？ 迺若辨禮息刑【明辨禮儀，止息刑罰】，崇尚德化，正民心而興民風。如戴侯【古代士大夫之間的敬稱，若"君"】者爲可書也，刻之于石，俾來者有所考焉。

柳湖子由亭記　　泰和尹士達

淮陽郡城北有地隱然【幽静，幽深貌】而高臨于蔡河，曰太昊之墟。循河而西，有湖湮然，而方以長，曰柳湖。湖之中有地突然【聳立貌。唐韓愈《燕喜亭記》："却立而視之，出者突然成丘，陷者呀然成谷。"】而起，平坦寬曠，曰子由先生亭。先生少與兄子瞻齊名。繇【同"由"，自，從】甲科【古代考試科目。漢時課士分甲乙丙三科。唐初明經有甲乙丙丁四科。明清通稱進士爲甲科】博士【古代學官名，教授】宛丘。見柳湖雲水之勝，遂結亭讀書其中。子瞻所謂"宛丘先生長如丘"者，是已，先生入禁近亭，寢爲瓦礫，湖亦閟【bì，閉塞】光，鏇采蒼然，野煙荒雨之餘，迄今數百禩【"祀"的異體字，商代稱年爲"祀"。《書·洪范》："惟十有三祀。"】矣。成化成【當爲

“戍”】子，雲間【江蘇松江縣（古華亭）之古稱。《晉書·陸雲傳》載：陸雲，字士龍，華亭人，與荀隱素未相識，嘗會張華坐。華曰：“今日相遇，可勿爲常談。”雲因抗手曰：“雲間陸士龍。”隱曰：“日下荀鳴鶴。”】戴侯景升爲郡。又明年也，政通人和，百廢修舉，乃求先生之亭於榛叢【榛 zhēn，落葉喬木或小喬木。榛木叢生引申幽僻之地，樹叢】茀【fú，野草】草間。發其亢爽【地勢高曠。曾鞏《筠州學記》：“相州之東南，得亢爽之地，築宮於其上。”】，覆以高甍【méng，屋脊、屋簷】，繚以曲檻，左右樹以柳環抱，植以蓮，不二年，繁陰蒙密，異香襲人，侯與客遊焉。脫埃氛【超脫塵埃彌漫的大氣，比喻污濁的塵世。唐獨孤申叔《終南精舍月中聞磬》：“精廬殘夜景，天宇滅埃氛。”】，蕩塵囂【蕩滌世間的紛擾、喧囂。晉陶潛《桃花源》詩：“借問遊方士，焉測塵囂外。”】，物與理涵【物類與法則包容】，景與心會，飄飄然如遺世獨立【超然獨立於脫塵世之外。宋蘇軾《前赤壁賦》：“飄飄乎，如遺世獨立，羽化而登仙。”】，淩乎雲影層波之上，而湖之煙光開斂，日影出沒，沙禽水鳥，遊泳浮沉，四時朝暮變化之不同者，皆寓乎袵席【睡席】之上。侯釃【shī，斟酒。蘇軾《赤壁賦》：“釃酒臨江，橫槊賦詩。”】酒臨源，操觚【執簡，謂寫作。明宋濂《王冕傳》：“操觚賦詩，千百言不休。”】長賦，客或屬和【戰國楚宋玉《對楚王問》：“客有歌於郢中者，其始曰《下里巴人》，國中屬而和者數千人。”此指跟著別人唱。後亦指和別人的詩。《舊唐書·德宗紀下》：“上賦詩一章，群臣屬和。”】，陳人亦皆老稚相攜，遊無虛日。雖所得不同，亦莫不各適其適也。歲癸巳，余游過陳，適侯之震器【帝王之器，引申爲重臣】，儼以會試來，拉余操舟登亭，因得訪先生，且知侯恒寓樂于斯也。翌日，郡儒趙旻【mín】上舍，馬昭請記之。余惟先生平生載之言，著之書，固已赫然動人，不待于亭而後見，然先生遺跡之在陳者，惟斯亭。而陳人之思先生者尤因之，至久不衰焉。則侯之拳拳【亦作"惓惓"，誠懇、深切之意】斯亭，嗣而新之者，匪直慰先生，抑亦慰陳州，高山仰止【《詩經・小雅・車轄》："高山仰止，景行行止。"高山，比喻道德崇高。仰，仰慕。止，語助詞】于無窮，而與之同其所好也夫。然則先生之風聲氣烈，侯之仁聞善政與斯亭同垂之不朽矣。余故喜談之，俾陳人知侯之求先生者，于其心不於其跡；而陳人之求于侯者，當于其大，不于其細也。遂書以爲記。

四賢祠記　　郡人劉思温譔

四賢祠者，祀漢之汲長孺【即汲黯，字長孺】也，宋之范文正公【即范仲淹，謚號文正】、包孝肅公【即包拯，謚號孝肅】而岳武穆王【即岳飛，謚號武穆王】也。何以祀？曰：是皆有功于吾陳者也。夫功著當時，澤流後世，而祀典缺焉。崇報之謂何【爲何崇敬報答他們呢？謂，通"爲"】？而亦無以示風勵【教化勉勵】矣。歲甲寅，憲副翟公秉節【拿著符節，喻指受命。節，古代使臣所持以作憑證】來鎮是土。閱三載而教化大行，我陳寔嘉賴【嘉許和倚賴】而尸祝【祭祀。《莊子·逍遥遊》："庖人雖不治庖，尸祝不越樽俎而代之矣。"】之。頃者，朝命以東南飛輓相委【朝廷把東南地區急速運送糧草的任務委派給翟公。飛輓，急速運送。相委，指上級官員對下級官員的委任、委派】，行有日矣。因輯郡志有感于宦蹟之顯著者，愀然【容色改變貌。愀 qiǎo】曰："天下安有表表【卓異，特出。韓愈《祭柳子厚文》："子之自著，表表愈偉。"】風流如四君子者哉？又安有表表風流如四君子而可不祀者哉【天下又哪有政績卓異、品格傑出像四君子却不祭祀的呢?】?"於是卜地【選擇位置】、庀材【準備各種建築材料】、鳩工【招集工人】、簡任【經過選擇而任用】，曾不日【竟然没有幾日】而廟貌巍然成矣。廟成奉四公主其中【(四公之塑像)居於其中。主，住，居】，具祭儀，命司祝，再拜瞻禮，而屬温爲之序。温四【當作曰】："夫祠繫乎思【建祠關聯到對受祭者的懷念。乎，同"於"，以下諸"乎"同此】者也，思乘【乘機，趁勢】乎時者也，時因乎澤【恩德】者也，澤流乎德者也。向非【假如不是】德足以庇民，而粉飾一時，塗民耳目【漢揚雄《法言·問道》："或問太古地塗民耳目，惟其見也聞也，見則難蔽，聞則難塞。"遮蔽人民的耳目。塗，堵塞，蒙蔽】，即其當年已有指【指責】而詈【lì，責駡。屈原《離騷》："女嬃之嬋媛兮，申申其詈予。"】之者，而况身後？即身後猶有追而恫【追憶而哀痛】之者，而况千百世之下，令人思念不忘，而樂爲祠也耶?"惟夫長孺公以剛直不能容人主過，出守淮陽，一以清净

陳州志第十二卷 403

為政【完全以清净寡欲的理念治理政務。一,都,全】,卧而治之【詳見本志卷六《宦蹟》和《史記·汲鄭列傳》】;而文正公之判【官名。通判,州判】陳也,所條奏"罷修寺觀,減歲市木【減免每年買木材的數量。市,買】,以蠲除【免除(租税)。蠲 juān】積負"等語,可爲宸扆【借指帝廷、君位。扆 yǐ,帝王座後的屏風】箴【帝王的訓戒】焉《宋史·范仲淹傳》:"(天聖七年)尋通判河中府,徙陳州。時方建太一宫及洪福院,市材木陝西。仲淹言:'昭應、壽寧,天戒不遠。今又侈土木,破民産,非所以順人心、合天意也。宜罷修寺觀,減常歲市木之數,以蠲除積負。'"】!孝肅公持節發困【qūn,穀倉】,痛抑豪右【豪門大族】,所全活陳民者數萬【詳見本志卷六《宦蹟》及上文《清免陳州添折見錢疏》、《重建包孝肅公廟記》】,乃至於中原板蕩【《板》、《蕩》都是《詩經·大雅》中譏諷周厲王無道而導致國家敗壞、社會動亂的詩篇。後因以指政局混亂或社會動盪】,及吾陳三陷,而武穆三復《通鑑綱目》:"飛遣張憲敗韓常於潁昌,又復淮寧府。"】之,挈【qiè,帶領】已墟之民社【帶領已成爲廢墟的地方長官。民社,指州、縣等地方,借指地方長官】,而歸之天子。此四君子者,非所謂身有其德,而民被其澤【蒙受他們的恩德】者耶?澤遠而思永【恩德流傳深遠而思念永存】,思永而崇祀之也,固宜!大抵公忠義著朝端,功德在士民,其所爲毀淫祠、鋤强梗【驕横跋扈的惡人。韓愈《原道》:"爲之政以率其怠勌,爲之刑以鋤其强梗。"】諸善政,大類四君子,聲相應也,氣相求【《易·乾》:"同聲相應,同氣相求。水流濕,火就燥。"】

也，能無曠世【當代没有，舉世未見】而相感者哉。嗣是莅兹土者【承繼到這里任職的官吏】，過四賢之祠，即竦然于心【從内心里産生敬意。竦 sǒng，恭敬貌】。凡所以潔己愛人，秉公持正，以蘄【qí，祈求】禦外侮而捍民患者，必如四君子而後已。不然，不有崇而祀之者，即當有指而詈之，追而恫之者矣。其嚴乎！此又公風勵之微權也。公名師雍，號如臨，辛丑進士。是爲記。

陳州城隍廟記　楊廷賓撰學正

明洪武即位之次年，凡諸城隍廟祀，悉與更始【除舊布新】。陳州城隍之神，則封以"靈佑"侯爵。自受封以來，百有餘年，爲民錫【通"賜"】福儲祥，禦災捍患，感應捷于影響。廟在州西，洪武初，知州劉恭獻創建，既以歲久而廢。宣德中，知州李遂復建，亦以年遠傾圮【pǐ，坍塌】。成化乙酉上海戴昕繇【通"由"，自，從】鄉貢進士來守是邦。下車【《禮記・樂記》："武王克殷，反商，未及下車，而封黄帝之後爲薊。"後稱初即位或到任爲"下車"】以故事謁神，視廟傾廢若彼，愀然不樂，遂有改作意。閱五年，政通人和，乃慨然嘆曰："此正可以有爲日也。"爰始諏謀【於是開始諮詢籌畫。諏 zōu，諮詢，詢問】，同知聞喜王舉、判官招遠劉厚、睢寧沙徵，吏目將樂、張喆相與捐俸，乘時典造。民之觀感者，莫不歡忻。富者輸以財，貧者征以力，卒致百役畢舉。自正殿及兩廡，以至曰亭曰門，悉宏其制。經始於成化庚寅正月。越四月，會欽差巡撫河南户部左侍郎原公按部【巡視部屬】至，奉上勑旨【勑 chì。帝王的詔旨】獎勸。知州戴昕廉明仁恕，奉公守法。而廟適落成，僉謂宜記。走【自謙之詞。張衡《東京賦》："走雖不敏，庶斯達矣。"】郡人趙旻、馬騘徵予文。切惟國以民爲本，民視神爲命，神運其靈，則不必高城深池，而民皆安其生矣。然欲運其靈，莫先於明善惡，公予奪【賜予和剝奪。引申爲賞罰】。善惡不明，予奪不公則民心怒，民心怒則怨氣生，怨氣生，則旱潦以之而相仍，災沴【因氣不和而生的災害】以之而荐至【接連而來，荐，屢次，接連。明范濂《雲間據目抄》卷四："水災頻仍，饑饉荐至。"】，其患有不勝可言者。善惡既明，予奪既公，則民心悦，和氣生，五氣順布，百穀用成，其福有不可勝言者矣。其所以培植邦本，奠國家萬載太平之洪業者，寧不在是哉？若夫，凡有功于是役者，則悉書于石之陰【石碑的背面】。

　　關王廟記　　郡人彭大有撰參政

　　世謂死而不朽者，其神存也。建安【漢獻帝劉協年號】迄今歲二千年所【不定數詞，表示大約的數目】矣，而侯【關羽封爲"漢壽亭侯"】之神，自王公大人以至宴【jù，貧寒。《詩經·邶風·北門》："終宴且貧，莫知我艱。"】夫孺子，莫不縷縷【一條一條】道之,赫若目前。事其廟貌而尸祝之者,自都會以至於一井一聚,且遍天下,此曷以故？蓋侯之精英靈爽常耿耿于天壤間也。按侯始識玄德于草莽,卒然間而遂結之以肺腑死生之信,至于顛沛奔竄而其志愈不可奪。窘于魏曹而其節愈顯,此蓋侯之忠肝義膽照耀古今,即人人能言之,可勿論也。第一二之衷不暴于天下【如果一兩個隱衷沒有暴露於天下。一二,一兩個,極少數。第,如果】,後世腐儒操觚搖唇而訿訿【同"訾訾",zǐ,譭謗,指責】其後,則不佞具論焉。古人一飯【"一飯千金"之省寫。漢韓信少貧,在淮陰城釣魚,有漂母見其饑,飯之。後韓信爲楚王,召所從食漂母,賜千金。事見《史記·淮陰侯列傳》。後稱受恩重報爲"一飯千金。"】之恩必酧【同"酬"】,矧死生之際,不惟全之,又以國士【一國中才能最優秀的人物】遇乎,而可無所報效耶？侯之義報曹公,此所以爲侯明不背若【疑爲"玄"】德爾。侯與玄德義同兄弟,誼夙固矣。隆中以旦夕交加之上,侯即以身下之,推轂【助人推車前進,比喻助人成事。轂 gǔ,車輪中心的圓木,引申爲車輪,車】下令惟恐後,何可謂傲士大夫以短取【招致】敗耶！第所以面折【當面駁斥】不容者,老瞞阿蒙【指曹操與呂蒙】輩,狐鼠耳。此所以爲侯明不與【同】群小也,且操權之不敵也久矣。操且懾于侯之威,至欲徙都以相避,又何有于權耶。而或者顧咎【怪罪,責備】侯之不先加兵于吳,此又以成敗論者也。蓋天已去漢,侯其如天命何哉！而其切切然【憂慮重重】興劉扶漢，固春秋大一統之心也。雖然古之忠義者不少也，何獨侯神？即神而何侯獨顯乎？蓋嘗考諸忠義之士類，皆稍稍以權術濟之，若子房輩功成名完，其神已盡。至龍逢、比干即赫赫忠且義，身死而名立，則其神以洩。惟侯生平伏忠義而倐墮于小人之計，身雖陷而名未大顯，故其神常存而不死。侯神之獨彰彰坐此【因此。坐，因。杜牧《山行》："停車坐愛楓林晚，霜葉紅於二月花。"】耳。揮使王子道行慷慨，偉特人也。嘗業儒為郡弟子員，夙有慕于侯之忠義，故夢見之，為捐俸金【動詞】廟侯而祀之。于軍器局迤南【南邊】之通衢，廟南向，有門、有垣、有堂、有籩室【存放祭器的房子】，金碧丹堊【金碧，指國畫顏料中的泥金、石青和石綠；丹，即朱砂；堊，白粉土。用這些色彩粉飾侯廟，使之燦爛華麗，耀眼奪目】，巍然儼然，固所以風【指教化風尚】乎鄉之人而亦所以自勖也。但城以內舊未有廟侯者，有之，自王子始，遂記之。

嘉靖辰年勒石。

三元廟記　　郡人季道統撰

龔君卜地【選擇廟址】宛丘之南，建三元祠。襟雲帶谿【彩雲若襟，溪水若帶。"谿"，"溪"之異體字，山間的流水】，千章【千株大樹，極言林木之多】交翠，望之如昆閬【指昆侖山上的閬】

苑。古代傳說中仙人所居之境。宋代李昉《太平廣記·神仙》"陰隱客"："修行七十萬日，然後得至諸天，或玉京、蓬萊、昆閬、姑射。"】間物，每至煙雨初霽，光景動人，泠泠【líng，聲音清越。陸機《文賦》："音泠泠而盈耳。"】仙語，如在耳右，則三元神靈之所應也。顧其語不經見，縉紳者弗道【《史記》卷二十八《封禪書》："其語不經見，縉紳者弗道。"】。余惟慶、賞、刑、威【祝賀、獎賞、處罰、威嚴】之權，主之天子，而所慶之，賞之，刑之，威之者，則有五官、六大【五官，即天子之下設大司徒、大司馬、大司空、大司土、大司寇五大官員；六大，指大宰、大宗、大史、大祝、大士、大卜六個官職。此官制始於殷代】、有司、百執事【猶百官】分布其命而奉行之，然後，天子不勞而威靈振，此人道也。然則神稱三元【指天、地、人。道家則以天、地、水爲三元。明歸有光《汝州新造三官廟記》："三官者，出於道家。其説以天地水府爲三元，能爲人賜福、赦罪、解厄，皆以帝君尊稱焉。"】，豈非五官、六大、有司、百執事所爲分布天命，而代理六虛【上下四方】者耶？其所稱除災脱難之説，雖涉不經，又安知三元所以布聰明【布施智慧才智】，燭隱幽【照耀昏暗幽僻】，陰庇生靈，而仰荅【對，答】天命，不其然【猶言如此。《論語·憲問》："子曰：'其然？其然乎？'"《後漢書·黨錮傳序》："若范滂、張儉之徒，清心忌惡，終陷黨議，不其然乎？"】耶。嗚呼！神人之際，此足概矣。夫世俗之奉神也，縮酌【《禮記·郊特牲》："縮酌用茅（古代祭祀時用菁茅濾酒去渣），明酌也。"】而薦，不睹其飲也；割牲而饗，不睹其食也；範【用竹木做的模型】金合土爲像而奉承之，不睹其耳目口語之及交也。然而禳祈【祈禱除災】必徵，朒蠁【xī xiǎng，亦作"肸蠁"，聲響氣體的傳播。比喻靈感通應。晉左思《蜀都賦》："天帝運期而會昌，景福朒蠁而興作。"】如荅，精神貫注，不鄙匹夫，詎【jù，表反詰，相當於"豈"、"難道"】可不謂至神靈哉！乃有析珪儋爵【同"析圭儋爵"，意謂任官受爵】，烹肥擊鮮【宰殺活的畜牲禽魚，充作美食】，解帶太倉【胃的別稱。《靈樞經·脹論》："胃者，太倉也。"本以太倉喻胃，後徑稱胃爲太倉】，濡首【語出《易·未濟》："上九，有孚於飲酒，無咎。濡其首，有孚失是。象曰：'飲酒濡首'，亦不知節也。'"後以"濡首"謂沉湎於酒而有失本性常態之意】膏血，祈寒暑雨之聲在耳，溝壑湯火之狀在目，而曾不惻然【自憐，悲傷貌】。一動其念，呼弗以荅，籲【呼告，呼求。《書·召誥》："夫知保抱攜持厥婦子，以哀籲天。"孔穎達疏："以哀號呼天，告冤枉無辜。"】弗以應，收視斂聽【即"收斂視聽"，專心致志，心無旁騖】比于土偶【近似於土偶。土偶，亦作"土偶人"、"土禺人"】，則是昭昭朗朗，呼吸相屬【相類。明徐渭《會〈稽縣誌〉諸論》："僧一行之言曰：'星之與土，以精氣相屬，而不繫於方隅。'"】之人群，曾不若杳冥【竟不如無聲無影的冥頑。曾，乃，竟】恍惚，耳目口語所不及交者之猶足恃也？何神與靈之有？豈直不靈，抑且爲崇【當爲"祟"】，甚至寵賂章【《左傳·桓公二年》："官之失德，寵賂章也。"章，"彰"的古字，公然，鮮明】而官失德矣。三尺【即三尺法。指法律。古代以三尺竹簡書法律，故稱。《史記·酷吏列傳》："周曰：'三尺安出哉？'"《明史·翟鑾傳》："不合三尺法，何以信天下。"】壞於上，覆盆【覆盆之内極爲黑暗。言沉冤莫白】嗛【xián，同"銜"，即銜恨】於下，深次骨【猶入骨。次，至。深刻至骨。《史記·酷吏列傳》："（杜周）重遲，外寬，内深次骨。"】於内，而任胸臆作屬於外，此梟獍【xiāo jìng，亦作"梟鏡"。梟爲惡鳥，生而食母；獍爲惡獸，生而食父。總謂禽獸之類，比喻忘恩負義或狠毒之人】所快，善良之所痛也。不知簡書有問，何以爲對；仰視天日，何以爲顔；坐卧念之，何以爲心。以此質三元，何以施眉目，即三元爲鬼物且竊嘆笑之，而況神靈若此哉！余於是重有慨矣。龔君名栢，直隸歙【shè】縣人，時客宛也。

張真人廟記　　郡人張養志譔

張真人廟，宛故無之。萬曆甲申歲，里人張儒輩，請於郡守卜隙地【選擇空地】。募于衆，得金錢若干，於是聚財鳩工，立廟郊關之北。廟既成，屬余記其事。余惟神所自來不可鏡已，第聞蘇洵得畫像而禱之，生軾與轍，厥其後祀者屢應，是神司廣嗣【多生子嗣】，能使善類不殄【tiǎn，斷絶，滅絶】，厥祀功莫盛焉。顧【但是，不過】余瞻其像，儼然若貴公子，而爲引弓射天狗狀。問其故，則爲浮屠【亦作"浮圖"，佛教語。晉袁宏《後漢紀·明帝紀上》："浮屠者，佛也。西域天竺有佛道焉。佛者漢言覺，將悟群生也。"】之説者。曰："天狗能殄嬰兒肉血，神射之，是以得免於嬰兒。"嗚呼噫嘻！惑亦甚矣。夫《天官書》【《史記·天官書》："天狗，狀如大奔星，有聲，其下止地，類狗。"】言："天狗，惡星也。"神何從射之？余謂天狗，辟則人心之惡念也。神之射之，辟則天之罰及惡德也。此必占之。達人喆【同"哲"】士欲以遏惡覺世【使世人覺悟】，故設是像以儆之云耳。蓋觀《易》、《書》、《詩》所稱善慶惡殃，各以類應，乃知生生固天地之大德，而福善禍淫，尤天道之定理也。是故人有善念，天將祐之。神亦有靈，默相上帝，使其有螽斯【昆蟲名。形似蚱蜢。《詩經·周南·螽斯》："螽斯羽，詵詵兮。"詵詵，同"莘莘"，衆多貌。舊時用爲祝頌子孫衆多之詞。螽zhōng】麟趾【《詩經·周南·麟之趾》："麟之趾，振振公子。"鄭玄箋："喻今公子亦信厚，與禮相應，有似於麟。"後以"麟趾"喻有仁德有才智的人】之慶。苟作不善，則天網恢恢，疏【同"疏"】而不漏【語出《老子》第七十三章："天網恢恢，疏而不失。"《魏書·任城王傳》："又曰：'天網恢恢，疏而不漏。'是故欲求治本，莫若省事清心。"】，且殄厥世矣。神雖好生，亦安得違天而獨嗣之，是洵之生軾與轍也，固禱也，亦其所積者，善也。豈直禱于畫像而得之哉？故君子修德于己，責報于天，庶幾有所感格【感於此而達於彼。宋李綱《應詔條陳七事奏狀》："然臣聞應天以實不以文，天人一道，初無殊致，唯以至誠可相感格。"】響應，不然而徒事乎！牲幣【犧牲和幣帛】禱祠之間，神吐之矣。余方兀坐【獨自端坐。唐戴叔倫《暉上人獨坐亭》："蕭條心境外,兀坐獨參禪。"】秘室,理丹竈不暇,暇作經生,雕蟲薄技,研窮神之所自來乎,故直據理論之。如此明理,君子其以余言爲然乎不?

兵備道題名記　　賈　樞_{僉憲}

睢、陳、歸、德皆《禹貢》豫州之域【《尚書·禹貢》:"荆、河惟豫州(從荆山到黃河,屬於豫州)。"】,春秋分爲陳、宋二國,漢爲梁地,唐宋以來稱爲河南雄郡【地勢險要、轄境遼闊、人阜物丰的大郡。韋應物《始至郡》:"溢城古雄郡,橫江千里馳。"】,即咸置兵帥守之,誠古今重地也。至於明混一【亦作"混壹",統一。《戰國策·楚策一》:"夫以一詐僞反覆之蘇秦,而欲經營天下,混一諸侯。"《漢書·翟方進傳》:"同律度量,混壹風俗。"】區宇【境域,天下】,海内晏然。郡雖稱雄如昔,而兵備之官,向未之置嗣【職位繼承者】。是時與古異,民庶馴楩【pián,木名,爲建築良材,喻棟梁之才。《墨子·公輸》:"荆有長松文梓、楩、柟、豫章。"】不齊,且地當東西南北之衢,軍民雜處,而民俗又鮮厚積,每值荒歲,盜賊往往竊發,以故治之者,恒以爲難。正德間,河南鎮巡謂宜相度要害,專設憲臣【指御史。清錢大昕《廿二史考異·宋史五·職官志七》:"宋人稱轉運爲漕司,安撫爲帥司,提點刑獄爲憲司,提舉常平爲倉司,故有漕臣、帥臣、憲臣之目。"】,飭戎【整頓軍隊】以控制其地。請于朝,可之。

乃增置僉事一員，專駐陳州，往來督察郡國【郡和國的並
稱。漢初，兼采封建及郡縣之制，分天下爲郡與國，郡屬中央，國分封
諸王。侯封王之國稱王國，封侯之國爲侯國。隋朝廢棄】兵惟底定
所涖【一作"底定"，平定，安定所管轄的範圍】。南抵汝、蔡，北
距章磁，西連鄢、許，東接曹、亳，延互【綿延】八百餘里，
其地可謂遠矣。境内爲府者一，爲州者二，爲縣者一十
有二。爲守備司者一，爲衛者四，巡司以下，殆難悉舉，
其屬可謂衆矣。又寵以璽書【明陸深《儼山外集·傳疑録上》：
"世言三尺法者，蓋用三尺竹簡書法律。詔書謂之尺一，亦以一尺版書
詔。囊封加璽，又謂之璽書。"秦以後專指皇帝的詔書。璽 xǐ，印信】，
給以符印【符節印信等憑證的統稱】。凡軍馬之練習，城池之
修置，賊盜之防捕，奸弊之查革，獄訟之清理，悉以委
之，其責任可謂重且大矣。夫地遠則遥，制不容無策，
屬衆則表，導不容無政，任大責重，則憂畏經理【治理】之
心，不容一時而少怠。任斯事者，誠亦艱矣。予考往牒
【我考察以往的案宗】，得諸君之先涖此地者，十有餘人，皆
奮跡甲科【明清通稱進士爲甲科。亦泛指科舉考試】，蔚然前後
相望，而鴻名雅度，又皆一時海内之傑，宣猷【yóu，亦作
"宣猶"，施展謀劃與方略】于兹，施爲展布，知必有大過人者。
其詳今雖不可盡見，然自建置以來迄今四十餘年，地方
晏然無事，向非諸君撫綏【安撫，安定。《書·太甲上》："天監厥
德，用集大命，撫綏萬方。"】保輯【輯、撫、綏三字同義，安撫。《史記·

司馬相如列傳》：“陛下即位，存撫天下，輯安中國。”】之政，防守備禦之策，綜理周密，處置得宜，能若是乎？予幸繼諸君之後，景仰之餘，亦嘗竊聞其概，願學之而未能也。矧諸君蒞當建置之初，畢心殫力而處其勞。予也幸際無事之時，襲美踵成【繼承美好的成就。襲、踵同義，繼承，因襲】而享其逸，二載于兹，感仰前修，誠無少斁，尤慮歲日益遠，姓字愈湮，不有以表之，雖有其善，亦孰從而知之邪。爰刻姓字于石，各註貫址于下，庶幾後人覽石而見其名，因名而知其人，因人而思其政，一時美盛，將因是可傳于無窮。官師模範【官吏作表率。官師，百官。漢揚雄《法言·學行》：“師者，人之模範也。”】，民物思瞻，悉寓是矣，此立石之意也。乃若諸君終身立朝之節，勳庸【功勳】之著所至，固不能無殊。然紀述品題則有太史公之筆在，誠不盡係于兹石之立否【確實不完全決定於樹立不樹立這塊石碑】也。予瘝曠【耽誤荒廢。瘝 guān，曠廢】無補于治，亦幸厠名碑末【自己的名字列入碑後。厠，參與，置於】，後人指斥方懼不免，又奚敢妄援往事【又怎麽敢冒昧輕率地引述往事。敢，謙辭，冒昧之辭】，倡爲勸戒之説，假兹片石以寓抑揚諸君之意耶【借助這塊碑石以寄寓褒貶之意呀】，是爲記。

兵憲董公導水牌記　　郡人謝孟金按察使

我陳之城池，語其高深，居然金湯【即“金城湯池”。金

屬造的城,沸水流淌的護城河】之固也。但人心狃【niǔ,囿,局限】
於久安,莫虞災沴【沒有料想到會遭遇災害。虞,猜度,料想】,內
外二堤視爲長物【多餘的東西】,車輿畚鍤【běn chā,盛物及挖
土的工具,借指土建之事。《晉書·石季龍載記論》:"窮驕極侈,勞役
繁興,畚鍤相尋,干戈不息。"】,歲月相尋【相繼。南朝梁江淹《效古》
詩之一:"誰爲人道廣,憂慨自相尋。"尋,接連不斷】,公取潛培,日
就薄而不可恃。加以蔡河爲瀕河【臨近民居地帶的河】,居
人侵佔,日就淺隘,下流之勢高于附郭之川【郊外的河流。
附郭,近城的地方】原,斯壅塞所由也。乃丙寅秋,霖雨【連
下幾天的大雨】再閱月,積潦洶湧,堤決受水者凡一十一
處,匯而莫洩【同"泄"】,城之內外,茫若澤國【沒有邊際好像
是沼澤之國】,頹墉【倒塌的墙垣】敗屋,莫可勝計。人情惶駭
【人心惶恐畏懼不安】,殆有巢湖陸沉【亦稱"焦湖"、"濡湖"。在安
徽巢縣西。本爲巢縣境陸地,後陷爲湖,匯合其他河流入長江】之恐。
于是兵憲金臺【黃金臺的省稱,亦稱"燕臺",故址在今天河北易縣】
董公,亟命文武吏士,修築堵塞,不舍晝夜【日夜不停。《論
語·子罕》:"子在川上曰:'逝者如斯夫,不舍晝夜。'"舍,停留】,連旬
彌月,僅獲免民于墊溺。迨雨霽【雨止天晴】踰時,水無所
洩,猶一望無際。公遂周行相視【巡行視察】,復廣詢博
訪,既得其要領,乃進諸屬而謂之曰:"斯患也,始於堤
壞,而上流受水,既以河塞而下流莫通,知所以受患,斯
知所以禦患矣。通計內堤凡八里有奇【jī,零數,餘數】,外

堤凡十二里有奇。"于是分委屬員，次第修築，令各高一
丈五尺，廣二丈，且期以堅實，務堪障禦。又委經歷【官
名。金於樞密院、都元帥府置經歷，掌出納文移。元宣政樞密諸院、諸
大都督、通政司、都察院等衙署，皆有經歷。清惟宗人府、通政司、都察
院及各府置經歷】劉沁、千户俞相、劉衍裔相度地勢，括以
水平【指示水位的標誌】，知城之東曰枯河者，視【比】蔡河深
九尺，堤中之水可從是洩。乃又下令陳衛指揮千、百户
諸官，量其物力分工挑濬。自東堤踰蔡河直達枯河，凡
五百一丈五尺闊，一丈四尺深，再倍之。百爾【所有。宋
李覯《袁州學記》："百爾器備，並手偕作。工善吏勤，晨夜展力，越明年
成。"】人役悦以忘勞，不終日而渠成。乃決堤導水，沛然
【水流迅猛】東下。蓋自是而後，附郭之水患可免矣。是
役也，判官陳鏙、經歷劉沁承委効勞爲最，指揮薛映本
等，千、百户高棟等，分任諸役，咸與有勞焉，例得
並書。

蘇公修築沙河堤防碑　　趙時雍譔

　　蘇公之爲沙河防也，河以西業已鑱石【已經刻於石碑。
鑱 chán，刺，刻】頌功德矣，河以東亦欲志不忘也。於是鄉
民趙檟【jiǎ】輩相率屬余文【相繼請托我撰文。屬，通"囑"，囑咐，
請托】記之。余惟朝廷設官以爲民也，乃有司任其事，而
監司考其成，豈以養尊亦其體然耳。當沙河之潰也，濱

河一帶,四望無涯,麥禾一空,民無底定【達到平定。《書·禹貢》:"三江既入,震澤底定。"後引申爲安定、平定】,他或視民,隱【哀憐,同情。《孟子·梁惠王上》:"王若隱其無罪而就死地,則牛羊何擇焉?"趙岐注:隱,痛也。】而不恤,即有司猶然【尚且】莫以告者,誰肯以監司之尊,而行有司之事哉! 公不其然,一聞水患,怒然【憂愁的樣子。怒 nì】有已【當作己】溺之憂。于是駕扁舟,衝風波,一視再視,不以爲勞;過民居,悲傾圮,亟問亟慰,不以爲褻【xiè,親近而不莊重】;嚴督委【嚴格督查水流所聚之處。委,水流所聚之處,下游。《禮記·學記》:"三王之祭川也,皆先河而後海,或源也,或委也,此之謂務本。"】勤奮築,三令五申,不以爲煩;量功程,授既廩【古代官府發給的給養。《禮記·中庸》:"日省月試,既廩稱事,所以勸百工也。"《孔子家語·哀公問政》:"既廩稱事,所以來百工。"】,捐俸給民,不以爲費。嘻! 公之軫念【深切地關懷思念。軫 zhěn】民瘼亦既殷殷【深厚】矣。以故當時司牧者,靡不施捨已【當作"己"】責,加意省試【特別注意察看檢驗】,而貳守趙公仲文董【監督管理】其事,至於櫛風沐雨【不避風雨奔波勞苦。《莊子·天下》:"沐甚雨,櫛疾風。"】,三閱月而罔敢懈者,則公以身先之也。乃今兩岸危堤,屹然遠亘【gèn,亦作"亙",綿延】,河泊【當作伯,傳說中的河神。又名馮夷。《莊子·秋水》:"於是焉,河伯欣然自喜,以天下之美盡在己。"】安流,民居永奠【安定】,公其大有造于陳也哉! 蓋公廉于操,惠于撫,智于計,敏于爲,神于擿發

【"摘奸發伏"之省寫。揭露舉發隱秘的奸人壞事。摘 tī 揭發】，而威于彈壓，故其禁奸鋤暴，法不少貸【依法一點也不寬恕】。至于草澤負隅之寇衆莫敢攖【攖 yīng，觸犯】者，公直移片檄蕩平之【僅僅移送一片檄文即可掃蕩平定盜賊】。總之，繩其自相暴者，以安其自相養者，辟則去莠而不傷良田，攻毒而無損元氣，其於防水拯民之心一也。《詩》云："文武吉甫，萬邦爲憲"【見《詩經·小雅·六月》。吉甫，周宣王賢臣尹吉甫。又稱"兮伯吉父"。姓兮，名甲，字伯吉父（一作"甫"）。尹，官名，曾率師北伐玁（玁）狁（xiǎn yǔn，我國古代北方的一個民族，秦漢以後稱匈奴），遺物有《兮甲盤》。後代詩文中多以能文能武的"吉甫"作賢能宰輔的典型。憲，榜樣】。余于公見之矣，抑余尤有説焉。夫除害莫若盡，興利欲其久，方今堤防既築，河可保其無虞矣。獨計河之東北，悉屬窳壤【土壤低劣。窳 yǔ】，上自蕭家窐，下連土中等坡，綿延百里，諸水皆匯焉，經年俟其自涸。才涸而潦又隨之，民不得耕，賦役日累，此其患尤甚於河決也。先是郡守楊公爲疏白馬溝置閘焉，誠善計也，乃以工不堅而就廢矣。余有田數百畆，其間連歲不登，尚藉他田以自給。彼居于斯而食于斯者，嗷嗷之苦，其何以堪！則夫疏支河以殺水勢，建石閘以時蓄洩，尤有望于當事者。公名光泰，山東濮州人，己丑進士。

陳州守政績記　劉定之翰林學士

成化戊子聖節日【唐開元十七年八月五日，玄宗生日。《唐會要·節日》："開元十七年八月五日，左丞相源乾曜、右丞相張説等上表請以是日爲千秋節，著之甲令，布於天下。"後歷代皇帝生日或定節日，或不定節日，皆稱聖節】，休暇家居，中書三舍人【官名。原爲本宫内人，後世以爲親近左右之官。明清内閣中書科設有中書舍人掌書寫誥敕】來過。其一東吳周君宗勉，予戚友；其一戴君宗暉與周鄉舊；其一張君世璉，戴與張又皆景泰庚午，予較藝南畿所得士，延入款語【親切交談，懇談。唐王建《題金家竹溪》詩："鄉使到來常款語，還聞世上有功臣。"】。三舍人辭以景暉兄景升守陳州政績爲言曰：今年仲夏，陳不雨者久之。田龜拆【jūn chè，猶"龜坼"。亦叫"龜裂"。龜同"皸"，拆同"坼"，裂開。形容天久旱不雨地土開裂】民狼顧【狼走路時，常回頭看，以防襲擊。比喻人有所畏懼。《漢書·食貨志上》："失時不雨，民且狼顧。"】，計無所出。景升率僚吏禱於州城南所爲壇。先期致齋者七日，至期，禱不得雨，又若干日，愈處恪弗懈【向神禱雨愈加恭敬，一點也不敢懈怠。恪 kè，恭敬，恭謹】。六月朔日【農曆每月初一日】，有蛇色絳長尺許，見【"現"的古字】宇壇。陳素無蛇在壇者，愕焉，或欲擊之。景升疑焉，默自念曰："蛇，龍類也。龍能致雨者也。其變化形狀不可測，得非化爲其類來至者乎？果然焉，則請登于几【《禮記·檀弓下》："有司以几筵舍奠於墓左。"陳澔集注：

"几所以依神。"】。"頃之，蛇登几蟠屈，爐煙燭光間，引首顧盼，若仰籲而俯憫者，良久乃去。是日雨，四郊沾足，歲以有秋斯【語氣詞，用於句末。《詩經·小雅·何人斯》："彼何人斯，其心孔艱。"秋，穀物成熟】。蓋景升爲政有方，感神召祥，灼著可徵【證明】，請余載以文。余未敢諾，亦由未知景升平素故也。宗勉出鉅卷曰"臨漳【縣名，屬河北省。春秋時晉鄴邑，漢置鄴縣，屬魏郡。三國魏建鄴都，晉避湣帝諱，改臨漳，以北有漳水而名。明清屬漳德府】政績"留于所而去。予謝客，迫夜目昏就書室，然双炬觀之，其文今翰林侍讀學士【官名。唐始設，初屬集賢殿書院，職在刊緝經籍。後爲翰林院學士之一。職在爲皇帝及太子講讀經史，備顧問應對】陳公緝熙所述，戴景昇令臨漳日善政十餘條，則亦景昇鄉舊也。夫豈無徵而言之。景昇擢守于陳，亦是之由焉。華亭張進士弼又補書陳所漏事于次。簡曰："臨漳有蒼龜祠，巫挾以惑民，得有司財賄甚多。"景升罪其巫，撤毀其祠。予於是釋然【形容疑慮消除。《世說新語·言語》："由是釋然，無復疑慮。"亦作"舍然"。《列子·天瑞》："其人舍然大喜，曉之者亦舍然大喜。"】曰："景升信能善其政者也。非好恠【"怪"的俗字】者也，合蒼龍赤龜之事觀之，然後可知也。"乃爲之書。戴于東吳，爲望族。景升亦京闈【科舉時代在京城舉行的考試。闈，科舉時代的試院】貢士入仕，兄弟皆富於吟咏篇什【《詩經》當中的"雅"、"頌"以十篇爲一什，所以詩章又稱"篇什"】。景升有子儼，又已掇【duō，考取】鄉科，其聯榮續顯【即爲“聯續榮顯”】于聖時，殆未可涯度云。

洪公祠記　　郡人謝孟金撰

歲丙子冬，郡守洪公入覲【諸侯於秋季入朝進見天子。《詩經·大雅·韓奕》：“韓侯入覲，以其介圭，入覲於王。”後指地方官員入朝進見帝王】京師，士民相與語曰：“公治我陳盈五載矣，茲行得無【猶“得非”，“莫不是”】去我而內轉【地方官員上調中央政府任職稱“內轉”。《晉書·李密傳》：“密有才能，常望內轉，而朝廷無援。”】乎？”相率送之培【pǒu，即“培塿”。本作“部婁”，冢，小土丘。《左傳·襄公二十四年》：“部塿無松柏。”《方言》卷十三：“冢，秦晉之間謂之墳，或謂之培……自關而東謂之丘，小者謂之塿……”】上，戀戀不能捨去。今年春三月，果擢副駕部郎【《兩浙名賢錄卷二十九·吏治》：“陳州知州洪惟進烝……初授陳州知州，造士愛民有輯治，三十八事……擢駕部副郎”】，於是又相與喜其陞而悲其去已也。日夜圖維【亦作“圖惟”。謀劃，思考】，思所以昭其感慕于永久者，無如樹碑建祠。既而，白【告語，稟報，陳述】于新守許公，公慨然許焉。未幾，而祠告成，真所謂“庶民子來【《詩經·大雅·靈臺》：“經始勿亟，庶民子來。”】，不日成之【《詩經·大雅·靈臺》：“經始靈臺，經之營之。庶民攻之，不日成之。”】”者矣。或謂謝子曰：“崇實者遠名，持正者杜諛【崇尚實際的人，其聲名就會遠播；持守公正正派的人就能

杜絕阿諛】。"此庚桑楚所以避畏壘之俎豆【見《莊子·庚桑
楚》。庚桑(姓)楚(名),老聃之學生,偏獨得老聃之道,因北居畏壘山。
三年後,畏壘大豐收。畏壘之民認爲他幾乎是個聖人,欲祝奉他。"庚
桑楚聞之,南面而不釋然,弟子異之。庚桑楚曰:'夫春氣發而百草生,
正得秋而萬寶成。夫春與秋豈無得而然哉? 天道已行矣! ⋯⋯今以
畏壘之細民而竊竊焉欲俎豆(俎和豆。古代祭祀、宴饗時盛食物用的
兩種禮器。借指祭祀,奉祀),予於賢人之間,我其杓之人耶? (杓 dì,
標準)! 吾是以不釋於老聃之言(面對老聃的教誨我以此感到不
安)'"】。**宋公璟**【唐邢州南和人。武后時爲御史中丞。睿宗時任宰
相,因奏請太平公主出居東都,貶楚州刺史。玄宗時復爲宰相,開元八
年罷相。封廣平郡公,謚號文貞。璟與姚崇先後秉政。崇善應變,璟
善守文,而剛正過於崇,人稱姚宋】**所以請禁廣州之樹碑也,今
兹之舉,無乃**【恐怕。表示對動作行爲的推測、估計】**非洪公之
願乎? 曰: 子奚問公之願否哉? 亦以其有功于陳人,
則祠之耳。始公之在郡也,士民嘗裒集**【輯集。裒 póu,聚
集。《詩經·小雅·常棣》:"原隰裒矣,兄弟求矣。"】**其善政而稱述
之矣。曰敦風儀,曰興學校,曰停俵馬**【明代江北地區一種
雜役。指官府將官馬分給民戶飼養,過一定時期後再由民戶將馬解送
指定地點,由官府驗收】**,曰調驛弊**【治理驛站的弊端】**,曰築河
防,曰恤孤貧,曰彌**【通"弭",止息禁止。明彭時《彭文憲公筆記》:
"蓋是時人心危疑,思得長君以彌禍亂。"】**寇盜,曰革積年**【年,穀
物】**,曰節冗費,曰公審編**【公開審核在編制的人丁賦役等】**,曰
定則銀**【規定稱金銀的"則",即標準權衡器】**,曰均額糧**【均衡規定

的數目糧稅】，曰禁刁訟【顛倒黑白以奪人之產或陷人於罪的訴訟】，曰決疑獄【疑難案件】，曰慎刑憲，曰勤政事，曰戢【約束，元辛文房《唐才子傳·李頻》："賑饑民，戢豪右，於是京畿多賴。"】土豪，曰懲兇黨【惡勢力的團夥，或地方上的無賴。兇，"凶"的異體字】，曰清軍伍，曰抗强禦【抗擊豪强。《詩經·大雅·烝民》："不侮矜寡，不畏强禦。"】，曰勸農桑，曰廣儲積，曰嚴聽斷【聽訟斷獄。《荀子·榮辱》："政令法，舉措時，聽斷公。"】，曰謹關防，曰清案牘【清理官府文書】，曰換印信，曰公紙贖【用錢贖身或交納錢物而免除刑罰。紙幣，我國紙幣源於宋之交子（宋代發行的一種紙幣，後又設掌管紙幣流通的機關"交子務"），演變沿襲至今】，曰葺廢墜【修葺因懈怠而廢棄的建築。廢墜亦作"廢隊"】，曰清獄禁【治理監獄看守制度】，曰定市廛【市中店鋪。語本《孟子·公孫丑》："市，廛而不征。"】，曰完逋負【拖欠賦稅、債務。逋 bū，拖欠】，曰慎徵解【指賦稅的徵收解送】，曰秩祭祀【依禮分等級舉行祭祀】，曰應祈禱，曰禮上司，曰睦僚屬，曰公好惡，曰重心學【重視思想修養】，爲目凡三十有八。然彼三十六事者，已非尋常之所能及。若其停俵馬、調驛弊之一端，尤遠非他人之所望也。何也？令之所謂賢守令者，約己愛民，緣俗而治斯已矣。其于《令甲》【第一道詔令，法令的第一篇。後用爲法令的通稱。法令有先後，所以有令甲、令乙、令丙……甲、乙，猶若"第一、第二"】之不便于民者，率噤不敢言，雖若越人視秦人之肥瘠不恤也。洪公則不然。初，陳有代山東養馬解俵之役，其餵養陪償費出無等者，殆且百年，民茹苦無所控訴。洪公力爲申達，裁多從寡，改折代馬，雖猝未得請，既陞之後，尚惓惓【quán，懇切，忠謹】焉。又河北驛遍歲派馬、牛、驢頭若干，率募土若代役，往往爲游食者所勒索告擾，每歲所費不下數千金。緣足富者竭貲，貧者逃移。公請當道，徵銀解衛郡官給代人役，俾陳民免勒索告擾之苦，彼處得及時恊濟【支持，救濟。亦指舊時中央政府將徵稅款項恊助其他地方政府的部分】之益，議者謂其一舉兩便焉。非愛民如子，視民事如家事，能如是乎？而陳人受無窮之澤於世世，當祖父子孫相傳感德於有永矣。矧其諸善政在人心者，以耳目之所覩，記其數十年所僅見者，而可無祠，以爲將來標準哉。或者幡然【劇變貌。幡同“翻”。《荀子·大略》：“君子之學如蛻，幡然遷之。”】悟曰：“如吾子之言，則此制此碑信不可無矣。”遂不揣鄙陋，直述而爲之記。公名烝，字惟進，浙江平湖人。隆慶辛未進士。今任兵部車駕司【官名。明置，屬兵部，掌管鹵簿、儀仗、禁衛、驛傳、廐牧之事】員外郎【官名。員外，本指正員以外之官。明清各部均設員外郎，位郎中之次】云。

　　　陳郡羅公創設征糧規格碑　趙時雍撰

　　蓋國家有善治之人，而後有致治【使國家在政治上安定清平】之法，亦無不敝【通“弊”，弊病，害處】之法，而恃有維法之方，誠得其人則法之行也，大可通于天下。奚啻【亦作"奚翅"。何止，豈但。啻 chì，但，只，僅】一邦，久可垂于萬世。奚啻一時，若吾郡侯羅公所立徵糧規格是已。夫陳之徵糧法用條鞭【即"一條鞭法"，亦省作"條鞭法"或"一條鞭"。明中葉以後的賦稅制度，清代因之。"條鞭法者總括一州縣之賦役，量地計丁，丁糧輸於官。一歲之役，官爲僉募，力差則計其工食之費，量爲增減；銀差則計其交納之費，加以增耗。凡額辦派辦京庫歲需與存留供億諸費，以及土貢方物，悉並一條，皆計畝征銀，折辦魚官，故謂之一條鞭。"《續文獻通考卷十六·職役考》)】舊矣。一切欺隱影射之弊，業已犁然盡革。乃自癸巳以來，陰沴【指天地四時陰氣不和而產生的災害。唐元稹《苦雨》："陰沴皆電掃，幽妖亦雷驅。"】爲災，民間室如懸罄【形容空無所有，極貧。亦作"懸磬"。《國語·魯語上》："室如懸磬，野無青草，何恃而不恐？"】，一有催徵，其殷實【充實富裕】守法之户，固有不待教而樂輸之者，乃奸推猾避之輩【而那些奸詐推脱狡猾逃避之類的人】，視禁令爲空談，以延調爲得計，遂致頻年逋負【於是導致連年拖欠賦稅。頻，屢次，連續】，里胥日累于比責【舊時官府緝拿人犯或徵收租賦、額派人役等，定期催逼，謂之比。責通"債"】，而賦稅歲苦于難完，匪條鞭之不善，所繇【yóu，通"由"】徵派之無法也。歲庚子羅公來守是邦，甫下車洞悉其隱，乃屬其耆老【德行高尚受尊敬的老人】而告之曰："陳于中州稱首郡，有太古遺風焉。今豈民頑若是，而顧于國賦有不終事者乎？

吾有用一緩二之法，不遵者以三尺隨其後，爾百姓其共圖之。"于是括一歲之賦，分爲四季之中，酌時之盈詘【qū，通"屈"，虧損】以派數之多寡。如春冬時詘也，徵什之四，夏秋時盈也，徵什之六。又以每季分爲三比【類】，而三比之中，即其田賦之多寡，列爲上、中、下三等，以爲徵之後先。如正月一比，先上户矣，二月比中户，三月又次比下户，其有不完者，間罪一二，以示懲焉。夫每比有一定之額單，猾胥既不得滋分外綽【chuò，多】收之擾，而隨比即究不完之花户【户口册上的户口】，黠民又不得，仍前曰："規避之奸。上之體民者盡其情，而下之輸官者易爲力。善哉，公之法也。"故今三載餘，其大祲【jìn，舊謂陰陽相侵的災禍之氣。《左傳·昭公十五年》："吾見赤黑之祲。"】不減于曩也，其民貧尤甚于昔也，而賦税蚤完，里胥無累。即是時河工大興力役之役，無筭【同"算"】而草麻諸費，需索不貲【亦作"不訾"。不可計算。貲 zī，估量，計算】，靡不次第轉輸，而正賦亦毫無逋負者，則皆公調劑之力也。頃者，兩臺疏公治行稱上考，行有璽書褒寵，不次【不以尋常的次序。《漢書·東方朔傳》："武帝初即位，徵天下舉方正賢良文學材力之士，待以不次之位。"】内召，則其所以佑國急者，將以是法大行之矣。法行而國計自裕，奚藉紛紛壙税爲哉【壙 kuàng 原野，引伸爲擴大。爲什麼要依賴擴大徵收賦税而求自裕呢？】。或曰："公之法似用嚴也。"不知政非嚴不斷，不斷則無以懲頑，而究其恩，故子産【春秋時鄭國大夫，鄭穆公之孫，亦稱公孫僑，字子産】以嚴聽【治理，斷決其得失】鄭。孔子曰："古之遺愛也。"【語見《左傳・昭公二十年》："鄭子産有疾，謂子太叔曰：'我死，子必爲政，唯有德者能以寬服民。其次莫如猛。夫火烈，民望而畏之，故鮮死焉；水懦弱，民狎而玩之，則多死焉。故寬難。'……仲尼曰：'善哉！政寬則民慢，慢則糾之以猛。猛則民殘，殘則施之以寬。寬以濟猛，猛以濟寬，政是以和。'……及子産卒，仲尼聞之，出涕，曰：'古之遺愛也。'"】諸葛武侯以嚴治蜀，吏民畏而愛之。公一嚴于法而賦得依期完解。人户免追呼，里排鮮賠累，陳之徼惠【求取恩賜。徼，通"邀"，招致，求取】多矣。由斯以言嚴寬有二道哉。公善政未易殫述【詳盡敍述】，大都以明作行豈弟【平易和樂。豈 kǎi，豈弟，亦作"愷弟"，同"愷悌"。《詩經・小雅・青蠅》："豈弟君子，無信讒言。"】者也。乃衆庶不可使知之耳。古稱得用愛之權者，嚴也，乃今于公見之矣。

關帝廟碑記　孫建宗_{睢陳兵憲}

有道之世，鬼爲不靈，鬼而靈之，君子不道也【《論語・雍也》："樊遲問知，子曰：'務民之義，敬鬼神而遠之，可謂知矣。'"又《論語・述而》："子不語怪、力、亂、神。"】。而先王卒不廢其教，聖人又復神其説，洋洋【盛大貌。形容神氣十足，非常得意】在上，在左右，其故何也？蓋人不可以人道使【爲人之道役使】，而可以神道使也。是以有天下者，事神不後于治民，立有太常【官名，專掌管祭祀禮樂之事】，著爲祀典【記載祭祀禮儀的典籍】，意深遠矣。愿夫作愿，姦嫗作姦，祇克障人官之目【只能遮蔽人的耳目】，而不能逃冥法之誅。衡量輕重，咸報不爽【没有差錯】，或顯用陽法之芟鋤，或直伸神威之譴殛【譴責殺戮。殛 jí，誅戮】，風、霆、霜、雹、水、火、兵、凶不盡適然之，實斯民作殃作慶之端也。神之格斯凜凜可畏，而聰明、正直、忠義、節烈，絜尼山【即尼丘。山名，在山東省曲阜縣東南，連泗水，鄒縣界。相傳孔子的父親叔梁紇、母顏氏禱於尼山而生孔子，故孔子名丘，字仲尼。見《史記·孔子世家》。絜，通"潔"】夫子而次焉者，余不佞誦法【稱頌和效法】宣聖【漢平帝元始元年諡孔子爲襃成宣公。此後歷代王朝皆尊孔子爲聖人，詩文中多稱爲"宣聖"。其廟稱爲"宣廟"】之後，惟知佩服雲長公。曩者，筮仕晉門【古人將出做官，卜問吉凶。語出《左傳·閔公元年》："初，畢萬筮仕於晉，遇《屯》之《比》。辛廖占之曰：'吉。屯固，比入，吉孰大焉？其必蕃昌。'"】，過公之里必式【車過公之故里，人立車中，俯憑車軾，以示敬意。式，同"軾"。孔穎達疏："式者，車上之横木，男子立乘，有所敬則俯而憑式。"】，經公之廟貌必趨【古代的一種禮節，以碎步疾行表示敬意。《論語·子罕》："子見齊衰者、冕衣裳者與瞽者，見之，雖少，必作；過之，必趨。"】，心所服也。庚寅備兵宛丘，羲陵、宣廟在焉。求雲長之祠宇，廑【通"僅"，只有，才】有基存，片椽小構，沐雨櫛風【亦寫作"櫛風沐雨"。形容飽經風霜。語出《莊子·天下》："(昔禹)沐甚雨,櫛疾風。"】,暴露飄搖,痛如躬受。會鄉耆信僉有【恰逢鄉里德高望重的人確實都有。耆,同"耆"。古稱六十歲爲耆,五十歲爲艾】重葺之舉,請命于官,余曰:"義之所協【符合禮儀。協,符合】,事可從也。"夫福德正神,首載國祀。凡有血氣,莫不尊親,且匹夫匹婦了然于瞿曇【釋迦牟尼的姓。亦作佛的代稱】竺乾【天竺,古印度的別稱。後稱佛,佛法】之教,不足尚荒唐誕怪之神,爲何嗤【通"蚩"。嗤,愚蠢】而獨知皈依【信仰佛教者的入教儀式。因對佛、法、僧三寶表示歸順依附,故亦稱三皈依。皈guī,同"歸"】。聖哲景行【高尚的德行。《詩經·小雅·車舝(轄)》:"高山仰止,景行行止。"】美墻【美好的風范。墻,本作房屋,以喻庇護或氣度、風范】。賢者則希蹤上軌【希望能達到或比並上賢的懿德高軌。蹤,同"蹤",蹤跡,追隨。軌,高尚的道德風範】,不賢者亦必惕【畏懼】其威靈而憚其降鑒【俯察。《宋史·樂志十一》:"神靈降鑒,天地迴旋。"】。側者【不正派的人】不敢挾其側,奸者不敢萌其奸。一若髯將軍之赫癌于上也,不亦里有規矩,秉彝【持執常道。《詩經·大雅·烝民》:"民之秉彝,好是懿德。"秉,執。彝,常道,常理】之彥俗【美好之風俗】,無放僻邪侈之徒,十康澹漠,淳樸可還。余特嘉而許之。旋,首括俸貲倡之,庶民子來者,源源茲值。余移官納言,適殿龕【kān,供佛像或神像的石室或櫃子】、門廡、鐘鼓、垣寮【小屋或僧舍】,規制寢備,例得勒珉【雕刻碑文。珉,似玉的美石】，以紀成事，且明其許爲建廟之因者，乃避罪邀福也。君謂峙壇【並立的祭壇。峙，屹立，並立】廟社之設，雞、豚、黍、酒之陳，可以逭愆【逃避錯誤。逭 huàn，避，逃。《書·太甲中》："自作孽，不可逭。"】而覆惡【掩蓋罪惡】也，則謬甚矣。董工受事輸財者，悉當勒于碑陰。

重建明倫堂記【明倫堂，舊時各地孔廟的大殿稱明倫堂。《孟子·滕文公上》："夏曰校，殷曰序，周曰庠，學則三代共之，皆所以明人倫也。"】　于朋舉睢陳兵憲前翰林院檢討

順治丙申歲清和月【農曆四月的俗稱。謝靈運《游赤石進帆海》："首夏猶清和，芳草亦未歇。"白居易《初夏閑吟兼呈韋賓客》："孟夏清和月，東都閑散官。體中無病痛，眼下未飢寒。世事聞常悶，交遊見即歡。"】，不佞奉簡書備兵太昊之墟。每朔望【朔日和望日。舊曆每月初一和十五】謁奠先師【指孔子。其廟爲"先師廟"。孔子謚號爲"至聖先師"，明世宗嘉靖九年改"大成至聖文宣王"爲"至聖先師"。清孫承澤《春明夢餘錄》："(唐)玄宗開元二十七年，追謚孔子爲文宣王。"邱浚曰：此孔子爲封王之始也。大中祥符五年，追尊孔子爲"至聖文宣王"，元武宗至大元年，加孔子謚爲"大成至聖文宣王"】，見碎瓦頹垣，廟貌非故。蓋自變亂以來，兵燹流毒，惟汴豫【xiè，通"榭"，古代州學名。《儀禮·鄉射禮》："豫則鈎楹內，堂則由楹外。"鄭玄注："豫，讀如成周宣榭火之榭是也。"孔穎達疏："今言豫者，謂州學也。"】受之最慘。遂至講堂誦舍以及博士【學官名。職責是教授、課試或奉使、議政】退食之所【退食，出自

《詩經·召南·羔羊》："退食自公，委蛇委蛇。"鄭玄箋："退食，謂減膳也。自，從也；從於公，謂正直順於事也。"】，風雨割其隅【房屋的角落，邊角】，霜露降于席【坐位，席位】，博士師弟子鞠于草莽【教學環境處于窮困荒野之中。鞠，成語有"鞠爲茂草"，謂雜草塞路。形容衰敗荒蕪的景象】而不能時授受。周覽基趾【亦作"基址"，地基、基礎】，愀然動懷，是余責也。夫乃進州守及廣文【即"廣文館"之簡稱。掌儒學訓導之政，唐代七學（國子、太學、廣文、四門、律、書、算凡七學）之一。國子監增開廣文館，設博士、助教等職，領國子學中修進士業者】諸子衿【《詩經·鄭風·子衿》："青青子衿，悠悠我心。"毛傳："青衿，青領也。學子之所服。"後因稱學子、生員爲"子衿"】，相與謀曰："國之榮昌在人才，人才育於學校，爲國宣勞【效勞】宜無急於此者。學校之不修，有司者之責也。"僉曰："唯唯。"卒以帑藏【tǎng zàng，亦作"帑臧"，國庫的錢財。《後漢書·楊秉傳》："帑藏空虛，浮食者衆。"】匱絀【kuì chù，缺乏，不足】，人力奔疲爲辭，且庀材鳩工荒瘠之區，未易卒辦。不佞以觀成易【我審視成功容易】，慮始難，築舍之議其何能就？乃計終歲俸之所入而悉出之。其時，文武僚屬暨學博【唐制，府郡設經學博士各一人，職掌以五經教育學生，簡稱學博】、紳衿靡不踴躍輻輳【fú còu，亦作"輻湊"，聚集，集中】，以共襄此舉。州守有營建，慨然引爲己任。悉搆成材，戒日【限制日期】舉事。募力併作期月【周月，一整月】間，缺者稍完，傾者稍起，圬墁【亦作"圬鏝"，塗飾墙壁，粉刷】

者稍餙【同"飾"】，峻整輝煌還舊規，罇罍【zūn léi，泛指酒器】
荳【同"豆"，古時祭祀的禮器】之屬，亦稍稍修飾，乃釋芹泮【泮
水，古代學宮前的水池。芹泮，水池中的芹菜，喻指學宮中的學子。語
出《詩經·魯頌·泮水》："思樂泮水，薄采其芹。"】，刑少牢【祭祀用
的羊豕】，落成于明倫之堂，而堂廡猶未建也，尊經閣僅
存遺址也，二學博未有容膝處。然就今日規模初建，群
弟子僉屬不佞，願有言以記其實，弗能辭。夫學術者，
人材之所由成，用心内外之判【專心於自身和外物的研究分析
斷定】，實人材盛衰之機。孔子曰："古之學者爲己，今之
學者爲人。"【語出《論語·憲問》】今時人士特用心異於古
耳，其學固不異也。世風日下，士習日靡【衰】，豈特用心
之異而已耶？或以詞章，或以記誦，或以書數，或以權
謀，甚則竊佛老之似，以亂周孔之真。蓋併其所謂學
者，異矣。如是欲人才之古若【怎樣，怎麼】可得哉？此任
世道之責者，所以每爲之太息也。古之學者，將以明善
復初，以自治其身，身修而國求之以爲用，非以爲利祿
謀也。是故十五入大學【大學。《禮記·王制》："小學在公宫南
之左，大學在郊。"《大戴禮記·保傅》："束髮而就大學，學大藝焉，履大
節焉。"盧辯注："大學，王宫之東者。束髮，謂成童。"】，四十始仕。
凡學之十五年之前，而用之二十五年之後。當其用也，
專志於身心性命之間，真能充其才以復其初，故其事業
光明俊偉，有以參天地【即"參天兩地"，爲《易》卦立數之義。

《易·説卦》：“參天兩地而倚數。”孔穎達疏：“倚，立也。既用蓍求卦，其揲蓍所得，取奇數於天，取耦數於地。”清俞樾説：“陽之數以三而奇，陰之數以二而偶，所謂參天兩地也。”引申爲人之德可與天地相比】而贊化育【贊助教化。語本《禮記·中庸》：“能盡物之性，則可以贊天地之化育；可與贊天地之化育，則可以與天地參矣。”】。譬之播種於夏，而收穫於秋，乃其必然之應，無足異也。後之君子，其學既與古不同，而所以責成於學者，其功甚疏，而其心甚急，又非古人深造自得之意。籍曰：資質與古人同，而所以從事於學者亦能與古人同乎？然則後世人才之不古，若非其才之罪也。我國家稽古建學，凡所以教人者，一惟【完全听從】古聖相傳周公、孔子之道，程、周、張、朱【指程顥（1032—1085），宋洛陽人。字伯淳，世稱明道先生。少與弟頤同受學于周敦頤，並稱“二程”，同爲北宋理學創立者。程頤（1033—1107），顥之弟，字正叔，世稱伊川先生。治學以《大學》、《中庸》、《論語》、《孟子》爲標指，而達於六經，以窮理爲本。周敦頤（1017—1073），宋道州人。字茂叔。居廬山，築室名濂溪書堂，世稱濂溪先生。採用道家學説，以太極爲理，陰陽五行爲氣，對宋明理學影響甚大，“二程”都是他的弟子。張載（1020—1077），宋鳳翔郿縣人，字子厚。嘉祐二年進士。熙寧初爲崇文院校書，不久，退居南山下，教授諸生，學者稱橫渠先生世將其與“二程”、周、朱並稱。其學派稱爲關學（因其是關中人），但反對以“理”爲萬物的本源。朱熹（1130—1200），宋徽州婺源人。一字仲晦，號晦庵，晚年徙居建陽考亭主講紫陽書院。熹爲程頤三傳弟子李侗的學生，闡發儒家思想中的“仁”和《大學》、《中庸》的哲學思想,繼承和發揚"二程"理氣關係的學説,集理學之大成,後世並稱"程朱"】,朝夕誦法,蓋其所望於天下後世之士意深遠已。然則一洗俗學之陋,更張【重新張設,比喻變更或改革】而振作之,非吾儕之責而誰也?自此以往,長斯土者願以古道相勖【相互勉勵。勖xù,輔助,勉勵。《詩經·邶風·燕燕》:"先君之思,以勖寡人。"】,示人以實不以文【讓人知道實在內容而不是華麗文辭。】,率【楷模】人以德不以法。聖賢爲學之成法且存,安知無豪傑振古之才復見于今日乎?此亦區區之所望也。今之丕新【大力革新】學官,豈特宮墻壯麗以博觀美已哉?不佞當拭目以俟其後。是役也,費不及帑,力不及民,勤飭董【監察】作,力贊于成,則州守暨諸僚屬之力居多焉。若果相繼修葺,無使完者復缺,起者復傾,整飭者歸于圮壝,且堂廡之遞建【依次構建】也,尊經閣之復新也,二學博之廣數椽爲退食所也,是又望于後之君子!

修太昊陵門墻碑記　王弘仁陳太守

蓋惟以尊莫大乎帝,以本莫重乎祖。故凡有功德于世者,或法施于民,或以勞定國,咸飭其廟貌著爲祀典,而況乎其爲帝,而況乎其爲帝而祖。陳州城北,蔡河之滸,太昊伏羲氏之陵在焉。舊創有寢殿【陵墓的正殿。《後漢書·祭祀志下》:"秦始出寝,起於墓側,漢因而弗改,故陵上

稱寢殿，起居衣服象生人之具，古寢之意也。"】、廊廡、戟門【清顧張
思《土風錄·戟門》："墓前石門曰戟門。"原爲"立戟爲門"】、廚庫、宰
牲等房，繼立後殿、鐘鼓樓、齋宿房，其券門【拱門】之前，
復闢三門，森若鼎峙【高聳如鼎足對峙】而重垣環匝【一道又
一道的牆壁圍繞】，廣數百步，儼然帝王之居。夫固所以尊
之本之，而崇其明祀也。歲月茲深，葺理久曠，雖殿宇
猶存故貌，而起視其陵寢則夷然【陵寢已遭破壞使成爲平地。
《國語·周語下》："是以人夷其宗廟，而火焚其彝器。"】矣，門楹則
頹然【倒塌】矣，牆垣則潰然【被雨水冲毀】矣。余簡蒞【受命
蒞臨】斯土，首謁陵寢，不禁愀然長嘆曰：古帝王陵祠隤
即修治，憲綱所列【（修治帝王陵寢）已列入法紀】，有司責也。
矧茲繼天立極，開物成務之帝祖乎？且天地間海桑變
更不知幾何，而宛丘之陵萬古不改，相繩【繼承。《詩經·
大雅·下武》："昭茲來許，繩其祖武。"】至今，漸爾荒廢，是安可
不亟【怎麼能不急速。安，疑問副詞，怎麼。亟，急速，趕快】爲之所
也【《左傳·隱公元年》："不如早爲之所，無使滋蔓，蔓難圖也。"】。
自顧力微，扼腕無何。比及歲始，遠方祈禱者絡繹不
絕，因命廟祝【廟宇管理燒香的人】設醮【古代祭神的一種禮儀。
《竹書紀年》："黃帝遊於洛水之上，見大魚，殺五牲以醮之。"】，募善
擇著，正公同登，貯以爲葺理之資。維時余與同事諸公
捐俸倡始，而郡之紳衿相樂來助，糾【聚集，收集】香資而
度之【估計香資收集的數量。度 duó，推測，估計】，約可以經營

【《詩經·大雅·靈台》："經始靈台，經之營之，庶民攻之，不日成之。"】矣。廼鳩工庀【pǐ，治理準備，聚集。《聊齋志異·黃英》："鳩工庀料，土木大作。"】材，藉州佐【副職或任副職者】劉茂賢董其役，殫力督率，不逾月間，向之夷然之陵冢，巍然而高阜矣；向之頹然之門楹，竟峨然而金碧矣；向之潰然之墻垣竟隆然而朱堊【è，白色泥土，石灰之別名曰"堊灰"】矣。起敝易堅，侖焉【侖，同"輪"。古代圓形的穀倉，形容高大】，奐焉【光彩鮮明啊。語出自《禮記·檀弓下》："晉獻文子成室，晉大夫發焉。張老曰：'美哉輪焉，美哉奐焉。'"】，遂使過者興思，瞻者加敬。方次落成而秋霖剝蝕【秋季連綿大雨的侵蝕而損壞脫落】，殿宇又告傾矣。厥【代詞，相當於"其"。以下諸"厥"義同此】功維艱，厥費維鉅，蓋天下有心欲爲而事猶屬可爲者，有心欲爲而事萬不易爲者，若是，則余又不能不愀然長嘆矣。雖然，昔創而建之者何人？而今獨不能爲繼之乎？嗣繼而緝之者何人？而今獨不能爲復繼之乎？抑以事之可爲而始爲之，事之不易爲而遂聽之【就任憑它自行發展。遂，於是，就】，是豈所云致力於神乎？爰是請之臺憲【御史臺或御史臺官員】，籌諸邦賢，將必使告傾者燦然，聿【yù，語助詞，無義】新而獲已焉。然，後此之功，誠未可量也，而今此之役其曷可泯乎【怎麼可以消失呢】？敢勒石以記，匪以爲名也，匪以云報也【《詩經·衛風·木瓜》："投我以木瓜，報之以瓊琚。匪報也，永以爲好也。"】。蓋以誌同時之君子，共勸【ráng，輔佐，説明】厥事焉，并以望異時之君子，共盟厥心焉。

一元廟募疏　季之駿南昌太守

三元大帝廟在宛城東南隅，背築枕鑒，於地爲巽【東南方。《易・説卦》：“巽。東南也。”】。重門深殿，穆穆【《爾雅・釋訓》：“穆穆，敬也。”】峨峨【高貌。《文選・〈楚辭・招魂〉》：“增冰峨峨，飛雪千里些。”李周翰注：“峨峨，高皃。”】，怠者生敬。後起崇閣祀天帝，於形家【舊時以相度地形吉凶，爲人選擇宅基墓地爲業的人。也稱堪輿家】爲文，筆峰推原【從本源上推究】，作者之誠，能以神道【神明之道。謂鬼神賜福降災神妙莫測之道。《易・觀》：“觀天之神道，而四時不忒。聖人以神道設教，而天下服矣。”】戢人【安撫和睦庶人。戢 jí，收斂，止息】，射而其惠，又有功典章車服【車輿禮服。《書・舜典》：“敷奏以言，明試以功，車服以庸。”孔傳：“功成則賜車服，以表顯其能用。”孔穎達疏：“人以車服爲榮，故太子之賞諸侯，皆以車服賜之。”】之林，未嘗不三嘆心儀也。作者爲誰？新安龔仰山氏鼎建焉。大銀臺【明清置通政使司，職位與宋代銀臺司相當，掌握國家奏案，故稱通政使爲銀臺】湛泉張公暨先太史佐之，而先太史記之。越三十年，仰山大夫子繼山增修焉。大司馬鳳皋張公都諫，圃田宋公佐之，而宋公記之，貞珉在勒廟爲龔氏家乘【shèng，春秋時晉國史書叫“乘”後泛指一般的史書】矣。住廟一黄冠【道士之冠。借指道士】無襍【同雜、雑】縷。丁巳南高徐夫子來守郡，簡士【選拔士子】十人，餼而肆其中，余與焉。槐花梧井，咿喔【象聲詞】相答。舉於鄉者四【鄉試中舉的有四人】，捷南宮者二【考取進士的有二人。捷，科舉及第。南宮，禮部會試，即進士考試】，餘并明經甲選【其餘的人一併被選爲一甲貢生。明經，明代對貢生的尊稱】。若是哲匠【指有高明技術的工匠。哲，明智，聰慧】風斤【應作“斤風”。謂技術高超。語出《莊子‧徐無鬼》：“郢人堊慢其鼻端，若蠅翼，使匠石斲之，匠石運斤成風，聽而斲之。”】，猶將乞靈奧區【腹地，深奧之區域或深奧之處】歟。仰山弗及見而繼山見之，一憾一快也。繼山没，令嗣尚德肯搆【或作“肯堂”。搆同構，肯搆，即“肯堂肯搆”或“肯搆肯堂”之省寫。《書‧大誥》：“若考作室，既厎法，厥子乃弗肯堂，矧肯搆？”孔傳：“以作室喻治政也，父已致法，子乃不肯爲堂基，況肯構立屋乎？”後因以“肯堂肯構”、“肯構肯堂”比喻子能繼承父業】樂施。會豫章【地名。其地在淮南江北之界】龔程樸先生偕子建木孝廉以秉鐸【古樂器名，形如大鈴，振舌發聲。鐵舌叫金鐸，傳達軍令時用之；木舌叫木鐸，宣布政令時用之。後指擔任文教之官】至，修宗盟，舉廢墜，塗暨【通“暨”，及，至】載施，鳥鳳攸去，所稱家乘者，其幽贊哉。壬午之衊【崇禎壬午年即1642年李自成率農民起義軍起義。衊miè，同蔑，污血】豺虎火傳，鴻雁子遺，廟貌以神爽不改，而遍處者丏鐺媪襮，遂不復問。清朝肆靖【非常安定。肆，極，很】，德子作肅來亟理之，滌除溷穢【混亂污穢】，補綴殘闕，仰山之祠示有主者，雖力不逮，志若有需也。

遭肤篋之子榷及木石【遭受盗贼之子從旁盗走木石爲專利。肤篋 qū qiè，從旁邊打開，借指偷竊。《莊子·肤篋》："將爲肤篋、探囊、發匱之盗而爲守備。"榷，專利】，崇閣岌岌乎不可保。嗟乎！是廟何隆替，今昔其然耶。作肅謀於余曰："廟之故神，恫【哀痛。《詩經·大雅·思齊》："神罔時怨，神罔時恫。"】家恤駢焉。若是先公嘗有事而又奮蹟地，其念諸將告夫連帥【古代十國諸侯之長。《禮記·王制》："十國以爲連，連有帥。"後泛指地方高級長官】邦伯【州牧。古代用以稱一方諸侯之長。《書·召誥》："周公乃朝用書命庶殷侯、甸、男邦伯。"孔傳："邦伯，方伯，即州牧也。"後因稱刺史、知州等一州的地方長官】，繳寵靈【開其恩寵，賜以威靈。繳，付出，交出】呵護，勒黃冠焚誦如故，事告夫郡父老長者，視力圖之，若能默默處此乎。"余應之曰："唯。"淮宛不幸，罹兵燹後，大典蕪夷，若羲陵、孔廟不獲復舊貫者有若此矣。顧廟之神職錫福、解厄、宥罪，其殆體，聖天子疇離祉原故無大，用三驅失前禽【《易·比卦》："顯比，王用三驅，失前禽，邑人不誡，吉。"】之意而分治焉者，矧其弼文教應若響邪。夫事隳之，惟人張之，惟人感慨係之矣。願以戔言【微言。戔 jiān，少，微】次其略。若曰："水源志報其何敢。"

三元廟主聖閣疏　　龔作肅

萬曆初，予曾大父名栢，以歙【shè，安徽省歙縣】之明經客陳。見絃歌臺，乃先聖孔子遺墟，坤維【指西南方。因《易·坤》有“西南得朋”之語，故以“坤維”指西南。《淮南子》曰：“坤維在西南。”】勝概【優美景象。唐杜甫《奉留贈集賢院崔於二學士》詩：“故山多藥物，勝概憶桃源。”】。至於巽爲文明之方【至於東南素稱作文明之邦。巽 xùn，《易·説卦》：“巽，東南也。”】，而反窪隰【xí，低下之濕地】之，無樓臺高峙其間，是爲缺陷不可也，遂不惜千金築起其地。感先聖孔子在陳主【居住】司城貞子，因建貞子閣以祀之。上供天帝，以報皇德。前建三元廟，果寓省會殿試三元聯捷之義，食息其上者，十有三年。而陳地東南之文峰始峻，就其中立社課藝【以志趣相投的文人結成文社，研讀制藝（八股文）】，仍設廟田，以供饌具【指肴膳】。自是科第才名叠出，其社所以然者，丁火【古代以十干配五行，丙丁均屬火，因以“丙”、“丁”爲火的代稱。丙是陽火，丁爲陰火】實生坤土【大地。《易·説卦》：“坤也者，地也。”】，龍虎正對，交相爲助，而東士西賓【舊時賓位在西。常用爲對家塾教師或幕友的敬稱】互成其美。文教于斯蔚起，文風于斯丕振，形家風水之説信不誣也。居久之，予曾大父卒。潁川大司馬張公謀諸同社爲主，立祠于廟右，扁題“仰止堅白”【語出《論語·陽貨》：“不曰堅乎，磨而不磷；不曰白乎，涅而不緇。”孔安國解釋曰：“言至堅者磨之而不薄；至白者染之於涅而不黑。”謂君子雖在濁亂而不能污。後因以“堅白”形容志節堅貞不可動搖】，以誌不忘。先大父名文照，每拓修之，而大觀益壯。先大人名尚德,增置義田、義冢,周詳愈密,誠無少歉。豐城徐公節鉞【符節和斧鉞。古代授予將帥作爲加重權力的標誌。《孔叢子·問軍禮》:"天子當階南面,命授之節鉞,大將受,天子乃東向西面而揖之,亦弗御也。"】睢、陳,課士【考核士子的學業】論文,常下于此曰:貞子賢能,主聖,是閣當與絃歌臺并相尊崇。於絃歌臺內爲崇正書院,顏其閣曰"主聖閣",額其廟曰"三元祀",扁其祠曰"永思堂",名其社曰"新安社"。遍留手澤【猶手汗。後多用於稱先人或前輩的遺墨、遺物等。《禮記·玉藻》:"父没而不能讀父之書,手澤存焉爾。"】,冀主聖閣、三元祠與絃歌臺共成不朽也。高平張夫子牧陳甫二載,而恩化行。予族伯名洪元來司陳鐸【司鐸,掌管文教。古相傳代宣布政教(或遇戰事時)之人必搖木鈴(或銅鈴)以聚众】,適際【同義復詞,適逢,恰遇】其時奮興,大興學校,重新文社,建奎星樓于城北,文廟青龍聖閣倚山懸鐘于樓。晨夕振鳴,義在巳生金聲,以著遠聞。不獨西戌之捷悉出社中,而庚辰春太守季公又光其社,陳郡斯文於是復盛矣。壬午之變,兵燹交閫【hùn,雜亂,混雜】,雖廟祝【廟宇中管香火的人】難容,廟貌倖存,永思可托過是者,莫不謂清興以來,南宮【禮部會試,即進士考試】之捷,陳獨無人,文峰有不修之愆【同"忒",差錯。《易·豫》:"故日月不過,而四時不忒。"】,或其然歟。延予小子一介,舌耕六極【上下四方】,半有欲勉圖新,力實弗克,幸際名世代賢,爲公祖慈母于上陵寺廟宇，咸與維新，因而乘時奮起，孝思善念交迫于衷，挽筆序其由來，以俟大方君子之觀云。

傳

魯府左氏貞節傳

節婦姓左氏諱貞順，元汝州鎮撫馬士隆之妻也。生稟淑姿【優美的體態，美好的姿容。《文心雕龍·情采》："夫鉛黛所以飾容，而盼倩生於淑姿。"】，長訓習於姆教，凡女工學無不能，及笄歸【"笄"jī，簪子，古代用來插住挽起的頭髮或固定弁冕。指女子十五歲成年，到了插笄的年齡。歸，古時女子出嫁謂之歸】士隆，克盡婦道，舅姑【古時妻子稱夫之父母。俗稱公婆。唐朱慶餘《近試上張籍水部》詩："洞房昨夜停紅燭，待曉堂前拜舅姑。"】宗族稱焉。時元季【元朝末年】兵難大作，士隆以智勇專征討，屢克獲有功，敵畏憚之。悉兵乘其勞來寇，士隆鏖戰，斃於賊。節婦時年二十五，慟【tòng，極其悲痛】曰："吾夫不幸，戰不勝，死義。我未亡人，生不如死之為愈【勝過】也。"欲自裁以下從。其夫之親戚牽挽之，得不死。未數月而子友隣生。節婦食苦負勤，躬蠶積畜牧，經紀其家，以養其舅姑，時人義而哀之。節婦無變志，或有勸其他適【出嫁】，節婦泣曰："女之有夫，天也。若二天，狗彘【zhì，豬】不食。"其心終不為動。迨其後數年，四海寧謐【mì，安寧】，友隣亦既長就學。節婦常誨之曰："馬氏之宗祀係汝，猶一髮引千鈞。汝不早樹立，則吾之志不白，無以見汝父於地下。"友隣痛自警策【謂以鞭策馬。引申爲督教而使之儆戒或振奮】奮發，卓然承家。洪武乙亥太守李陽具【陳述】其事以聞，詔旌【皇帝以賜匾額的方式予以表彰】其門曰：貞節。鄉黨翕然【指一致稱頌】，稱士隆爲不死而有光矣。節婦享承平之福，食其子孫之報，年八十餘乃終。宣德【明宣宗朱瞻基的年號】癸丑，其孫嵩舉進士。將命來魯，得觀其行實，而重其有關于世教，遂書"貞節"二字，揭【揭貼，即張貼】其堂，復爲之傳與嵩，以俟夫觀民風者采焉。傳曰：五代長樂老【五代宰相馮道一生仕唐、晉、漢、周四朝相六帝。《新五代史·雜傳十六·馮道》："當是時，天下大亂，外患交侵，生民之命急於倒懸。道方自號'長樂老'，著書數百言，陳已更事四姓及契丹所得階勳官爵以爲榮。"後世常借指憑靠阿諛取榮而長保禄位的人。】善偷生，以苟富貴。歐陽子【歐陽修，字永叔，號醉翁，晚年又號六一居士。廬陵人，他的詩文、詞賦、史傳以及其文學主張對後世影響很深遠，被後人譽爲唐宋八大家之一。三蘇父子、曾鞏、王安石等皆出自他的門下，因此成爲北宋中葉文壇領袖。後因議新法，與王安石不合，致仕，退居潁川，卒諡文忠】作史【《新五代史》】，王凝妻李氏斷臂之烈而貶絀之，豈其失身敗倫不足礪俗【激勵世俗】，而女婦之躬行仁義，有補于名教者乎？此所謂誅其心于既死，而發潛德之幽光【潛隱的光輝。常用以指名位不顯而品德高尚的人。語出唐韓愈《答崔立之書》："誅奸諛於既死，發潛德之幽光。"】也。故予于左氏守節事有取【有所收穫】焉。當其簪惡【無，沒有】笄【同"簪"，女子十五而笄，行成年之禮】時，男女之祥未可知，幸而生男成立未可知，節婦又新寡年少，使其足一移，則馬氏安知不爲若敖氏之宗【若敖氏之後代楚國令尹子文，擔心其侄兒越椒將使若敖氏滅宗，臨死時聚其族人，泣曰："鬼有求食，若敖氏之鬼不其餒而？"後若敖氏終因椒的叛楚而滅絕。事見《左傳·宣公四年》。後因以"若敖鬼"指絕嗣。若敖，即"若敖鬼"】乎？乃能毅然不撼於浮議【沒有根據的議論。浮，空虛，淺薄】，卒保遺孤以再造其家，有孫又取科第以爲光榮。節婦取必于天之不爽，如此可謂明炳幾先【猶機先，事機萌動未發之時，已謂之先兆。宋蘇舜欽《蜀士》詩："吾相柄天下，處事當機先。"】而賢于世之爲人婦遠矣，其於教化風俗非小補也。烏乎！士讀古人書，無丈夫之烈，如長樂老者，視寡妻弱婦之操反不迨【及，趕上】，不亦愧于中哉。宣德八年閏八月八日。

　　謝烈婦傳　　郡人季道統檢討

　　語曰："烈士殉名【捨身以求名】，夫士以殉死，死名【爲名而死】耳。其志固未可知也。夫烈婦殉志【爲保全志節而捨身】，其死，死志【爲志而死】也。志與名不同日語矣。"殉名者圖赫赫之聲；殉志者立矯矯【勇武剛強】之節。彼爲有心而此則無所爲也。婦人女子矢志從一【即"從一而終"之省寫。謂一女不嫁二夫，夫死不得再嫁。《易·恒》："婦人貞吉，從一而終也。"】，相然信以死，豈顧問哉。心同皎日，精貫金石，立意較然，不欺其志，如此而已。至于身後榮名，固其意想所不及到，烏圖所謂赫赫者耶？余蓋讀謝烈婦狀而悲之。烈婦魏女也，而歸于謝生諱用賓，年俱二十許，稱少齡。生以文章有聲，而烈婦以志操相砥礪【激勵勸勉。明歸有光《六言六蔽》："故夫求至於中者，莫如學也。疏之則通，拭之則明，矯之則直，砥礪之則精密，培養之則成遂。"】，又美丰姿相若也，可謂佳偶。宛人士亡不【無不，沒有不】竊豔慕之。蓋生大父大參公以明經起家，而生慷慨負氣，有乃祖風，視取一第不直地上物也。一試輒不售，輒益發憤下帷【放下室內懸掛的帷幕。借指閉門讀書】，上下數千古，究極玄窾【深入研究最精妙的法則和情理。窾 kuǎn，法則，情理】。日不足，佐以燈火，而烈婦從旁操女紅【同"女功"（參見上文"女工"注）。紅 gōng，舊謂婦女從事的紡織、刺繡、縫紉等。《周禮·地官·鄭長》："趨其耕耨，稽其女功。"《漢書·景帝紀》："雕文刻鏤，傷農事者也；錦繡纂組，害女紅者也。"】佐讀，生從間慰勞烈婦，曰："若得亡太苦乎，苟富貴，無忘今日，且有象服【古代貴族婦女穿的一種禮服，上面繪有各種圖形作爲裝飾。"象服是宜。"毛傳："象服，尊者所以爲飾。"】，酬苦勞矣。"烈婦笑曰："君第力學，妾固弗憂，無象服也。且女紅妾何苦之有。"生于是愈益強學不輟，然生夙稟【亦作"夙秉"，天性】柔脆，竟以苦心病嘔血卧床褥間。烈婦衣不解帶，晨昏侍湯藥，夜則焚香籲【同"吁",呼天訴苦】天,願以身代,而生日就臞【qú,同"癯",瘦】弱,自度亡復起日矣【没有再起來的日子了。亡,無,没有】,乃意念常在烈婦。每烈婦進匕箸則目注不舍,若有屬焉,而不忍言者。烈婦悟,乃垂泣曰:"君亡慮妾爲也,君郎不諱,妾何愛一死不以酬君。"言已,相向大慟。是夕遂卒。卒之夕,家人環哭,顧獨不見烈婦,乃扃户【關閉門户的門閂。扃 jiōng】縋矣。排闈【推開門窗】而入,視之,血從鼻中湧出,救弗死。且慟且詫曰:"人固有志,何相迫若是?"蓋自是勺水不入口矣。家中晝夜嚴視,烈婦□衆曰:"固也,我不願生矣,然必待母氏來一訣乃死。今未見母氏面,尚有待也。"衆心稍安,比就寢,復自縊,遂絶。時有異風起,周旋帷幔間,食器屋瓦皆鳴。家衆驚起,視之,業已不救。越三日。始斂蓋,顔色温然如生者。史統曰:"聞之非死者難,處死者難。"夫拙門里婦感慨而自殺者,未必有處也,其計畫無復之耳。第令【假使】計畫有所之死,不死未決也。謝婦前無所因,後無所迫,甘死如飴以殉其志,彼誠知所處。不自重其死,雖孔【大,盛】稱志士,何以加哉! 余故傳之,以激夫薦紳而出閨閣之下者。

王節婦傳　　王堯封同知

王節婦蘇氏者,沈丘人,蕙女也。所居即古項縣地,今名槐坊店云。生而端穎,蕙教之,稍知書,解義理,能歷歷道古今賢婦烈女事。及笄歸同里陳州衛人王絡。絡父寵,蚤【通"早"】世。兄織,亦夭。織妻田改適,惟絡母劉在堂,蘇事之謹。嘉靖丁巳,蘇年二十有四,生一子,即今州庠廩生【明清稱由公家給膳食的生員】之彥也。絡病歿,之彥時猶未晬【zuì,嬰兒周歲】,蘇號泣,以首觸壁絕而甦者數四。不飲食者日五,矢以死殉。隣嫗眷屬環勸不從。既而蕙指其子泣讓曰:"王郎不幸早隕,一線續在此兒,今乃欲背姑【婆母】棄孤,經溝瀆【《論語‧憲問》:"豈若匹夫匹婦之為諒也,自經於溝瀆而莫之知也。"】乎?且若素號知今古,獨不聞程嬰、公孫杵臼事乎【詳見《史記‧趙世家》。元代雜劇作家紀君祥根據趙氏家族的歷史故事,創作了著名悲劇《趙氏孤兒》,作品力讚程嬰、公孫杵臼諸義士捨己救人、視死如歸的壯舉】?死孤易,立孤難,不為其難者,而欲辦一死將何以報王郎地下,若果能養□絡老,撫孤成立,令之有聲當世,應不媿孟氏母【即指"昔孟母,擇隣處"孟軻的母親】,何必死耶?"於是始搵淚受命,鬻產葬夫。先是絡族兄某者,幼流落,幾為殍【piǎo,餓死】,賴寵收養之,長為授室給產以生,某遂有鳩居【"鳩居鵲巢"之省寫。《詩經‧召南‧鵲巢》:"維鵲有巢,維鳩居之。"後因以"鳩居鵲巢"比喻強佔他人的居處】虎噬謀。嘗誑絡母嫁織妻田,因乾沒【乾沒,貪求,貪得】其聘財,絡幼不敢言。至是仍踵故智,欲偪【同

"逼"】蘇嫁。蘇微聞【隱約聽到】之，厲聲訶曰："爾負舅氏恩，皇天后土已鑒，只今復欲田氏我乎【今又想用逼田氏改嫁的方法逼我改嫁嗎?】？吾頭可斷，吾節決不可奪也。"某大驚咋舌去。自是偪嫁議得寝。明年，姑劉以哭子傷，且見家門衰落，亦鬱鬱病死。蘇悉鬻服珥【全部賣掉貴重的衣物和耳飾。鬻，yù，賣】，置衣棺成禮葬之。葬畢，業益消，無可營活，日惟紡織以度。某復數以徭賦困之，冀隳【huī，毀壞】其志，蘇不爲動。歲飢，幾至顛隕【幾至於死亡。顛隕，墜落，覆滅，死亡】，人所不堪處者，怡然自居，亦賴蕙家時賙【zhōu，周濟。《顏氏家訓・勉學》："忌盈惡滿，賙窮恤匱。"】給之，故得稍支居。恒口無妄言，面無笑容，疾病不醫，婚喪不預。之彦稍長，教之嚴，不稍假借【寬容。《戰國策・燕策三》："荊軻顧笑武陽，前爲謝曰：'北蛮夷之鄙人，未嘗見天子，故振慴，願大王少假借之。'"明李贄《答周柳塘》："幸賴真切友朋針砭膏肓，不少假借，始乃覺悟知非。"】，妠【nàn，古時常用于女子名】黨勸曰："一儿奈何若此?"蘇應曰："恒見人家姑恩，子多流蕩，忍復以此待吾儿耶。"及後教孫應辰亦如之。屈指今已苦節幾五十年，且惟勖【xù，勉勵】子以褆躬【即褆身，安身。褆，tí】修業，不營資產，故雖當豐歲仍不免食貧而節彌厲。萬曆癸巳，年六十，例當旌。守新昌胡公嘉其事，言之督學使者，漢陽蕭公榜其廬，會蕭以請告去，不果。轉直指上聞，歷年直指【官名。朝廷直接派往地方處理問題的官員。亦稱直指使者】行部【漢制，刺史常於八月巡視部屬，考察刑政，稱爲行部】至，類加褒異【特殊的褒揚嘉獎】。而豫章徐公署褒牘曰：“青年砥節，皓首無暇。”前開封守元城陳公亦褒口，志甘荼苦節【《易·節》：“節，亨。苦節，不可貞。”孔穎達疏：“節須得中。爲節過苦，傷於刻薄。物所不堪，不可復正。故曰‘苦節，不可貞’也。”意謂儉約過甚。後以堅守節操，矢志不渝爲“苦節”。《漢書·蘇武傳》：“以武苦節老臣，令朝朔望，號稱祭酒，甚憂寵之。”】，凜霜寒，奉養老親，撫育幼子，內外無間，始終不渝，此足征其大略云。司馬氏曰：“嘗觀太史公自傷其所遭而疑天道，報施之爽，至以首陽【相傳爲伯夷、叔齊采薇隱居處】陋衖【lòng，同“弄”，小巷】，餒殀【短命而死。《孟子·盡心上》：“殀壽不貳，脩身以俟之，所以立命也。”】與蹠【zhí，到達】壽相提，亟嘆焉。”予竊謂不然。蕙吉逆凶自屬不易，間有遲蚤盭【lì，盭戾，猶背謬】謬，亦僅睹一二於千百爾。惡可激於己之偶然，而遂誣天爲果不與善也。抑鐘祥積慶【積聚福祉吉慶】詎只男子本宗哉。姑無旁搜，即予所著于陳乘者，如南頓君之仁厚有素，而又濟以樊夫人之家門，雖欲不光啟濟陽不可得也，趙太尉犨三兄弟百戰全陳功德，蔑【細小、輕微。副詞表否定】以加矣。而失婚碭山，幾致滅族，則婚姻禍福所繫，豈其微歟。蘇舅寵之收族子于窮途，寔視古誼不多讓，而蕙若女之識度，均非世俗淺俠流也。往予過故項之墟，識王生于食頃，語及志乘奧僻事，獨生與竇生允珍響答如流。竇生肆項率主者，例不檄取比生入局佐纂【彙集、編撰、修治】，考校倍勤，即南頓萬世家殷，成已母訛姓。種種潛德義舉，多其是正，考求《詩》云："惟其有之，是以似之"，王生之謂矣。予嘉宣之功於志，亟願爲其母節闡揚，會以量移不果如約，茲仍祗□帥命偕其友俞孝廉遠涉，爲乘事一簣，勒完，即特疏請旌，亦司教化者，分應爾也。矧【shěn，況且，何況】予鴻毛【比喻輕如鴻毛微不足道】宿諾【未及時兌現的諾言。《論語·顏淵》："子路無宿諾。"】，寧詎【"詎"通"渠"，寧詎，猶"庸詎"，表反詰，可譯爲"難道"】有辭歟。蘇之冰操【高潔的操守。《晉書·慕容垂載記》："方任卿以元相，爵卿以郡侯，庶弘濟艱難，敬酬勳烈，何圖伯夷忽毀冰操，柳惠倏爲淫夫！覽表惋然，有慚朝士。"】，大略與予姻家沈給諫【唐宋時給事中（官名。清代隸屬都察院，與御史同爲諫官，故又稱給諫，省稱"給事"）及諫議大夫的合稱。清代用作六科給事中的別稱】孟威母廖相類，而蘇無舅【公爹】代，當戶似尤難。顧沈母食報如取攜，而王生尚困庠序，天之未定，恐仍不待徐發孫枝哉。敬識管窺，以諗【shěn，義同審，知悉】諸世之知天道者。

張烈婦傳　趙時雍撰

趙子閱《史記》，竊異司馬氏所稱賈子言【賈誼，西漢政論家，文學家，洛陽人。十八歲即以博學能文聞於郡中，文帝時召爲博士，遷太中大夫。因見忌於執政大臣，出任長沙太守傅。後一度曾被召回，改任梁懷王太傅。居數年，梁懷王墜馬而死，賈誼自傷未盡到保傅之責憂鬱而死。著有《新書》十卷。後人輯有《賈長沙集》。司馬遷在寫《史記》時，將其與屈原合傳爲《屈原賈生列傳》，乃以"烈士殉名"，至於"貪夫殉財"者【賈誼《鵩鳥賦》："貪夫殉財兮，烈士殉名。"】，相提而論。初以爲迂，今繹【yì，抽絲，引申爲尋究事理】之有味乎？其言之也，蓋名利者，人之情性所不學而俱欲者也。故庸人爲財用，走死地【因此走向死地】如鶩，士固能談説理道，苟一爲名高，其見危也，輒慷慨焉，相然信以死，夫有所覬【jì，覬覦，冀望，希圖】之也。婦人女子非有談説之素，一旦慟失所天【古時稱父母或丈夫爲天。此指丈夫】，唯有殉夫地下已爾，寧問義哉？夫殉等耳。士博名取義，女合義忘名。總之命曰："烈若鏡心于有爲無爲之際，則笄黛【借指女子。黛，青黑色的顏料。古時女子用以描眉】之流難于士君子且什百【謂超過十倍、百倍】矣。"余嘗讀《張烈婦狀》而悲之。烈婦者鳴鹿【語出《詩經·小雅·鹿鳴》："呦呦鹿鳴，食野之苹。我有嘉賓，鼓瑟吹笙。"毛傳："鹿得苹呦呦然鳴而相呼，懇誠發乎中。以興嘉樂賓客，當有懇誠想招呼以成禮也。"後因以"鳴鹿"喻禮賢求友。】，諸生張一元之女也，笄而歸崔生應晉。晉父得義公，故長者，與張友善，嘗以季子孝廉應期從之游，且念張有少女與晉儿齒相當也，遂委鴈【亦作"委禽"，下聘禮，納采，古代婚禮"六禮"之一。男家請媒人向女家提親,女家答應議婚後,男家前去求婚用雁,故稱。《儀禮·士婚禮》:"婚禮,下達,納採用雁。"《左傳·昭公元年》:"鄭徐吾犯之妹美,公孫楚聘之矣,公孫黑又使强委禽焉,"杜預注:"禽,雁也,納採用雁。"】焉。亡何,公捐舘舍遺張婦人,携子晉索居,覺無生趣也,不待年而爲之逆婦。是時,崔生甫十四,婦長于生一歲,然已婉嫕【婉麗,柔美。嫕 yì,和藹可親。宋玉《神女賦》:"澹清静其愔嫕兮,性沈詳而不煩。"】有志,操手洴澼【洴,píng,浮;澼 pì,漂,即洴澼絖纊,在水上漂洗綿絮】。先諸臧獲機杼以佐姑氏勞苦。姑性嚴,婦尤善事,得其歡心。生少年美姿,貌負才氣,能文辭,婦相之意相得也。時有不若於母訓者,婦輒從旁規勉,有雞鳴【即"雞鳴支助"之省稱,典出《詩經·齊風·雞鳴序》:"《雞鳴》,思賢妃也。哀公荒淫怠慢,故陳賢妃貞女夙夜警戒相成之道焉。"宋胡繼宗《書言故事禽獸比喻類》:"内助曰得雞鳴之助。"】風【風教,風氣】焉。將一年,偶感寒病浸寖【同"浸",漸】甚。烈婦別處一室,不敢以色見也。又不敢弗見,見必間三五日,然業已慘瘁【憂傷憔悴】廢貌矣。生寢疾【卧病在床。《戰國策·趙策二》:"不佞寢疾,不能趨走。"】月餘,日進一粥,則烈婦一進一粥,生不食,則亦不食。晨昏祝天,願得以身代生,而生竟不起也,傷哉!生既卒,家衆憐。烈婦勺水不入口者數日矣。疑其有自决意,相率【一個接一個】嚴眎之。烈婦陽爲不死也者,詰朝【詰旦,明日。《左傳·僖公二十八年》:"戒爾車乘,敬爾君事,詰朝將見。”】其母辭去，且將計日迎之歸。烈婦顧勞苦母曰冗中以慢【於忙碌中想鬆散一下。委婉之詞】云：容異日歸寧母也。去不旋踵，而烈婦扃戶縊絶矣。是爲萬曆庚戌冬仲月七日也。踰五日而斂，色如生。郡邑遠近吊者無不潸然，稱烈婦烈婦云。客有請於趙子曰：“夫以文獻概吾鄉最著者，首崔氏。蓋同胞四兄弟，兩補諸生，兩舉孝廉，其諸子尤彬彬有聲於膠序【殷學爲序，周學爲膠。後即用爲學校的通稱】，猗與【嘆詞，表示讚美】盛矣。無寧兹先是崔伯子卒，婦丁殉之；既而叔子卒，徐以少婦稱未亡人，撫而弱息成立，烈婦固儒家女也，其耳目之習矣。豈其無得于漸摩【亦作“漸磨”。浸潤，教育感化。《漢書·董仲舒傳》：“漸民以仁，摩民以誼。”】乎？奈何謂非有談説之素耶。”趙子曰：“死生之于人大矣。無論衆庶憑生即委質【棄身。唐駱賓王《上司列太常伯啟》：“側聞魯澤祥麟，希委質於宣父。”】爲臣者，猶以偷生二其主。烈婦僅十七耳，謝不由教，志不由昵【同“暱”，親近】，天性篤【淳厚忠誠】發，矢死必遂。雖謂之誠貫金石可也，寧不足以羞具臣而風夫稱男子者哉?”客聞而更端，曰：“蓋聞修能【卓越的才能】從風化，姱節【美好的節操。《楚辭·離騷》：“汝何博謇而好脩，紛獨有此姱節。”《明史·顧憲成等傳贊》：“憲成諸人，清節姱修，爲士林標準。”姱kuā，美好】苞【孕育，養育。苞，通“包”】地靈。以余所覯崔氏宅爽塏【kǎi，地勢高而土質干燥。《左傳·昭公三年》：“湫隘囂塵，不可以居，請更諸爽塏者。"】，其先世之兆據勝形，真脉鬱勃【茂盛，旺盛】，卓犖【luò，卓絶，明顯】乃生。烈婦當之，微獨天成。"曰："然乾坤以氣鑄人，受其清者爲文章，受其正者爲節義。崔氏以人文若彼，節烈若此，蓋德門若斯之盛也。儻所謂地靈人傑是耶，非也。"客唯唯而退，余作烈婦傳。

關兵憲傳明崇禎十五年事　　何　潤陳州舉人

公諱永傑【《明史・忠義傳》："關永傑，鞏昌衛人。好讀書，每遇忠義事輒書之壁。狀貌奇偉，類世人所繪壯繆侯像。登第後授開封推官，遷兵部主事。督師楊嗣昌薦其才，請用之軍前，乃擢睢陳兵備僉事，駐陳州。陳故賊衝，歲被蹂躪，永傑日夜爲儆備。十五年二月，李自成數十萬衆來攻，永傑與知州侯君擢、鄉官崔泌之、舉人王受爵等率士民分堞守。賊遣使說降，斬其頭，懸之城上，賊怒，攻破之。永傑格殺數賊，身中亂刀而死。"】，登崇禎辛未科進士，陝西鞏昌府【元初置，後改路。明初復爲府，清因之。府治隴西】人。家世簪纓【古代官吏的冠飾，比喻顯貴。李白《少年行》："遮莫姻親連帝城，不如當身自簪纓。"】，公爲百戶侯。初任開封司理【官名。五代以來，諸州皆有馬步獄掌刑法。宋太祖改爲司理院，明時用爲推事的別稱】，丁艱【舊時遭父母之喪爲丁艱。亦叫丁憂。父喪叫"丁外艱（外艱）"，母喪叫"丁內艱（內艱）"。父母死後，子女在家守孝三年，不做官，不婚娶，不赴宴，不應考】回籍，補司理，行取兵部主事。崇禎十三年，陞睢陳兵備僉事。蒞任，即值蝗旱頻仍，賊寇交訌，公躬詣阡陌，率民捕蝗，親臨矢石，躍馬格【擊殺】賊。三年來演武操兵，靡有寧日。十五年三月初九日，闖寇李自成數萬賊兵匝【環繞，圍繞】圍城下，公率闔城官紳士民登埤固守。炮矢所加，打死流賊無數。越二日，賊繫告示于城頭云："善開城降者，免其屠戮。"公碎示誓于紳、衿、武弁曰："吾讀聖賢書，寧死戰場，不死法場。天未厭予耶，寇如予何？天果沒予耶，天之所棄，孰能違之。舉頭三尺，厥【乃，于是。《史記·太史公自序》："左丘失明，厥有《國語》。"】有神明。"衆咋舌而退。以金帛賞死士，城下背戰，殺賊千餘。賊恨，攻圍愈急。四晝夜而公目睫不交，百姓感憤，守益堅。弗意劫數【沒有料想到厄運降臨。劫數原爲佛教用語，極漫長的時間，後指厄運，災難】莫挽，城頭炮藥失火，賊乘煙登城，指揮劉淳、傅鴻勳、王丕顯、孫延祚，守備馬君愛擁公城頭相戰，仍砍傷多賊，奈衆寡不敵，官各被傷，公遂爲賊所執。強之以服，公罵賊不屈，假以覓印，竟墜城而隕。是時，天氣清明，忽聞雷聲大響，賊衆驚悸。及公被刃，曹賊復以鞭指其首曰："爾何不識時務。"將首拋于路旁。後陳民仍以公首身殮于一處，置棺葬于南甕城。後郡人李世培同潤遷柩於絃歌臺西隅。順治六年，公之子始歸襯于鞏昌。嗚呼！運數不辰【不得其時。《詩經·大雅·桑柔》："我生不辰，逢天僤怒。"】，遽遭國難，守義不屈，執正弗亂，墜城廕生，節鉞【符節和斧鉞古代授予將帥，作爲加重。《三國志·魏志·武帝紀》："天子假太祖節鉞，録尚書事。"】無憾。後河南直指蘇京疏上，立祀陳橋，後贈光禄寺正卿。入祀陝西鄉賢，一時相從與難者，姓名臚【lú，傳語，陳述。張衡《思玄賦》："心猶豫而狐疑兮，即歧趾而臚情。"】記于後。

關兵憲賛　劉　灝陳州舉人

卓矣風憲！孤忠自許，逆寇憑淩【亦作"憑陵"，侵犯，橫行。《左傳·襄公二十五年》："今陳忘周之大德，蔑我大惠，棄我姻親，介恃楚衆，以憑陵我敝邑。"】，百計捍禦。誓不共天，言盟爲恥，背城借一【與敵人作最後的決戰。《左傳·成公二年》："子又不許，請收合餘燼，背城借一。"】，挺然不屈。殺身成仁【犧牲生命，成全仁德。語出自《論語·衛靈公》："無求生以害仁，有殺身以成仁。"】，全節與義，名重山岳，靈扶社稷。

侯刺史殉難傳明崇禎十五年事　辛永和陳州舉人

公直隷成安縣人，由舉人崇禎十四年蒞任陳州。潔己愛民，政治有聲。十五年，流賊李自成率數十萬衆迫圍城下，公守城北門，號令森肅，自持矢石，捐貲犒賞城大百姓，歡戴不啻子趨父事【歡欣愛戴如同兒子侍奉父親一樣。不啻，無異於，如同。趨事，猶侍奉】。城陷之日，公正色危坐【古人以兩膝著地，聳起上身爲"危坐"，即正身而跪，以示威嚴或恭敬。後泛指正身而坐】。賊執公令跽【jì，長跪。雙膝著地，上身挺直】，公毅然不屈，口中罵賊。流賊縛至闖賊李自成面前，叫罵愈甚。賊衆擁出，剮面砍膝，始戕【qiāng，殘害，殺害。曹操《蒿里行》：“勢利使人争，嗣還自相戕。”】其生，後人哀之。

　　贊曰：壯哉刺史！巡遠之派，守疆固圉【yǔ，此指邊境。《左傳·隱公十一年》：“亦聊以固吾圉也。”】，捐軀弗愛。臨難從容，義雄慷慨，竹帛流芳【竹簡和白絹。古代初無紙，用竹帛書寫文字。《墨子·天志中》：“書於竹帛，鏤之金石，琢之盤盂，傳遺後世子孫。”引申指書籍、史乘】，生氣如在。

　　何義士傳　羅廣韻郡舉人

　　何洛昇，陳之世族【《左傳·隱公八年》：“官有世功，則有官族。”原謂先世有功之官族，後泛指世家大族爲世族】也。當賊陷城時，年已衰耋【衰老。耋 dié，八十曰耋】。士民倉惶逃竄，驚相告曰：“奚不去？”昇曰：“吾豈苟且貪生者。”獨正襟危坐。賊屈之跪，而昇不應，復令其掘窖覓糧，隨罵不絕口。衆賊狠怒，爭相擊殺，從容殉難，有古烈士風。其子潤，順治甲午舉於鄉，拭目臚傳【殷切期待著爲之記述傳略】，綸褒可待【詔書褒獎指日可待。綸，帝王的詔書旨意。《禮記·緇衣》：“王言如絲，其出如綸。”】。誰謂冥冥無知，節義鮮其報耶？

于署丞傳明崇禎十五年事　何　潤郡舉人

光禄署丞【佐官名。秦始置，漢以後，中央和地方官吏的副職。有大理丞、光禄丞、府丞、縣丞等】于公鶴齡者，刺史公于之大子也。刺史公於萬曆庚戌成進士，剔歷二千石【漢代，内自九卿郎將，外至郡守的俸禄等級，是二千石。分三等，中二千石，月得百八十斛；二千石，月得百二十斛；比二千石，月得百斛。東漢二千石稱真二千石，後因以稱郎將、郡守和知府爲二千石。《漢書·百官公卿表第七上》師古曰：“漢制，三公號稱萬石，其俸月各三百五十斛穀。其稱中二千石者月各百八十斛，二千石者百二十斛，比二千石者百斛……”】。居官多善政，流譽晉陽。解綬【即“解印綬”之省寫。解下印綬，謂辭免官職。《漢書·薛宣傳》：“游（謝游）得檄，亦解印綬去。”】，卒於家。署丞公克紹【能夠繼承。《書·冏命》：“格其非心，俾克紹先烈。”《禮記·學記》：“良冶之子，必學爲裘；良弓之子，必學爲箕。”後因以“克紹箕裘”謂能夠繼承祖業】先業，事繼母，能以孝聞。喜賓客，重然諾。崇禎庚辰歲值大荒疫，十粟千錢，餓莩枕藉【餓死的人縱横相枕而卧。莩 piǎo，通“殍”，餓死。《孟子·梁惠王上》：“民有飢色，野有餓莩。”】，慨施豆穀數千石，周急輒不恡【“吝”之異體字】。凡戚族貧寒者，分資贍養之。見道旁遺棄孤僝【懦弱】者，收育之。有負差鬻子女者，代贖之。壬午春大寇臨陳，憲司、郡牧相與誓師，犒士堅守，即捐金五千兩，以濟軍需。能中傷一賊者，隨給花幣。及城陷賊入，猶率三子喬春、喬芳、喬祥與家丁胡强等奮臂大呼，巷戰久之，勢窮身死，僅存幼子喬蕙，負屍而葬。父子同心，主僕協力，凜凜有生氣焉。後喬蕙入鄢庠弟子員。積德者之報彰彰也。誌之，以垂不朽。

　　吳明府傳_{明崇禎十五年事}　　何　潤撰

　　吳明府諱二陽，迺庖，其別號也。世居陳，幼從學於孝廉兄，號問庖者。垂髫【古時童子未冠者頭髮下垂。音譯"垂髫"指兒童。潘岳《藉田賦》："被褐振裾，垂髫總髻。"】善屬文【撰寫文章。《文選·陸機〈文賦〉》："每自屬文，尤見其情。"】，耿介性成，鄉黨以孝友稱。及弱冠入黌序【古代的學校。宋朱熹《齋居感興》："詩之十六："聖人司教化，黌序育羣才。"黌，hóng】，遂食餼【明清時生員優等者，官府贈給的廩餼。餼xì，廩給，俸祿】。九科不第，竟由明經授邢臺學訓。比時寇氛猖熾，遂列守城二十四策，當事者嘉納之。寇至而邢果無虞，紳衿童叟靡不以手加額德再造焉。兩臺交薦，遷山左青城令。未幾，以病歸，會寇薄【迫近，靠近。《易·説卦》："山澤通氣，雷風相薄。"】城，兵憲郡守知有文事武備詣門敦請，明府即奮袂【揮袖。形容奮發的樣子。《淮南子·氾論訓》："身自奮袂執鋭。"】當一面，率衆捍禦，相拒三晝夜，矢石交下，傷渠魁，凡數百計。繄【yī，猶"惟"，文言助詞】逆天不祚，陳城爲之潰，髮指眦裂【形容憤怒到極點。《史記·項羽本紀》："（樊噲）瞋目視項王，頭髮上指，目眦盡裂。"眦，亦作"眥"，zì，眼眶】，狠罵不屈，口被利刃，當斃城頭。剛腸正氣，匪獨鋸板烈烈【威武壯烈】矣。今其子若孫遊泮【明清科舉制度，經州縣考試錄取爲生員者，就讀於學官，稱"遊泮"。泮即泮宫，原爲西周諸侯所設的大學之名。宋後州縣皆置，仍沿用此稱】有聲，天之報明府者將在是。

烈婦傳

何烈婦馬氏，孝廉潤之妻也。賦性峻潔【品行高潔。唐柳宗元《南嶽雲峰和尚塔銘》："行峻潔兮貌齊莊，氣混溟兮德洋洋。"】，言笑不苟。值寇亂，常言曰："吾死無所恨，但恨兵焚搶攘，屍骸暴露，可奈何？"及城陷，老嫗扶民至西隅城下，遇其夫曰："吾爲汝死矣，汝宜保身，以爲宗祧【宗廟。引申爲家族世繫，宗嗣。祧 tiāo，祖廟】計，毋復我顧。"言訖即赴城河溺身而死。後寇去，尋其屍，身浮水面，顏色如生。嗟乎！亡國之餘，殺身就義，在鬚眉猶切難之，而巾幗乃能慷慨示不辱，則其節烈爲獨著，編附簡末，以俟太史【官名。西周、春秋時太史掌記史事、編寫史書、起草文書、兼管國家典籍和天文曆法等。秦漢曰太史令，漢屬太常，掌管天時星曆。魏晉以後，修史之職歸著作郎，太史專管曆法。隋改稱太史監，唐改爲太史局，宋有太史局、天文院等名稱。元改爲太史院。明清稱欽天監，修史之職歸之翰林院，故稱翰林爲太史】之風採者。

吊何烈婦　梁　熙

嗟彼何郎妻，獨閑女訓詳。舍生存正氣，殉難表剛腸。白日心同皎，黃泉夢亦香。清操光汗簡【以火炙竹簡，供書寫所用。後借指史册，典籍】，彤管【杆身漆朱筆，古代女史記事用。《詩經·邶風·靜女》："靜女其孌，貽我彤管。彤管有煒，說懌女美。"毛傳："古者后夫人必有女史彤管之灋，史不記過，其罪殺之。"《後漢書·皇后紀序》："女史彤管，記功書過。"亦指女子文墨之事】贈言芳。

節孝傳

劉民禄，幼蚤孤。母顏氏孀居四十載，撫禄成立，壽八旬，染病不起。禄家貧弗能貸藥餌【藥物。晉葛洪《抱朴子》："知草木之方者，則曰惟藥餌可以無窮也。"】，僅營饘粥供，朝夕不交睫，不解衣，凡三月，閱母病篤，割股進食，少爲之甦，旋以衰老終。葬後廬於墓側。郡侯王公聞之，扁奬其門，雖曰毀身未足以盡其孝，何輓，近不數數【shuò shuò，屢次，常常】見也，亦可風矣。

州守高公萬民歌併德政讞言　劉　灝郡舉人

州守高公諱民望，三韓【朝鮮。漢時，朝鮮南部分爲馬韓、辰韓、弁辰，合稱三韓，後爲朝鮮的代稱】人。順治庚寅奉命守陳，時方草創，諸政未舉。公下車即嚴飭【嚴肅整治】吏胥,問民疾苦。常勸闢草萊,民有不給者,貸以牛種。自是,招集流移,復業者絡繹相望,州人漸多。慮民未有興行,公乃捐俸,延師設義學【義學,舊時各地用公款或私資舉辦的免費學校】,率郡子弟俱得業儒,人才賴以造就,且又聚商通賈,而泉貨【貨幣,錢幣。《金史·食貨志三》:“量民力征斂,則泉貨流通,而物價平矣。”】以流。民訟至庭,曲直立剖。常曰:“頭上有青天。”刑清政簡,無不帖服。自蒞任以來,門無私竇【孔穴,洞】,政無旁出,剛正廉敏,裁決如流,至於自奉淡薄,尤人所難。是以欽若神君,愛如父母。居三載,考課稱最,擢爲南康太守。去之日,老穉【“稚”的異體字】攀轅,交爲歌謠以頌。歌曰:“古皇之土丘荒若,已極凋殘難以撫。天使我公作再造,循良無愧士民主。興衰剔弊意何切,胥吏惶然不爲悦。錙銖【我國古代衡制中的重量單位。漢代以一百黍的重量爲一銖。六銖爲一錙。《漢書·律曆志上》:“二十四銖爲兩,十六兩爲斤。”】無加惟正供,穀徭必念小民血。公來市肆不憂暴,熙熙穰穰【形容人來人往,喧鬧紛雜。語本《史記·貨殖列傳》:“天下熙熙,皆爲利來;天下攘攘,皆爲利往。”穰穰,通“攘攘”】同一幬【謂同一片天。幬,覆蓋】。德政多端難盡舉,惟留口碑載于道。下民無以報仁人,但願我公壽億春。更祝嗣君偕握符【謂即帝位。符,指帝王受命於天的符命。語本漢班固《東都賦》:“聖皇乃握乾符闡坤珍,披皇圖,稽帝文。”】,我公一品上蒲輪【指用蒲草裹輪的車子,轉動時震動較小。古時常用於豐贍或迎接賢士，以示禮敬。《史記・平津侯主父列傳》："始以蒲輪迎枚生，見主父而嘆息。"】。忽然尺詔迫公赴，卧轍攀轅留不住。借寇【《後漢書・寇恂傳》："載恂曾爲潁川太守，頗著政績，後離任。建武七年，光武帝南征隗囂，恂從行至潁川，百姓遮道謂光武曰：'願從陛下復借寇君一年。'"後因以"借寇"爲地方上挽留官吏之典】誰從民子願，聊歌美政爲遺慕。"

修明倫堂小記　何　潤

庠序【古代學校名稱。《孟子・滕文公上》："夏曰校，殷曰序，周曰庠。"】學校設自三代【指夏、商（殷）、周】，固文章德行之源，附翼攀鱗【同"攀龍附鳳"。《北史》卷五十四："位非寵進，功籍勢成，附翼攀鱗，鬱爲佐命之首。"比喻依附帝王以成就功業或揚威。亦比喻依附有名望地位的人以使自己成名】之地也。宋儒朱子熹題學宮之署曰：明倫堂。蓋謂陳常彝【即常典、常規】極即靖獻【謂臣下盡忠於君。語出《尚書・微子》："自靖，人自獻於先王。"此借指自靖，不失恭敬之道】經濟【此指治國之才幹】之本，所謂先明倫理而後文藝也。陳庠之堂，兵燹爲災，竟爾【猶竟然】瓦礫。順治十四年，兵憲于公、郡守王公捐貲復搆其堂，多士始有觀型焉。列碑以記之。

修蘇湖亭記　辛永和

陳治舊有蓮花池，宋蘇轍常讀書其處，名曰：蘇湖子由亭。環亭皆水也。荷花盛開，香襲數里，騷客達尊【詩人、文人，謂地位顯貴】，臨流攬勝，時吟咏焉。自寇火灰燼，臺榭傾圮【pǐ，毀，坍塌】。郡守高公偕郡人李世培、衛守備劉天福捐金重建，僞存斷碣遺詩于其上。後郡守李公復元題其扁，曰宛在亭。順治十六年大水，亭柱復就傾圮。郡守王公諱士麟贊郡陳公諱可久復爲修葺，臺周匝砌小墻一圍，王公題扁于亭曰：水中天。

重治漏澤園陳治四境外俱有　　何　潤

【漏澤園，古時官設的叢葬地凡無主屍骨及家貧無葬地者，有官家叢葬，稱其地爲"漏澤園"，制始於宋。宋徐度《卻掃編》卷下："漏澤園之法起於元豐（宋神宗年號）間。初，予外祖以朝官爲開封府界使者……四望積骸蔽野，皆貧無以葬者委骨於此。意惻然哀之即具以所見聞，請斥官地數頃以葬之，即日報可。神宗乃命外祖總其事。"】

國家養老，原以休草木之餘年而獨朽骼無依祭，爲漏澤一抔土，先王之仁也。陳歷兵火焚殺，白骨積山，駭恥徧地，實憐夜泣之狀，慘難聞見。郡守趙公、高公收骨載骸，謀園以安之。四鄉各有瘞【yì，埋葬】所。

勞治軒　蔡含靈

勞治軒者，勞治主人自名其所居，淮陽署齋【官屬内的書齋】也。主人居淮陽二載，耳不停于聽，目不停于視,手與口不停于問且書,主人以謂勞矣。而所部【古時行政區域名。《漢書・伊翁歸傳》:"河東二十八縣,分爲兩部。"所部,所管轄的區域】卒不治【而所管轄的區域終於沒有治理好】。雖不治矣,而主人終不忍辭其勞,故以名其軒曰:勞治,示志也。客見而訝之曰:"迂【迂腐,不知變通】哉子矣! 夫人治之道,無事爲福,子不聞汲長孺【《史記・汲鄭列傳》:"居數年,會更五銖錢,民多盜鑄錢,楚地尤甚。上以爲淮陽,楚地之郊。乃召拜黯爲淮陽太守。黯伏謝不受印,詔數彊予,然後奉詔。詔召見黯,黯爲上泣曰:'臣自以爲填溝壑,不復見陛下,不意陛下復收用之。臣常有狗馬病,力不能任郡事,臣願爲中郎,出入禁闥,補過拾遺,臣之願也。'上曰:'君薄淮陽耶? 吾今召君矣。顧淮陽吏民不相得,吾徒得君之重,臥而治之。'"】之守兹郡乎? 務清静【春秋時期道家的一種哲學思想,提倡天道自然無爲,主張心靈虛寂,堅守清静,爲政清簡,無爲而治。《老子》:"躁勝寒,静勝熱,清静爲天下正。"《史記・太史公自序》:"李耳無爲自化,清静自正。"】,持大體【大要,綱領。《史記・汲鄭列傳》:"治務在無爲而已,弘大體。"】,吏習而民安之,郡以治稱。今州治之廳事【同"聽事",官署中辦公的地方】,猶以臥治名【還以臥治命名】,斯其遺事盛規【遺傳的事蹟而成爲美好的典范】也。子乃役役【勞苦不息。《莊子・齊物論》:"終身役役,而不見其成功。"】焉,僕僕【煩擾,勞頓。《孟子・萬章下》:"子思以爲鼎肉使己僕僕爾亟拜也。"】焉,日不暇給堂,無乃苟于事情而所見之不廣耶?"主人曰:"有是也,雖然,談何容易哉! 夫長孺社稷臣【社稷,古代帝王、諸侯所祭的土神和谷神。後用以爲國家的代稱。社稷臣,謂國家的重臣】。漢廷自霍子孟【霍光,字子孟,驃騎將軍去病異母弟。"光爲人沉静詳審"。任奉車都尉、光禄大夫、大司馬大將軍,封"博陸侯"。秉政前後二十年。《漢書·霍光傳》贊曰:"霍光以結髮内侍,起於階闥之間,確然秉志,誼形於主。受繈褓之托,任漢室之寄,當廟堂,擁幼君,摧燕王,仆上官,因權制敵,以成其忠。處廢置之際,臨大節而不可奪,遂匡國家,安社稷。擁昭立宣,光爲師保,雖周公、阿衡,何以加此! 然光不學亡術,闇於大理,陰妻邪謀,立女爲后,湛溺盈溢之欲,以增顛覆之禍。死財三年,宗族誅夷,哀哉!"】以下弗及也。是謂以人人宜卧,卧能治也,漢之文景之業茂【漢文帝和漢景帝。兩帝相繼,社會比較安定富裕,史家稱"京師之錢累巨萬,貫朽而不可校。太倉之粟陳陳相因,充盈累積於外,已腐敗不可食。"故史稱"文景之治"】矣。武帝去文景未遠,民氣和樂,禁網疏闊【謂張布如網的禁令法規較爲松闊。宋曾鞏《知州志》:"然破觚以爲圓,斲雕以爲樸,禁網疏闊,而吏治蒸蒸。"】,是謂以時時宜卧,卧且治也。夫某之愚不肖,子所知也。今民方殆【困頓不安】矣,困于財,疲于役,流離于水旱。夫人與時俱遠,不逮于古,而乃欲尚玄理【奥妙的道理】,托遠雅【寄託於遠大的理想,高雅的情趣】,居今日之時,而襲古人之事,吾恐咎過【災禍,過錯】之叢集也,尚何望治之與?"有客曰:"子之言勞也,似也。顧吾猶疑之。夫耕將以望獲也;賈【商人。古時"賈"指"坐商","商"指"行商"】將以望售也。即如子所言,固將以望治也。乃吾聞之,碭宋之間【大宋時代。碭 dàng,大也。《淮南子·本經訓》:"當此之時，玄玄至碭而運照。"高誘注："碭，大也。言盛德之君，恩仁廣大，徧照四海也。"】，寇盜時警，許、穎有未均之田，睢、虞有懸納之賦，荒田彌望【充滿視野】，逃亡相繼，其將謂之治與？其將不謂之治與？若猶不謂之治也，而子之日執其勞也，何居【什麼，何故。《禮記·檀弓》："何居？我未之前聞也。"《左傳·襄公二十三年》："誰居？其孟椒乎？"】？而且以爲勞治也，又何居？吾甚不能爲子解也。"主人曰："此庸【大概，或許。《左傳·僖公十五年》："且吾聞唐叔之封也，箕子曰：'其後必大。'晉其庸可冀乎！"】足解也。夫所謂治者有辨也，彼卧治而以治，言卧而能治也。此勞治而以治，言勞而思治也。且子亦聞病者之須醫乎？病淺則醫之易，而爲效速，病劇則醫之難，而取效遲。今此之民，病而久錮【積久不易治的病】之民也，臟腑否【pǐ，閉塞不通】隔，百節俱痿，所存者一息耳。幸而外沴不加，則猶苟延旦夕之命，否則須臾即立斃矣。爲之醫者，勢必日日診視，在在【處處】調獲，既防其外，又養其內。今日疏一經爲未起也，明日通一節焉未起也，遲之又久，外故日遠，內氣漸榮【逐漸榮盛】，然後可以望其生蘇【復蘇，喻於困厄中得到解救】也。夫豈皮膚之傷，而倉猝可收之効也。夫病者困于積，而感之者又雜至焉。吾幾爲之防之，又幾爲之調之，日計不足，繼之累歲，如是即何能不勞，勞又何能即治也？夫事有所不可，勢有所不能，古與今有所不相能，此在大賢猶難齊之,而況以某之麼麼【微不足道的人,自謙之辭。《鶡冠子·道端》:"無道之君,任用麼麼。"陆佃解:"麼,細人;俊雄之反。"】,顧【豈,難道】敢妄冀非時之利,而肴捷獵之獲【而希望取得盛大的收穫。獵,尋求,追求】哉!"

詩

題景

太昊遺墟　宋　王禹偁學士

宛丘何隆隆【高峻】,草木方蔽芾【形容樹幹樹葉微小。《詩經·召南·甘棠》:"蔽芾甘棠,勿剪勿伐。"芾 fèi,微小貌】。義皇不可作,封樹【堆土為墳,植樹為飾。古代士以上的葬禮】表萬世。緬惟【即緬維,遙想】開闢時,人物無所異。雖有結繩【上古無文字,結繩以記事】政,禮法殊【猶,尚】未制。自非神聖興,孰發【揭示,闡發】天地秘。人文【指禮樂教化。《易·賁》:"觀乎天文以察時變,觀乎人文以化成天下。"孔穎達疏:"言聖人觀察人文,則詩書禮樂之謂,當法此教而化成天下也。"】一以宣,三才【天、地、人。《易·說卦》:"是以立天之道曰陰與陽,立地之道曰柔與剛,立人之道曰仁與義,兼三才而兩之,故《易》六畫而成卦。"】道斯備。立極【樹立綱紀、準則。極,屋脊的棟梁】盡恒性,稽疑【謂用卜筮決疑,即決斷疑事。稽,考核】示精意。太和薰八紘【太和,意同"泰和",謂太平。"薰",應為"董",督察,統率。八紘 hóng,大地的極限,猶言八方極遠之地。亦泛指天下。《史記·司馬相如傳》:"徧覽八紘而观四荒。"成語有"八紘同軌"】，獨守君師位。群聖承治統，百王賴書契。惜哉風氣漓【浮薄。本作"醨"。司馬光《奇獸賦》："道途之人，恥爭而喜讓，閭閻之俗，棄漓而歸厚。"】，復古終莫逮。曰余昧先天，玩【研討，反復體會。《易·繫辭上》："是故君子居則觀其象而玩其辭，動則觀其變而玩其占。"】象冀深詣。可能窮蘊奧，一理貫萬彙【萬物，萬類】。茲焉拜古陵，聊以酹【同"酬"】素志。願求五十蓍【蓍草，用其莖占卜。一本多莖的年生草本植物。李時珍《本草綱目·草四·蓍》："蓍乃蒿屬，神草也。"】，決彼天下事。

又　張　耒

千里垂精帝道尊【垂精，發射光芒。《漢書·敘傳下》："炫炫上天，縣象著明，日月周輝，星辰垂精。"】，神祠近在國【古時專指都城。此指陳國都城——宛丘】西門。風搖廣殿松杉老，雨入修廊羽衛【帝王的衛隊和儀仗】昏。日落狐狸號草莽，年豐父老薦雞豚【祭祀時進獻的祭品】。舊遊零落今誰在，塵碑蒼茫字半存【塵碑，年代久遠的圓頂石碑。蒼茫，模糊不清的樣子】。

又　祥符王　教

維天有天文【日、月、星、辰等天體在宇宙間分布運行諸種現象。《易·賁》："觀乎天文，以察時變。"】，維地有地理【土地、山川等的環境形勢。《易·繫辭上》:"仰以觀於天文,俯以察於地理。"】。維人鐘二儀【集中天地之靈氣。鐘,集中。二儀,天地。曹植《惟漢行》:"太極定二儀,清濁始以形。"】,孕秀自皇矣【孕秀,滋養稻禾開花抽穗,喻養育特異人才。皇矣,本是歌頌周文王的詩篇《皇矣》。此借指"伏羲"。《詩經·大雅·皇矣》:"皇矣上帝,臨下有赫。"】。至文具由衷,至理根底裏【至理,猶真理。根底,基礎】。成性【天性。《易·繫辭上》:"成性存存,道義之門。"】出天然,與形俱胎胚【比喻事物的開始或起源】。外觸可中會【語出《莊子·養生主》:"合於《桑林》之舞,乃中《經首》之會。"會,指節奏,韻律的舞步,又合乎《經首》樂曲的節奏。後以"中會"謂安排得當】,三隅解旁以【"三隅"出自《論語·述而》:"舉一隅不以三隅反則不復也。"孔子要求他的學生善於學習,能夠舉一反三。隅,角落。邢昺疏:"凡物的四隅者,舉一則三隅從。"解旁,即觸類旁通】。有本乃如是,逢原【形容辦事很順利。語出《孟子·離婁下》:"資之深,則取之左右逢其原。"】故若此。先覺苟無人,初迷孰與指。所以古聖君,天意若驅使。羲皇聖神姿,創制安厥止【創制,創立制度。安厥止,即安止。厥,助詞無義】。仰觀暨俯察【見《易·繫辭下》:"古者包羲氏之王天下也,仰則觀象於天,俯則觀法於地。"暨,和,及】,地應復天啟【大地感應,天開其福】。隨感見秀靈,因心攄【散布,表達】秘旨。盈科知類充【盈科,水充滿坑坎。科,坎。《孟子·離婁下》:"源泉混混,不舍晝夜,盈科而後進,放乎四海。有本者如是,是之取爾。"亦喻打好堅實基礎。知類,懂得事物間模擬關係,依類推理。《禮記·學記》:"九年,知類通達,強立而不反,謂之大成。"】,

足此更通彼。卦畫自中分,文字從茲始。爲天顯禎符【爲,介詞,在。下"爲"同此。禎符:祥瑞,吉兆。在天顯示祥瑞之兆】,爲地呈珎祉【呈,呈現。珎,"珍"的異體字。珎祉,即珍祥,吉祥,幸福】。爲後啟文明,爲時昭道軌。爲人開物先,爲乾稱宗子【乾,君王。《易·説卦》:"乾爲君。"又指父親。《易·説卦》:"乾爲父。"宗子,大宗之嫡長子,古代宗法制度嫡長子承繼大宗爲族人所共尊,故稱宗子】。匪直【同"非只",不僅僅,不只是】代結繩,且爾該政理【且爾,而且。爾,助詞無義。該,掌管,通曉。政理,爲政之道】。道統肇【開始,創始】真傳,人祖光帝紀【光,光大。帝紀,猶帝典,帝王的法典。《後漢書·崔駰傳》:"古者陰陽始分,天地初制,皇綱云緒,帝紀乃設,傳序歷數,三代興滅。"】。世世享利益,歷歷見經史。振古兆六書,迄今同萬里。德視化工【指大自然的創造者】均,功與造物比。身帝宛丘都,魄葬蔡河涘【水邊。《詩經·秦風·蒹葭》:"所謂伊人,在水之涘。"】。血食【古代殺牲,取血以祭】報隆盛,億代曷窮已【曷,同何。窮已,什麼時候窮盡終止】。不朽在貞珉【石碑刻銘的美稱】,如存祇【此】松梓。雲日耀祠屋,令人發敬只【敬仰。只,語助詞】。我行道淮陽,駐車瞻聖址。肅拜仰靈風,竭誠薦沼芷【薦,進獻祭品。芷,香草,即白芷】。

又　　郡人陳　朴憲副

春暮春風吹野裳,相隨白日【白日,太陽,陽光】到羲

皇。坐當真境【道教之地，猶仙境】忘身病，語對同心覺味
長。太始樓【太昊陵前的轉廂樓】開千里目，昇平人醉百年
觴。徘徊不盡閑尋意，古栢籠煙晚色蒼。

又　　閩人余　翔

平原高樹帶秋陰，陵寢巍巍自古今。龍馭【亦作"龍
御"。原借指太陽神。"日乘車，駕以六龍，羲和御之。"亦借皇帝。後
作婉詞，諱飾語，謂皇帝死曰龍馭上賓（上等賓客。後因稱皇帝死後必
作天帝的上賓）】杳然歸太始【古代指天地開闢，萬物開端形成的時
代，引申爲原始。《列子·天瑞》："太始者，形之始也。"】，蓍叢猶發
白雲岑【岑，小而高的山或指山峰。阮籍《詠懷》詩："松柏翳岡岑，飛
鳥鳴相過。"】。

白龜靈池　宋　塘學正

草滿池塘漾碧流，曾聞靈物此中浮。靜含素甲【白
色的靈龜的硬殼】符禎瑞【猶祥瑞，吉祥的徵兆。禎，吉祥】，光燦
玄文【黑色的花紋，光輝耀眼】表卦疇【卦，《易經》中象徵自然現象
和人事變化的一套符號，以陽爻、陰爻相配合而成。單卦共八個，重疊
爲六十四卦。疇，田的分界卦】。蛙吹空聞喧薄暮，鷗群任爾
【任憑，鄭板橋《題竹石》："千磨萬擊還堅勁，任爾東西南北風。"】散情
秋。一時闡透【闡述透徹】陰陽秘，千古令人咏未休。

又　楊廷賓學正

天將嘉瑞恊庖犧，鑿得靈池貯白龜。幾朵閑雲籠曲岸，一泓寒玉漾清漪【一汪清冷的池水蕩漾著清清的漣漪。一泓，量詞，清水一片或一道。寒玉，質地清涼的玉石。常用來比喻清冷雅潔的東西，如水、月、竹等，此指水。唐李群玉《引水行》：“一條寒玉走秋泉，引出深蘿洞口煙。”】。時遊蓮畔形偏古，晚曝沙頭色更奇。今日不知仍在否，鳴蛙落月草離離【繁茂貌。白居易《賦得古原草送別》：“離離原上草，一歲一枯榮。”】。

又　王良臣

寒碧【清冷的碧水】平開土一泓，庖犧從此注精英【精華，指事物最精粹、最美好者。此指白龜】。天生神物呈嘉瑞，池洩玄機兆聖明【白龜池顯現出深奧微妙的義理，昭示伏羲的聖明】。剖破陰陽【指自然界兩種對立的物質勢力，並以此來說明自然現象的變化】從背見，肇來奇偶【亦作“奇耦”，單數和雙數。《易·繫辭下》：“陽卦奇，陰卦耦。”《孔子家語·本命》：“一陽一陰，奇耦相配。”】自爻生。誰知有象含無象【誰知道物像包含着玄微難測的義理。《老子》：“天下萬物生於有，有生於無。”】，止水無波分外清。

卦臺秋月　葉　盛

羲皇古神聖，御寓三皇【即“御宇”，統治天下。三皇，指伏羲、神農、黃帝】初。茫茫大河【黃河】上，龍馬出負圖【龍馬，古代傳説中龍頭馬身的神獸。《禮記·禮運》："河出馬圖。"龍馬從黃河出來的時候，身上背著一塊"赤文緑色"的龜甲，伏羲根據龜身上花紋的法則，畫成了八卦，叫它爲"河圖"，即"龍圖"】。一去蔡水陽【蔡河的北岸】，亦有龜瑩如。聖心與天契【投合】，奇文昭軌模【法式楷模】。七六前後列，八九左右俱【"七六"、"八九"，八卦中應用的數位。七九陽數，六八陰數】。由兹啟後聖，大易遂以敷【敷演，鋪敍並演繹。"大易"，指伏羲先天《易》】。維陳有遺臺，下有靈蓍【占卜用的蓍草】枯。偉哉方册存，萬古開群愚。

又　王良臣

龍馭已隨仙化【死。佛家稱死爲坐化，道家稱死爲羽化】去，高臺【指伏羲陵】獨峙對崇城。影懸冰魄【指月亮。元錢惟善《八月十五夜風雨後見月有懷》："玄雲忽開黃道明，顧兔涵秋抱冰魄。"】三秋冷，光浸瑶池【古代傳説中昆侖山的地名，西王母居處】一片清。畫裡妙涵天地秘，爻前先見古今情。獨憐未得傳心印【佛家語。不用語言文字，而直接用心印證，以期得到頃刻間的領悟，中國宋以後的理學家藉以對聖人學説在心性上的領會，亦泛指内心有所領會】，消息盈虚【指事物的盛衰變化或行爲的出入進退。《莊子·秋水》："消息盈虚，終則有始。"】昧此生。

又　　皖人方大美御史

羲皇御世總承乾【天。《易·説卦》：“乾，天也，故稱乎父；坤，地也，故稱乎母。”】，八卦層臺畫宛然。遥想虹蜺【相傳虹有雌雄之別，色彩鮮紅的爲雄，叫“虹”；色彩呈現紫色的淡些的爲雌，叫“蜺”，亦作“霓”。《春秋元命苞》：“虹霓者，陰陽之精也。”】流渚日，爭知龍馬負圖年。象涵太極原無極【象涵，象指宇宙的一切現象，一切變化，一切活動。太極，古代哲學家稱最原始的混沌之氣。認爲太極運動而分化出陰陽，由陰陽而産生四時變化，繼而出現各種自然現象，是宇宙萬物之原。《易·繫辭上》：“是故《易》有太極，是生兩儀，兩儀生四象，四象生八卦。”無極，中國古代哲學家認爲形成宇宙萬物的本原，涵蓋宇宙萬象，所以“無極本太極”】，數定先天起後天【先天，在此指伏羲所作的《易》（《連天易》）。宋羅泌《路史·發揮·論三易》：“伏羲氏之先天，神農易之爲中天；神農之中天，黄帝易之爲後天。”起，啟發、開啟】。始爲百王開道統，揚雄謾【通“漫”，不受約束地】草《太玄篇》【揚雄，西漢著名的辭賦家、哲學家、文字學家。辭賦作品有《甘泉賦》、《長楊賦》等十二篇，哲學有《太玄經》、《法言》等。草《太玄篇》，即寫作《太玄經》】。

胡公鐵墓　　戴　昕

爵爵玄臺卧草萊【玄臺，指三臺星中的上階二星。三臺六星兩兩而居，其上階二星，二星象徵天子，下星象徵女主。又稱天柱星，象徵三公之位。故以“玄臺”喻天子、女主或首輔。此指首輔，即胡公。草萊，雜生的草，借指荒蕪之地】，周遭鐵色鑄莓苔。古波流水消春雪,高樹清風入夜臺。石椁不憐司馬死【石椁,石制的外槨。椁亦作"槨"。古代的棺槨有兩重,外曰槨,内曰棺。《禮記·檀弓上》:"昔者夫子居於宋,見桓司馬自爲石槨,三年而不成。夫子曰:'若是其靡也,死不如速朽之愈也。'"司馬,宋國的司馬桓魋,爲是宋桓公的後代,故稱桓魋】,漆燈孤待沈郎來【《唐才子傳》卷七:"彬,字子文……彬臨終,指葬處示家人。及窆,果掘得一空冢,有漆灯青熒,壙头立一銅版,篆文曰:'佳城今已開,虽開不葬埋。漆灯终未灭,留待沈彬來。'"】。下車我欲尋遺蹟,試把椒漿酒一杯【椒漿,用椒浸製成的酒漿,用以祭神】。

又　宋　塘

傳聞鐵墓柳湖中,滿目煙光失舊蹤。千載暗留懸磬石【山名,在安徽靈璧縣北。其山石適合製作磬】,一泓冷浸若堂封【墳墓。語出《禮記·檀弓上》:"吾見封之若堂者矣。"鄭玄注:"封,築土爲壟。堂形四方而高。"此子夏述孔子論墓葬之言。故後以"堂封"指稱墳墓】。閑花斷岸隨風落,疏葦臨流帶雨衝。艤棹不堪重吊古【艤棹,用槳撐著船使船靠岸】,楚騷難擬思無窮。

又　王良臣

天潢【皇族宗室稱天潢】遺派寄塵寰,數盡終隨大化還【數盡,指人的生命的期限。大化,謂人自生到死的變化。《列子·天瑞》:"人自生至終,大化有四:嬰孩也,少壯也,老耄也,死亡也。"】。

巧鑄鐵棺藏水底，光留玉葉【玉牒，指皇帝譜繫】照人間。碧潭月冷清侵骨，蒼蘚年深綉作斑。惟有舊來東風雨，隨水悲聲入夜潺。

　　思陵暮靄　戴　昕

　　望入思陵暮靄長，天涯誰復見曹郎。亭亭【高聳的樣子。晉傅玄《短歌行》：“長安高城，層樓亭亭。”】古樹含春雨，閃閃【物體動搖不定的樣子。唐唐彥謙《長溪秋望》詩：“寒鴉閃閃前山去，杜曲黃昏獨自愁。”】飛鴉背夕陽。七步才名歸寂寞，一廻塵夢合【通“盍”，猶多麼】淒涼。無端兩眼懷人淚，拭向東風謾舉觴【shāng，盛滿酒的杯。謾，空，徒】。

　　又　黃　哲待制【唐太宗時，命京官五品以上，輪值中書、門下兩省，以備訪問。至宋，於各殿閣皆置待制之官，爲典守文物之官。金於翰林院置待制。元明因之】

　　鄴都【指鄴城，舊址在河南省臨漳縣西南。漢末，曹操作魏王時在這里定都，故名。亦稱“鄴京”】雄盛日，英才妙七賢【指建安七子，即孔融、劉楨、王粲、徐幹、阮瑀、應瑒、陳琳。他們是建安時期的代表作家】。夫君照乘珠【光亮能照明車輛的寶珠。唐高適《漣上別王秀才》詩：“何意照乘珠，忽然欲暗投。”】，五色麗且鮮。西園倡華藻【西園，園林名。這裏指在河南省漳縣鄴縣舊治北，傳爲曹操所建。曹植《公宴詩》：“清夜遊西園，飛蓋相追隨。”華藻，華麗的辭采，藉以指建安時期比較優秀的詩歌,稱爲"建安風骨"】,東洛賦嬋娟【指曹植寫的《洛神賦》】。游鳶翔朝旭,芳渠映碧漣。始恊棣華【《詩經·小雅·常棣》:"常棣之華,鄂不韡韡(光明華美的樣子)。凡今之人,莫如兄弟。"後因以"棣華"喻兄弟】美,寧虞【竟然出乎預料。寧,竟。虞,猜想,預料】豆萁煎【《世説新語·文學第四》:"文帝嘗令東阿王七步中作詩,不成者行大法。應聲便爲詩曰:'煮豆持作羹,漉菽以爲汁。萁在釜下燃,豆在釜中泣。本自同根生,相煎何太急!'"】。桐圭空錫祉【桐圭,語見《史記·晉世家》:"晉唐虞叔者,周武王子而成王弟……成王與叔虞戲,削桐葉爲珪以與叔虞,曰:'以此封若。'史佚因請擇日立叔虞。成王曰:'吾與之戲耳。'史佚曰:'天子無戲言。言則史書之,禮成之,樂歌之。'於是遂封叔虞於唐,故曰唐叔虞。"後因以"桐珪"指帝王封拜的符信。錫祉,賜福。錫,賜予。祉,福】,銀海【古代帝王陵墓灌注水銀製造的人工湖。典出自《史記·秦始皇本紀》:"始皇初即位,穿治酈山,乃並天下,天下徒送詣七十餘萬人,穿三泉,下銅而致椁。……以水銀爲百川江河大海……"】閉陰泉。白楊翳荆榛【翳,遮蔽。荆榛,泛指叢生灌木,多用以形容荒涼情景】,狐兔穴其阡【墳冢,墳墓】。喟然魚山【在山東省東河縣。《三國志·魏志·陳國王傳》:"(太和)三年,徙封東阿……初,植登魚山,臨東阿,喟然有終焉之心,遂營爲墓。"】嘆,肯企淮南僊【企,盼望。淮南僊,指漢淮南王劉安。劉安好文學,喜神僊之術】。

又　　閩人余　翔

八斗【即"八斗才"之省稱。喻文才極高的人爲才高八斗。宋無

名氏《釋常談·八斗之才》:"文章多,謂之'八斗之才'。謝靈運嘗曰:
'天下才有一石,曹子建獨占八斗,我得一斗,天下共分一斗。'"唐李商
隱《可嘆》詩:"宓妃愁坐芝田館,用盡陳王八斗才。"】相傳繡虎【《類
說》卷四引《玉箱雜記》:"曹植七步成章,號繡虎。"言其詞句華麗俊美。
虎,言其才氣雄傑。後遂以"繡虎"稱擅長詩文、詞藻華麗的人】才,路
傍石馬【石刻之馬,多列於陵墓之前。杜甫《玉華宮》詩:"當時侍金
輿,故物獨石馬。"】翳蒼苔【被青色的苔蘚所遮蔽】。洛神留得黃
初【魏文帝曹丕的年號】賦,千載霓旌【綴有五色羽毛的旗幟。爲
古代帝王儀仗的一種。唐杜甫《哀江頭》:"憶昔霓旌下南苑,苑中萬物
生顏色。"】去不廻。

古宛晴煙　戴　昕

晴日驅車向古陳,煙光彌彌汎平津【彌彌,漸漸地。汎,
亦作"泛",漫溢。平津,坦途,大道】。散來花木千巖曉,吹作
閭閻【泛指門戶,人們居住的地方。閭,里巷的大門。閻,里巷內的
門】萬竈春。絳蠟何人傳禁燭,青狼隨處息塵氛【青狼,天
狼星,是天空中非常明亮的恒星,屬於大犬座。古以爲主侵掠。《楚
辭·九歌·東君》:"青雲衣兮白霓裳,舉長矢兮射天狼。"喻兇殘貪狼
的朝臣】。每乘公暇登臨遍,滿目東風碧草新。

又　宋　塘

春城一上趣無涯,霄漢憑陵眼界賒【眼界開闊。賒,空

閣】。曙色乍分千畝澤，晴煙遥起萬人家。連篇佳句題風景，比屋【家家户户】絃歌樂歲華。自昔化行【教化施行】稱治郡，青青遍野盡桑麻。

又　王良臣

蔡水週廻【亦作"周回"，回繞，環繞】巋古丘，清時【清平之時】行樂試登遊。天開曉日凝陰散，霞映晴空霽景【雨後晴明的景色。霽，雨雪後轉晴】浮。遥望一川雲寂寂，近看四野氣幽幽。我來憑眺凝眸久，一抹千林弄細柔。

柳湖春曉　西蜀王　泳憲副前翰林庶吉士【官名。明洪武初采尚書立政"庶常吉士"。永樂二年始專屬翰林院，以進士擅長文學及書法者任之，清代因之】

柳湖湖心一塊土，竦然特出方如矩【竦然，矗立的樣子。竦，通"聳"。特出，高聳突出】。中有亭榭甚嵬峨【同"巍峨"。形容山或建築物的高大】，簷牙闌角臨水滸。四面塋然【塋 yíng，應爲"瑩"，光潔明亮的樣子】一鑑空，亭臺倒影色濛濛。登臨一望天光净，恍疑身在水晶宫。幽閒【同"悠閒"，閒適自得】更無車馬迹，喧囂不到塵寰隔。卓哉蘇子居，聲價常奕奕【高大美盛】。屹然登岩岑【小而高的山】，杳然隱深林。可以豁我目，可以清我心。梧桐月可邀，楊柳風可引。閑來款款步虛階，一段風光看不盡；亭之水，涇涇

【水徑直湧流】浩浩清無底，可洗耳兮可濯纓【洗耳，晉皇甫謐《高士傳·許由》：“堯又召爲九州長，由不欲聞之，洗耳於潁水濱。”後以“洗耳”比喻不願聽，不願問世事。濯纓，洗滌繫冠的絲帶。《楚辭·漁父》：“漁父莞爾而笑，鼓枻而去，歌曰：‘滄浪之水清兮，可以濯吾纓。’”舊時封建文人用“濯纓”表示避世隱居或清高自守】，浮天載地蛟龍起；亭之蓮，花如雲錦藕如船，不染泥兮不蔓枝，霞標玉冠常鮮妍；亭之柳，遊絲飛絮縈春首，帶雨含煙舞翠腰，長亭【秦漢十里地設儀亭舍，謂之長亭。其後五里有短亭。常用作行人休憩餞別處】謾送離人手；亭之魚，鼓鬣揚鬐任卷舒【鼓鬣揚鬐，掀動飛起。鬣，指魚龍之類下巴旁鰭；鬐，指魚脊。任卷舒，隨意捲曲舒展】，或在蒲兮或在藻，春雷一鼓飛太虛。無邊景物空中旋，美人乘興日相逐。壁間琳瑯紀珠璣，樽俎【同“尊俎”。古代盛酒和盛肉的器皿，常用作宴席的代稱】錯陳盡水陸【交錯擺設水陸產品】。君不見江陵一柱觀【江陵，春秋時楚郢都。歷代設縣、郡、府。今屬湖北。一柱觀，古跡名。南朝宋臨川王劉義慶在荆州羅公洲建一柱觀，宏大却只有一柱，故名】，錦里百花潭【錦里，即蜀之錦官城，在四川省成都南，後成爲成都的別名。百花潭，即浣花溪，杜甫故居浣花草堂所在地】。赤壁【山名，在湖北黃岡縣城外，亦名鼻磯，蘇軾曾作前後《赤壁賦》】東坡遊，曲江【曲江，地名，在陝西長安縣東南。杜甫，字子美，曾作《曲江》一詩】子美酣。人以地而聚，地以人而傳。子由【蘇轍，字子由】逸興久已矣，至今亭榭常悠然。

又　　濬縣王　溱參政

桑落夙懷減，蘇亭野興長。釣磯【水邊突出的岩石】堪
【可、能】繫纜，席地可流觴【盛酒的器具。《荊楚歲時記》：“三月三
日四民並出水渚，爲觴曲水之飲。”王羲之《蘭亭序》：“清流激湍，映帶
左右，引以爲流觴曲水。”古人修禊之日，與會者列於曲水之旁，投觴於
水之上遊，任其循流而下，止間，取而飲之，謂之流觴】。柳拂溪橋
翠，梅開水榭香。踟躕歸未愜，落日鬢蒼蒼。

又　　江浦王　韋副使

曾聞湖水勝，最是采蓮時。萍跡元【本來，向來】無
定，花神似有期。滄波浮夕烏【即“夕陽”。古代神話傳説太陽
中有三足烏，“烏”爲太陽的代稱】，故柳發新枝。風景能耽客
【風景能使遊客流連忘返】。徘徊一艇移。

又　　前人

博士今何在，年年碧草長。鯉風迎鼓枻【迎著秋風泛
舟。鯉風，即“鯉魚風”省寫，九月風，秋風。鼓枻，亦作“鼓栧”，劃槳，
謂泛舟。枻 yì，船舷，短槳】，嬋露濕飛觴【月夜的露珠打濕了依次
敬酒的酒杯。飛觴，行觴，疾行如飛的酒杯】。暑蓋分荷翠【六月的
荷葉分外翠綠。暑蓋，盛夏的荷葉。蓋，古稱傘爲蓋。荷葉如遮陽禦
雨之傘】，塵纓【比喻被世俗所污染。纓，纏繞，比喻洗滌冠纓。語本
《孟子·離婁上》：“滄浪之水清兮，可以濯我纓。”後以“濯纓”喻超脱塵

俗,操守高潔】濯藻香。望窮蒹葭【没有長穗的蘆葦和初生的蘆葦。《詩經・秦風・蒹葭》:"蒹葭蒼蒼,白露爲霜。"】外,渺渺暮天蒼。

又　吳國倫参政

飛蓋【即飛車。車跑如飛。蓋,車蓋,借指車】出林坰【jiōng,遥遠的郊野。《爾雅・釋地》:"邑外謂之郊,郊外謂之牧,牧外謂之野,野外謂之林,林外謂之坰。"】,浮香十里汀【水邊平地】。却移花外舫【竹木筏,後通指船】,來醉水心亭。返照荷爭碧,廻波岸轉青。相傳蘇仲子【舊時兄弟排行以伯、仲、叔、季爲序,蘇轍排行居二,故云仲子,子敬稱】,寂寞此談經。

又　蘇光泰

子由人去幾經秋,臺榭猶看説子由。當日傳經寧寂寞,至今對景憶風流【指蘇轍的儀表、風度】。湖邊花鳥無今古,亭外雲霞自去留。此地重來携二友,漫誇赤壁羨遨遊【蘇軾分先後兩次遊赤壁,並寫下膾炙人口的前後《赤壁賦》。遨遊,遊樂。晉陸機《擬青青陵上柏》:"遨遊放情願,慷慨爲誰嘆。"】。

又　季道統

曲曲蘆花岸,盈盈【湖水滿且清。《古詩十九首》:"盈盈一水間,脈脈不得語。"】秋水湖。棹【划船用的槳,亦稱劃水行船】穿天鏡破,雨散海雲孤。車馬逃塵網【晉陶潛《歸園田居》:"誤落塵網中,一去三十年。"】,乾坤入玉壺【喻仙境。典出《後漢書·方術傳下·費長房》:"費長房者,汝南人也。曾爲市掾。市中有老翁賣藥,懸一壺於肆頭,及市罷,輒跳入壺中。市人莫之見,唯長房於樓上覩之,異焉,因往再拜奉酒脯。翁知長房之意其神也,謂之曰:'子明日可更來。'長房旦日復詣翁,翁乃與俱入壺中。唯見玉堂嚴麗,旨酒甘肴盈衍其中,共飲畢而出。"後因以指仙境】。寒簑吾計拙,一任【聽憑。陸遊《卜算子·咏梅》:"無意苦爭春,一任群芳妒。"】鬼揶揄【yé yú,用打手勢的方式給予嘲笑】。

又 余 翔

鏡中荷葉緑離離【草木茂盛的樣子。白居易《賦得古原草送別》:"離離原上草,一歲一枯榮。"】,夾岸如雲楊柳枝。不見風流蘇博士,高山猶自想峨眉【山名,在四川峨眉縣西南,因山勢逶迤,有山峰相對如娥眉,故稱。蘇轍兄弟家居四川眉山縣,故後人常以"眉山"、"峨嵋"指代蘇軾。蘇軾曾三次到陳州,看望在陳州作教諭的胞弟蘇轍】。

又 陳王謨朴長子

蕭蕭【象聲之詞,馬鳴聲。杜甫《兵車行》:"車轔轔,馬蕭蕭,行人弓箭各在腰。"】匹馬度湖頭,落日風飛九月秋。遥水平開沙岸合,孤城高控海雲浮。霜黃樹色來鴻雁,雨澹

【雨下得很平静】蘆花卧白鷗。隱隱櫓聲何處發，一簑縹緲有漁舟。

蘇湖亭次龔嚴生韻【次韻，依次用所和詩中的韻作詩，亦稱步韻，世傳次韻始於白居易、元稹】　陳大中前王謨孫

蘇湖宛畫裏，秋色滿晴空。遥柳含煙綠，近蓮映水紅。白鷗適闊岸，碧草生閒葱。坐久渾忘我，不知身世中。

又　前人

又到蘇湖上，行舟秋夜中。露冷葉驚鳥，風開水漾荇【同"莕"，即"水荇"或"水莕"，水草名】。觸蓮興周子【宋代理學家周敦頤，曾作借物詠志諷世的散文《愛蓮説》，以蓮高潔可愛的形象表達自己潔身自好的生活態度。興，興起，聯想】，臨亭慕蘇公。未愁更漏【古時視刻漏爲更，故稱刻漏爲更漏】盡，先慮酒瓶空。徘徊忘歸去，歸去意無窮。

名賢集詠

宿淮陽　唐　張九齡

日暮荒亭上，悠悠旅思多。故鄉臨桂水，今夜眇【邈遠貌。皎然《奉送袁高使君詔徵赴行在效曹劉體》："遐路眇天末，繁笳思何邊。"】星河。暗草霜華發，空庭鴈【同"雁"】影過。興來誰與晤【與誰晤。晤，會面。南朝梁元帝《關山月》："夜長無與

晤,衣單誰爲裁?"】,勞者【憂愁的人。勞,憂愁。《詩經·邶風·燕燕》:"瞻望弗及,實勞我心。"】自爲歌。

曉發【當作"晚次"】淮陽　張　繼

微涼風葉下,楚俗轉清閒。候館【供瞭望用的小樓】臨秋水,郊扉【即郊外住宅。扉,門扉,代指屋舍,住宅】掩暮山。月明潮漸滿,露濕鴈初還。浮客了無定【浮客,遊客,飄泊在外的人。了,全,完全】,萍流【像浮萍一樣飄流】淮海間。

夏日偶成　宋　蔡　確

紙屏【用紙糊的屏風】石枕竹方床,手倦抛書午夢長。睡起莞然【猶莞爾,微笑貌。《論語·陽貨》:"夫子莞爾而笑曰:'割雞焉用牛刀!'"】成獨笑,數聲漁笛在滄浪【《楚辭·漁父》:"漁父莞爾而笑,鼓枻而去,乃歌曰:'滄浪之清兮,可以濯吾纓。滄浪之水濁兮,可以濯吾足。'遂去,不復與言。"王逸《楚辭章句》注曰:"水清,喻世昭明,沐浴,升朝廷也;水濁,喻世昏暗,宜隱遁也。"】。

瑞麥賦　宋　宋　祁

【瑞麥,一株多穗或異株同穗。古代以爲吉祥之兆。天聖(宋仁宗年號)元年,陳州獻瑞麥,宋祁因作此賦。賦,文體名。漢班固《兩都賦》序:"賦者,古詩之流也。"是散文和韻文的綜合體。戰國的荀況最早以賦名,盛行於漢、魏、六朝。講究詞藻、對偶、用韻】

冠三輔【西漢治理京畿地區的職官,左右內史、主爵中尉(後改爲都尉)的合稱。亦指其所轄地區。後泛指京城附近地區爲三輔】之上者,莫邇於陳;接五穀之乏者,孰先於麥?當乘離之令序【應當趁著草木茂盛之佳節】,挺降麰【móu,古代稱大麥。《孟子‧告子上》:"今夫麰麥,播種而穮之。"】之瑞殖。盛氣雲欝,混鱗隰【魚鱗似的潮濕土地。隰xí,水邊低濕的地方】之初霏【雪雨濛濛】;密穗金繁,動星田之霽色【星羅棋布的田地上空日光朗照】。兩歧【亦作"兩岐"。借指麥子生出兩穗。南朝梁沈約《留真人東山還》:"待餘兩岐秀,去去掩柴扉。"】旁秀,六穗并出。厥華芃芃【péng,茂盛貌。《詩經‧鄘風‧載馳》:"我行其野,芃芃其麥。"】,厥穎【穀穗】粟粟【應爲"栗栗"衆多。《詩經‧周頌‧良耜》:"獲之挃挃(收割之象聲詞),積之栗栗。"】,田畯【jùn,古代的田官亦或泛指農夫。《詩經‧小雅‧甫田》:"饁(yè,爲田間耕作的人送飯)彼南畝,田畯至喜。"】奔告,守臣駭觀。伻【bēng,使者。《尚書‧洛誥》:"伻來,來視予卜休恒吉。"】來以圖【希圖】,悉上送官【全部上送官府】。它穀弗書,示麥禾之最重。吾王攸【yōu,所】助,知稼穡之惟艱。沬北爰采【語出《詩經‧鄘風‧桑中》:"爰采麥矣,沬之北矣(到那裏去割麥?在沬邑正北邊)。"爰,於何處。沬mèi,衛國的地名,在今河南省淇縣南】,罔邵【勸勉,鼓勵】乎力農;關中益種,無聞於錫祉。詎若天極【自然之道。《莊子‧盜跖》:"若枉若直,相爲天極;面觀四方,與時消息。"】歸貺【kuàng,賜予。《禮記‧聘義》:"北面拜貺。"孔穎達疏:"貺,謂惠賜也。"】,明神効異。偕蕃椒之盈升【蕃，繁殖。《詩經·唐風·椒聊》：“椒聊之實，蕃衍盈升。”】，配命【配合天命。《詩經·大雅·文王》：“永言配命，自求多福。”】禾而合穗。迎層宙之休氣【迎高空之祥瑞之氣。宙，天空。休氣，祥瑞之氣。漢班固《白虎通·封禪》：“陰陽和，萬物序，休氣充塞。”】，冠中田【田中。《詩經·小雅·信南山》：“中田有廬，疆埸有瓜。”】之嘉穀。繢【huì，繪畫】我於瑞圖，辨我於凡菽【豆類之總稱】。蒙至尊之渥惠【深厚的恩惠】，播頌聲於弦次。上可以薦清廟【《詩經·周頌》篇名。《詩經·周頌·清廟序》：“《清廟》，祀文王也。”後泛指古帝王祭祀祖先的樂章。又指太廟，古代帝王的宗廟。《詩經·周頌·清廟》：“於穆清廟，肅雝顯相。”】之馨品，下可以助外饔【yōng，官名。掌管對外祭祀、大宴及出師征戰、巡狩田獵等酒宴的事情】之食劑【糧食調節籌畫】。

宛丘二詠并序　蘇　轍

宛丘城西柳湖，累歲無水。開元寺殿下山茶一株，枝葉甚茂，亦數年不開。轍向從子瞻遊此，每以二物爲恨。去秋雨雪相仍，湖中春水忽生數尺。至二月中，山茶復開千餘朵，因作二詩奉寄。

旱湖堤上柳空多，倚岸輕舟奈汝何？秋雨連渠添積潤，春風吹凍忽生波。蟲魚便爾【敏捷、輕快。爾，猶“然”】來無數，鳧鷖猶疑未肯過【鳧鷖，水鳧，俗稱野鴨】。持詫錢塘【即“錢塘江”之省寫。古詩文中常指杭州。此因以借指蘇軾。】應笑我，坳中浮芥兩么麼【坳中浮芥。《莊子·逍遙遊》：“覆杯水於坳堂之上，則芥爲之舟；置杯焉則膠，水淺而舟大也。"坳，地面窪下處。
么麽，微小】。其一

古殿山花叢百圍【形容花叢的面積很大。圍，圓周長度。周
圍，范圍，區域】，故園曾見色依依。凌寒强比松筠秀【松樹
和竹子。《禮記·禮器》："其在人也，如竹箭之有筠也，如松柏之有心
也。二者居天下之大端矣，故貫四時而不改柯易葉。"後因以"松筠"喻
節操堅貞】，吐豔空驚歲月非。冰雪紛紜真性在，根株老
大衆園希。山中草木雖携種，潦倒塵埃不復歸。其二

題桑落　劉　敞

四海栖栖【同"棲棲"，忙碌不安貌。旅人，奔走在外的人，此指
孔子。《朱子語類》卷五九："如孔子之聖……終身栖栖爲旅人。"】一
旅人，絶糧桑落【地名，在淮陽魯臺附近】死生隣。自是天心
勞木鐸【天心，天意。《尚書·咸有一德》："克享天心，受天明命。"】，
豈關陳國有愚臣【指陳靈公的大夫孔寧、儀行父】。桑落在魯臺南
【在今淮陽縣東南，魯臺鄉所在地】。

糴官粟有感　宋　張　耒

持錢糴官粟，日夕擁公門。官價雖不高，官倉常苦
貧。況兼閉困廩【糧倉。困，圓形穀倉；廩，方形穀倉】，一粒不
肯分。伺待官粟空，騰價邀【物價上漲。邀，謀求。唐蔣防《霍
小玉傳》："有一仙人，謫在下界，不邀財貨，但慕風流。"】吾民。坐

視既不可,禁之亦紛紜。擾擾田畝中,果腹才幾人。我欲究其源,宏闊未易陳。哀哉天地間,生民【人民。曹操《蒿里行》:"生民百遺一,念之斷人腸。"】何苦辛。

農家詞　前人

南風霏霏【盛多,原指雨雪之密。《詩經·小雅·采薇》:"今我來思,雨雪霏霏。"】麥花落,豆田漠漠【廣闊,茂盛】初垂角。山邊夜半一犁雨,田父高歌待收穫。雨多蕭蕭蠶簇寒【蕭蕭,象聲詞,常形容風雨之聲。蠶簇,供蠶吐絲作繭的用具,俗稱蠶山】,蠶婦低眉【即低頭。白居易《琵琶行》:"低眉信手續續彈,說盡心中無限事。"】憂繭單。人生多求復多怨,天公供爾【你】良獨難。

宛丘嘆　金　元好問

秦陽陂頭【秦陽的邊際。秦陽,地名。陂,bēi,邊際,旁邊】人迹絕,荻花茫茫白於雪。當年萬家河朔【古代泛指黃河以北的廣大地區。金世宗大定二十九年下詔,移黃河以北百姓到黃河以南】來,畫出牛頭入租帖【牛頭,即牛頭稅。《金史·食貨志》:"牛頭稅,即牛具稅。"具,金賦稅單位,一耒加三頭牛爲一具。租貼,徵收租稅的公文】。蒼髯長官【指李南陽】錯料事,下考大笑陽城拙【"大笑陽城"句:因不能逼迫百姓繳納牛頭稅,道州刺史陽城經考核列爲下等,而受到上級譏笑和斥責。陽城,唐北平人,進士及第後征爲諫議大夫，曾任道州刺史】。至今三老【古代掌管教化之官，輔助縣令丞尉推行政令。鄉、縣、郡曾先後設置】背腫青，死爲逋懸出膏血【逋懸，拖欠租稅。金党懷英《雪中》詩之四："我看多田翁，租賦常逋懸。"】。君不見劉君【自注中的劉雲卿】宰葉【主宰葉縣。葉，春秋楚邑】海內稱，饑摩寒拊【即撫摩饑寒。寒，窮困。拊同"撫"，安慰】哀孤惸【孤苦伶仃。惸，指無兄弟的人。《周禮·秋官·大司寇》："凡遠、近、惸、獨、老、幼之欲有復於上，而其長弗達者，立於肺石，三日。"鄭玄注："無兄弟曰惸，無子孫曰獨。"】。碑前【《金史·劉從益傳》："未幾被召，百姓詣尚書省乞留不聽。入授應奉翰林文字。踰月，以疾卒，年四十四。葉人聞之，以端午罷酒爲位而哭，且立石頌德，以致哀思。"】千人萬人泣，父老夢見如平生。冰霜紈綺渠有策，如我碌碌當何成。荒田滿眼人得耕，詔書已復三年征。早晚林間見雞犬，一犁春雨麥青青。

附作者原注：霈李令南陽，配流民以牛頭租，迫而逃者萬餘家。劉雲卿御史宰葉，除逃戶稅三萬斛，百姓爲之立碑頌德。賢、不肖用心相遠如此。李之後十年，予爲此縣，大爲逋懸所困。辛卯七月，農司檄予按秦陽陂田，感而賦詩。李與劉皆家宛丘，故以《宛丘嘆》命篇。

柳湖【脫文，"久"】無水悵然成詠　蘇　轍

平湖水盡起黃埃，惟有長堤萬萬栽【量詞，猶株】。病

鶴摧頹【困頓、失意的樣子】沙上舞，遊人寂寞岸邊廻。秋風草木初搖落【凋殘，零落】，日暮樵蘇【打柴刈草的人】自往來。更試明年春絮起，共看飛雪亂成堆。

初到陳州二首　蘇　轍

謀拙身無嚮，歸田久未成。來陳爲懶計，傳道愧虚名【傳道，指擔任陳州教授。韓愈《師説》：“師者，所以傳道授業解惑也。”】。俎豆終難合【俎豆常用來表示祭祀。《論語·衛靈公》：“俎豆之事則嘗聞之矣，軍旅之事未之學也。”】，詩書强欲明。斯文【原指禮樂教化、典章制度。此處指文章和詩賦】吾已試，深恐誤諸生。其一

久愛閒居樂，兹行恐遂不【兹行，此行。遂，遂願。不，同“否”。《説文·不部》：“否，不也。”】？上官容碌碌，飽食更悠悠。枕畔書成僻，湖邊柳散愁。疏慵【亦作“疏庸”，疏懶、懶散。韓子，指唐韓愈，元和十四年（819）韓愈上表憲宗，諫迎佛骨入宮，得罪了憲宗，被貶爲潮州刺史】愧韓子，文字化潮州。其二

和弟子由初到陳州二首　蘇　軾

道喪雖云久，吾猶及老成。如今各衰晚，那更治刑名【研究刑名之學。刑名，戰國時法家的一派，即刑名之學。以申不害爲代表。强調循名責實，以强化上下關係。《史記·老莊申韓傳》：“申

子之學，本於黄老，而主刑名。"】。懶惰便樗散【語意出自《莊子·逍遥遊》，本指樗木材劣，多被閒置，比喻不爲世用，多用於自謙之詞】，疎狂托聖明。阿奴【古代稱弟爲阿奴，此處蘇軾稱其弟子由】須碌碌，門户要全生【保全天性，順其自然。《莊子·養生主》："可以保身，可以全生，可以養親，可以盡年。"】。其一

　　舊隱三年别【蘇軾於熙寧己酉年還朝，至辛亥年爲三年，故云】，杉松好在不？我今尚眷眷【亦作"睠睠"，依戀不舍，不斷回頭看。《詩經·小雅·小明》："念彼共人，眷眷懷顧。"】，此意恐悠悠【長久的思念。《詩經·鄭風·子衿》："青青子衿，悠悠我心。"】。閉户時尋夢，無人可説愁。還來送别處，雙淚寄南州【泛指江南地區】。其二

詠陳二首　　泰和劉　咸僉事

胡公鐵墓魏思陵，遥接焦夷近蔡城。太昊揲蓍【古代用蓍草占卦，數蓍草的數目。揲，用手抽點成批或成束的數目】猶有廟，神農辨穀已無營【五穀營，亦稱五穀臺】。厄臺夜月麒麟泣【厄臺：相傳爲孔子行經陳蔡絶糧的地方。麒麟，古傳説中形似鹿，頭有角，身有鱗甲，尾若牛尾的一種動物。古人以爲仁獸、瑞獸，拿它象徵祥瑞。麒麟泣，典見《史記·孔子世家》："魯哀公十四年春，狩大野，叔孫氏車子鉏商獲獸，以爲不祥。仲尼視之，曰：'麟也。'取之。曰：'河不出圖，雒不出書，吾已矣夫！'顔淵死，孔子曰：'天喪予！'及西狩見麟，曰：'吾道窮矣！'喟然嘆曰：'莫知我夫！'"】，卧閣天寒翡

翠鳴【翡翠，鳥名。嘴長而直，生活在水邊，吃魚蝦之類。羽毛有藍、綠、赤、棕等色，可做裝飾品】。晚過狄青【西河人，字漢臣，精通兵法，因其武功顯著，被擢升爲彰化軍節度使，韓琦、范仲淹非常器重他。淮陽黃集東南有狄青墓】荒冢下，似聞蘇子讀書聲。其一

　　司城貞子【春秋陳國大夫，孔子來陳曾住他家。司城，複姓】已云亡，獨上澹臺憶子張【子張，顓孫師，孔門弟子，十二哲人之一。陳州人】。黃霸【漢代陽夏（太康）人，字次公。歷任揚州刺史、潁川太守、御史大夫、丞相等職】功名今寂寞，趙犨【唐末陳州人。世爲忠武軍牙將，因守陳州城抗黃巢有功，由大校遷升爲檢校司徒，加泰寧浙西兩節度，龍紀初，進同中書門下平章事、忠武軍節度，仍治陳州】祠墓總荒涼。三殷行著巢多燕【三殷，殷仲文、殷侑、殷浩，皆陳人】，二謝詩工草一塘【二謝，即謝靈運、謝朓，世稱“大小謝”，是我國山水詩人的代表】。最羡漢時陳孝婦【陳孝婦，詳見漢劉向《列女傳》和本志七卷《貞烈》】，至今史傳有遺光。其二

　　在陳操【琴曲。《史記·宋微子世家》：“紂爲淫泆（通“溢”，放蕩）箕子諫，不聽……乃披髮佯狂而爲奴，遂隱而鼓琴以自悲，故傳之曰《箕子操》。”應劭《風俗通》解釋曰：“其遇閉塞憂愁而作者，命其曲曰操。操者，言遇災遭害，困厄窮迫，雖怨恨失意，猶守禮義，不懼不懾，樂道而不改其操也。”】　青田劉　基

　　彼山有楊兮，彼隰有栩【隰，低濕的地方。栩，櫟的別名，即柞樹】。彼路斯何兮，孔棘且阻【孔棘，急迫、艱危。孔，甚、很；棘，酸棗樹，落葉灌木，枝上有刺。比喻艱難等義】。玄雲杳冥

兮【玄雲，黑雲、濃雲。《楚辭·九歌·大司命》："廣開兮天門，紛吾乘兮玄雲。"杳冥，陰暗。曹丕《感物賦》："瞻玄雲之翕鬱，仰沉陰之杳冥。"】，不日以雨。重華寂寥兮【重華，虞舜之美稱。《尚書·舜典》："曰若稽古帝舜，曰重華，協於帝。"孔傳："華，謂文德。言其光文重合於堯，俱聖明。"《史記·五帝本紀》："虞舜，名曰重華。"】，誰與晤語！茫茫九州兮【《尚書·禹貢》作"冀、兗、青、徐、揚、荊、豫、梁、雍"。泛指中國】，孰爲予所。龜蒙【龜山、蒙山的合稱，在山東新汶縣東南】無人兮，駕予歸處。

撲蓍【亦稱"撲蓍草"，古代問卜的一種方式。《關尹子·八籌》："古之善撲蓍灼龜者，能於今中示古，古中示今。"】壇　盧陵王　概參政

高臺突兀接荒城，風雨年年蓍草生。鳳尾飄蕭【飛揚的樣子】雲氣濕，龍頭夭矯【亦作"夭蟜"。屈伸的樣子】露華清。重瞳【重瞳子。《史記·項羽本紀論》："吾聞之周生曰：'舜目蓋重瞳子。'又聞項羽亦重瞳子。"後用"重瞳"代稱虞舜或項羽，亦指帝王】此日升雙闕，一本【表數量，草木一株】何時滿百莖。安得神龜常守護【神龜，傳說中稱有靈異的龜，古代以其甲占卜吉凶】，靈根直擬獻承明【靈根，慧根，悟道的靈性。承明，漢有承明殿，曹魏有承明廬。此處代指朝廷】。

懷古　郡人馬　嵩僉憲

名垂三恪【周朝新立，封前代三王朝的子孫，給以王侯名號，稱

三恪】舊皇都【指宛丘，曾爲伏犧氏之都】，幾度豪雄悢壯圖。水底鐵棺【即胡公鐵墓】今尚在，城頭煙色半如無。雲藏廢閣人思黯【廢閣，卧治閣。黯，汲黯】，花落遊亭客吊蘇【憑弔蘇轍，蘇，蘇轍】。行樂正當春景暮，柳湖啼鳥一聲孤。

宛丘署中　　吴國倫參政

列騎中原問俗遊，淮陽風物古名州。沙【一本作"花"】間雨過襜帷【車上四周的帷帳。襜，chān】爽，竹里雲生署閣幽。封建【封邦建國。古代帝王把爵位、土地分賜親戚或功臣，使之在各該區域内建立邦國。相傳黄帝爲封建之始，至周朝制度才完備】總非三恪舊，絃歌猶自十賢【亦稱十哲。孔子弟子七十二賢中最優秀的人。德行：顔回、閔子騫、冉伯牛、仲弓；言語：宰我、子貢；政事：冉有、子路；文學：子遊、子夏】留。乾坤未盡銷兵甲，無力能分聖主憂。

重過駐蹕亭【在淮陽城北蔡河之濱。駐蹕，古代帝王出行，中途暫住之所】　海昌朱　禋太僕寺丞【官署名。掌管輿馬及牧畜之事。丞，副職】

高皇奠寰宇【高皇，即高皇帝，指朱元璋。奠寰宇，奠定天下】，六合【謂天地四方。《莊子·齊物論》："六合之外，聖人存而不論；六合之内，聖人論而不議。"】爲一家。東巡過陳項，駐此曾宣麻【唐宋拜相命將，用白麻紙寫詔書公布在朝廷上，稱爲"宣麻"。

後遂以"宣麻"作爲詔拜將相的代稱。】至今宛丘人，猶能思翠華【天子儀仗中以翠羽爲飾的旗幟或車蓋，常借指皇帝。司馬相如《上林賦》："建翠華之旗，樹靈鼉之鼓。"】亭荒但鷗鷺，樹老啼昏鴉。龍光終不泯【同"泯"】，長照湖陰沙。

伏日【也叫伏天，三伏的總稱。古代也專指三伏祭祀的一天】太昊陵寓目同黃工部許山人　蘇光泰

風雨空庭合有神，重來把酒興無垠【邊際，界限】。一枰【古代的博局。即棋盤，棋局。三國吳韋昭《博弈論》："然其所志不出一枰之上，所務不過方罫（guǎi，棋盤上的方格子）之間。"】似列河圖【儒家關於《周易》卦開來源的傳說。《尚書·顧命》："大玉、夷玉、天球、《河圖》，在東序。"孔傳："伏羲氏王天下，龍馬出河，遂則其文以畫八卦，謂之'《河圖》'"。聞一多《書信·給梁實秋先生》："河圖則取義於河（黃河）馬負圖，伏羲得之，演爲八卦。"】數，半壁如懸洛水【《易·繫辭上》："河出圖，洛出書，聖人則之。"據漢儒孔安國等解說，伏羲時有龍馬從黃河裏出來，馬背有旋毛如星點，稱作龍圖。伏羲取法以畫八卦生蓍法。夏禹治水時有神龜從洛水出來，背上有裂紋，紋如文字，禹取法而作《尚書·洪範》。這就是有名的"河圖洛書"說】濱。天地浮沉容白眼【漏出眼白，表示鄙薄。《晉書·阮籍傳》："籍又能爲青白眼。見禮俗之士，以白眼對之。"】，古今變態總紅塵【佛教、道教等稱人世爲"紅塵"】。微醺【稍有醉意。魯迅《三閑集·怎麼寫》："寂静濃到如酒，令人微醺。"】聊籍風生簟【指日常用

來作遮蔽和墊物的竹席。簟，diàn】，信是義皇以上人【典出陶潛
《與子儼等疏》："少學琴書，偶愛閒静，開卷有得，便欣然忘食。見樹木
交蔭，時鳥變聲，亦復歡然有喜。常言五六月中，北窗下卧，遇涼風暫
至，自謂是義皇上人。"義皇以上人，即伏義氏以前的人，即太古的人。
比喻無忧無慮，生活閑适的人】。

元日【正月初一】謁太昊陵道中眺望　前人

曉占雲物卜年豐【雲物，雲的色彩。《周禮·春官·保章
氏》："以五雲之物（色彩），辨吉凶，水旱降豐荒之祲象。"鄭玄注："物，
色也。視日旁雲氣之色……"鄭司農云："以二至（冬至夏至）二分（春
分秋分）以雲色，青爲蟲，白爲喪，赤爲兵荒，黑爲水，黃爲豐。"】，小隊
郊原似御風【乘風飛行】。極目纔知天地闊，尋春應是古
今同。山村忽失湖光外，烽火全銷雪色中。宮闕猶堪
供覽眺，萬年佳氣鬱葱葱。

重來陳州感興　徐即登

十載參藩【參與並州一帶的戡藩之事】此再遊，陳州回首
是并州【古州名，相傳禹治水，劃分域内九州。並州爲九州之一。其
地約當今河北保定和山西太原大同一帶地區】。兒童竹馬紛相
迓【竹馬，兒童嬉戲的玩具，把竹截斷當作馬騎。《後漢書·郭汲傳》：
"始至行部，到河西美稷有童兒數百，各騎竹馬，道次迎拜。"後以此爲
稱頌地方官吏之典。白居易《贈楚州郭使君》詩："笑看兒童騎竹馬，醉
攜賓客上仙舟。"】，士子絃歌好更酬。人物風流原不改，山

川氣色似增庥【xiū，庇蔭，保護】。却憐此地曾遭阨【遭遇困難。此指孔子絕糧於陳】，往事於今逐水流。

上封事【即封禪，古代帝王祭天地的大典。在泰山上築土爲壇，報天之功，稱封；在泰山下的梁父山上辟場祭地，稱禪】被拘賡宋人韻【"賡韻"或"賡……韻"，作詩的一種形式，即和韻——續用他人的原韻或隨意唱和。賡，繼續，接續。諸如賡和、賡唱、賡詠等】　王良臣

中流舟自下，兩岸好山過。短疏羞封禪，孤忠訴泊【應爲"汨"】羅【屈原沉江事】。雲霽日生煖，風恬浪戢波。餘酣眠正穩，欸乃數聲歌。

過江東驛　前人

江東候吏【即候人。古代掌管整治道路稽查奸盜，或迎送賓客的官員，後多指驛吏。唐劉禹錫《秋日送客至潛水驛》："候吏立沙際，田家連竹溪。"】舊知名，沙上奔馳遠送迎。寄語留臺【指古代帝王因故離京，奉命留守京師之官及其機構。古稱禁城爲臺城，故名】諸俊傑，高崗重聽鳳凰鳴。

宿涿州　前人

豪氣崚嶒【高聳突兀。比喻剛正不阿，堅貞不屈】萬里橫，不煩擊節【贊賞】壯心生。丈夫事業金石貫【金石雖堅，亦可

穿透。形容精誠之力偉大無窮。金石，常用來比喻事物的堅固、剛强、心志的堅定、忠貞】，夷險當頭始見情。

宿州聽山嶠鳥鳴一首　前人

匆匆策馬度山城，械繫縈身冒雨行。自笑不如原上鳥，隨高隨下任飛鳴。

鄉居　前人

柳外漁舟舟外家，腳跟應不踏官衙。夢廻曉月驚啼鳥，醉卧春風數落花。蘇子放舟遊赤壁【蘇東坡於宋神宗元豐五年，被貶到黄州任團練副使。七月十六日出遊赤壁，懷古感今，寫下了著名的《前赤壁賦》。同年十月十五日又寫下了《後赤壁賦》】，賈生流涕到長沙【賈生，即賈誼，漢洛陽人。以年少能通諸家書，漢文帝召爲博士，遷爲太中大夫。誼改正朔，易服色，制法度，興禮樂。又上疏陳政事言時弊，遭大臣忌恨，出爲長沙王太傅，後遷梁懷王太傅，而卒年三十三。世稱賈太傅，又稱賈生】。静思往事渾無奈，且種原田養白鴨。

夏日閒居　陳　朴光禄寺少卿

四壁家依舊，衡門掩薜蘿【薜荔和女蘿。二者均爲野生植物，常攀緣於山野林木或屋壁之上】。日高閑坐處，相對白雲多。

舟　中　前人

半年日費三江水，千里客裝一棹【船槳，借指船】霞。歸去南山【陶淵明《歸田園居五首》其三："種豆南山下，草盛豆苗稀。"又《飲酒二十首》其五："采菊東籬下，悠然見南山。"】秋日晚，黃花【菊花。《禮記·月令》："季秋之月……鞠（同"菊"）有黃華。"】不改舊陶家。

王和齋莊看牡丹八首之一　前人

不將身世問升沉，一曲清歌【不用伴奏的歌唱。三國魏曹丕《燕歌行》："展詩清歌聊自寬，樂往哀來摧肺肝。"】酒一斟【zhēn，同"斟"】。回首頻年【連年】車馬地，可能幾度醉花陰。

閒居雜詠　前人

一枕【即"一枕黃粱"，亦作"黃粱一夢"或"一枕邯鄲"。典出唐沈既濟《枕中記》：盧生在邯鄲旅店遇見道士呂翁。言及境遇窮困，道士給其一枕，晝寢入夢，歷盡榮華富貴，一覺醒來，店主煮的小米飯尚未熟。後因以喻虛幻的夢想】神遊入太虛【空寂玄奧之境】，覺來我在亦蘧蘧【jù，驚喜貌，悠然自得貌。《莊子·齊物論》："昔者莊周夢爲蝴蝶，栩栩然蝴蝶也。自喻適志與，不知周也。俄然覺，則蘧蘧然周也。"《莊子·大宗師》："成然寐，蘧然覺。"】。海門初吐三更月，爲照漆園【戰國時莊子爲吏之處。在今河南商丘市北】萬古

廬。其五

水自東流月自明，釣臺【東漢嚴子陵垂釣處】麟閣【"麒麟閣"的省稱。漢代閣名。在未央宮中。漢宣帝時，曾圖霍光等十一功臣像於閣上，以表其功。封建時代多以畫像於"麒麟閣"表示卓越功勳和最高的榮譽】亦何【何其，多麽】情。人間諸有須空盡，得句不妨問穎生【毛筆的別稱】。其八

　　城東道上赴朱忠庵之約　前人

盡日松間歌紫芝【歌唱《紫芝曲》。《紫芝曲》相傳是秦末商山四皓（東園公、綺里季、夏黃公、甪里先生）所作。見《樂府詩集·琴曲歌辭二》題作《采芝操》。唐人作《紫芝歌》、《紫芝謠》。後泛指隱匿避世之歌】，穿雲爲赴故人期。橋依楊柳舟相對，人過蒹葭鳥不疑。真幻兩忘蕉圍鹿【"蕉鹿"亦作"覆鹿"。典見《列子·周穆王篇》："鄭人有薪於野者，遇駭鹿，御而擊之，斃之。恐人見之也，遽而藏諸隍中，覆之以蕉，不勝其喜。俄而遺其所藏之處，遂以爲夢焉。順途而詠其事，旁有人聞者，用其言而取之。既歸，告其室人曰：'向薪者夢得鹿而不知其處，吾今得之，彼直真夢者也。'"後因以"蕉鹿"或"覆鹿尋蕉（省稱"覆鹿"）"比喻恍惚迷離，糊裡糊塗或得失無常】，戲成一笑野樵棊【同"棋"】。天風忽送千村雨，疑是山陰夜雪時。

　　小檻種竹口占遣懷　季道統

吾笑陶淵明，如何偏愛菊。菊豈不可愛，何如瀟湘

【指湘江，因湘江水深故稱。《山海經·中山經·中次十二經》：“帝之二女居之，是常遊於江淵，澧沅之風，交瀟湘之淵，是在九江之間，出入必以飄風暴雨。”】竹。傲霜能幾時，終被霜雪促【縮短】。我道竹堪憐【可愛】，不傲亦不俗。豈必千萬竿，小小兩三簇。高節自足賞，清陰還可掬【用手捧著。多用以描寫景色鮮明或情緒充溢】。昨夜狂風來，白雲如泉瀑。黄花飛欲殘，翠篠翻添緑【翠竹反而增添了緑色。篠，同“筱”，xiǎo，小竹。翻，反而】。未捲水晶簾，寒色已滿屋。瀟灑【灑脱不拘，超逸絶俗貌。宋姜夔《續書譜真》：“古今真書之妙，無出鍾元常（三國魏鍾繇），其次王逸少（晉王羲之），今觀二家之書，皆瀟灑縱横，何拘平正？”】琴書冷，塵襟净似浴。況且耐歲寒，三友【松、竹、梅歲寒三友】交情熟。傲固非所願，霜亦不能毒【傷害】。所以七賢輩【竹林七賢，亦稱“竹林七子。”爲陳留阮籍、譙郡嵇康、河内山濤、河南向秀、籍兄子咸、琅邪王戎、沛人劉伶】，醉醒林之曲。吾笑陶淵明，如何偏愛菊。

登陳城西樓感淮陰侯事　　汪大成

諸侯會陳日，國士王齊時【國士，一國中最優秀的人物。此處指韓信。《史記·淮陰侯列傳》：“諸將易得耳。至如信者，國士無雙。”王齊，封爲齊王。《史記·淮陰侯列傳》：“漢四年……乃遣張良往，立信爲齊王。”】。禍福同一途，憂樂更相隨。榮寵豈足賴，何爲好爵縻【爵縻，被爵位束縛、牽制】。蓋世功不賞，震主身易危。嗟哉漢德薄，誰言平計奇【陳平計謀出人意料。《史記‧高祖本紀》：“(六年)十二月人有上變事告楚王信謀反，上問左右，左右爭欲擊之。用陳平計，乃僞遊雲夢，會諸侯於陳，楚王信迎，即因執之。”】？悵爾商山老【指商山四皓】，僊僊茹紫芝【僊僊，同“仙仙”，灑脱自然。紫芝，真菌的一種，也稱“木芝”，似靈芝。古人以爲吉祥之草，道教稱之爲“仙草”】。

雨中秋興二首　　謝用賓庠生孟金孫

清秋煙雨滿城闉【yīn，古代城門外層的曲城】，瀟洒【幽雅整潔】空齋静不塵。閑把殘編無箇【也作“個”】事，碧紗窗外舞松筠【yún，竹子】。其一

風雨蕭蕭萬壑哀，一天秋色灑青苔。無端歲序空驚眼，摇落誰憐宋王才【“宋王”應爲“宋玉”。宋玉是戰國楚國人，辭賦家。或稱屈原的弟子，曾爲楚頃襄王大夫。其流傳代表作品爲《九辯》，其首句“悲哉秋之爲氣也”，故後人常以宋玉爲悲秋憫志的代表人物。又，後人常用“宋才潘面”之典故，比喻才華出衆，儀容俊美。清李漁《奈何天‧慮婚》：“我輩居先，常笑文人偃蹇，枉自有宋才潘面，都貧賤，爭似區區，癡頑福分徹天。”】。其三

西郊曉望　　陳玉謨

宛丘郭【外城】裡遍秋華，一水横橋荻岸斜。初日魚龍恬翠浪，風輕鸛鶴舞平沙。城頭煙吐千家樹，堤口晴吞萬頃霞。野立天空秋興遠，疑從碧漢弄仙槎【碧漢，碧

綠的天河。槎,木筏。】。

初冬登畫卦臺　李及秀巡方

傳是庖羲畫卦臺,小亭殘碣宛城隈【城邊。隈,wēi,猶隅,角落】。荒原彌望連衰草,野水依痕漾碧苔。奇蹟豈容詞客吊,孤陵時遣使臣來。後天文字堪充棟,象數玄通未《易》才【象數,謂龜筮。《左傳·僖公十五年》:"龜,象也。筮,數也。物生而後有象,象而後有滋,滋而後有數。"玄通,謂與天相通。《老子》:"古之善爲士者,微妙玄通。""玄",即是"天"。《易·坤》:"天玄而地黃。"孔穎達疏:"天色玄,地色黃。"後因以"玄"指天】。

和前　王弘仁陳太守

鼻祖開文畫卦臺,蒼蒼潤嶠【同"峻"、"嶲"。】宛城隈。河干龍馬雖無跡,壁上圖書隱有苔。二氣【陰陽】渾淪箇【同"個"。渾淪,亦作"渾侖"、"囫圇",整個兒。指宇宙形成前的迷蒙狀態。《列子·天瑞》:"太初者,氣之始也;太始者,形之始也;太素者,質之始也。氣形質具而未相離,故曰渾淪。渾淪者,言萬物相渾淪而未相離也。"】裏判,三才【天、地、人】變化此中來。自憐下吏尋常調,羞對陽春白雪【戰國時楚國的高雅歌曲名。《文選·宋玉〈對楚王問〉》:"其爲《陽阿》、《薤露》,國中屬而和者數百人,其爲《陽春》、《白雪》,國中屬而和者不過數十人。"】才。

和前　　劉　泗舉人署學正

瞻謁伏羲畫卦臺，白龜池傍宛城隈。河龍獻瑞呈蝌蚪【蝌蚪文字，亦稱"蝌蚪書"。古文字體的一種，多頭粗尾細，形如蝌蚪，故稱】，碑螭【碑額刻有螭龍盤踞之形。螭 chī，古代傳說中的無角龍】凝筮【shì，用蓍草占卜休咎或問疑難的事】繡碧苔。萬古斯文【指禮樂教化，典章制度。《論語·子罕》："天之將喪斯文也，後死者不得與於斯文也。"】鼻祖在，一朝吾道心傳來。先天已開後天秘，太乙【亦作"太一"。古代指天地未分前的混沌之氣。《孔子家語·禮運》："夫禮必本於太一。"】猶占劉向【公元前 77? —前 6 年，原名更生，字子政，高祖弟楚元王（劉交）四世孫。宣帝時任散騎諫大夫。元帝時因反對宦官弘恭石顯被捕下獄。成帝時更名向，任光禄大夫，校閱經傳諸子詩賦等書籍。著有《新序》、《説苑》、《列女傳》、《洪範五行傳論》等書】才。

和前　　何　潤舉人

一畫開天肇此臺，孤亭【蘇子由亭】遙對宛城隈。河圖靈氣光虛壁，龍馬文章【錯雜的花紋】布翠苔。吊古使臣思繼往，傳心【此指儒家的道統傳授】聖祖獨開來。仰瞻誰剖先天秘，惟有尼山十翼【尼山，即尼丘，在山東曲阜縣東南，連泗水、鄒縣界。相傳孔子的父親叔梁紇、母親顏氏禱於此而生孔子，故孔子名丘。《史記·孔子世家》："紇與顏氏女野合而生孔子，禱於尼丘得孔子。"後常以"尼丘"代指孔子。十翼，指《易》的《上彖》、《下彖》、《上象》、《下象》、《繫辭上》、《繫辭下》、《文言》、《説卦》、《序卦》、

《雜卦》十篇，總稱"十翼"。相傳爲孔子所作。唐孔穎達《周易正義序》："若夫龍出於河，則八卦宣其象，鱗傷於澤，則十翼彰其用。"】才。

和前　劉　灝_{舉人}

憶昔離鄉別卦臺，心傷不忍度城隄。寒坡霜隄連殘骨，古徑蓬【草名，蓬蒿】深遍蔚【草木茂密。《文選·班固·西都賦》："茂樹蔭蔚，芳草被隄。"】苔。萬井無煙人盡去，孤亭落日鳥猶來。當年一往他山夢，今日陟【zhì，登。《詩經·周南·卷耳》："陟彼高岡，我馬玄黃。"】吟那復才。

和前　吳行法_{陳庠}

生近庖羲畫卦臺，閒遊常越古陵隄。西瞻蘇岸秋添色，南望陳城水映苔。運闢乾坤徵聖出，天開文字見圖來。蒸蒸萬象皆基此，一畫【一畫開天之省文。相傳伏羲畫八卦，始於乾卦"三"之第一畫，乾爲天，故謂"一畫開天"】玄微【深遠微妙】誰可才。

和前　龔作肅

太昊遺傳畫卦臺，巃嵸【lóng zōng，高聳貌。漢司馬相如《上林賦》："崇山矗矗，巃嵸崔巍。"】欝藹【"欝"、"欎"異體字，集盛，充盈。藹，茂盛，籠罩，布滿。劉鑠《擬古·〈明月何皎皎〉》："落宿半遙城，浮雲藹層闕。"】近城隄。寒光遠映陵中樹，霜氣初清池面苔。萬代文章宗聖肇【以聖肇爲宗】，千家韻藻頌龍來。河圖【《尚書注疏》孔傳：“伏羲王天下，龍馬出河，遂則其文以畫八卦，謂之‘河圖’”。】古璧存靈異，不禁登高作賦才【三國魏王粲依附於荆州刺史劉表時，曾登江陵城樓寫下著名的《登樓賦》。王粲在建安七子中文學成就最高，與曹植並稱“曹王”】。

和前　陳大中庠生朴曾孫

畫卦由傳是此臺，古亭環水宛城隈。陵松冷日煙含翠，池水影天雲灑苔。數聖咸宗一聖起，後天肇自先天來。道隆不盡遊人頌，多少沉吟媿【同“愧”】短才。

丁亥過陳道中　劉允謙沈丘令

蓑草連天應眼黃，難將愛惜問秋霜。投林欲訴【“欣”的異體字】惟孤鳥，過市無人知短墻。但有瘦骸形是怪，每經荒冢骨生涼。繪圖不用多粒點，一片寒煙照西陽。

和前　劉灝

望原長嘆草萊黃，滿目蕭然如履霜【謂踏霜而知寒冬將至，喻事態發展已有產生嚴重後果的預兆】。風掩亂符難覓徑，雲連煙樹幾迷墻。逢人道古心偏熱，握手無知意倍涼。千載盈虛【滿與空。《易·豐》：“天地盈虛，與時消息。”】應不偶，惟看來復有剛陽。

遊蘇湖亭　劉　泗

春深氣静曉春天，隔岸煙波入眼鮮。霧捲花明經雨潤，水流月影逐風遷。蘇湖歌舞興猶壯，曲徑盤桓静不喧。欲對潁濱【蘇轍晚年號潁濱遺老】談素志，每慚事業媿當年。

春日祈穀　前人

太昊三推耜【《禮記·月令》："（孟春之月）天子親載耒耜，……帥三公、九卿、諸侯、大夫，躬耕帝藉。天子三推，三公五推，卿、諸侯九推。"】，司農喜雨香。霏霏柳發甲，霢霢【mài，小雨。《詩經·小雅·信南山》："雨雪雰雰，益之以霢霂。"】草舒鎗【嫩尖】。流水倉龍動，舞風玄鳥翔。公田隨處潤，帝籍【亦作"帝藉"，天子象徵性的親耕之田。孫希旦《禮記集解》："天子藉田千畝，受其穀偉祭祀之粢盛，故曰帝藉。"《淮南子·時則訓》："舉五穀之要，藏帝藉之收於神倉。"】可占藏。

登謁先聖阨臺【本名弩臺，唐開元九年移孔廟於其上，故稱"厄臺"，厄臺在河南省淮陽城西南隅，是孔子行經陳蔡斷糧弦歌處】　前人

古廟荒原上，儀容正儼然【嚴肅莊重的樣子。《論語·堯曰》："君子正其衣冠，尊其瞻視，儼然，人望而畏之，斯不亦威而不猛乎?"】。何心知後世，遺跡尚風煙【景象，風光。宋張耒《登海

州城樓》：“客心不待傷千里，檻外風煙盡是愁。”】。剝蘚碑堪讀，登階簴【jù，古代懸掛鐘磬的立柱】不懸。徘徊夕照裏，麥浪遠浮天。

登太始樓望絃歌臺感懷　梁　遠鹿邑士

太始樓高八面開，巍巍數仞【rèn，古制八尺或七尺爲一仞】望中來。河圖【《禮記·禮運》：“河出馬圖。”龍馬（古代傳説中龍頭馬身的神獸）從黄河出來的時候，身上背著一塊“赤文綠色”的龜甲，伏羲根據龜甲上花紋的法則，畫成八卦，稱之爲“河圖”或“龍圖”】此日猶涵象【涵，包容，包涵。象，指宇宙的一切現象】，鳳鳥【傳説中的瑞鳥。《論語·子罕》：“鳳鳥不至，河不出圖，吾已矣夫！”晉陶潛《飲酒》詩之十二：“鳳鳥雖不至，禮樂暫得新。”】當年去不回。吾黨可裁【《論語·公冶長》：“子在陳曰：‘歸與！歸與！吾黨之小子狂簡，斐然成章，不知所以裁之。’”《史記·孔子世家》：“孔子居陳三歲，會晉楚争彊，更伐陳，及吳侵陳，陳常被寇，孔子曰：‘歸與！歸與！吾黨小子狂簡，進取不忘其初。於是孔子去陳。’”】誠足樂，莫容何病漫相猜【孔子被陳蔡大夫相與發徒困孔子於野，不得行，絶糧，從者病，莫能興。孔子講誦絃歌不衰。於是子路愠，子貢色作。孔子知弟子有愠心，乃召子路、子貢、顔回而問曰：“《詩》云：‘匪兕匪虎，率彼曠野’，吾道非邪？吾何爲於此？”子路曰：“意者吾未仁邪？人之不我信也。意者吾未知邪。”子貢曰：“夫子之道至大也，故天下莫能容夫子。夫子蓋少貶焉？”顔回曰：“夫子之道至大，故天下莫能容。雖然，夫子推而行之，不容何病，不容然後見君子！夫道之不修也，是吾醜也。夫道既已大修而不用,是有國者之醜也,不容何病?不容,然後見君子。"】。于今誰是司城子【《史記·孔子世家》:"孔子遂至陳,主於司城貞子家。"】,空對羲陵吊厄臺。

登畫卦臺　曹申吉 兵憲

未上淮陽閣,先登畫卦臺。陰陽【中國古代哲學中貫通物質和人事的兩大對立面。如天與地,日與月,晝與夜,寒與署,男與女,君與臣等等,都是陽與陰的相互對立、相互依存、相互轉化的内涵】千載秘,文字一爻【《周易》中組成卦的符號】開。陵畔松風古,城邊廟貌頹。還因瞻拜處,懷眺思悠哉。

郭外偶作　前人

宛丘湖畔盡空濛【縹緲,迷茫貌。宋蘇軾《飲湖上初晴後雨》:"水光瀲灧晴方好,山色空濛雨亦奇。"】,曉出孤城四望同。十里波光鷗上下,數家茆【同"茅"】屋樹西東。水痕半浸長堤外,霜色猶寒旭照中。待得春歸潮正滿,輕舟好泛【泛舟,坐船漫遊】藕花叢。

夏日蓬園曉晴回文　龔作肅

奇雲繞樹晚天晴,過雨新餘暑氣清。枝坐鶯聲調管瑟【管,如笙笛吹奏的樂器;瑟,彈撥樂器,形似古琴】,葉垂蛛網掛簷楹。籬編竹徑閒堂静,户鎖蓬園小牖明。醨【lí,薄酒】醉自吟時緩步，西城吐月帶霞【帶霞，像帶子一樣輕柔的雲霞】橫。

□水　前人

陳城門外水連鄉，望裏村邨點鏡光。彼岸不須籌利濟，絲綸【lún，粗絲線，多指釣絲。宋張先《滿庭芳》："金鉤細絲綸漫捲，牽動一潭星。"】儘可寄滄浪。

和李御史登畫卦臺　丁　仁庠生

初闢鴻濛【亦作"鴻蒙"。宇宙形成前的混沌狀態】此卦臺，萬年特出峙城隈。波光掩映高陵檜【guì，木名，柏科，常綠喬木。《本草綱目·木一·柏》："柏葉松身者，檜也。企業堅硬，亦謂之栝，今人名圓柏。"】，瑞氣遥浮依岸苔。大道無端圖獻出，斯文有祖書呈來。於今龍馬留名象【名物制度，名稱物象。《荀子·正論》："天下之大隆也，是非之封界，分職名象之所起，王制是也。"】，總爲玄機著化才。

和李御史登畫卦臺二首　田多祚恩貢

畫卦何曾留卦臺，後人築起宛丘隈。問奇彷彿看殘碣，吊古依稀摸淺苔。庖聖豈容按壝【wěi，壇、墠及矮墻的總稱】索，使臣別句觸情來。月明良夜先天現，畫掃風雲屬異才。其一此地名爲畫卦臺,恣看幾度古城隈。有痕鬼斧【鬼神使用的斧斤。喻指超人的力量】開玄象【天象。謂日月星辰在天所成之象】,無字天機躍碧苔。霜殺恍疑蓁蕪【草木叢雜。蓁zhēn,通“榛”,荆棘。蕪,叢生的草】去。水縠【hú,縐紗似的波紋】猶似龍圖來。聖天消息非難得,未許説鈴【謂瑣屑的言論。漢揚雄《法言·吾子》:“好書而不要諸仲尼,書肆也;好説而不見諸仲尼,説鈴也。”李軌注:“鈴,以喻小聲。”猶小説不合大雅】便便【pián,形容巧言利口,善於辭令】才。

思陵暮靄　前人

忽見煙雲繡【《周禮·考工記·畫繢》:“五采備謂之繡。”】覆覆,行人疑指近城塢【作爲屏障的小型城堡】。不知薄暮靄凝處,依舊詩思入畫圖。

賦贈

送宛丘任少府【縣尉之稱謂】　唐　盧　綸河中人

帶綬【亦寫作“綬帶”,借指做官。帶,古代官僚貴族腰間繫的大帶,一名爲紳。綬,古代繫印紐的絲帶】別鄉親,東爲千里人。俗訛【荒謬的習俗】唯競祭,地古不留春。野戍【指野外駐防之處,與下句“軍城”相對稱。北周庾信《至老子廟應詔》詩:“野戍孤煙起,春山百鳥啼。”】雲藏火,軍城樹擁塵。少年何所重,才子又清貧。

送顏少府投鄭陳州　岑　參

一尉便垂白【白髮下垂，老年】，數年唯草玄【漢揚雄作《太玄》。《漢書·揚雄傳》：“哀帝時，丁傅、董賢用事，諸附離之者或起家至二千石。時雄方草《太玄》，有以自守，泊如也。”後以“草玄”謂淡於勢利，潛心著述】。出關策匹馬，逆旅【客舍，旅館。《左傳·僖公二年》：“今虢爲不道，保于逆旅。”杜預注：“逆旅，客舍也。”唐李白《春夜宴從弟桃李園序》：“夫天地者，萬物之逆旅。”】聞秋蟬。愛客多酒債，罷官無俸錢。知君羈思少，所適主人賢。

汝南【在今河南上蔡縣南七十里】別董校書【古代掌管校理典籍的官】　戴叔倫

擾擾倦行役【擾擾，紛亂，煩亂。行役，舊指服兵役、勞役或公務而出外跋涉】，相逢陳蔡間。何爲百年內，不見一人閑。對酒惜餘景，問程愁亂山。秋風萬里道，又出穆陵關【關隘名。在今湖北麻城北。南北朝時爲軍事要地。梁天監（梁武帝蕭衍年號）初，張嚻之攻北魏淮南，取木陵戍，即此】。

八月十日夜看月有懷子由并束崔度賢良【崔度，時爲陳州教授。張方平《樂全集·舉陳州崔度助教》：“伏見陳州州學教授試國子四門助教崔度，通經有文，周知世務。……韓琦薦舉，盛稱其才。”】　蘇　軾

宛丘先生自不飽，更笑老崔窮百巧【即“百巧千窮”之

倒省寫,和上句相對舉,謂崔有多種才能反而窮困不堪】。一更相過【到,至訪。《詩經·召南·江有汜》:"之子歸,不我過。"】三更歸,古栢陰中看參昴【三昴:參,二十八宿之一,白虎七星的末宿。昴,二十八宿之一,白虎七星的第四宿】。去年舉君苜蓿盤【五代王定保《唐摭言·閩中進士》:"薛令之,……累遷左庶子。時開元東宮官僚清淡,令之以詩自悼,復紀於公署曰:'朝旭上團團,照見先生盤。盤中何所有? 苜蓿長闌干。飯澀匙難綰,羹稀筯易寬。只可謀朝夕,那能度歲寒。'"後因以"苜蓿寒"形容小官清苦冷落的生活】,夜傾閩酒赤如丹【閩酒,福建一帶釀酒其色如丹砂,故云紅酒】。今年還看去年月,露冷遥知范叔寒【指戰國秦相范雎布衣訪客,被笑貧寒事】。典衣自種一頃豆,那知積雨生科斗。歸來四壁草蟲鳴,不如王江長飲酒【張耒《明道雜誌四》:"余平生所見方士道人,惟見陳州有王江者,真有道之士。嗜酒佯狂,形短而肥,丫髻簪花,語言不常,有中理處。"】。

次韻子瞻對月見憶并簡崔度　　蘇　轍

先師客陳未嘗飽【先師,指孔子。自漢武帝罷黜百家、獨尊儒術之後,儒者尊孔子爲先師或至聖先師。客陳,旅居陳國。孔子曾三次到過陳國講學。未嘗飽,指孔子絕糧陳國七日的事】,弟子於今敢言巧【說話的技巧,指口才。《論語·學而》:"子曰:'巧言令色,鮮矣仁。'"】。敗墙破屋秋雨多,夜視陰精過畢昴【陰精,指月亮。漢丁鴻《日食上封事》:"月者陰精,盈毀有常,臣之表也。"畢昴,即畢宿和昴宿,二十八宿之一。《文選·司馬長卿·長門賦》:"觀衆星

之行列兮,畢昴出於東方。”】。虀【細碎】鹽冷落空盃盤,且依
道士修還丹。丹田【道家稱人體有三丹田,兩眉間者爲上丹田,
在心下者爲中丹田,在臍下者爲下丹田。一般指下丹田】發火五臟
暖,未補漫漫長夜寒。我生疲駑戀萆豆【萆豆:萆,切碎的
草。萆豆,把剉碎之草與豆子拌在一起。《史記·范雎蔡澤列傳》:“范
雎大供具,盡請諸侯使,與坐堂上,食飲甚設,而坐須賈於堂下,置萆豆
其前,令兩黥徒夾而馬食之。”】,崔翁遊邊指北斗。唯有王江
亦未歸,閉門無客邀沽酒。

戲弟子由　蘇　軾

宛丘先生長如丘【宛丘先生(子由)像孔子一樣高大。《史
記·孔子世家》:“孔子長九尺有六寸,人皆謂之長人而異之。”】,宛丘
學舍小如舟。常時低頭誦經史,忽然欠伸屋打頭。斜
風吹帷雨注面,先生不愧傍人羞。任從飽死笑方朔【東
方朔,字曼倩,漢平原厭次(今山東惠民)人。性詼諧滑稽。他對武帝
說:“朱儒長三尺餘,奉一囊粟,錢二百四十。臣朔長九尺餘,亦奉一囊
粟,錢二百四十。朱儒飽欲死,臣朔飢欲死。”作者借此典意在表明,蘇
轍儘管個大要挨饑,但不會像東方朔那樣請示恩賜】,肯爲雨立求
秦優【雨立,在雨中站立。秦優,《史記·滑稽列傳》:“秦有優旃。優
旃者,秦倡侏儒也。善爲笑言,然合於大道。”優旃哀憐衛士在雨中站
立,用反語諫秦始皇,使其下令“半相代”,即半數值班半數休息,更換
接替】。眼前勃磎【爭吵,爭鬥。《莊子·外物》:“室無空虛,則婦姑
勃磎。”陸德明《經典釋文》:“勃,爭也;磎,空也。”】何足道,處置六

鑿須天遊【六鑿,眼耳鼻等六孔。一説指喜怒哀樂愛惡六情。這句話的意思是要蘇轍在困境中保持常態,胸懷開闊,用心與自然共遊。天遊,放任自然】。讀書萬卷不讀律,致君【謂輔佐國君使其成爲聖明的君主。杜甫《奉贈韋左丞丈二十二韻》:"致君堯舜上,再使風俗淳。"】堯舜終無術。勸農冠蓋鬧如雲,送老鹽虀甘似蜜【送老,猶養老。鹽虀,切碎後用鹽醃漬的菜。常喻生活的清苦。歐陽修《寄聖俞》詩:"我今俸禄飽餘賸,念子朝夕勤鹽虀。"】。門前萬事不掛眼【留意,重視。韓愈《贈張籍》詩:"吾老著讀書,餘事不掛眼。"】,頭雖長低氣不屈。餘杭別駕【作者時任杭州通判,別駕是通判的別稱】無功勞,畫堂五丈容旌旄【畫堂,古代宮中有彩繪的殿堂。五丈,《史記·秦始皇本紀》:"先作前殿阿房,東西五百步,南北五十丈,上可以坐萬人,下可以建五丈旗(樹五丈高的旗幟)。"】。重樓跨空雨聲遠,屋多人少風騷騷【象聲詞,風聲。唐吳融《風雨吟》:"風騷騷,雨溰溰,長洲苑外荒居深。"】。平生所慚今不恥,坐對疲氓更鞭箠【疲氓,疲勞困苦的民衆】。道逢陽虎呼與言【陽虎,字貨,春秋魯人,季氏家臣。季氏幾代人把持魯國政治,陽貨這時又把持季氏權柄,所以孔子不願見他。《論語·陽貨》:"陽貨欲見孔子,孔子不見,歸孔子豚。孔子時其亡,而往拜之。遇諸途,謂孔子曰:'來!予與爾言。'"諾唯,表示同意、遵命的答應聲】,心知其非口諾唯。居高忘下真何益,氣節消縮今無幾。文章小技安足程【文章是雕蟲小技,怎麼值得效法。小技,微小的技能,寫詩文詞賦,被視爲雕蟲小技,壯夫不爲的事。安足程,如何值得效法。程，效法品評。屈原《離騷·遠遊》：“高陽邈以遠兮，余將焉所程？”】，先生別駕舊齊名。如今衰老【熙寧四年(1071)作者時年三十六歲，子由三十二歲，憤恨之詞】俱無用，付與時人分重輕。

次韻子瞻見寄　蘇　轍

我將西歸老故丘，長江欲濟無行舟。宦遊已如馬受軛【牛馬拉物件時架在脖子上的器具，引申爲受控】，衰病擬學龜藏頭。三年學舍百不與，糜費廩粟常慚羞【糜費，浪費。廩，糧倉】。矯時【匡正時弊】自信力不足，從政敢謂學已優【《論語·子張》：“子夏曰：‘仕而優則學，學而優則仕。’”】。閉門却掃誰與語，晝夢時作鈞天遊【《史記·趙世家》：“趙簡子疾，五日不知人……居二日半，簡子寤。語大夫曰：‘我之帝所甚樂，與百神遊於鈞天，廣樂九奏萬舞，不類三代之樂，其聲動人心。’”鈞天，天的中央，古代神話傳說中天帝住的地方】。自從西方多法律，深山更深逃無術。衆人奔走我獨閑，何異端居割蜂蜜。懷安已久心自知，彈劾未至理先屈。餘杭軍府百事勞，經年未見持干旄【用旄牛尾裝飾旗杆，樹於車後，以示威儀】。賈生作傅無封事【賈生，即賈誼(前200—前168)，西漢洛陽人。漢初傑出的政治家和文學家，也是最早的太傅。代表作有《過秦論》、《治策》、《論積貯疏》、《鵬鳥賦》、《吊屈原賦》等】，屈平憂世多《離騷》【屈平，即屈原，名平，字原，戰國楚人，曾任左徒、三閭大夫等職。他學識豐富，有遠大政治理想，主張施行仁政、舉賢任能、修明法度、聯齊抗秦。由於貴族保守集團的反對，終遭失敗，被懷王放逐漢北，頃襄王時他又被流放到沅、湘，終於在彷徨苦悶、悲憤憂鬱中投汨羅江自沉。代表作有《離騷》、《天問》、《九歌》、《九章》等。《離騷》，屈原的主要代表作，是我國古代最偉大的浪漫主義抒情長詩。詩作中反復申述作者遠大的政治理想，訴說政治斗爭中所受的迫害，批判現實的黑暗，並借幻想的境界，通過上天下地的描繪，表達對理想的追求和對國家的熱愛。**煩刑弊法非公恥，駑馬奔車忌鞭箠**【駑馬，劣馬。《周禮‧夏官‧馬質》：“馬量三物：一曰戎馬，二曰田馬，三曰駑馬……”箠，同“棰”，鞭子，棍杖】。**藐藐何自聽諄諄**【藐藐，輕視冷漠，不以爲然的樣子。《詩經‧大雅‧抑》：“誨爾諄諄，聽我藐藐。”諄諄，反復告誡，教誨不倦】，**諤諤未必賢唯唯**【諤諤，直言爭辯的樣子。《韓詩外傳》卷十：“有諤諤爭臣者，其國昌，有默默諛臣者，其國亡。”】。**求田問舍**【謂專營家産而無遠大的志向。《三國志‧魏志‧陳登傳》曰：“備曰：‘君有國士之名，今天下大亂，帝主失所，望君憂國忘家，有救世之意；而君求田問舍，言無可采。’”】**古所非，荒畦弊宅今餘幾。出從王事當有程，去須膰肉**【古代祭祀用的熟肉。《穀梁傳‧定公十四年》：“生曰脤，熟曰膰。”膰，fán】**嫌無名。掃除百憂惟有酒，未退聊取身心輕。**

慰弟二首　有序　蘇　軾

　子由將赴南都【河南商丘】，與余會宿於逍遥堂，作兩絶句，讀之殆不可爲懷，因和【hè，依照別人的詩詞的題材和體裁作詩詞】其詩以自解。余觀子由自少曠達，天資近道，又得至人【指此超凡脱俗，達到無我境界的人】養生長年之訣，而余以竊聞其一二。以爲今者宦遊相別之日淺，而異時退休相從之日長，既以自解，且以慰子由云。

別期漸近不堪聞，風雨蕭蕭已斷魂。猶勝相逢不相識，形容【形體容顏。宋王禹偁《賃宅》：“老病形容日日衰，十年賃宅住京師。”】變盡語音存【《后漢書·卷九十七·黨錮列傳第五十七·夏馥傳》：黨錮禍起，宦官誣陷、收捕“黨人”，黨人紛紛逃亡，“黨魁”夏馥“乃自翦須變形，入林慮山中，隱匿姓名，爲冶家傭。親突煙炭，形貌毀瘁，積二三年，人無知者。後馥弟靜，乘車馬，載縑帛，追之於涅陽市中。遇馥不識，聞其言聲，乃覺而拜之。”】。其一

但令朱雀長金花【朱雀、金花，都是道教燒丹書中的術語。朱雀，即朱鳥，南方一種神鳥，《太平御覽》引《河圖》：“南方赤帝，神名赤熛怒（即火神，就是火）。”施元之與其子施宿《蘇詩注》云：“陰真君〈金液還丹歌〉：‘北方正氣爲河車（即鉛，道士煉丹的藥物。又，河車，即紫河車，中藥“人胞”的別名），東方甲乙成丹砂。兩情合養歸一體，朱雀調護生金花。’”此句意爲：金丹一旦煉成，便獲得長生不老之術】，此別還同一轉車【唐賈島《古意》詩：“碌碌復碌碌，百年雙轉轂”。意是如果人真的能長生不老，這幾年的離別，就像車輪一轉，非常快速而短暫，這算不了什麽】。五百年間誰復在？會看銅狄【銅人。《漢書·五行志下之上》：“秦始皇二十六年，有大人長五丈，足履六尺，皆夷狄服，凡十二人，見於臨洮……是歲秦始皇初並六國，反喜以爲瑞，銷天下兵器，作金人十二以象之（用狄人的形象鑄金人十二

個）。"後因稱銅人爲"銅狄"或"金狄"。一說是漢武帝時所鑄金人。據范曄《後漢書·方術傳》記載：有一個叫薊子訓的人，會仙術，"後因遁去，不知所止。"許多年後，有人"於長安東霸城見之，與一老翁，共摩挲銅人，相謂曰：'適見鑄此，而已近五百歲矣。'"】兩咨嗟。其二

和子由二首　蘇　軾

太昊祠東鐵墓西【鐵墓，陳胡公墓，位於淮陽東南隅南壇湖畔。陳胡公嬀滿是陳國的開國君主，虞舜的後裔。周武王封嬀滿於陳，是爲陳胡公，妻以元女太姬。陳胡公薨於周成王九年，享年56歲。其子孫以國爲姓】，一罇曾與子同攜。回瞻郡閣遥飛檻【欄杆】，北望檣竿【船桅杆】半隱堤。飯豆羹藜思兩鵠【羹藜，以藜爲羹，煮野菜羹，泛指飯食極劣。】，飲洪噀水賴長蜺【飲洪，喝黄河水。洪，洪河，多指黄河。噀xùn，噴，即含在口中而噴出。長蜺，亦作"長霓"，指長虹】。如今勝事無人共，花下壺盧鳥勸提【壺盧，鳥名，亦稱"提壺盧"，鳴聲似提壺。宋歐陽修《啼鳥》詩："獨有花上提壺盧，勸我沽酒花前傾。"】。其一

長明燈下石欄干，長共杉松鬪【dòu，同"鬬"，爭鬥。《論語·季氏》："血氣方剛，戒之在鬥。"】歲寒。葉厚有稜【同"棱"，尖角，棱角】犀甲健，花深少態鶴頭丹。久陪方丈曼陀雨【天雨曼陀羅花】，羞對先生苜蓿盤【典出自唐薛令之《自悼》詩。薛令之爲東宮侍讀，時官僚閑淡，以詩自悼云："朝日上團團，照見先生盤。盤中何所有，苜蓿長闌干。"】。雪裏盛開知有意，明年開後更誰看。其二

和子由首夏官舍即事【時子由爲齊州掌書記。原題爲《和
子由四首》:《韓太祝送遊太山》、《送春》、《首夏官舍即事》、《送李供備
席上和李詩》。蘇轍詩《次韻趙至節推首夏》詩:"首夏尋芳也未遲,遠
園紅紫尚菲菲。無心與物真皆可,有酒逢人勸莫違。夢逐楊花無限
思,身慚啼鳥不如歸。官居寂寞如僧舍,海燕憐貧故入扉。"】

安石榴【即石榴。因産於安息國,故稱。竇子野《酒譜》:"取汁
停杯中,數日成美酒。"】花開最遲,絳裙深樹出幽菲。吾廬
相見無限好,客子倦遊胡不歸。座上一樽雖得滿,古來
四事巧相違。令人却憶湖邊寺【指杭州西湖】,垂柳陰陰
畫掩扉。

贈李簡夫【名宗易,淮陽人】秋園　蘇　轍

秋色豈相負,小園仍有花。遠欄吟落日,拾【躡足】
徑得殘葩。菊細初藏蝶,桐疎不庇鴉。遊觀須作意,霜
雪僅留槎【chá,樹的枝杈】。

題李簡夫葆光亭　前人

逕草侵芒屩【juē,草鞋】,庭花墮石臺。小亭幽事足,
野色向人來。坐上烏皮几,墙間大瓠罍【hù léi。瓠,即瓠
瓜,也叫"葫蘆"。罍,古代器名圓形或方形。用以盛酒和水。形似壺,
大者受一斛。《詩經·周南·卷耳》:"我姑酌彼金罍。"】老成無不
可,談笑得徘徊。

示張寺丞【即太常寺丞。太常寺，掌宗廟祭祀之官。寺丞爲主官之佐史】　宋　晏　殊

元正清明假未開，小園幽徑獨徘徊。春寒不定班班【連綿不斷】雨，宿醉難禁瀲瀲【盈溢】杯。無可奈何花落去，似曾相識燕歸來。遊梁賦客【借用漢代梁孝王好客，一時才士多遊梁園之典喻己。詩人把當代文才學士張先、王琪當作梁園中的辭賦家司馬相如、枚乘之輩】多風味，莫惜青錢萬選【《新唐書·張薦傳》："員外郎員半千數爲公卿稱'鷟（zhuó，張鷟）文辭猶青銅錢，萬選萬中'，時號鷟青錢學士。"後因以"萬選錢"比喻文才出衆】才。

和王校勘中夏東園　前人

東園何所樂，所樂非塵事。野竹亂無行，幽花晚多思。閑窺魚尾赤，暗辨蜂腰細。樹影密遮林，藤稍狂骨袂【"骨"應爲"罥"。罥，本義是捕取鳥獸的網，此作纏繞懸掛。袂，衣袖。在這里形容"藤梢狂"極多又密，若"舉袂成幕"狀】。藩蔬【粗食。藩，草名】足登膳，陶秫【即高粱，源於"陶令秫"。因陶淵明爲彭澤令時，"公田悉令吏種秫稻"而得"陶令秫"之名】徑取醉。幸獲我汝交，都忘今昔世。歡言捧瑶佩【美玉製成的佩飾】，願以疎麻繼【疎麻，傳說中的神麻，常折以贈別。《楚辭·九歌·大司命》："折疎麻兮瑶華，將以遺兮離居。"】。

送黄師是【名實，陳州人。神宗時登進士第。蘇轍官陳，由是師是二女皆爲子由二子婦】赴兩浙憲　蘇　軾

世久無此士，我晚得王孫【舊時對人的尊敬之詞。張華《博物志》：“王孫、公子，皆相推敬之辭。”】。寧非叔度家【後漢征君黃憲，字叔度】，豈出次公門【漢循吏黃霸，字次公】。白首沈下吏，綠衣【《詩經·邶風·綠衣》：“綠兮衣兮，綠衣黃裳。”相傳這是一首懷念亡妻的詩。一説是衛莊姜傷己之詩。古人以黃爲正色，綠爲間色，間色爲衣黃色爲里，比喻尊卑倒置，貴賤失所。後因以“綠衣”爲正室失位的典故】有公言。哀哉吳越人，久爲江湖吞。官自倒帑廩【國庫與糧倉】，飽不及黎元【吳樾人久遭水患，官府雖費財於帑庫，費糧於倉庫，而終不救黎民之困饑】。近聞海上港【《玉篇》：“港，水派也。”】，漸出水底村。願君五袴【亦作“五綺”。《後漢書·廉范傳》：“建初（章帝劉炟年號）中，遷蜀郡太守……舊制禁民夜作，以防火災，而更相隱蔽，燒者日屬。范乃毀削先令，但嚴使儲水而已。百姓爲便，乃歌曰：‘廉叔度，來何暮？不禁火，民安作。平生無襦今五綺，’”後因以“五綺”作爲稱頌地方官吏施行善政之詞】手，招此半菽魂【謂半菜半糧，指粗劣的飯食。《漢書·項籍傳》：“今歲饑貧民，半食半菽。”】。一見刺史天【《後漢書·蘇章傳》：“（蘇章）順帝時，遷冀州刺史。故人爲清河太守，章行部案（官府處理公事的文書、成例和獄訟判定的結論等）其奸臧。乃請太守，爲設酒肴，陳平生之好甚歡。太守大喜曰：‘人皆有一天，我獨有二天。’章曰：‘今夕蘇儒文（蘇章字）與故人飲者，私恩也；明日冀州刺史案事者，公法也。’遂舉正其罪。州境知章無私，望風畏肅。”】，稍忘獄吏尊。會稽人吾

手，鏡湖【古代長江以南的大型農田水利工程之一】小於盆【指水患消失，湖水不氾濫苦民】。比我東來時，無復瘡痍存。

寄劉祁　木虎邃

西湖風景昔同遊，醉上蘭舟【以木蘭造船，極言船之美好。宋柳永《雨霖鈴》："都門帳飲無緒，留戀處，蘭舟催發。"】泛碧流。楊柳風生潮水闊，芙蓉煙盡野塘幽。花邊落日明金勒【金飾的帶嚼口的馬絡頭】，雲裡清歌遠畫樓。今夜相思滿城月，梁臺【南朝梁的禁城（宮城）】楚水兩悠悠。

送鄭叔昭還里　賈惟銘

鄭公本華胄【華夏後代】，遭歲【指太歲。又稱太陰或歲陰。用以喻災禍。古代陰陽家認爲，凡太歲神所在之方位及與之相反的方位，均不可興造、移徙和嫁娶、運行，犯者必凶】少寧居。骨肉十年際，風塵萬里餘。處身唯義在，博古更誰如。聖世開文運【科舉應試的運氣】，歸來老讀書。

送鄭叔昭歸葬　郡人盧　勳

鄭子歸鄉里，家山【故鄉。明高明《琵琶記·琴訴荷池》："十二欄杆，無事閑憑遍。悶來把湘簞展，夢到家山，又被翠竹敲風驚斷。"】入夢思。親朋千里恨，喪亂百年悲。把袂情傷臆，臨風酒滿卮【zhī，古代一種盛酒器】。先塋【祖先的墳墓】崇祀罷，莫惜寄新詩。

元夕讌【同"燕"，"宴"】謝憲使子純宅　　蜀人張佳胤
同知

主人久卜東山【據《晉書・謝安傳》載，謝安早年曾隱居會稽之東山，經朝廷屢次徵聘，方從東山復出，官至司徒要職，成爲東晉重臣。又臨安、金陵亦有東山，也曾是謝安遊憩之地。後因以"東山"爲典。一指謝安，一指隱居或遊憩之地。此指後者】宅，好客頻開北海尊【亦作"北海樽"。漢末孔融爲北海相，時稱孔北海。融性寬容少忌，好士，喜誘益後進。及退閒職，賓客日盈其門。長嘆曰："坐上客恒滿，樽中酒不空，吾無憂矣。"事見《後漢書・孔融傳》。後常用此典，以喻主人好客】。良夜須傾三百盞，譚【"談"的異體字】經相對五千言。華堂燈影欺明月，寒璧【清冷的月亮。璧應爲"璧"】星光照紫垣【星座名，常借指皇宮】。只恐徵書下安石，池塘春草共誰論？

東洪太守禱雪有應　　謝孟金
雲滿長空雪亂飛，壠【"壟"的異體字】頭殘麥覺生輝。行人笑向農家道，應禱如今太守稀。

贈尹二守禱雨有應　　劉　淳
百里經春苦旱災，饑年遭此更堪哀。不緣卓魯【漢

卓茂、魯恭的並稱，均爲循吏見稱，後因以指賢能的官吏】回天意，那得甘霖一夜來。

壽趙義臺八十　謝孟金

華堂清晝敞華筵，甲子重開六十年。昨夜少微星燦爛，而翁【亦作"爾翁"】真是地行仙【原爲佛典中所記的長壽的神仙，後因以比喻高壽或隱逸閒適之人】。

風雪吟爲張柘村還陳賦　鷄澤劉　錫庶吉士

北風何栗烈【凓冽。形容嚴寒】，吹成如掌雪。征人駟馬車，歧路悵言別。伊昔鶯花媚曉天，晴郊芳草匝芊芊【草木茂盛的樣子】。絃歌共歎子游微【通"徽"，美，善。《後漢書·班固傳》："愿亡迥而不泯，微胡瑣而不頤（惡者無遠不滅，善者無小不養）。"】，桃李仍忻潘岳【字安仁。晉滎陽中牟人。著名文學家。少時天資聰明，鄉里稱爲"奇童"，富有才名。與陸機齊名。鍾嶸《詩品》卷上："余常言陸才如海，潘才如江。"在河陽作令時，教民種桃李，傳爲美談。忻同"欣"，欣賞】賢。明珠夜投【語出《史記·魯仲連鄒陽列傳》："臣聞明月之珠，夜光之璧，以闇投人於道路，人無不按劍相眄者。何則？無因而至前也。"後多用"明珠夜投"（或"明珠暗投"、"明珠投暗"）比喻有才能的人得不到賞識和重用】擬知己，按劍道傍胡爲爾。瑤琴只奏山水音【典出《列子·湯問》："伯牙鼓琴，志在登高山。鍾子期曰：'善哉，峨峨若兮若泰山。'志在流水。鍾子期曰：'善哉，洋洋兮若江河。'伯牙所念，鍾子期必得之。"後派生出"高山流水"、"山水意"、"山水音"、"山水韻"等詞語。意謂知音相賞或知音難遇】，也知難入時人耳。拂衣【《後漢書·楊震傳》附楊彪傳："孔融曰：'孔融魯國男子，明日便當拂衣而去，不復朝矣。'""拂衣"即"振衣"，表示決絕之意，後因以稱隱居爲"振衣"】歸去舊草堂，當年丘壑饒輝光。最宜珠照良宵迴，兼稱琴彈春晝長。勸君談笑莫分手，浮雲世事無何有。勸君且於醉顔酡【tuó，飲酒紅臉的樣子】，試聽陽關【古曲《陽關三迭》的省稱，此曲又稱《渭城曲》。因唐王維《送元二使安西》而得名。詩句是："渭城朝雨浥輕塵，客舍青青柳色新。勸君更盡一杯酒，西出陽關無故人。"】古調歌。它時鴻鴈南風起，無惜平安寄信過。

送憲副陳一初之楚　　信陽王祖嫡諭德

十載爲郎重度支【"度支使"之省稱，官名。職掌財政收支】，干旄【旌旗的一種。以旄牛尾飾旗杆，作爲儀仗】今日耀江湄。臬垣清挹雄風賦【宋玉《風賦》："清清泠泠，愈病析酲，發明耳目，寧體便人，此所謂大王之雄風也。"】，燕寢歌傳郢雪【即"郢中白雪"之省寫，亦寫作"郢中雪"。典出自戰國楚國宋玉《答楚王問》："客有歌於郢中者，其始曰《下里》、《巴人》，國中屬而和者數千人；其爲《陽阿》、《薤露》國中屬而和者數百人；其爲《陽春》、《白雪》，國中屬而和者不過數十人……是其曲彌高，其和彌寡。"後以"郢中白雪"借指高雅優美的樂曲或詩篇。郢，楚國的都城】詞。下榻陳蕃【東漢汝南平輿人，官至太傅，崇尚氣節。他在作豫章太守時不接待來訪賓客，只遇郡中名士徐穉（同"稚"），特設一榻，穉一去就把榻掛起來。後爲接待賓客稱"下榻"】空悵別，登樓王粲【三國魏山陽高平人，爲"建安七子"之一。其代表作《登樓賦》】獨凝思。湖南湯沐【即沐浴。《禮記·王制》："方伯爲朝天子，皆有湯沐之邑於天子之縣內。"謂齋戒自潔清之用】應深念，願起瘡痍答上知。

寄憲副陳一初　　新蔡張九一中丞【漢始置。漢御史大夫下設兩丞，一稱御史丞，一稱中丞。明設都察院，副都御史相當於御史中丞。明清常以副都御史出任巡撫，因此明清的巡撫也稱中丞】

十年休汝【離開汝南】雀羅【捕雀的網羅。常用以形容門庭冷落或失勢之家】張，獨有論交意未忘。卜鳳【《左傳·莊公二十二年》："初，懿氏卜妻敬仲。其妻佔之，曰：吉。是謂'鳳皇於飛，和鳴鏘鏘'"】宛丘推敬仲【即陳國公子陳完，字敬仲】，占星潁水得元方【東漢潁川許人。姓陳名紀，字元方，爲陳寔（字仲弓）長子。與其弟季方齊德並行，父子並著高名，時號三君】。冥心【泯滅俗念，使心境寧靜】去就風塵遠，病肺河山著作長。月色梁間皎然出，思君仿佛在君傍。

送廣文蘇肖玉之漢中　　季道統

望望函關【函谷關。亦稱"函谷"。爲秦所置，在今河南靈寶縣境。因其路在谷中，深險如函，故稱。唐李白《古詩》之三："收兵鑄金人，函谷正東開。"】紫氣【紫色雲氣。古代以爲祥瑞之氣。附會帝王、聖賢等出現的預兆。漢劉向《列仙傳》："老子西遊，關令伊喜望見紫氣浮關,而老子果乘青牛而過也。"】光,馬頭山色欝蒼蒼。身隨官況冰霜冷,才老詞林翰墨香。江雨無情驚短夢,天風有路賦長楊【指漢代揚雄所作《長楊賦》】。懸知【料想,預知】桑落秦川夜,定倚停雲憶建章【"建章宮"之省寫。漢代長安宮殿名。泛指宮闕】。

將去陳喜諸生遠來赴會　徐即登

吾道誰云尚阨【"厄"的異體字】陳,斐然多士【斐然,富有文采。多士,眾多的賢士。《詩經·大雅·文王》:"濟濟多士,文王以寧。"】總爲隣。硜硜荷蕢知音者【硜硜 kēng kēng,擬聲詞,敲打石頭的聲音。荷蕢 kuì,背著盛土的草包。《論語·憲問》:"子擊磬於衛,有荷蕢而過孔氏之門者,曰:'有心哉,擊磬乎!'既而曰:'鄙哉,硜硜乎! 莫已知也,斯已而已矣。深則厲,淺則揭。'子曰:'果哉! 未之難矣。'"】,雨雨風雩【古代求雨的一種祭祀。《論語·先進》:"點,爾何如? ……曰:'莫春者,春服既成,冠者五六人,童子六七人,浴乎沂,風乎舞雩,詠而歸。'"】得趣人。孝弟【孝順父母,尊敬兄長。弟通"悌"】更無堯舜道,行藏【出處或行止。《論語·述而》:"子謂顏淵曰:'用之則行,舍之則藏,惟我與爾有是夫!'"】惟有孔顏真。淵源伊洛追鄒魯【伊洛,伊川、洛陽。宋哲學家程頤、程顥兄弟居伊洛講學。鄒魯,鄒國魯國,孔孟之鄉。《莊子·天地》:"其在《詩》《書》《禮》《樂》者,鄒魯之士,縉紳先生,多能明之。"後因以"鄒魯"指文化昌盛之地,禮儀之邦】,出谷嚶鳴【鳥鳴。《詩經·小雅·伐木》:"伐木丁丁,鳥鳴嚶嚶。出自幽谷,遷於喬木。嚶其鳴矣,求其友聲。"後即以嚶鳴形容朋友間同氣相求】及早春。

在陳別匡嶽丈　蘇光泰

笑把明珠向暗投，離群濠濮【指高人寄身閒居之所。《莊子·秋水》記有"莊子與惠子遊於濠梁之上"、"莊子垂釣濮水"之事。後常以"濠濮間想"謂逍遥閒居、清静無爲的情緒。濠，水名，在安徽鳳陽縣東北。濮，古水名，有二，一在山東菏澤縣北，一在河南滑縣與廷津縣境】任悠悠。圖形自有麒麟侶【圖形，畫像。麒麟，傳説中仁獸名。漢有麒麟閣，畫功臣霍光、張安世、韓增、趙亮國、魏相、丙吉、杜延年、劉德、梁丘賀、蕭望之、蘇武十一人圖像於閣，予以表彰。詩中的"麒麟侶"意謂以麒麟爲侶，即以傑出的人爲友】，違俗應同麋鹿遊【與麋和鹿交遊，暗喻隱居山林之意】。媿我疏狂【性格豪爽，不受拘束】空四壁，感君意氣重千秋。相思別後渾無那【無奈，無可奈何】，尊酒遥將夜月留。

挽李簡夫二首　蘇　轍

老成渾欲盡，吊客一潸然【流淚貌。杜甫《送梓州李使君之任》詩："君行射洪縣，爲我一潸然。"】。遺事人人記，清詩句句傳。掛冠疏傅【西漢疏廣、疏受叔姪分別爲宣帝太子太傅、少傅，于榮顯中稱病還鄉。後人以之作爲"功遂身退"的典故】早，樂世白公【即白居易】賢。歎息風流在，埋文得細鎸【埋文，指墓誌銘。古代墓誌銘埋於地下。鎸，鑿，雕刻】。其一歸隱淮陽市，遨遊十六年。養生能澹泊，爱客故留連。傾蓋【車上的傘蓋靠在一起。《孔子家語·致思》：“孔子之郯，遭程子於途，傾蓋而語終日，甚相親。”後人常用來形容一見如故】知心晚，論詩臥病前。葆光【隱蔽其光輝。比喻才智不外露。《莊子·齊物論》：“注焉而不滿，酌焉而不竭，而不知其所由來，此之謂葆光。”成玄英疏：“葆，蔽也。”】塵滿榻，無復聽談禪。其二

　　吊司城貞子閣【陳人在淮陽東南湖中建的亭閣】　王　舉 同知

　　先生家住古城隈【角落】，應有虹光出草萊【雜生的叢草】。靈鳥自娛林下日，閒雲不染世間埃。琴書每得賢材聚，門巷時迎聖轍【孔子車輪碾過的痕跡。《史記·孔子世家》：“孔子遂至陳，主（寄居）於司城貞子家。”】來。千載令人懷麗澤【《易·兌》：“麗澤，《兌》。君子以朋友講習。”麗，相連接。兌，通“悦”，喜悦。意謂兩個沼澤相連，滋潤萬物，所以萬物皆悦。舊時用來比喻朋友互相切磋。此指司城貞子和孔子之間的友誼】不勝追吊重徘徊。

　　吊汲黯臥治閣　　廬陵王　璘 副使
　　漢家一戇臣【《史記·汲鄭列傳》：“上退，謂左右曰：‘甚矣，汲黯之戇（迂愚而剛直）也！’”】，其心固如石。忠言抗九重【亦稱“九重天”。在此指帝王】，允稱補衮職【古代指帝王之職事。《詩

經·大雅·烝民》:"袞職有闕,維仲山甫補之。""闕"即"缺"之借字,缺失,過失。袞,古代帝王及三公穿的繪有卷龍的禮服,或叫袞龍衣。袞闕,袞衣的缺損,比喻帝王的過失】。國法日以明,君心日以格【糾正,匡正】。剛方屢見憚,焉能久君側。一麾【指擔任州郡長官。南朝宋顏延年《五君詠·阮始平》詩曰:"屢薦不入官,一麾乃出守。"】守淮陽,山川增價值。高卧半榻雲,群黎自衣食。草綠訟庭【即訟堂,審理訴訟案件的場所】閑,春風滿衽席。閣廢名猶存,到今慕膏澤【滋潤作物的雨水,常比喻恩惠。曹植《贈徐幹》詩:"良田無晚歲,膏澤多豐年。"】。我欲一見之,凝睇不可得。青史振嘉猷【青史,古代以竹簡記事,故稱史籍爲"青史",後借指爲史册或歷史。嘉猷,治國的好規劃。嘉,善。猷,計畫】,百世可爲則。

吊岳武穆廟　徐即登

宋代諸陵何處尋【宋代諸陵在河南省鞏義市】,鄂王祠廟肅陰陰【鄂王,宋甯宗追封岳飛爲鄂王。陰陰,幽暗的樣子】。金牌詔數催何急,鐵騎塵高轉戰深。智過二桃三字獄【二桃,即"二桃殺三士"之典故。春秋時,公孫接、田開疆、古冶子三人臣事齊景公,均以勇力聞名天下,齊相晏嬰設謀除掉三人,請齊景公把二桃賜給他們,論功而食,結果三人棄桃而先後自殺。事見《晏子春秋·諫下二》。後因借指用陰謀殺人。諸葛亮《梁南吟》:"一朝被讒言,二桃殺三士。"三字獄,宋秦檜、萬俟卨等以"莫須有"的罪名誣陷岳飛,世因稱岳飛冤獄爲"三字獄"】,冤銜六檜【永嘉有一個名叫胡銓的進士,因不滿秦檜的專橫，在堂前栽植六棵檜木，堂額曰"六檜堂"。"六"與"戮"諧音，"六檜"隱寓"殺戮秦檜"之意】萬年心。英雄遺恨今猶在，長護中原壯帶襟。

賦吊謝烈婦　季道統

一聲常嘯去人寰，步躡清虛【太空。此指月宮】響佩環。冷月千秋沉曉鏡，寒潭萬古照春山【指春色點染的山容，其色黛青。詩人多喻爲婦女的眉色】。可憐碧石堪藏骨，莫道青天不壯顏。握手夫君遊閬苑【謂仙人所居住的環境。閬láng】，鳳簫【指鳳女，即弄玉。相傳秦穆公之女弄玉與夫蕭史雙雙乘鳳凰而去。漢劉向《列仙傳·蕭史》："蕭史者，秦穆公時人也。善吹簫，能致孔雀、白鶴於庭。穆公有女字弄玉，好之，公遂以女妻焉。日教弄玉作鳳鳴。居數年，吹似鳳聲，鳳凰來止其屋。公爲作鳳臺，夫婦止其上不下數年。一旦，皆隨鳳凰飛去。"】吹徹海雲間。

題節婦蘇氏　秣陵焦　竑修撰

粉署【即粉省，尚書省的別稱。漢代尚書省用胡粉塗壁，後世因以稱尚書省爲粉署】辭羅綺【有花紋的絲織品】，釵寒失鳳凰。賦堪悲暮日，心欲結秋霜。烈女班荀並【東漢班昭、荀采的并稱。班昭博學多才，續寫《漢書》。荀采聰明有才藝，自縊殉夫】，男兒嬰杵【亦作"嬰臼"。春秋時忠義之士程嬰與公孫杵臼二人合謀捨命保全趙氏遺孤，事見《史記·趙世家》。後以"嬰杵"或"嬰臼"喻指危難時可托孤的人。明徐渭《桐鄉馮母》:"自古男兒嬰臼少,誰家嫠婦帝王知。"】行。綸音【猶綸言。《禮記·緇衣》:"王言如絲,其出如綸。王言如綸,其出如綍(fú,引棺的大繩索)。"後以"綸言"、"綸音"、"綸綍"稱帝王的詔書】一褒錫,千載播芬芳。

馬節婦左氏　宋　塘

静守閨門八十春,蕭蕭【稀疏】兩鬢白如銀。良人死難忠猶著,孤子承家孝且純。磐石不移清苦節,落花空照未亡身。連雲華榜誇旌異,千載光摇蔡水濱。

黄河哀　蔡含靈

我聞黄河之水天上來,奔濤萬里潤八垓【八方的界限】。天心【謂天意,本心,本性】仁覆無窮已【躬行仁道無窮盡】,河亦應與同惻哀。云胡弗順厥有常【説什麽不順應義理這是常規。順,指順理者。《尚書·太甲上》:"習與性成,予弗狎於弗順(我不能親近不順應義理的人)"。常,規律。《荀子·天論》:"天行有常,不爲堯存,不爲桀亡。"】,忍使億萬遺黎並涉災。今年幾長堤,明年幾壩臺。堤兮壩兮不能神運而鬼致,坐令中州膏血糜污萊【謂田地荒廢。《詩經·小雅·十月之交》:"徹我墙屋,田卒污萊。"】。東風未解長河【黄河】凍,羽檄【古代軍事文書,插羽毛以示緊急,必須迅速傳遞】飛下鳩【聚集,安定】徒衆。里胥持籌任多寡,潛移暗長官如夢。縱横【肆意横行,無所顧忌】三五吏到門,舍南舍北紛騷動。糶穀賣絲勉支吾【亦作"支捂"。支撐,對付】,哀此惸獨【惸 qióng,亦作"煢",無兄弟的人,獨,無子孫的人。泛指孤苦伶仃的人。宋張載《西銘》:"凡天下疲癃殘疾,惸獨鰥寡,皆吾兄弟之顛連而無告者也。"】靡所控。自言有子年十八,前歲充丁堪負重。匆匆勾攝【拘捕,傳拿】赴河干【河岸。干,通"岸"】,鞭棰【竹鞭、棍棒。泛指刑具】又復遭毒痛。誰知河下專役人,蜀丁徒手竟何用。河署高鎖吏人閒,河夫相對蹙【cù,皺縮,收攏】愁顏。某也有母病癃鐘【衰弱多病】,若復無妻兒女孱【chàn,懦弱。《史記·張耳陳餘列傳》:"吾王,孱王也。"】。須臾縣吏瞋目至,兩稅星急爾胡頑。一身百孔難填濟,終歲豐獲食仍艱。此日君門真萬里,此時民命真草菅【即"草菅人命"。菅,野草,雜草,喻微賤之物】。我聞古來河以不治治,末季脊脊【混亂,相互踐踏,《莊子·在宥》:"天下脊脊大亂,罪在攖人心。"】滋多事。漢家沉璧【沉璧於河。古代盟誓或祭祀時所舉行的一種儀式】蓋喜功,賈魯【賈魯河】黃陵兆禍異,何如以茲金錢充賑蠲【juān,通"捐",除去,減免。《後漢書·盧植傳》:"宜弘大務,蠲略細微。"】。上下君民各攸益,胡爲乎歲歲年年事築塞,貪吏因緣爲奸利。河兮河兮!我有斗酒爲君酹,胡不上順天行下比地。龍門碣石共安瀾,百八郡邑休殘力。

淮陽癸卯歲【壬寅】　蔡含靈

塵埃返三月，年光忽報新。不知官弄我，却恨歲侵人。白髮嗟遲暮【亦作"遲莫"，比喻晚年。《離騷》："惟草木之零落兮，恐美人之遲暮。"】，青郊憶賤貧。民勞空復念，行慶【猶行賞，進行賞賜】待宸綸【帝王的詔書、制令。宸，北極星所居，即紫微垣，借指帝王之所居，又引申爲王位或帝王的代稱】。

癸卯恭賚【lài，賞賜】慶章次涿鹿道中　前人

千里春明道，跟蹌今又來。臣心無近遠，人事異趨【不同志趣。《淮南子·泰族訓》："箕子、比干異趨而皆賢。"】推。擁傳【謂出使。因使用驛站的車馬，故云】雲山麓，呼嵩【據《漢書·武帝紀》："元封元年正月……（武帝）親登嵩高，……吏卒咸聞呼萬歲者三。"後因以"呼嵩"指對君主祝頌】鵷鷺【鵷與鷺飛行有序，比喻班行有序的朝官。鵷 yuān】陪。惟憐金鑑【《新唐書·張九齡傳》："千秋節（玄宗以八月初五生日爲千秋節），王公並獻寶鑑，九齡上事鑒十章，號《千秋金鑑錄》，以申諷諭。"後以"金鑑"指對人進行諷諭的文章和書籍】錄【上天賜予帝王的命符文書】，欲獻媿微材。

五日視河宿沙隨　蔡含靈

五日【農曆五月初五，端午節】人間繁勝賞，塵勞【佛教徒謂世俗事務的煩惱，或泛指勞累】偏爾戀征車。固知樂事天嘗忘，可惜良辰歲半虛。花馥離亭人報駕，雲烘驛路羽馳

書【急速送信。羽書，書信】。煩襟【義同"煩膺"，煩悶的心情】此際難爲浴，桂檝【亦作"桂楫"，桂木船槳。借指華麗的船】蒲觴憶舊廬。

子由亭　蔡含靈

子由風雅尚，遺跡廠【通"敞"，開闊，平坦】高幽。背郭【亭子的背面對著外城。郭，外城】開遮搆，虛亭匝碧流。風涵當日月，氣爽先時秋。追賞年來減，塵煩媿昔遊。

大梁秋夜　蔡含靈

西風白髮倍蕭騷【稀疏】，節物【各個季節的風物景色】驚心入夢勞。坐冷虛窗築影暗，吟殘清漏【清晰的滴漏聲。古代以漏壺滴漏計時】雁聲嗷。悠悠行路人難問，漠漠【廣闊貌】浮空天自高。咫尺【周制八寸爲咫，十寸爲尺。形容距離極近】恒雲【連綿不斷的雲。恒，通"亙"】歸莫計，長河誰謂不容舠【dāo，小舟。《詩經·衛風·河廣》："誰謂河廣，曾不容刀。"】。

癸卯生日　蔡含靈

四十六年未乞身【古代以作官委身事君，故稱請求辭職爲乞身】，一郎白首出梁陳【汴梁和陳州】。何堪隨俗奔牛馬，可笑當官辜吏民。跼蹐【jū jí，疾行貌。後腳跟接著前腳，用極小的

【步子走路】乾坤失故我，浮沉歲月媿前人。朝來對酒懶成醉，聊爲兒孫一入唇。

淮陽客舍二首　蔡含靈

勞僗無堪病欲侵，高懷何處寄幽尋。千家野哭長河曉，慚媿朱軒【紅漆的車子。古代爲顯貴所乘】懶問人。

我已云勞民奈何，可憐滿目盡殘疴。閭門【民戶聚居處。閭，里巷的大門】號斷重雲迥，誰獻當年糶穀歌。

癸卯除夕　蔡含靈

燈火明將暮，慨然念歲殘。寒窮天已猒【飽，滿】，春到物同歡【同"歡"，歡喜】。世事隨年改，民殷計日難。明朝梅破處，聊放眼前寬。

上元【農曆正月十五爲上元節，也叫元宵節】前一日大梁寓日　蔡含靈

忙裏失清興，登高一豁愁。山殘人日【舊俗以農曆正月初七爲人日。宋高承《事物紀原天生地植人日》："東方朔《占書》曰：'歲正月一日占雞，二日占狗，三日占羊，四日占豬，五日占牛，六日占馬，七日占人，八日占穀。'"】雪，寒弄早春秋。邸第【客店，館舍】餘蒼靄，城闉【yīn，古代城門外層的曲城。顏延之《登巴陵城樓》："登闉訪川陸。"】間綠疇。吾生勞已甚，北望獨悠悠。

正月十五日元夕二十日爲内子【古代稱卿大夫的嫡妻。後成爲妻的通稱】生日，余以人日後之汴，廿三日歸署，二事皆于忙中過焉。宦海【指官場。因仕宦升降無定，多風波浪阻，如處海潮之中，故稱】悮【同“誤”】人，正復不少，未免有情見之于詩，志惜也。

貪忙人日走車塵，回首韶陽【明媚的春光】月再旬。燈月遲人空復夜，兒孫壽母若爲辰。光風【指月光照耀下的和風。原爲雨止日出時的和風。《楚辭·招魂》：“光風轉蕙，泛崇蘭些。”】久擬連宵勝，樂事何堪兩度貧。始信居官難自在，隨宜【猶隨即】追上莫嫌頻。

清明後二日宿虞城　蔡含靈

九十芳菲日【九十日，爲一季。唐陳陶《春歸去》：“九十春光在何處，古人今人留不住。”】，蹉跎餘再旬。風塵虛詠眺【吟詠遠眺】，簿領【亦稱“簿領書”。謂官府記事的簿册或文書】瘁形神。勞憊難憐我，艱繁可奈民。郵亭【猶“驛傳”。傳舍，驛館】清夢曉，栗里【地名。在今江西省九江市西南。陶淵明曾居于此。作者借以自况】阻河瀕。

七月十四夜坐　蔡含靈

新爽澄夜景，風篠【同“筱”xiǎo，小竹。杜甫《狂夫》詩：“風含翠篠娟娟靜，雨裹紅蕖冉冉香。”】發清越【清脆悠揚】。虛室静無聲，徒倚對明月。慨然念已秋，流光成迅忽。好懷誰與言，撫事空咄咄【表示惊诧或感慨】。豈復堪世酬，勞役自汩没【亦作“汩殁”，湮没，淪落。汩 gǔ，湮滅】。天路邈何極，浮雲欝【集盛，充盈】京闕。古昔有遐躅【遙遠的足跡，蹤跡。喻人的行爲、業績】，幾光罔所蹶。

三月晦日二首　蔡含靈

韶光不少待，人事渺愁予。芳序【美好的時光。引申爲昌明盛世】明朝換，閒懷多日虛。彌留【亦作“彌流”。久病不愈】惜往暮，追賞想來初。莫便頻催漏【更漏】，相將【相偕，相共】到夜除。

客歲【去年】恒山麓，朋觴【朋友在一起飲酒。觴，酒杯】共送春。今年春去日，獨作宦遊人。蹤跡憐浮梗【漂流的桃梗，比喻漂泊不定】，流光歎逝塵。濟時良不易，空老好閑身。

甲辰十月二日，距到部之日已二期【jī，時間周而復始，指一周年。《説文·禾部》：“期，會也。”其本字作“稘”。《説文·禾部》：“稘，復其時也。”段注：言帀也。十二月帀爲期年……今皆假“期”爲之。】矣。民殷未已，孤掌徒勞而衰病，且日侵也。回頭一念，悲媿交集，率爾賦此　蔡含靈

無可答宸貺【帝王的賞賜。宸，北極星所居，紫薇垣。借指帝

王所居。貺 kuàng，賜予。曹丕《與鐘大理書》："嘉貺益腆，敢不欽承。"】，棲遲【朱熹集傳："棲遲，遊息。"《詩經·陳風·衡門》："衡門之下，可以棲遲。"】歲兩過。一勞人見拙，六察【唐宋時之監察御史，分察六部、六事，號六察官。《新唐書·百官志三》："其一，察官人善惡；其二，察戶口流散，籍帳隱沒，賦役不均；其三，察農桑不勤，倉庫減耗；其四，察妖猾盜賊，不事生業，爲私蠹害；其五，察德行孝悌，茂才異等，藏器晦跡，應時用者；其六，察黜吏豪宗兼併縱暴，貧弱冤苦不能自申者。"】吏疑苛。報政違前料，觀民慘舊疴。繁霜侵鬢滿，憔悴奈時何。

陪大司馬朱公視河宿大豐寺二首　前人

深負平生志，一官身莫由。逢迎安我分，憔悴念民憂。北闕【古代宮殿北面的門樓。是臣子等候朝見或上書奏事之處。後用爲宮禁或朝廷的別稱】連雲迥，長河汜【sì，水名。發源於河南鞏縣東南，北流經滎陽汜水鎮流入黃河】地流。余懷良已懲，得臥便成休。

祖地孤煙外，蕭然一榻閒【亦作"間"】。燈明金界【佛地，佛寺】靜，唄【bài，梵文 pathaka 之略。譯爲讚嘆，即佛教中所唱的讚偈】杳【高遠，深遠】石堂關。世事忙何濟，宦情倦可還。明朝車騎下，潦倒深低顏。

經管書吏

苑如誥

謄録書手

常之芳　王　璞　劉三聘　王　敬　李自芳
羅　統　徐　倫　李尚高　李　碧　孫豁然　閆守經
苑奉包　孫光運　趙　奉　丁　皆　王守太　辛　惠
何　文　王三元　曹　鑑　趙　顯　王前貢　鞏立國
馮　珍　李尚智　宋　李　李　陳

供給應用櫃書

時　董　朱弘德　郭盤如　鄭　寬　鄭　榷
鄭　璞　牛國成　田岐穂　解　科　李生彩　孟　禮
張孟金　王夢祥　韓　禮　張朱胡　田　常　張國平
董一德　李　芳　李　和　朱　景　郝馬張

催辦原差

曹　忠

刊字工匠

張家賓　張弘見

後　記

　　《陳州志》校注到今天，脱稿之時，百感交集。如釋重負，又戀戀不捨。回想和它的結緣，是偶然中的必然。

　　《陳州志》的校注工作，本是淮陽的父親張春沛受縣委重托要完成的一項任務。自接受任務起，他可謂食不甘味，夜不能寐，嘔心瀝血，七十高齡，將志書一字一字敲入電腦，特別是繁難的字形比對工作，没有字體學、文字學、文獻學知識是斷斷不能完成的，這一切常常令我這個所謂的專任大學教師慚愧於心。我常想是一種對歷史、對鄉人的責任感，還是一種無法言傳的情感能夠給他一種支撐，也許這是一種與古人的心靈對話，這種穿越時空的交流，這種破解、解碼的愉悦給他一種精神支柱和力量，才使得父親在青光眼、白內障的病痾纏身的情況下對醫生的告誡置若身後，對旁人看來苦不堪言的繁瑣工作甘之若飴。但父親體弱年高，心力日衰，特別是 2011 年查出肝部腫瘤，危及生命，不得不中斷工作，同時愧退原淮陽文化館館長楊複俊先生《陳州府志》、河南師範大學曾祥芹教授《宗聖家譜序》任務，但獨這一十二卷本《陳州志》委任於我，因爲父親對淮陽的感情極深，誠如父親所言，"吾雖僑寓斯土，但畢竟長於斯，求學於斯，任教於斯，他日亦必托身於斯"。我對父親的前期工作耳濡目染，面對父親的重托，我責無旁貸，但常恐才不勝任，遂如履薄冰，戰戰兢兢。況非能專任，教研之餘，上有雙方父母雙親常年臥床，下有嬌兒繞膝。常恐"子欲養而親不待"，又念"童年只有一次，成長不能重來"，在這種夾縫中也許是自小一種向上的習慣使我不能退縮，幸賴求學期間的"小學"基本素養，使我勉力支撐下來。整理《陳州志》是對我文字、訓詁、音韻專業知識的實踐和檢驗，更是陳州鄉土、鄉情對我的薰陶和感染，一種精神上的自我教育和提高。

在校注的過程中，我深深體會到"修史是一項巨大的工程"，凡是光榮的工作都蘊含艱辛的歷程，校注幾易其稿，根據校注體會，申請河南省教育廳專案，對志書中字詞關係、古陳州南北交融的地方特色也正在學習研究中，個中甘苦，如飲水自知。

理論上志書整理應是一項不負先輩、無愧後代的千秋大業，但主觀上由於水準有限，客觀條件所致，如有些原書字跡模糊，雖然通過本校、他校辨認了絕大部分字體，但仍有一些因缺少可資比勘的其他版本，因而未能辨識；有些校勘、注釋受材料所限，有待商榷。但修志光榮，透過語言還原歷史雲煙，也是一種文化的接力和傳遞。能對陳地的歷史文化普及盡微薄之力以償所願，成爲古陳州文化接力的一員，我深感榮幸，並將在以後的工作和學習中繼續關注和傳播陳楚文化。

最後，首先感謝淮陽縣政府的文化工程項目的大力支持。爲了展現和流傳陳地文化，淮陽縣縣政府對修志工作熱切關心，高度重視。感謝原縣誌辦公室主任李乃慶、縣志辦主任尹建華、戚荷花等先生，歷盡艱辛查訪尋得這一孤本志書。特別感謝責任編輯耿百鳴先生，先生敬業求實，編校慎審。他對我在國圖據縮微膠片校勘的結果仍感不安，但體諒我正值論文寫作階段，不辭辛勞自滬至京，在國圖將書稿闕疑之處與原書一一進行補足校勘，修正了不少錯訛。每念及此，心中感念無以言表。校注過程中幾易其稿，雖常有力不逮心之時，但它凝結了父親、責編和我的共同付出和心血，惟以此書作爲紀念。

最後感謝家庭對我長期的愛護和支持，使我在種種壓力下能夠集中精力，完成工作。學後然知不足，校注過程中不斷發現種種"缺憾"甚至謬誤，但限於時間和水準，只能以此爲結。古陳州文化昌盛，名流輩出，專家學者、民間文化工作者眾多，書中不確之處，願求教於方家。

温　敏

2016 年 6 月